춤은 말한다

춤은 말한다

기호의 세계와 춤의 언어들

펴낸곳 서울대학교출판문화원
펴낸이 오연천
지은이 김지원

초판 1쇄 인쇄 2010년 11월 25일
초판 1쇄 발행 2010년 11월 30일
출판등록 제15-3호

주소 서울 관악구 관악로 599 우편번호 151-742
대표전화 02-880-5252 **팩스** 02-888-4148
마케팅팀(주문 상담) 02-889-4424, 02-880-7995
이메일 snubook@snu.ac.kr
한글홈페이지 www.snupress.com
영문홈페이지 eng.snupress.com

ISBN 978-89-521-1132-6 93680

춤은 말한다

기호의 세계와 춤의 언어들

The Semiotics of Dance & Languages in the Art

김지원 지음

서울대학교출판문화원

책을 펴내며

무용에서 일어나는 현상을 기호로 주목하려 한다. 그러나 우주의 모든 것이 기호라고 말한 퍼스의 견해에 견주어 무용을 그중 하나의 기호로 바라보고 있지는 않다. 무용은 곧 우주의 현상이자 기호덩어리인 예술적 복합체로 보는 것이다. 춤을 추는 행위가로서 필자는 춤의 현상과 독자적 미학에 대해 늘 고민해 왔다. 그리고 드러내는 예술을 위해서 나의 실체를 어떻게 완벽하게 묘사할 것인가에 대해 심취해 있었다. 무용은 기호라는 어떤 신호적 사인이나 상징적 대상물을 대신하는 무엇으로, 누군가에게 메시지를 전하고 있음을 확신하였다.

현대 기호학은 언어에서 출발하여 모든 기호를 분석대상으로 삼는 다양한 학문의 공조 덕분에 이론의 확장과 새로운 연구 영역이 끊임없이 발전하고 있다. 즉 기호학의 출발인 '언어기호학' 외에도 바르트에 의해 정립된 '텍스트기호학', 그레마스의 '설화기호학', 현재에 이르러서는 '문화기호학' 등 연극, 영화, 건축을 비롯하여 많은 분야에서 활용도가 높아지면서 기호학의 이론적 성과는 괄목할 만하다. 그러나 예술 분야 가운데 무용에 대한 이론적 영역에 대한 확신과 기호학의 도입에 대한 정통 순수학문의 독자적 모색의 길은 그리 쉽지만은 않은 듯 보인다. 움직이는 예술로서 무용이 기호학의 장점으로 무엇인가 재단할 수 있다는 구조적인 면과 객관성에 관해 무용은 그리 관대하지 못했기 때문이다.

무용현상에 대해 무엇을 재단해야 하는가. 미학적 현상에서 나타난 상징과 텍스트의 예술적 미를 굳이 기호학이라는 학문으로 설명할 필요가 있는가. 개별적 움직임의 현상과 집단적 무용현상에 대해 통일과 객관화된 학문적 질서를 말할 수 있는가. 이러한 이유로 무용현상에 대해 기호학적 방법론에 의한 분석과 해체를 통한 종합적 결과로 실체를 드러내고자 하는 것은 불가능해 보인다.

그러나 무용은 주제를 생각하고 표현에 부합한 몸짓을 토해 냄으로써 대상과 개념, 개념과 개념 사이의 생각을 연결하는 구조적 사유행위의 결과다. 무용의 행위는 몸짓으로 언어와 언어 사이를 연결한다. 그것은 마치 낱말과 조사의 혼용으로 나타난 문장의 해석처럼 내용을 형성하고 예술이라는 특수효과를 달성한다. 시적 은유처럼 아름다움을 묘사하는 투영된 언어이자 내용의 단위를 이루는 요소로 가득한 기호들의 조직망이다. 개별적 움직임들의 조합은 특수한 언어적 표현행위이자 내용을 드러내는 커뮤니케이션 수단이다. 이러한 무용현상은 본질의 메시지면서 세계 너머의 대상을 우리의 내면에서 바라보는 관조적 기호로 대상을 표상한다.

이를 위해서는 본질을 바라보는 구체적 실천이 강구되어야 한다. 하나의 대상에 대해 세계와의 연결과 기호들의 체계들을 연상하고 구조를 분석함으로써 전체적 맥락을 이해할 수 있다. 아름다운 무용기호의 유동성은 흘러내리는 폭포처럼 우리의 시각에서는 연속선상에 있다 하더라도, 물이 분출하는 유기체적 역동성이 그러한 단순한 중력의 원리에 있었다는 것은 물질과 구조에 대한 이해와 논리적 분석의 객관적 실천으로 세계를 조금이나마 이해할 수 있다는 것과 동일하다.

이러한 이유에서일까. 무용을 언어로 보는 구조적 분석 외에도, 텍스트의 설화적 분석 등 무용기호학을 적용하려는 움직임이 최근 조심스럽게 일고 있다. 특히 기록법에 관한 상징적 코드의 모색은 지금까지 무용이 기록법으로서의 단독적 행보에서 겪은 시행착오에 관해 기호학이라는 장점을 도입함으로써 무용기호학이 나아가야 할 방법론을 새롭게 시사해 준다. 객관적이고도 명료한 코드의 추출은 복잡한 무용현상에 질서를 부여할 수 있다. 기호망 사이의 구조에 대해 때로 인위적 재단이 필요한 학문이 바로 기호학이라면, 무용현상 또한 오랜 미지의 카오스에서 질서를 가짐으로써 스스로 창조라는 진취적 실현과 독자적 무용학으로서의 행보를 용이하게 이어갈 수 있을 것이다.

미흡하나마 필자의 작업을 굳이 실천하고자 한 이유도 여기에 있다. 제1부에서의 세계에 대한 기호들의 이해와 정통 기호학적 방법론으로서 무용해석에 대한 무모한 용기와 판단, 제2부에서의 무용을 기호로서 해석한 시선들의 종합적 인식으로 무용기호학의 정립적 요소와 커뮤니케이션을 이루는 몸짓표현에 대한 구조적 분석은, 필자가 지금까지 나름대로 기호학에서 방법론을 찾아 실제 분석을 했던 논문들을 통해 재고함으로써 무용기호학의 행보를 찾을 수 있다고 판단되는 실험적 부분이다. 그럼으로써 텍스트 분석에 대한 가능성을 조심스럽게 재구성하다 보니 서구의 패러다임과 실용주의적 실천학문에서 오는 한계에서 한국 춤에 관한 분석과 방법론이 이론적 연구가 더욱 진행되어야 함을 반성하고 있다. 그럼에도 불구하고 책으로 엮을 수 있었던 것은, 정통 기호학 이론이 지닌 인식적 방법론으로 차이와 모순을 통한 논리적 실천과 객관적 학문의 유용함이었고, 무용학문이 필요로 하는 정체성에 관련된 자부심의 결과였다. 도움 주신 분들은 이루 헤아릴 수 없으나 우선 미흡한 필자의 글을 추천해 주신 서울대학교 서양화과 정영목 교수님께 깊은 감사의 말씀을 드린다. 그리고 서울대학교출판문화원과 출판위원회 심사위원 여러분, 형난옥 운영본부장님, 편집을 맡아 주신 정승아 님께도 감사의 마음을 표한다.

오선지 악보의 춤을 보라.
작곡가에겐 나뭇잎들의 미세한 흔들림처럼 음표가 춤을 추고 끊임없이 영감을 준다.
수학적 계산으로 치자면 음표는 정머리 없는 재단된 수치에 불과해도
그 질서를 찾은 다음에는 우주의 천체도 음악이 되고
은밀히 얘기하는 신의 목소리는 이 세계의 아름다움에 대해
끝없는 창조로 노래함으로써 오늘날까지도 이어지고 있다.

2010년 늦가을 문턱

김 지 원

차례

표 차례

그림 차례

제1부

기호의 세계,
무용기호학의 정립

01

세계(우주)와 기호, 예술과 기호현상

기호의 세계에 관하여

온 세상은 기호로 가득하다. 제일 먼저 서로를 이해하는 데 필요한 언어기호가 있고, 그림이나 사진을 통해 보지 못한 세계를 대신하는 기호도 있다. 그리고 나아가 인간의 생각을 대신하는 모든 것은 차이와 피상인 상징으로 얽혀 기호를 형성한다. 모두가 무엇을 대신하는 무엇인 것이다.

기호는 소리와 몸짓, 그리고 다른 대체할 만한 수단을 통해 우리에게 전달된다. 이것은 대개 단순기호를 의미하는 신호 개념이다. 교통표지판의 신호와 같이 단순한 차이로 구별되는 기호는 곧바로 의미가 규정되기도 하지만, 복잡한 기호에 대해서는 징후 등을 추정해야 하는 경우도 있다. 예를 들어, 인간의 단순한 제스처는 문화적 여건에 따라 약속을 요하는 가벼운 신호일 수 있지만, 예술가의 창조적 작업과 관련된 기호에는 의미의 완벽한 공유란 있을 수 없다.

이처럼 기호는 복잡한 세계를 지시한다. 우주의 질서를 의미하는 태양계, 만물의 생성인자를 나타내는 주기율표, DNA 나선구조의 생물학적 진화의 의미와 발전방향성 등 그것이 단순한 시각적 기호이든 상징이든 간에 기호는 어떤 실체를 표상한다. 우리의 시각에는 상형화된 기독교의 십자가 같은 기호 외에도 세계의 실체가 모두 의미부여를 하며 기호가 되어 존재한다.

세계는 이러한 기호 상호 간에 의미를 소통하는 커다란 유기체와 같다. DNA 나선구조는 인간의 신체가 소우주를 닮은 기호로 창조론자들에겐 신을 상징할 수 있다. 그리고 그러한 기호가 가지는 힘은 인류 구원을 상징하는 종교와 철학을 탄생시키고 세상의 모든 십자가와 별의 모양, 원과 나선의 의미를 결정짓게 되었다.

문자 이전에도 시각적 언어기호는 존재했고 그림이나 사물의 형상을 통해 의사소통체계로 사용되고 있었다. 조약돌에 표현했던 초창기 문자형태의 기호 또는 동굴벽화에 그려진 동물의 형상과 점, 선이 함께 그려진 추상적 기호의 형태가 이미 오래전부터 사용되었던 문자로 추정된다.

특히 고대에 나타난 기호 형태 가운데 남성(털처럼 가시가 붙은 남근을 상징하는 기호)과 여성(완전한 종 모양과 같이 여성의 생식기를 상징하는 기호)을 상징하는 기호의 배치는 거의 공통된 특성을 보이며 나름대로 규정된 소통의 의미를 지녔다. 라스코 동굴벽화에 나타난 사슴 형태의 동물형상과 사각형과 점선으로 어우러진 기호의 의미에 대해서는 정확히 알 수는 없지만, 당시의 그림 메시지는 어느 정도 문자체계와 유사한 역할을 하고 있었다. 현재 우리에게 상징적 의미로 전달되는 별과 원의 의미와 같이 고정된 기호로 자리했다는 것은 사실이다. 이처럼 그림과 같은 시각기호는 문자보다 앞선다. 언어라는 형태의 기호 이전에 무성無聲의 신호는 경험에 의해 인식되는 아주 즉각적인 효과를 주는 신화적 상징이자 강렬한 이미지다.

신호의 개념에서 가장 흔히 볼 수 있는 기호는 교통표지다. 그러나 길을 찾는 지표로 샛별이 기호가 된 지는 오래며, 항해하는 선에서는 별자리가, 잉카 부족에게는 태양이라는 신호가 자연의 기호였다. 이처럼 자연에는 우리가 지금까지도 지표로 사용하는 단순한 기호에서부터, 역사와 문명의 획을 긋는 수많은 기호가 발견되며 나름의 법칙과 질서를 찾아 발전했다.

기호로 가득한 이 세계는 인간이 생각하며 인식하는 사고의 역사를 구조적으라스코 동굴벽화에 나타난 사슴 형태의 동물 형상과 사각형과 점선으로 어우러진 기호의 의미는 정확히 알 수 없지만, 어느 정도 문자체계와 유사한 역할을 한다는 것은 분명하다.

로 볼 수 있는 철학적 메시지를 발견하게 한다. 예술도 인간의 사고를 표상하는 일종의 기호다. 그림에 나타난 도상도, 음악에 관계된 철학적 질서도, 몸짓에 나타난 심리적 표현도 모두 기호이며, 거기에는 세계를 표상하고 자연을 상징하며 신과 우주의 소리를 듣게 하는 마법적 전설이 담긴 의미의 덩어리로 가득하다. 이제 인간의 몸짓에 나타난 기호를 논하기 전에 나와 우주를 소통하게 하는 자연적 기호의 의미와 예술의 현상으로 승화된 기호들에 관해 말하려 한다.

자연의 피보나치수열과 황금나선형

아름다운 화음을 만들어 내는 피아노는 각각 2개와 3개로 묶인 검은색 건반 5개와 흰색 건반 8개가 한 옥타브를 이룬다. 그 밖에 달팽이나 소라와 같은 복족류腹足類의 패각구조, 숫양의 뿔, 소용돌이치는 물살, 태풍의 휘몰이, 수많은 별들의 바다인 은하spiral galaxies, 파르테논 신전과 부석사의 무량수전, DNA의 이중나선 구조에도 피보나치수열Fivonacci sequence은 숨어 있다.

피보나치Leonardo Fivonacci는 12세기 후반에서 13세기에 걸쳐 살았던 무역상으로, 셈과 무관한 로마 숫자보다는 아라비아 숫자를 사용한 계산법으로 유럽 상인에게 공헌한 선구자다. 그가 펴낸 『산술교본』은 당시의 사람들로부터 높게 평가받지는 못했지만, 그 책에 쓰여 있던 토끼의 증식을 취급한 수열의 질서가 건축가나 예술가에게는 중대한 시사를 주었던 황금비라는 데 의미가 있다.

피보나치의 황금비는 자연의 증식에서 발견된다. 한 쌍의 토끼가 태어나서 두 달 후부터 매달 한 쌍의 새끼를 낳는다는 가정 아래 n개월 후 토끼 쌍의 총수에 관한 순차적 생각이다. 즉 2개월 후에는 최초의 한 쌍의 새끼가 생기고 토끼는 두 쌍이 된다. 3개월 후에는 또 한 쌍이 생기면서 총 세 쌍이 된다. 그리고 4개월 후에는 또 한 쌍이 생기면서 최초에 생긴 새끼 커플이 한 쌍의 새끼를 낳기 때문에 달팽이나 소라와 같은 복족류의 패각구조에도 피보나치수열은 숨어 있다.

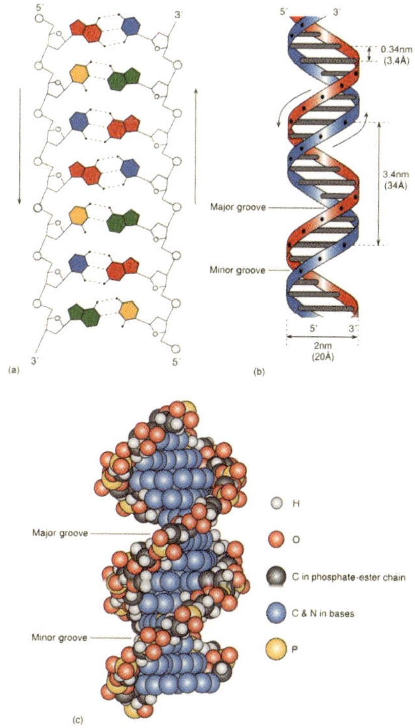

토끼는 두 쌍이 증가하여 다섯 쌍이 된다. 이렇게 탄생한 하나의 법칙이 바로 피보나치수열이다.

$$1, 1, 2, 3, 5, 8, 13, 21, 34, 55, 89, 144, 233, \cdots .$$

이 수열의 특징은 앞의 두 수를 합한 값이 그 다음의 수를 결정한다는 것이다. 또한 뒤의 숫자에서 앞의 숫자를 나누면 답은 1÷1=1, 2÷1=2, 3÷2=1.5, 5÷3=1.666, 8÷5=1.6, 13÷8=1.625, 21÷13=1.615 …… 로 값이 전개되어 황금분할을 의미하는 1.618[(1+√5)/2]에 가까워짐을 알 수 있는데, 1.618은 피보나치수열 55와 그 다음 수인 89의 관계에서 나타난다. 이와 같은 황금비는 그리스 문자 Φ(영어: 파이)로 나타낸다.

자연을 모방한 예술에서 모든 황금비는 신의 잣대이자 균형과 조화의 상징으로 자리매김한다. 비너스 조각의 황금분할을 가장 아름다운 여신으로 인정하고 있다는 것은 새삼스러운 일이 아니다.

건축에는 물론이고 우리가 사용하는 카드의 가로, 세로 길이에도 황금비가 적용되는 등 가장 표준화된 기호로 자리매김되는 숫자적 의미가 도처에 존재한다.

자연계의 80퍼센트 이상이 황금비율인 피보나치수열로 이루어져 있다. 모든 아름다움은 무리수 $\sqrt{5}$에 숨어 있는 것이다. 소라껍질과 고동의 나선형, 파인애플과 해바라기 씨의 배열, 피어나는 꽃봉오리, 잎, 나뭇가지 등 신이 창조한 자연의 모든 것은 아름다운 황금비로 되어 있어서, 무리수의 복잡함이 주는 정연한 질서의 세계는 신의 합리적인 미적 감각으로 여길 수밖에 없는 근사한 기호다. 그 때문에 자연을 모방한 예술에서 황금비는 신의 잣대이자 균형과 조화의 상징으로 자리매김한다. 미의 여신인 비너스 조각의 황금분할을 아름답다고 인정하는 것은 새삼스러운 일이 아니며, 건축에는 물론이고 심지어 우리가 사용하는 카드의 가로, 세로 길이조차 황금비가 적용된다.

조화는 예술이 끊임없이 추구하는 미의 영역이다. 균형의 아름다움을 보여 주는 자연의 모사는 앞으로 설명할 음악과 수학의 질서에도 한몫을 한다. 인간과 자연, 신의 일체를 기본으로 하는 메시지에 우리는 귀를 기울여야만 한다. 기호의 세계가 의미를 실천하는 요소는 그리 복잡하지만은 않다. 세상의 기호인 Φ로 대변되는 것에는 최고의 아름다움을 추구하는 가치라는 동일한 진리가 담겨 있기 때문이다.

예술과 기호현상:
예술기호의 숨은 언어(그림) 찾기

예술은 실체에 의미를 부여하고 실체를 넘어선 관념의 세계를 기호로 대신한다. 미신적 관념이든 존재에 대한 불안감이든 간에 예술은 내적 표현을 직접적으로 구현한 결과다. 그런데도 예술은 시대를 막론하고 규칙을 논하고 심지어는 보편성을 따지기도 했다. 세계를 드러내는 어떤 행위를 의미하는가, 아니면 세계를 초월하는 영감과 신의 영역에 도달하기 위한 영적 행동을 유발하는 동기인가에 대

뮤즈라는 아홉 여신이 부여한 창조적 힘에 현세적 건축 양식들은 예술의 범주에 들어가지 못하고 오직 신성한 영역만이 채택될 때가 있었다.

아름다운 색깔의 오로라를 보며 신의 감정이라 믿었고, 다년생의 나무를 보고 우주의 영생과 신의 존재를 확인하기도 했다. 이처럼 고대인의 사고방식에는 실체와 상징이 늘 공존했다.

해서는 논쟁이 계속되어 왔다.

뮤즈라는 아홉 여신이 부여한 창조적 힘musiké이란 현세적 건축 양식들은 예술의 범주에 들어가지 못하고 오직 신성한 영역만이 채택될 때가 있었다. 아름다운 색깔의 오로라를 보며 신의 감정이라 믿었고, 다년생의 나무를 보고 우주의 영생과 신의 존재를 확인하기도 했다. 고대인의 사고방식에는 실체와 상징이 늘 공존

회화에서 때로 강렬한 사건은 구체적 진실을 하나 하나 묘사하면서 그 어떤 말보다 강렬하다. 그림과 같은 나폴레옹 전쟁에 대한 묘사는 전쟁 자체의 비극 외에도 역사를 뒤로 한 부재에 대해 강한 복선의 이미지로 남는다.

했다. 때로 과학의 힘이 현실 외의 또 다른 세계를 부정하려 들면 인간의 불안과 나약함은 더욱 예술로의 통로를 찾으려 했다. 반대로 과학이 시대적 힘을 이기지 못해 예술을 찾아 그 뒤에 숨어 버리면 예술이 무언가를 전하는 메신저로 쓰였다.

예술은 수많은 전달과 소통의 매체 가운데 신비스러움과 혼란된 상태를 정리해 주면서도 몽환적 상태를 영원히 지속시켜 준다. 예술은 인간의 타고남을 그대로 불완전하게 인식시켜 주는 하나의 기호인 것이다. 예술기호는 고도로 상징적이며 끝없는 의미를 품고 있다. 그래서일까. 고대인들은 미의 추구를 고심하다 끊임없이 사다리 역할을 하는 수많은 기호들을 만들어 냈다.

미의 추구가 인간의 영혼을 구제하여 신의 세계로 다가가기 위한 종교적 방편으로 쓰일 때도 있었지만, 그곳에 숨겨진 제스처와 상징의 예술적 행위들은 나와 세계의 실재, 부재와의 공존, 자아의 실존적 상태를 일러주는 침묵의 메시지였다.

회화에서 때로 구체적 진실을 하나하나 묘사하는 일련의 사건은 그 어떤 말보다 강렬하다. (나폴레옹)전쟁에 대한 묘사는 전쟁의 비극 외에도 역사를 넘어서는 시간의 부재로 강한 복선의 이미지로 남는다. 미켈란젤로Michelangelo Buonarroti의 〈천지창조Genesis〉에 담겨 있는 손가락의 묘사는 장황한 설명보다도 훨씬 많은 것을 담고 있는 상징적 기호로 시간이 지날수록 심오하며 감탄을 자아낸다.

인간은 영생하는 모든 것을 숭배해 왔다. 인간이 영생할 수 없다는 그 안타까움은 예술을 통해 인간의 영혼을 영생하게 했고, 그래서 예술의 기호들은 아직도 많은 의미를 생성하는 것이 아닐까. 그리고 예술이 입을 열어 말을 걸어오지 않는 이상, 우리는 이 답답함에 함축적 이야기기가 담겨 있는 숨은 그림들을 찾아나서야 되나 보다.

미켈란젤로는 후세인들이 풀어야 할 암호와 도상적·시각적 단서를 〈천지창조〉에 숨겨놓았다.
하나님과 주변의 천사들을 인간의 뇌 횡단면과 비슷하게 그린 이 그림에는 하느님이 인류에게 준 선물은 인간의 지능이라는 뜻이 담겨 있다.

1) 오선지 악보의 협률 : 피타고라스의 고심

충분히 깊이 들여다보라. / 그러면 음악적으로 보게 될 것이다.
네가 거기에 이를 수만 있다면, / 모든 곳이 음악인 자연의 심장을.

— 토마스 칼라일(Thomas Carlyle)

(1) 신의 수다 : 천체의 소리, 음악

피타고라스Pythagoras는 우리 눈에 무질서하게 보이는 우주의 혼돈을 세계를 그대로 두지 않고 혹성의 궤도와 천체의 움직임, 그리고 신화를 묶어 자연과 이상적 상징에 관해 질서와 조화를 꾀한다. 그는 하늘, 우주 천체를 음계의 조화로 보았다. 매일 운동하는 천체는 우리가 사는 곳이기에 익숙한 나머지 들리지 않는 거대한 음악이자 조화로운 연주를 하는 운동체라는 것이다. 그리고 수數의 세계를 통해 소리의 흔적을 발견함으로써 그러한 운동을 증명하고자 했다. 음악과 음정에 대한 법칙은 우주의 질서이며 조화로운 비율은 아름다운 신의 세계로부터 들려오는 소리라고 보고, 수를 통해 신의 흔적을 밝히고 혼란스러운 것에 질서를 부여하려 한 것이다.

피타고라스에게 음악이란 우주와 신을 이해하기 위한 핵심기호다. 마치 베토벤의 들리지 않는 귀를 놓고 신의 소리를 듣기 위해 인간의 소음을 차단했다고 생각하는 것과 같다. 설령 피타고라스의 영향은 아닐지라도 신의 목소리인 음악을 들려주려 한다는 사명감만으로도 음악은 신의 기호다. 그래서일까. 보이지 않는 실재의 구조를 드러내기 위해 피타고라스는 신의 흔적인 수로써 음악이라는 예술기호에 관한 상징적 의미의 조화로운 협률을 도시圖示했다.

영원의 불멸과 순환설을 주장하는 피타고라스학파에게 천체는 수적 질서에 따라 순환되는 상징의 연속된 고리를 의미한다. 당시의 모든 예술은 수적 비율과 조화를 기본으로 확대해 나갔다. 특히 피타고라스학파는 음악을 예술적 미로 간파하기 위한 조건으로 '조화'를 내세운다. 이는 부분적으로 음악이 수학적 관계에 달려 있다고 보는 견해로 재단과 비례, 질서에 부합해야 한다는 조건을 말한다. 우리에게 알려진 피타고라스의 정의처럼 음악도 수의 협률이다. 음악을 질서에 의한 조화로운 개념으로 보고 예술의 범주에 둔 것이다. 따라서 여느 고대 그리스의 예술처럼 음악에서도 질서와 비례는 아름답고 유용하나 무질서하고 혼돈스러운 것은 추한 것으로 분리된다.

(2) 코스모스Kosmos, 음악의 성질

우주는 질서에 의해 움직이며 음악을 들려준다. 이들 운동이 가지는 통합적이고 유기체적 움직임의 운동성은 예술성의 원리와도 일맥상통한다. 피타고라스가 망치의 무게를 통해 발견한 음악운동의 법칙은 각 소리가 망치의 무게에 반비례하며 진동수가 클수록 높은 음을 낸다는 것이다. 곧 음계의 간격은 진동하는 현의 길이가 짧을수록 진동수가 커져 높은 음이 난다는 상관관계를 밝힌다. 이때 현의 길이의 비가 정수의 비로 표현될 때는 어울리는 협화음을 들을 수 있지만, 복잡할수록 부조화의 소리가 들린다는 음악적 발견에 의해 서양음악의 7음계가 탄생하였다.

음악의 미는 조화에 있다. 음은 하나의 음만으로는 존재하지 못한다는 것도 당연한 원리다. 수학적 비례에 관한 음들의 관계는 차이와 조화, 부조리를 판단하며 미적 비례에 관한 수치를 추정한다. 이때 조화로운 음향은 우주의 소리이자 미의 완성이며 신의 세계에 대한 도달이다. 이는 형이상학적 세계의 실체에도 불구하고 과학적이고 체계적이며 검증적이기까지 하다.

오선지 악보가 보여 주는 하모니의 상징적 예술기호를 주의하여 보라. 세계를 혼돈으로 두지 않고 혹성의 궤도와 천체의 움직임, 그리고 신화를 묶어 자연과 이상적 상징 간에 질서와 조화를 꾀한다. 검증된 실체에 더해 의미부여를 반복하며 하나의 근본을 지속적으로 강조하고 또 강조한다.

음악의 기호는 소우주를 대신한다. 음으로 영혼을 정화하고 우주와 자연, 인간의 조화를 꾀하는 신의 메시지를 전하는 것이다. 따라서 음악은 여느 예술과 다른 예외적이고 독특한 것으로, 오선지 악보에 숨겨진 진실은 때로 영혼을 고양시키기도 하지만 사악한 것으로 치닫게도 했다. 영혼을 정화하기 위해서는 우주의 하모니를 구현하는 음악을 선별하여 들어야 한다. 조화로운 신의 목소리를 듣는 것은 인간이 신에게 다가가기 위한 길임을 암시해 준다.

음악은 예술기호로서 세계의 원리와 신의 사상까지도 담고 있다. 특히 음악은 소리로서 영원의 울림을 전파하는 더욱 의미 있는 기호다. 그런 의미에서 오선지의 악보는 선악의 진실을 말해 주는 살아 있는 유기체라 할 수 있다.

2) 레오나르도 다빈치의 인체비례에 담긴 해부학적 진실

레오나르도 다빈치Leonardo da Vinci라고 하면 대부분의 사람들은 〈모나리자Mona Lisa〉와 인체비례를 그린 강렬한 이미지를 떠올리게 마련이다. 〈모나리자〉는 단순한 회화 이상의 메시지로 더 유명하고, 인체비례도는 당대의 모험인 해부학적 진실과 숨은 기하학적 모델로 그의 천재성을 증명한다. 천재이자 이해할 수 없는 모험가였던 레오나르도 다빈치는 자신의 생각을 글로 옮기고 그림으로 전하는 데 탁월했다. '말하는 회화'로 일컬어지는 위대한 천재의 업적은 예술을 과학과 철학의 반열에 올리면서 커뮤니케이션을 하는 숨은 언어이자 창조적 지식의 보고로 만들었다.

그가 29세가 되던 1481년에 그린 〈동방박사의 경배Adoration of the Magi〉는 움직이는 듯한 몸짓언어의 절정을 보여 주는 예다. 원근법에 의해 시선을 따라가다 보면, 카메라의 줌 기능과 같이 '그리스도의 탄생'이라는 스토리가 부각된다. 오랜 습작 끝에 탄생한 인물의 모습과 역동적 이미지는 본질과 실체, 상상하는 세계에 대해 말하기 때문이다.

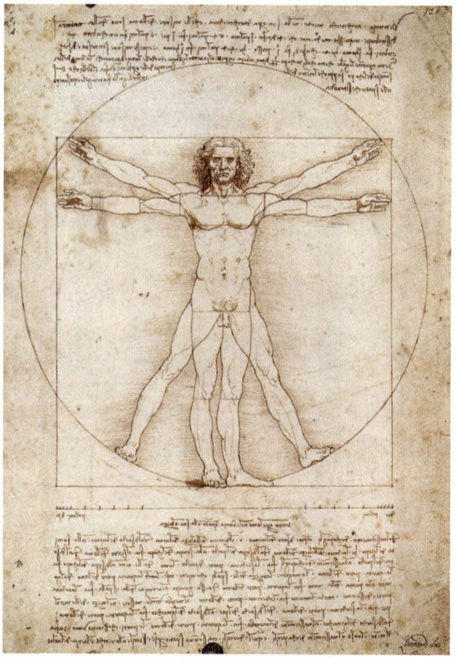

레오나르도의 〈모나리자〉(위 왼쪽)는 단순한 회화 이상의 메시지로 더 유명하고, 인체비례를 그린 아주 강렬한 이미지(위 오른쪽)에는 해부학적 진실과 숨은 기하학적 모델이 담겨 있다.

〈동방박사의 경배〉(옆)는 몸짓언어의 절정을 보여 주는 예다. 원근법에 의해 시선을 따라가다 보면 그리스도의 탄생이라는 스토리가 부각되어 있다.

레오나르도의 이런 시각언어에 담긴 메시지가 예술에 대한 철저한 철학적 사고로 신의 존재에 대한 부정인가, 확신인가에 대해서는 아직도 많은 논란이 있긴 하다. 하지만 가톨릭의 억압과 인식으로부터 벗어나 의욕적 열정을 가지고 신의 영역에 다가가기 위한 노력이 그림 속에 숨어 있다고 보는 견해가 대부분이다.

〈암굴의 성모Virgin of the Rocks〉라는 작품을 보자. 레오나르도의 이 그림은 성모자가 이집트로 여행하는 도중 대천사 우리에르의 보호를 받는 예수와 그 앞에 나타난 세례요한을 담고 있다. 이 그림은 두 점이 전하는데, 하나는 파리의 루브르Louvre에, 다른 하나는 런던의 내셔널갤러리National Gallery에 소장되어 있다. 언뜻 봐선 누가 마리아이고 누가 아기 예수인지 쉽게 구별되지 않는다. 암굴의 성스런 빛과 어우러지는 네 명의 인물은 수수께끼와 같다.

두 아기 중에서 좀 더 위엄 있고 기품이 느껴지는 오른쪽의 아기가 예수이며 그 곁을 보호하는 이가 대천사라고 보는 견해가 일반적이다. 그렇다면 성모마리아가 새 발톱 같은 손가락을 예수의 머리 위에 내밀고 있고, 세례요한이 아기 예수를 내려다보는 그림이 교회 입장에서는 기분 좋을 리 없다. 세례를 내려야 할 예수가 오히려 요한에게 세례를 받는 듯이 묘사되었기 때문이다. 그래서 다시 그려진 수정판이 내셔널갤러리가 소장하고 있는 작품이다. 대천사를 제외한 세 사람의 머리 위에는 성모와 성인을 암시하는 고리가 그려지고 왼쪽 아기는 십자가를 껴안고 있어서 마치 마리아가 보호하는 왼쪽의 아기가 예수를 상징하는 것처럼 보인다. 만약 요한보다 높이 앉아 있는 아기가 예수라면 그 아기가 기도하는 모습과 세례요한이 지시를 내리 듯 손가락을 내밀어 예수를 지목하는 현상은 어떻게 봐야만 할까?

그렇다면 레오나르도는 무엇을 말하고 싶었을까? 숨은 그림 안에 어떤 이야기를 담아서 전하는 것일까? 교회의 요구로 그림을 다시 수정했다 하더라도, 변치 않는 메시지는 그의 철학적 이념을 고스란히 담고 있을 수 있다. 말하자면, 위엄 있는 얼굴을 한 아기가 세례요한이며, 대천사는 손가락으로 왼쪽 아기를 가리키

레오나르도 다빈치의 작품인 〈암굴의 성모〉에는 두 명의 여인과 두 명의 아기가 그려져 있다.

프랑스 루브르에 소장되어 있는 왼쪽 그림 속 두 아기 중 좀 더 위엄 있고 기품이 느껴지는 오른쪽의 아기가 예수라고 보는 견해가 일반적이다.

성모마리아가 새 발톱 같은 손가락을 예수의 머리 위에 내밀고 있고, 세례 요한은 예수보다 높은 위치에서 아기 예수를 내려다보는 것이 교회 입장에서는 기분 좋을 리 없다. 그래서 다시 그려진 수정판이 내셔널갤러리에 소장된 오른쪽 그림이다.

며 예수임을 표현하는 것이다. 예수는 지금부터 요한의 제자가 되기 때문에 기도하는 자세를 취하고 있고 그 옆에 성모마리아가 있다. 레오나르도는 처음부터 요한을 예수보다 위엄 있는 인물로 그렸다. 가톨릭을 부정하려는 의도는 아니지만 소신 있는 종교적 철학은 당시의 사상에서 이탈되어 있음은 분명하다. 또한 오른쪽에 무릎을 꿇고 그림 밖을 응시하는 천사의 모습은 〈동방박사의 경배〉에서와 같이 오른쪽 끝에 서서 그림 밖을 바라보며 무언가를 말하려는 듯하다.

레오나르도의 숨은 그림은 이처럼 예술을 의미 있는 언어로 만들었다. 수년간 지니고 다니면서 그렸다는 〈모나리자〉의 신비까지 훗날 사람들은 많은 이야기를 수도 없이 만들고 있다. 그의 생애를 연구하면 할수록 베일이 벗겨지기보다는 그의 천재성에 더욱 놀라게 되고 작품 안에 숨어 있는 메시지는 또다시 많은 의미를 생산한다. 의미를 생산하는 기호로 예술작품을 만들었고, 예술을 언어로 인식하

레오나르도 다빈치의 두개골 스케치는 비례와 무게중심의 원칙을 그린 것이다. 이처럼 레오나르도 예술의 아름다움은 단순한 형상이 아니라 철저히 준비된 과학과의 접목을 통해 완성된다.

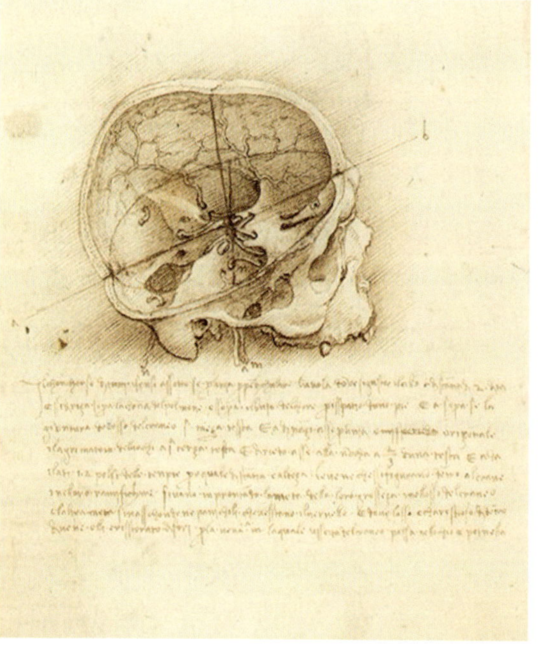

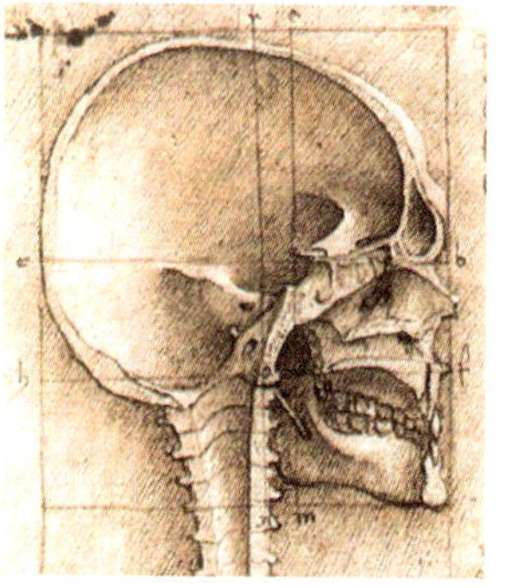

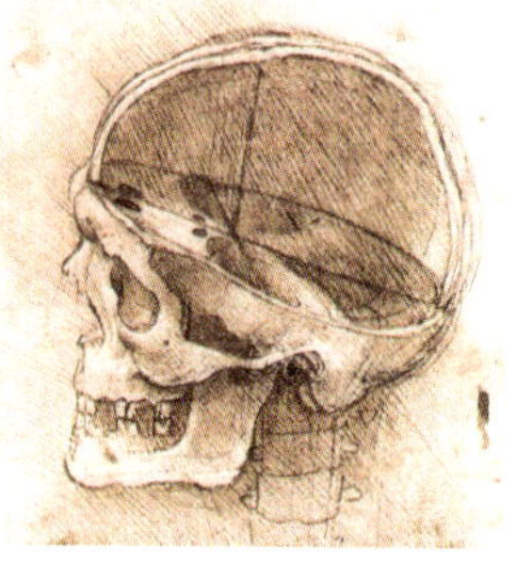

여 커뮤니케이션 수단으로 이용한 것이다.

레오나르도는 신과 인간의 사이에서 신에 접근하는 태도를 달리했으며 한편으로는 신을 인정하는 듯한 태도로 신의 숫자를 작품에 반영하기도 했다. 피보나치가 죽은 지 2백 년 후에 태어난 그는 황금비의 효용을 알고 예술을 아름답게 치장하는 법을 터득했다. 레오나르도는 밀라노에서 피렌체로 돌아온 후에는 기하학에 빠져 숫자와 도형 등에 전념한다. 평소 아르키메데스Archimedes를 한없이 존경하고 기하학 지식을 부러워했다는 것을 그의 글을 통해 알 수 있다.

레오나르도는 신의 영감을 받아 신이 내린 손으로 회화를 그리고 예술에 우리가 흔히 과학이라 부르는 모든 발견을 적용하기도 한다. 〈최후의 만찬The Last Supper〉에서 우리는 인물과 주제보다는 레오나르도가 해명하고 예술로 승화시킨 원근법에 더 열광하고 놀란다. 황금비와 원근법을 정확히 그리기 위해서 그는 수학과 기하학에 몰두했고, 인물화를 그리면서 근육과 뼈의 상태를 알기 위해서 해부를 시도하는 것도 두려워하지 않았다.

예술을 위한 첫 시도였던 해부로 인체의 신비에 놀랄 때마다 그는 회화와 문자 등으로 이 모든 것을 기록하고 있다. 더욱 상세한 해부학 연구는 인체의 무게와 균형의 관계를 규명하기 위해 비례도를 그리면서 시작된다. 레오나르도가 1489년이라고 직접 날짜를 써넣은 유명한 두개골 스케치는 비례와 무게중심의 원칙을 그림으로 그려 과학에 활용한 예다. 인체비례와 원근법은 레오나르도의 원과 사각형 안의 남자에서도 잘 나타난다. 이러한 기하학적 지식 추구는 건축을 연구하기 위한 기초자료가 되었다.

레오나르도 예술의 아름다움은 단순한 형상이 아니라 철저히 준비된 과학과의 접목으로 완성된다. 신의 목소리가 음악이라면 악보의 규칙을 통해 우주의 질서를 해명하듯이, 레오나르도의 회화와 그 밖의 모든 설계에 관한 도면도 결국은 자연의 철학을 연구해 가며 신의 뜻을 전하려 했던 것 아니겠는가. 그의 천재적 영감과 철학적 의지는 베일에 가린 신비감으로 아직까지도 회자되고 있다.

이처럼 세상은 숨은 기호와 같아서 여전히 보이지 않는 실체에 다가가려 애쓰고 있으며, 그 기호 가운데 예술에 담긴 메시지는 신의 영역에 가장 가깝게 소통하는 기호임에 틀림없다.

3) 시의 음률과 함축적 의미의 조화, 그리고 은유

문학과 예술은 매체media와 그에 상응하는 약호code를 사용한다. 문학은 언어 가운데 음성이 아닌 문자를 통해 기호표현을 한다. 이때 단순한 문자라는 기호는 컴퓨터 자판처럼 모두 하나의 기표에 하나의 의미만을 규정하고 있다. 만약 하나 이상의 의미를 나타내는 기호라면 혼란을 야기하며 다양한 의미 때문에 해석의 오류가 있을 수 있다.

그러나 문학에서의 문자기호는 다르다. 다의적 표현으로의 치환이 가능하다. 문학의 기호내용은 은유적이기 때문이다. 1차적 표의작용signification에서 끝나지 않고 그 자체가 다시 기호표현이 되면서 공시connotation에 의해 2차적 표의작용을 하게 된다. 그러기에 한 편의 시는 문자에 의해 또 다른 객체object linguistique, 作品를 만들어 낸다.

특히 시인이 쓰는 언어는 예술과 같이 생각을 인위적이고 의도적으로 코드화하기 때문에 함축적이고도 비밀스런 유기적 질서를 파악하기 전에는 뜻을 헤아리기란 쉽지 않다. 왜냐하면 시는 생략과 함축으로 이루어져 있어서 다양한 의미들의 관계에서 지속적인 코드엮기와 코드풀기가 요구되기 때문이다. 소설과 같은 문학작품이 주제론적 분석에서 대립과 상관관계 같은 요소들을 통해 의미론적 해석이 가능하다면, 시의 음운론적 질서인 운율은 예술적 코드로서 협률(음률을 포함한 조화로운 리듬적 요소)의 의미를 보완해 주며 시를 음악적 율동으로 읽게 해 준다. 하나의 문자와 문자의 조합이 이끌어 내는 메시지는 은유라는 시적 언어로 인해 예술텍스트의 장치(함의)들을 효과적으로 끄집어 낼 수가 있다.

시 텍스트에서 은유는 직접적인 정보전달 기능을 하지는 않는다. 흔히 은유를 지시하게 되는 인접된 유사성을 필요로 하지도 않는다. '호박 = 못생긴 사람'이란 공식도 자의적 약속에 의해 문맥으로부터 자유로울 수 있다. 은유의 기능은 기의를 유도한다. 따라서 시 텍스트는 훨씬 다양한 코드들이 심미적 감정들을 자극하면서 풍요로움을 생성한다.

시 텍스트는 언어기호체계를 통해 전달하고자 하는 세계에 대한 의미와 세계를 바라보는 질서를 나타낸다. 따라서 시에서의 은유적 방법은 수사학의 꽃이라 할 수 있을 정도로 관념의 유희에 더 가깝다. '붉은 뺨'을 '볼그레한 뺨'으로 표현하는 것은 시의 음률변화를 통한 리듬적 요소가 된다. 그리고 '볼그레해지는 수줍은 여인'이라는 표현을 '복사꽃 고운 뺨'이라 하는 것도 일종의 개념적 은유에 의한 멋진 시적 표현이다. 또한 '복사꽃'은 '무릉도원'을 지시하는 신선의 세계를 연상하게 됨으로써 은유적 개념은 '성스러운 여인, 성찰한 여인'이라는 의미를 함축할 수 있다.

은유는 일상생활에서 우리의 언어 속에 자유자재로 쓰이는 사고의 유추이며 개념의 방을 소통해 가며 움직이는 철학이다. 특히 시에서는 현실보다는 이상과 관념을 지향하기에 세계를 바라보는 나의 철학적 고뇌가 이미지가 되어 해석자의 시야에 물결친다. 의미작용은 생략과 함축, 운율의 절제된 기호들 간의 상호작용을 통해 일어난다.

시를 통해 세계를 유추하는 것은 은유에서 일어나는 대상과 다른 대상 사이의 개념과의 조화, 구체적 개념을 추상화하는 과정에서 일어나는 사고행위의 구조화, 실체를 다 드러내지 못하는 언어의 범주를 넘어서 대상과 사고를 연결하여 실체에 조금이라도 다가가려 노력하는 실천적 의미까지도 포함한다. 따라서 바로 예술의 정의와도 일맥상통한다고 할 수 있다.

그러므로 시는 전이와 대체, 매개관념의 동일화를 통해 늘 소통하며 숨을 쉬는 살아 있는 생명체와 같다. 시에서 은유는 상상하지 못한 창조적 철학이 될 수 있다. 그 때문에 시와 철학은 동일하다. 창조적 비유의 세계는 단순한 언어기호 이상의 어의를 만들고 기존의 일대일 기표와 기의의 개념을 타파한다. 그래서 기호는 기호가 되었다가도 기호의 부재를 알린다. 늘 텅 빈 상태의 기호다. 은유를 통한 세계의 실체는 있다가도 없어진다.

언어기호는 세계의 단면을 나타낼 뿐이다. 그 일부분도 세계 자체의 의미를 규정짓지는 못한다. 그러나 시의 언어에서는 코드 자체를 이탈하는 탈코드화 de-codification가 진행되며, 탈코드화는 탈기호화de-sign를 불러온다. 즉 시에서는 통상적 기표와 기의의 관계가 해체되고 새로운 질서에 의해 다시 조립된다. 그러나 그렇게 조립된 추상적 질서에 의미의 고정이란 있을 수 없다. 만약 의미의 고정이 가능했다면 우리는 매너리즘에 빠졌을 것이고, 세계는 고정된 실체가 되어 예술에 대한 필요성도 커뮤니케이션의 쟁쟁한 논의도 필요 없었을지 모른다.

4) 신체기호, 춤 예술로의 언어적 치환까지

고유한 몸짓은 말보다 더 강렬함과 명확함을 드러낼 때가 있다. 의식적으로 언어기호를 끄집어내기 전에 발성적이건 비발성적이건 간에 행위는 의미를 만드는 언어 형태를 보인다. 세상을 향해 태어났음은 우렁찬 울음소리와 함께 눈을 찡그리는 모습으로 살아 있음을 알리고, 손 하나로 거절과 기쁨, 다양한 곳을 지목하기도 하며 수화를 나눌 수 있다. 어린아이는 신체를 일관되게 사용할 줄 모르지만, 점차 모국어를 배우고 속한 문화 속에서 언어를 보조할 수 있는 표현형태를 갖추게 된다. 즉 자세와 예의, 의식행위, 성숙한 표현언어 등 몸짓은 지금까지도 언어에서 독립된 것처럼 보이는 신체기호로서 의미가 다분히 작용하고 있다.

신체가 취하는 자세나 행동은 대개 심리적 상태와 연관되어 있다. 하나하나의 행동은 자발적이든 자의적이든 간에 나를 표현하는 무엇으로 작용한다. 따라서 감정적 표현의 절제나 타인에 대한 인위적 자세의 변화로 상대에 대해 예의를 나타내기도 하고, 때론 말보다 더 효과적인 감정의 표현을 더하기도 한다.

학자들은 신체의 언어들을 정리하고 수많은 기호들에 관해 연구하기도 했다. 동작학에서는 제스처와 의식적 행동양식을 나름대로 규정하며 일반적이고 보편적인 자세를 통해 마음의 표현을 읽어내려 한 것이다. 앞서 이야기했듯 시각언어는 문자 이전에 더 강렬한 이미지로 호소한다. 신체도 그러한 원시언어처럼 유희적 의미나 소통을 위해 쓰였다.

단순한 몸짓이 상징의 제스처가 되고 문화적 소통의 힘으로 작용되기까지 보편적 원리는 의식적 자세를 통해서도 알 수 있다. 그리고 그런 자세가 의식적 정신작용과 결부된 기호 이미지로 존재한다는 것은 기도를 하는 모습을 통해서 짐작할 수 있다. 선 채로 명상을 하는 것은 조금 경직된 자세를 통해 복종과 헌신의 의미를 담고 있으며, 무릎을 꿇어 기도를 하는 의식적 행위도 완전한 복종과, 자아의 겸손, 참회 등을 묵시한다. 물론 손을 모아 기도를 하는 행위에서도 완전한 집중과 합일된 경지를 염원하는 간절한 마음을 읽어 낼 수 있다. 그리고 이러한 성스런 의식의 자세는 발성되는 언어보다 더 경건하며 신성함에 대한 전언인 동시에 대상과 자아 사이에 발생하는 새로운 형태의 유희적 자세라고도 볼 수 있다.

종교적 의식은 신성한 상태로 전환되는 주체와 객체 간의 교접을 맞볼 수 있는 환상적 세계다. 타자와의 소통은 마음의 안정과 평화를 가져옴으로써 좀 더 철저하고 의식적인 자세와 신체행동으로 자연스럽게 발전하도록 유도한다. 이러한 의식적 동작의 코드체계는 세분화되어 형이상학적 관념에 도달하기 위한 비언어적 표현으로 세속적 코드와는 결별되는 듯 보인다.

원시사회로부터 의식적 행위들은 삶에의 안정과 초인간적 힘을 주었다. 그중 의식적 춤(아직 춤이라고 명명하기에는 이른)은 가장 보편적인 유희적 신체행위다. 기쁨과 분노를 같이하며 발을 구르거나 무기를 들고 원을 만드는 행위는 집단적 신체행동 형태를 나타낸다. 현재 발레라는 고도로 정형화된 춤 형태 외에도 발리와 자바, 인도반도의 전통적 춤만 보아도 신체 가운데 특히 손과 손가락의 수도 없는 규칙의 체계는 문자체계 못지않다.

이처럼 인도 문화에서 춤은 매우 중요한 양식들의 결정체다. 춤은 원시의식과 생활리듬뿐 아니라 절차에 따른 상징적 제스처에 이르기까지 모두를 포괄한다. 그중에서 '카타칼리kathakali'는 마임과 연주, 감정을 부르는 춤까지 포함된 신체를 이용한 기호였다.

카타칼리는 자연적이고 문화적이며 사회적인 흔적을 나타내는 코드체계다. 춤은 감정이나 정열을 표현하기도 하지만 여과하는 기능도 하는데, 카타칼리는 엄격한 통제 안에서 절제의 미를 보여 주며 인생의 감정을 여덟 가지로 표현한다. 스링가라(사랑), 베에라(자존심, 용기), 하샤(경멸), 카루나(슬픔), 라우드라(분노), 브하야나카(근심, 공포와 두려움), 비크하사(불쾌감), 샨타(평화, 기적) 등 모든 신체 코드는 유연성을 지니며 각기 다른 표현을 지시한다. 즉 손에 의해 관념이 표현되고 근육을 분리시키며 표정으로 영혼의 상태를 표현한다. 신체기호가 곧 알파벳과 같은 체계를 이루며,

인도 문화에서 춤은 매우 중요한 양식들의 결정체다. 춤은 원시의식과 생활리듬뿐만 아니라 절차에 따른 상징적 제스처에 이르기까지 모두를 포괄한다.

마임과 연주, 춤이 결합된 카타칼리는 감정이나 정열을 표현하고 여과하는 기능을 한다.

손가락 하나하나의 의미는 개별적 알파벳처럼 기표와 기의가 일대일로 대응한다. 중요한 것은 이러한 하나하나의 단위가 서로 결합됨으로써 언어기호와 같은 낱말의 의미와 상징적 가치를 지니고 있다는 점이다.

언어기호가 음소의 결합으로 청각적 이미지의 시니피앙signifiant과 의미인 시니피에signifié를 통해 의사전달을 한다면, 춤은 신체 움직임을 매개로 하여 의미를 생산한다. 그러나 신체단위의 요소와 요소 간의 결합은 오히려 더 현상학적 관념의 실체를 전하려 하기 때문에 상대적으로 깊은 상징형태를 띠고 있다. 그리고 무용기호가 복합적인 것은 낱말과 낱말의 결합된 의미에서 끝나지 않고, 제스처나 의식, 그리고 표정에 이르기까지 많은 코드를 생성함으로써 또 다른 기호가 무수히 생성되기 때문이다.

몸짓은 문명의 언어적 형태보다도 훨씬 더 이전에 자연스럽게 표현된 기본언어다. 점차 의식화되고 규정화되어 정형화된 약호로 기능하는 듯 보여도, 미술과 음악, 시가 그러듯이 예술기호는 특수한 심미적 코드의 작용과 관련된 기호의 개념과 범주 자체가 통상적인 언어와는 차별되어 있는 것이다.

02

현대 기호학의 정립

현대 기호학 이론

1) 소쉬르의 기호학과 기호론

현대 기호학semiology은 언어가 기호체계라는 점에서 언어학은 바로 기호학이라고 보는 데서 출발한다. 소쉬르Ferdinand de Saussure는 언어학이 자연과학에 속하느냐 아니면 역사과학에 속하느냐에 대해 오랫동안 논의해 왔지만 언어학은 기호학이란 이름 아래 존재하게 될 과학의 하나에 속한다고 말한다. 소쉬르의 주장에 의한다면 언어학과 기호학은 상호 공존의 관계에 있다. 기호학은 기호의 과학이다. 또한 언어학은 심리학의 한 분과인 사회심리학에 속함을 밝히고 있다.

소쉬르는 랑그langue와 파롤parole이라는 언어가 지니는 2개의 기본적 차원에서 언어현상 전체를 고찰하고 있다. 그가 행한 이 양자 간의 변증법적 구별은 언어학 전반의 발전, 특히 구조주의[1] 의 발전에 가장 중요한 역할을 했다(오원교, 1988: 22-23).

---

1. 구조주의(structuralism)란 레비스트로스, 바르트, 라캉 등 여러 프랑스 학자들의 텍스트 분석 방법론을 통틀어 일컫는 말이다. 이것은 텍스트의 독립성을 가정하고, 텍스트에 쓰인 언어가 배태하고 있는 의미생성의 규칙 내지는 언어가 내포하는 관계들의 일반적 문법을 밝히려는

'파롤'이 다른 사람들과의 상호작용을 위해 실생활에 이용되는 언어행위의 과정으로 사회적이며 구체화된 표현을 의미한다면, '랑그'는 이러한 파롤이 점차적으로 규범화되어 이루는 언어적 추상체계를 의미한다. 우리가 일상생활에서 다른 사람에게 의사소통을 목적으로 설명하는 것은 파롤이고, 랑그는 매우 추상적인 체계를 가리킨다. 즉 개개인의 발화행위인 파롤은 랑그를 통해 그 의미를 가지며, 언어학에서 사회적 규칙인 랑그는 구조주의적 인식이 특징이다. 랑그는 관념들을 표현하는 기호체계를 말하며 문자, 수화, 알파벳, 상징적 의식, 예의범절, 군사용 신호 등과 견줄 수 있다(소쉬르, 1974: 33; 김치수 외, 1982: 27).

페르디낭 드 소쉬르
(1857~1913)

랑그는 계열체paradigm적이고 파롤은 통합체syntagm적이다. 계열체는 일련의 언어기호들이 범주별로 구분되니 컴퓨터의 자판과 같다. 한글의 자모와 알파벳, 숫자의 단위인 0부터 9까지가 계열체가 된다. 그리고 계열체에서 선택한 기호들을 조합하여 이루어진 낱말과 문장, 메시지, 내용을 이해하는 지식이 바로 통합체다. 따라서 소쉬르의 이론으로 보면 춤에 나타난 코드와 메시지는 선택된 여러 다른 기호들의 종합적 기호로 '파롤'이라고 볼 수 있다.

소쉬르 언어학에서 구조주의 사유는 본질과 실체론적 사고를 뒤엎는다. 즉 플라톤에서 헤겔, 칸트에 이르기까지 서양학자들이 이데아, 본질, 실체를 규명하기 위해 고통스런 사색을 했듯이(이도흠, 2003b: 9), 기호작용semiosis에 대해 이원적 해명을 했는데, 이것이 바로 언어기호인 '기표signifiant'(능기)와 '기의signifié'(소기)다. 이는 언어기호가 '개념'과 '낱말들의 청각 이미지'의 구조적 관계로 구성됨을 의미한다.

시도였다. 소쉬르는 구조주의라는 말을 쓴 적이 없지만 구조주의자들은 소쉬르의 '기표/기의', '랑그/파롤', '공시구조/통시구조', '계열체/통합체' 같은 개념을 가지고 텍스트에 내재하는 관계들의 망을 분석하여 기술했다(김경용, 2003: 317).

언어의 구조는 현실과의 연결을 통해 관념을 생성하고 보증하며 비로소 의미작용 signification을 이룬다. 언어기호는 기표와 기의의 연상작용 결과이며 자의적 연결이 있을 뿐이다. 이처럼 기표와 기의 간의 자의성恣意性은 기호생산에 무한한 융통성을 가져와 무수한 기호들을 생산한다.

개념과 청각적 이미지의 관계에서 나무는 '나무'라는 말 안에 없다. '나무'는 스스로 아무런 의미나 본질을 갖지 못한다. 나무는 '풀'과의 차이를 통하여 '목질의 줄기를 가진 다년생의 식물'이란 의미를 드러낸다. 풀이 없었다면 나무 또한 아무런 의미를 갖지 못한다. '불, 뿔, 풀'이 음운의 차이로 의미가 갈리고 다른 낱말이 되듯(이도흠, 2003b: 9), '나무'라는 청각의 이미지는 구조적 사유를 떠나서는 아무런 성질의 것이 아니다. 나무는 문화에 따라 여러 가지 이름으로 불린다. 'tree', '木' 등 이름의 의미는 그 이름 자체 때문에 의미 있는 것이 아니라 그 이름이 아닌 것들 때문에 의미 있는 것이다. 그 말이 그 말 같지만 의미는 차이의 다른 말이고, 차이란 부정성에서 오며 치환을 허용하지 않는다. 불치환성이 곧 가치의 기본이다(김경용, 2003: 57). 언어에는 오직 차이만 있을 뿐이다(Saussure, 1966: 120).

기표는 의미를 전달하는 전달체sign vehicle를 의미하고, 기의는 기호가 담고 있는 추상적 개념이자 메시지를 의미한다. 기표가 매개체이고 물질적이라면, 기의는 비물질적이자 유동적이다. '나무'라는 청각 이미지를 개념화하는 의미는 풀과의 차이에 의한 '다년생의 식물'만을 뜻하는 데 멈추지 않는다. '나무'는 원시적 상징에서 보면 생성하고 소멸하는 것을 반복하는 우주의 본체로 신성시된 대상이었듯, '부활과 영생'을 의미하는 철학적 관념으로부터 의미는 계속 생성될 수 있다.

소쉬르는 언어학자이기 때문에 기표를 청각 이미지를 가리키는 말로 썼으나 기표는 어떤 이미지라도 상관없다. 기표를 '기호의 이미지'라고 일반화해서 이해하는 일이 중요하다. 기표로 쓸 수 있는 이미지 가운데 중요한 것은 청각 이미지와 시각 이미지다.

기표는 보고 듣고 만지는 감각적 인식에 의한 것으로 의사소통은 물질을 통해 일어나는 현상이며, 기표와 기의가 합쳐져서 기호가 된 후에는 그 자체가 압축된 기표가 되어 인간의 뇌에 각인되고 외부세계와 내부세계를 연결시키게 된다. 선물로 받은 장미꽃을 보고 사랑의 메신저라는 역할을 인지한 후에는 첫째로 장미가 싱싱하게 보이는 외부세계(객관적 물질세계)와, 또 하나는 장미가 가져다주는 메시지로서 '사랑의 장미'로 인간 두뇌에 의식세계(주관적 세계)가 펼쳐지는 것이다. 기표의 이용은 결국 인간의 정신세계를 도달하기 위한 의미의 세계로서 '기의'라는 정신적 · 추상적 개념을 늘어놓는 것이다('저게 뭐지?' 할 때의 '저것'에 해당되는 것이 기표라면 '저건 보름달이야' 하는 답변은 기의가 된다). 기표는 관념의 의식세계에 다가가고자 하는 물질적 전달체다. 우리가 추상적 예술작품을 대할 때도 무수한 기표들을 통해 다양한 기의를 함축하고 의미를 파악한다. 예술은 물질을 매개로 현실세계로부터 분리되어 가상, 몽환의 세계로 우리를 이끄는 하나의 기호인 것이다.

소쉬르(1966)가 말한 기호체계는 그림 2-1과 같다. 즉 하나의 기호를 만들기 위해 기표와 기의를 결합하는 작용을 '의미작용' 또는 '의미화'로 말할 수 있다. 의미작용은 기호 자체를 생산하는 기호의 이미지를 일컫는데, 가령 장미꽃(기표)을 받았을 때 어떤 의미가 있는지(기의) 행동의 의미를 해석하는 것이 기호작용이다. 서로 원활한 의미작용이 되어 성공적 의사소통이 이루어지면 장미꽃을 준 사람의 의도와 받는 사람의 해석이 일치하게 되며, 기호는 '사랑'이라는 해석이 가능하다.

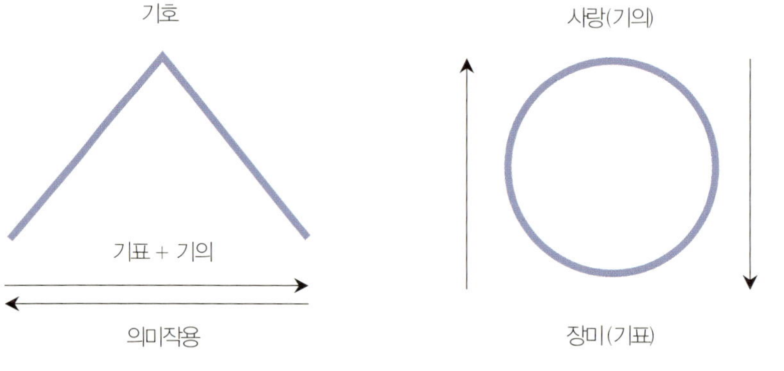

그림 2-1. 소쉬르의 기호체계
(김경용, 2003: 20)

이처럼 의미작용에서는 기호를 가능하게 하는 '기호작용'과 다음 기호를 풀이해야만 하는 '해석작용'이 모두 일어나며, 이러한 과정은 인간의 사고와 관련된다. 매개체를 보고 연상되는 의미를 생각하는 것도, 의미를 떠올리며 기표들을 의식적으로 찾아내는 과정에서 기호가 성립되는 것도 모두 인간의 두뇌에서 일어나는 구조적 인식에서 비롯된다. 장미(기표)를 받으며 사랑(기의)을 확인하고 나면 장미가 시든 후에도 마음속에 영원한 사랑의 장미로 기억되는 것은 내부적 기호작용을 의미한다. 외부의 물체에 대해 외부세계로부터의 인식이 내부세계에 머물며 추상적 · 정신적인 작용을 하는 개념이 바로 기의다.

의미작용에서는 전달자와 수신자 간의 의사소통 과정에서 해석이 달리 일어날 수 있으며, 양쪽의 의미창출 과정은 서로 독립적이면서도 자유로운 의미를 해석할 수 있는 길을 열어둔다. 그러므로 기표는 수많은 의미소를 창출할 수 있는 기회를 제공하며 기호를 재생산할 수 있는 무수한 범위의 해석이 가능하다.

소쉬르의 기호 모형은 '이분법'과 '변증법적 합성'이라는 대립되는 두 가지 조작을 포함하고 있다. 우리가 자연 속에 있는 어떤 현실체를 볼 때 다음과 같은 일련의 이분법이 연속적으로 적용된다. 우선 나와 다른 것(나 아닌 것)에서 시작하여 다른 것의 모양과 그것의 배경으로, 그 다른 것의 기호와 그 다른 것 자체로 갈라져 나간다. 이 연쇄고리의 마지막에 우리의 눈에 들어오는 것은 저 밖에 있는 다른 것(대상체, referent)이 아니라, 그것을 대표(또는 표상)하는 기호다. 소쉬르는 이 기호를 한 번 더 쪼갠다. 그것이 바로 기표와 기의다. 이러한 구조 속에 공존하면서 서로 상쇄될 수 없는 두 가지 실체나 개념을 '이항대립쌍binary opposite' 또는 '이원항'이라고 부른다(김경용, 2003: 25).

기표와 기의의 이항에서도 우리는 어떠한 기표를 통해 의미를 추론하고 변증법적 합성이 완성되면서 기호가 성립된다. 이러한 개념은 단순히 외부 물체가 전달하는 기표와 내부세계에서 인식되는 기의의 조합인 기호의 생성만을 의미하지는 않는다. 이항의 인자들이 관념적 조합을 한 뒤 얻게 되는 표상의 세계에 편입되는 기호에 주목해야 한다.

소쉬르의 기호에서 '표상의 세계'는 예술기호를 대입시키는 중요한 요소다. 외부세계로부터 기표와 기의가 의미작용을 하면서 내부세계에 번잡한 이미지들을 총망라하여 또 하나의 가상의 이미지 공간을 연출하면서 얻게 되는 세계가 바로 예술이 제공하는 환영의 시공간을 탄생시킨다. 이러한 표상의 세계는 예술과 깊은 관련이 있으며 다음에 다룰 퍼스의 기호론으로도 이어진다.

소쉬르의 기호학에서 기의를 인간의 두뇌가 가지고 있는 지각의 계열체로 볼 때 무수한 의미의 관계가 다루어질 수 있으며, 인간을 '이미지 저장소'라고 한 바르트의 표현에서처럼 기호의 변증법적 합성의미와 기표와 기의의 접합이 자의적임(Saussure, 1966: 67)을 증명하는 것이다. 인간의 내부에는 온갖 관념과 이미지, 경험에 의한 계열체가 들어 있다. 즉 인간 자체는 하나의 커다란 기의이며, 인간 자신이 하나의 기호가 되는 것이다. 이는 인간이 하나의 소우주와 다름없다는 동양적 세계관과도 일맥상통한다.

소쉬르의 언어기호가 이처럼 구조적 개념에서 기호학의 시초를 굳힌 것은 사실이다. 기표와 기의라는 관념, 대립되는 모순에서 변증법적 기호실현, 나아가 언어의 의미를 자의적으로 결정짓는 기호로부터 랑그의 형식 등 의미는 기표의 연쇄를 따라 여기저기 흩어져 있다. 그러나 기호의 의미는 고정되지 않으며 언어기호는 세계를 대신하지 못한다. 의미는 다만 다른 기호와의 차이를 통해 기호의 의미를 유추하는 것이다. 그래서 기호학은 여전히 불안한 학문으로 여기며 방법론적으로 유용할 뿐이라 생각하는지도 모른다. 그러나 언어에서 발견된 구조적 사고로 인간의 이미지와 관념을 저 밖의 제3의 실체에 어떻게 도달하는가에 대해 밝혔다는 점 때문에 소쉬르의 기호론이 예술의 세계에 더욱 근접할 수 있는 학문으로 여겨지는지도 모른다.

2) 퍼스 기호학과 기호삼분법

퍼스Charles Sanders Peirce는 인간의 사고와 현실의 형식을 규명, 인간의 사고와 언어와의 관계를 논리적으로 분석하고 추론하여 기호학을 펼쳐 나간다. 즉 논리의 철학적 토대와 사고와 현실의 본질을 위한 이론을 구축하는 것이다. 칸트로부터 결정적 영향을 받은 퍼스는 세계의 경험에 대한 대상들에 적용할 수 있는 고도의 보편적 개념들의 체계를 창안해야 하는 원리를 철학적 준칙으로 삼았다. 그의 기호이론은 범주론의 구상이며 그것을 구축하기 위해 현상학적 토대를 기초한다.

기호의 매개 없이 사고가 존재하지 않는다는 관점과 기호가 차이로서 존재한다는 점은 소쉬르와 같지만, 퍼스는 기호와 해석의 관계를 끊임없는 순환의 관계로 파악하고 기호의 삼항성(1차성, 2차성, 3차성)을 존재론적으로 구분, 기호와 기호작용을 대상체referent, 표상체representamen, 해석체interpretant로 범주를 나눈다.

1차성은 다른 어떤 것과도 무관하게 그 자체로 있는 존재양식으로 실재하지만 아무런 관련이 없다. 감정들의 관념이나 순수한 외관을 말한다. 즉 꽃향기라든가 새소리 등 느낌의 분석이나 비교가 불가능하고 다른 것들과는 상관없는 의식의 한순간, 단순한 외관, 느낌, 이유 없는 생각 자체의 자질을 의미한다.

2차성은 노력의 경험에 의한 관념의 유형이다. 즉 첫째의 관계를 둘째에 연관하는 것인데 시궁창 냄새를 맡고 나서 꽃향기가 향기롭다고 느껴지는 것, 시끄러운 소리를 듣고서 고요함이 깨졌다고 느끼거나 고요한 느낌을 알게 되는 의식의 경험인 것이다. 첫 번째 것을 한정짓고 규정하면서 한계를 설정하며 현실화한다. 원인에 대한 결과이자 개별적 현상이다.

3차성은 2차성에는 없는 정신적 요소를 내포하는데 반작용이 2차성이라면 그곳에 담긴 법칙이나 개념을 종합하고 매개하며 지속하는 것을 의미한다. 3차성은 1차성과 2차성을 관계지으며, 기호는 이러한 3차성으로 존재하는 것이다. 1차성이 자질을 나타낸다면 2차성은 존재나 행위를, 3차성은 이를 종합하는 방식과 개념을 나타낸다. 3차원적 계열이 통합된 결과이며 1차성과 2차성의 결과를 표상하며 중계하는 연속성의 범주를 의미한다. 퍼스는 존재론적으로 이러한 세 가지 범주를 이론적 기반으로 삼고 모든 관계를 삼항적으로 분석한다.

찰스 퍼스

(1839~1914)

퍼스의 기호이론에서 기호란 표상체, 대상체, 그리고 해석체의 삼원적 관계를 전체적으로 포함하는 것이지 단지 소쉬르에서와 같이 질료적 기호와 의식내용의 단위만을 포함하지는 않는다. 이러한 삼원적 관계로서의 기호는 표상체와 대상체의 지시관계가 어떤 해석체에 의해 해석될 때에는 존재하고 그렇지 않으면 존재하지 않는다(유르겐 트라반트, 2001: 28).

퍼스의 삼원 모형에서는 세계인 대상이 있고 이 대상에 대해 인간이 기호를 명명하며 다시 기호를 놓고 인간이 해석한 '해석체interpretant'가 자리한다. 퍼스의 해석체 개념은 소쉬르의 기의 개념과 같은 것이다. 해석체는 세 가지 유형인데 첫 범주는 '즉각적 해석체'다. 이것은 기호가 마음에 일으키는, 아직 분석되지 않은 효과들의 총체다. 그것은 의미를 일으킬 잠재력을 지닌 기이한 해석가능성이며(Mukarovsky, 1977: 31-48), 순수한 잠재성의 수준에 머무르는 경우다. 퍼스는 이를 '정서적 해석체'라고 부른다. 두 번째 범주는 '역동적 해석체'다. 이것은 기호가 해석자의 마음에 실제로 일으키는 직접적 효과다. 이 효과는 해석자가 해석할 때마다 경험되는 것으로, 경험되는 것마다 확연히 구분된다. 세 번째 해석체의 범주는 '최종 해석체'로, 본질상 논리적 해석체와 같다. 이 마지막 해석체는 습관이나 법 같은 것과 연관되어 있다. 기호의 반복적 사용에 의해서 특정 기표와 기의의 관계에 어떤 규칙성이 부여되거나 발견되고, 이런 패턴은 개인 단위에서 습관화되면서 집단적 관습으로 사회 전반에 자리를 잡아 간다(김경용, 2003: 125-126).

예를 들어, 실제 대상인 '산'을 보고 그것을 기호화하여 이 기호를 통해 인간은 '자연의 흙더미, 바다와 상반되는 실체'를 떠올린다. 여기서 만들어진 기호는 차

그림 2-2.
퍼스의 삼원 모형

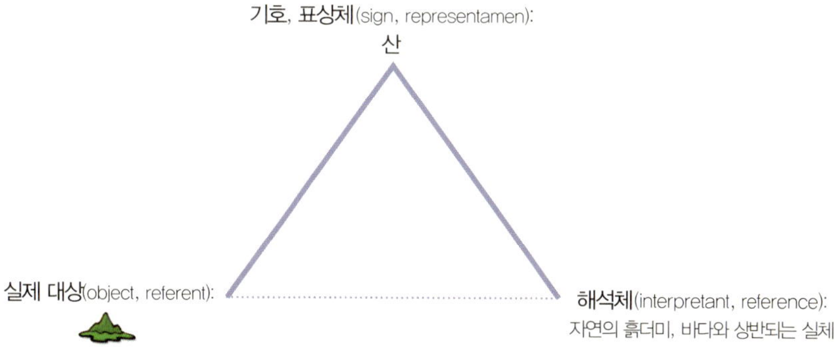

례차례 둘째 기호의 표상체가 되는 해석체, 연속적 해석체의 계열로 귀결되는 세미오시스semiosis를 창출한다.

즉 '자연의 웅장함을 드러내는 흙더미, 바다의 해저 깊이와 대조되는 하나의 실체'는 다시 대상의 자리에 놓이고 이에 대해 인간은 '나무를 생장하게 하고 숲의 근원을 이루는 대지, 스스럼없이 맑은 공기를 내어주는 생명의 공간'이라는 해석이 가능하며, 또다시 대상의 자리에 놓여 '자연의 신성함, 우주의 영원성과 신의 섭리를 포용하는 인仁의 실체'라는 해석을 낳으면서 순환을 반복하게 된다. 이와 같이 반복되는 '역동적 대상'은 기호가 사용되고 해석될 때의 대상을 일컬으며, 표상체로서의 기호를 결정하는 역할을 한다. 이러한 기호작용이 최종에 이를 때 마지막으로 나타나는 것이 '최종적 해석체'인데 이렇게 기호가 그 자체로 새로운 해석체를 만들어 내는 역동적 과정, 무한대의 순환 과정이 바로 세미오시스다.

퍼스는 기호의 분류 또한 철저히 삼원적으로 한다. 표 2-1과 같이 퍼스는 표상체와 관련지어 기호 자체가 단순한 자질인가, 실재적 존재인가, 일반적 법칙인가에 따라 자질(품질)기호, 개별기호, 법칙기호로 나누고 있다. 또한 기호와 대상의 관계에 따라 기호가 그 자체로 어떤 특성을 갖는가에 따라 유상(도상), 지표, 상징으로 구분하며, 그것의 해석체가 기호를 가능성의 기호로 표상하는가, 사실의 기호로 표상하는가, 합리성의 기호로 표상하는가에 따라 잠재기호, 사실기호, 논법기

범주/삼분법	I. 표상체 관련	II. 대상 관련	III. 해석체 관련
1차성	자질, 품질기호(qualisign)	유상, 도상(icon)	잠재기호(rhema)=해석
2차성	개별기호(sinsign)	지표(index)	사실기호(dicisign)=발화
3차성	법칙기호(legisign)	상징(symbol)	논법기호(argument)=논항

표 2-1.
퍼스의 삼원론에 따른 기호의 분류
(이도흠, 2003b: 14)

호로 분류한다.

자질기호란 기호가 바로 자질인 경우를 뜻하므로 표상체에서는 개별기호와 법칙기호를 구분하는 것으로 작용한다. 개별기호로는 '개별적 도형' 같은 것이 예가 될 수 있다. 즉 다른 것을 고려하지 않은 그것 자체를 위해 존재하는 실재로 귀결된다. 법칙기호는 기호가 바로 법칙으로 인간들에 의해 세워진 모든 관습적 기호를 의미한다. 즉 '계약'이나 '코드'와 같이 실현의 저편에 있는 잠재적 표상체, 즉 모형을 말한다. 자질 또는 품질기호는 필연적으로 도상이 될 수밖에 없으며 해석기호로서 해석될 수 있다. 예를 들면, '빨강색의 느낌'과 같은 순수한 감각과 그 자체로서 단순한 가능성이다.

해석체와 관련하여 잠재기호는 기호의 해석체가 자질적 가능성을 가지고 있는 기호로, 순수한 잠재성에 머무는 경우다. 사실기호는 발화기호라고도 하는데 해석체가 실제적 존재를 가지는 기호를 말한다. 사실기호는 지시를 통해 해석되는 사실을 기술하기 위해 특수한 종류의 해석기호를 포함한다. 마지막 논법기호는 기호의 해석체가 법칙의 기호인 기호를 의미한다. 세미오시스 과정의 귀결점이 다시 세미오시스의 대상체로 파악되는 경우다.

퍼스의 삼원론에서 표상체의 대상체에 관계를 둔 유상(도상), 지표, 상징의 구별을 분석해 보면, 도상이란 대상체와 유사한 기호를 의미한다. 즉 도상은 오직 그 기호 자체의 성격에 의해서 그 지시대상에 조응하는 기호를 뜻한다. 퍼스는 도상기호의 하위개념에 유사성을 바탕으로 대상을 설정한 기호로 이미지image, 다이어그램diagram, 은유metaphor의 세 종류를 둔다. 즉 대상체가 단순한 존재가능성으로 유사성에 의해 작동한다. 삼분법적 의미로 볼 때 이미지는 단순한 그 자체의 품질이므로 1차적 표현체다. 다이어그램은 자신들 부분들 사이의 비율로 유비관계analogue relation에 의해 다른 사물의 부분들 사이의 비율을 표현하는 2차적 도상기호다. 은유는 다른 무엇에 있는 평행현상을 보여 줌으로써 표현체의 표현성격을 나타내는 것으로 3차적 도상기호다(김치수 외, 1998: 35). 퍼스가 말한 도상은 직접적 의사소통의 수단인데 그 밖의 간접적 의사소통도 결국 도상기호의 도움을 받는다. 대부분의 무용 동작은 도상의 한 부분이다. 동작의 도상은 표상하는 대상체 사이의 유사 정도가 높은 기호로, 기의가 기표를 결정하는 정도가 매우 긴밀하다. 이 밖에도 무대장치, 소품, 효과적 이미지 등이 도상에 포함된다.

이에 반해 '지표'는 그 관계가 구체적이고 사실적인 인과관계의 성질을 띠고 있다. 즉 연기는 불의 지표이고, 바람개비는 바람의 방향을 나타내는 지표다. 그러므로 지표는 기호가 나타내는 대상에 의해 실제적으로 영향을 받으면서 그 대상을 나타내는 기호가 된다. 무용의 경우 지표는 좀 더 추상화된 동작, 즉 예술적 시공간 안에서 지시하는 의미와 몸짓 또는 소품의 사용이 그것이다. 가령 살풀이춤에서 수건을 통한 지표기호는 한의 풀이를 위한 여러 가지 인과적 의미를 연출할 수 있고 감정까지도 전달하는 매개 기호를 창출할 수 있는 것이다. 물론 이 기호적 표현은 대상에 의해 실제적으로 영향을 받으며 도상적인 면도 포함하는데, 살풀이춤에서 흰색 의상이 주는 도상적인 면이 바로 그것이라 할 수 있다. 지표기호는 근접성의 토대에서 작용한다.

마지막으로 '상징'은 임의로 만들어진 법칙으로 대상을 지시하는 관념의 총체라 할 수 있다. 하나의 대상체가 그것의 가치 양상에 따라 파악되며, 비구두 커뮤니케이션nonverbal communication에서 이러한 상징의 개념은 중요한 법칙과 환상을 유도하기도 한다. 소쉬르의 기표와 기의가 자의성을 띠는 것과 같이 상징에서 의미작용 관계가 성립하기 위해서는 해석하려는 적극적 의지로 다양한 약속의 개념을 파악해야 하는 경우가 많다. 예술에서 상징도 보이지 않는 자의에 의해 자율성을 띤다. 가령 영화에서 자동차의 경적소리는 서로의 안전을 위한 지표로 행동을 야기하는 신호가 되지만, 연극에서 경적소리는 긴장과 불길한 위험을 가져오는 상징의 기호가 될 때가 있다.

그러나 기호는 세 가지 성향을 모두 지닌다. 하나의 양식은 필연적으로 다른 두 가지 다른 양식을 지배하는 계층적 관계를 이루기 때문이다. 즉 상징적 도상이라든가, 도상적 상징, 도상적 지표와 상징 등이 그것이다. 교통신호등의 도상은 어떤 행동을 (멈추거나 진행하라고) 요구하는 지표인 동시에, 그것의 상징은 우리 사회에서 빨강은 위험이고 녹색은 자유와 평화, 안심을 의미하기에 상징적 이항대립의 약속을 겸하는 것이다.

기호나 하나의 표상체는 정의상 세 가지 현상학적 범주에 속하는 세 가지 항목들 사이의 중계화다. 기호는 이중적 포함관계의 망으로 구성된다. 예컨대, 해석체는 대상체를 함의하고 대상체는 다시 표상체를 함의한다. 이것은 마치 3차성은 2차성을 전제로 하고, 2차성은 1차성을 전제로 하는 것과 같다. 기호는 따라서 표 2-2와 같이 세 층위의 삼분법에 속하는 세 가지 하위범주의 조합으로 서열화의 규칙에 따라 구성되며, 모두 열 가지의 조합이 가능하다(김성도, 2002b: 11).

퍼스의 삼원론에 따른 기호의 분류는 기호 없이는 사고가 존재하지 않으며 끊임없이 무한한 순환의 해석 과정인 세미오시스를 논리적으로 해명하여 기호를 통한 인간 행위의 원리를 규명하고자 했다. 퍼스에게는 과학적 인식과 논리적 실험의 자세, 기호의 역동성을 주목해야 한다. 즉 우주에 대한 인식론적 변화는 우주 총체에 대한 역동성과 기호가치의 불안정성을 의미한다. 우주의 실체는 알 수 없으며 세계는 해석해야 할 기호들로 가득하다. 형이상학적 실체를 기호학으로 대체하는 방식은 퍼스에게 인식론적 수순으로 당연한 귀결을 보인다.

소쉬르에게서 구조적 언어기호의 고정성과 체계에 대해 노출된 화용론話用論적 시각이 부재했다면, 퍼스는 원숙한 사색과 세미오시스를 통해 지적 생명을 갖춘 인간의 사색에 대해 검토한다. 특히 퍼스는 결론에 이르는 방법 가운데 주어진 가

표 2-2. 기호의 삼분법적 구조와 세 가지 존재 양상에 의한 하위기호의 조합

	조합된 기호의 양상	기호의 예
1	도상적 품질기호	감정 상태를 상기시키는 붉은색 반점 등 색채의 인식
2	도상적 개별기호	절, 교회가 표시된 지도의 사본, 작업 중임을 알리는 도로표지판
3	해석된 지표적 개별기호	고통에 의해 나오는 무의식적 비명소리, 자취 또는 흔적
4	발화된 지표적 개별기호	풍향계, 온도계
5	도상적 법칙기호	'낙석 주의'를 알리는 교통표지판, 통계 다이어그램
6	발화된 지표적 법칙기호	병리현상에 따른 외적 증상
7	해석된 지표적 법칙기호	우뢰를 알리는 번개 불빛
8	해석된 상징적 법칙기호	적십자 표시, 보통명사, 고유명사
9	발화된 상징적 법칙기호	논리체계, 대수체계
10	논항적 상징적 법칙기호	과학이론

설에 대한 결과를 실험적으로 증명할 수 있다는 전제에서, 가설을 잠정적으로 받아들이며 추론하는 방식인 가추법retroduction, abduction을 제안한다. 기호를 통해 세계의 궁극적 해석체의 진리를 해명할 수 있다는 확신인 것이다.

데카르트의 이념과 같이 우리들 자신은 바로 기호가 진행되는 장소이자 시간이며, 끊임없는 사고의 순환을 통해 생명과 가치의 불안정성을 말해 준다. 퍼스의 분석은 존재하는 기호의 종류, 기호가 작동하는 방법, 그 사용을 지배하는 절차에 대해 우리에게 많은 것을 가르쳐 준다. 퍼스는 인간의 사고와 기호를 결부시켜 기호학에 대한 새로운 장을 열었다는 점에서 높은 평가를 받는다(강신덕, 2000: 44).

3) 그레마스의 기호학과 기호학적 사변형

그레마스Algirdas Julien Greimas는 구조주의 언어학에서 자신의 이론구축을 위한 인식론적 토대를 마련한다. 언어사실을 파악하려면 언어현상에 대한 해석을 가능

케 하는 일반원칙을 세워야 한다고 주장하며 소쉬르의 이분법적 공리를 받아들이고 있다. 언어는 형식적 대상이며 의미의 대상이고, 사회적 대상이라서 사회적 상징성의 장을 포괄하는 보다 광범위한 영역의 한 부분이란 것이다. 즉 자연언어의 세계는 그 언어를 말하는 공동체의 문화세계와 공존함을 깨닫고 의미론을 포괄하는 일반기호학으로 초점을 이동한다.

그레마스
(1917~1992)

그레마스는 의미작용의 기본구조에서 출발하여 전환과 변형을 통해 가장 미시적인 단위에서 텍스트(담론)의 의미를 구조적이고 체계적으로 분석하는 기호학을 정립한다. 그레마스의 기호론은 기호 자체에 관한 학문이라기보다 의미체계에 관한 일반이론이며, 의미의 파악과 생성에 관해 개념구축의 형태로 명시하고자 하는 구조적 기호이론이다. 기호학 분석의 대상은 담화談話, discours다. 이러한 담화는 비언어적 텍스트(그림, 몸짓 등)를 포함하면서 언어학적 분석의 한계를 넘어서고 있다.

그레마스를 통해 의소義素, sème를 분절하여 담론의 심층구조를 살피고 이를 통하여 표층의 의미를 읽고 다시 텍스트로 표출되는 의미를 구조적으로 파악한다. 의소란 그레마스가 야콥슨Roman Osipovich Jakobson이 세운 음운 모델과 아울러 표현 면과 내용 면 사이에는 구조적 동형성isomorphisme이 존재한다는 옐름슬레우Louis Hjelmslev의 주장을 받아들여 확립한 개념이다. 음소가 음운들을 구별해 주는 변별자인 것처럼, 의소도 어휘소나 의미소의 의미를 구별해 주는 변별자질(박인철, 2003: 104)이자 최소형식이라는 것이다. 다시 말해 음소(표현의 복합단위)와 음소구성소(표현의 기본단위)는 의미소(내용의 복합단위)와 의소(내용의 기본단위)의 관계에 비례한다. 그레마스의 기호론은 담화 내의 체계를 통해 기호적 표층에 관한 현상을 다루기도 하지만, 의미의 파악과 생성의 조건이라는 심층적 의미의 망을 살피는 데 주력한다.

그레마스의 이론적 공리는 의미의 존재와 존재방식을 구속하는 망들의 재구성에 있다. 그레마스는 의미의 생성 행로를 따라 표층의 기호에서 서술적 구조로 귀결되는 과정을 공식화한다. 특히 이러한 구조기호학의 핵심은 역시 분절에 있다. 구조주의가 노출한 정태적 세미오시스를 역동적 개념으로 의미의 발현을 실행한다. 이러한 행로의 전환은 가장 심층적인 것에서부터 시작하여 가장 표층적인 것으로 구조적 서열을 집약한다. 즉 의미의 전환transposition 개념으로 분절의 무한한 과정을 내세우고, 내재된 심리적 지각작용으로서 의미의 생산을 초월해 무정형의 진정한 기호를 대상으로 분절함으로써 구조주의적 세미오시스를 추구한다.

의미의 내재적 조건과 순전히 텍스트 안에서 유의적 의미 단위들이 이루는 관계와 작용을 보는 구조적인 기호학적 분석법에서 대표적인 것은 행위소 모형과 기호학적 사변형이다.

(1) 행위소 모형

그레마스는 프로프Vladimir Propp의 민담 분석과 레비스트로스Claude Lévi-Strauss의 신화 분석에 큰 영향을 받아 모든 담화의 조직 원리와 의미를 설화 도식의 규칙을 통해 발견하고자 한다. 즉 프로프는 전통적 민담 연구가들과는 달리 형식적 관계망에 주의를 기울이며 행동의 기능을 추상화한다. 이야기를 구성하는 최소 단위로 민담에 나오는 수많은 에피소드가 31개의 기능과 일곱 명의 인물로 이루어진 하나의 모태에서 비롯된다고 주장한다.

현대 기호학자들 간의 비평론으로 치자면 이러한 기능은 표층구조의 인공물에 지나지 않고 러시아의 민담을 대상으로 하는 일반성이 결여된 분석이라는 약점에도 불구하고, 이제껏 직관이나 모티브에 의존했던 것에서 추상적 모형을 완성함으로써 설화 과정을 분석하게 한다는 큰 연구성과를 보인다. 또한 프로프의 민담 분석이 담화의 통사 분석에 토대를 마련해 주었다면 레비스트로스의 신화 분석은 의미 분석의 토대를 마련해 준 셈이다. 즉 레비스트로스의 분석은 단위들의 계열관계에 집중되어 의미적으로 서로 대립된 사항들의 쌍(남성/여성, 땅/하늘, 밤/낮 등)인 의미의 범주를 구분하고 수직적 독해(계열체적 독해)를 권유한다.

그레마스는 프로프의 모형이 지닌 약점을 극복하기 위해 레비스트로스가 신화 분석에서 사용한 방법을 원용한다. 아울러 그는 프로프의 기능목록뿐 아니라 인물들까지 이원대립의 형태로 다소 단순하게 환원한다. 즉 계열관계를 갖는 기능들의 쌍과 아울러 통합관계를 갖는 기능을 추출하는데, 그 기능들을 쌍으로 묶는 것을 넘어서 쌍으로 묶은 두 계열체 사이에 다음과 같은 상관관계 또는 상동관계를 세운다.

$$\frac{\text{금지}}{\text{금지의 위반}} = \text{계약의 파기} \cong \frac{\text{위임의 수락}}{\text{위임}} = \text{계약의 성립}$$

그레마스가 추출한 계열관계의 쌍들은 의미의 차원에서 골격을 이루며 이러한 단위들은 s 대 non s라는 의소의 대립으로 파악한다. 그레마스는 이러한 방법으로 프로프의 31개의 기능을 서로 대립되는 20개의 쌍으로 묶고 인물들도 이원대립으로 단순화한다. 프로프는 부여되는 기능에 따라 인물을 분류했지만 그레마스가 인물에 붙인 명칭은 기능에 붙인 명칭만큼이나 구상적이다. 그레마스는 '주어'와 '목적어'를 '행동하는 자'와 '행동대상'으로 '주체'와 '대상'으로 구분하면서 이야기는 대상을 획득하고자 하는 주체의 추구에 의해 그림 2-3과 같은 행위소 모형을 보여 준다.

그림 2-3의 모형에서 세로축은 주체가 대상을 추구하는 욕망의 축이다. 프로프의 인물로 보면 주체와 대상은 '주인공'과 '찾는 인물'에 해당된다. 윗줄의 가로축은 발신자가 수신자에게 대상을 전달하는 전달의 축이다. 아랫줄의 가로축은 주체를 방해하거나 도와주는 능력의 축이다.

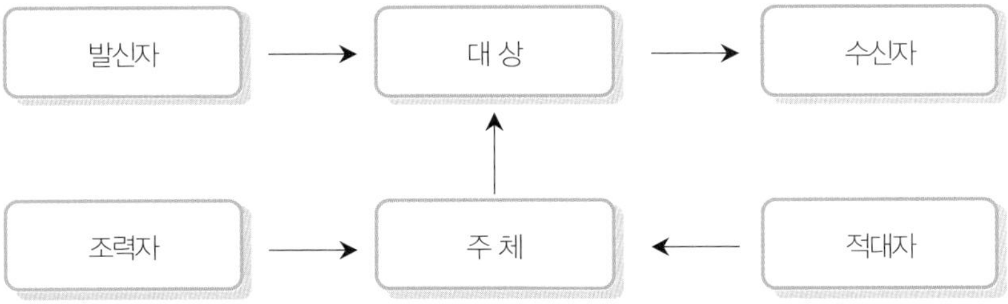

그림 2-3. 그레마스의 행위소 모형

주체subject는 대상을 추구하거나 원하는 존재, 욕망을 실현하는 자이며, 대상object은 주체에 의해 원해진 존재, 욕망의 대상이다. 주체와 대상은 능동과 수동의 관계에 놓인다. 발신자sender는 대상을 주체와 만나도록 임무를 주어 보내는 자이며, 수신자receiver는 주체가 대상을 구현함으로써 그 혜택을 받는 자다. 프로프의 전통에서 발신자는 발령자의 행동 영역에 있고, 수신자는 결핍상태를 해소하는 임무가 할당되는 주체적 주인공에 해당한다고 할 수 있다. 조력자helper는 주체가 대상을 추구하는 욕구를 강화해 소통을 용이하도록 도와주는 자이며, 적대자opponent는 주체가 욕망을 실현하는 것을 방해하고 대상의 소통에 맞서 주체에게 해악을 끼치며 방해를 수행하는 자다(Greimas, 1966: 197–221).

그림 2-3의 행위소 모형은 어떤 점에서는 프로프의 인물을 축소시킨 점도 있지만 그의 모형이 단지 민담에만 적용되는 것이 아니라 모든 설화 텍스트에 적용될 수 있다는 점에서 프로프의 모형보다는 더 보편성을 띠고 있다(박인철, 2003: 156).

(2) 기호학적 사변형

그레마스의 기호학에서 가장 중요한 것은 의미작용이다. 행위소 모형이 표층을 이루는 텍스트의 구조를 살펴보는 것이라면 메타의미를 이루는 비언어적 예술 텍스트처럼 추상적이고도 심층의 의미를 추론해야 하는 경우 주어진 의미를 도식으로 파악하는 데 있어 더욱 정교한 의미분석의 틀이 요구된다.

이를 위하여 그레마스는 담론을 기호–이야기체 구조와 담론체 구조로 분석하

구분		통사적 구성성분	의미론적 구성성분
기호-이야기체 구조	심층	• 기저 통사론	• 기저 의미론-의소 • 구성모델 • 의소들의 조직
	표층	• 표층 이야기체 통사론	이야기체 의미론-의미소
담론체 구조		• 담론체 통사론 • 담론화 - 배역화 - 시간화 - 공간화	• 담론체 의미론 - 주제화 - 형상화

표 2-3.
그레마스의 의미생성 경로
(Greimas & Courtés, 1982: 134).

고 이를 표층과 심층으로 나눈 후 의미론과 통사론을 결합하여 의미생성의 체계를 밝힌다. 그레마스의 의미생성 경로는 표 2-3과 같다.

그레마스는 의미작용의 기본구조를 밝히고 모형을 정교하게 하며 구조적 의미론을 편다. '아들'과 '딸'은 양자의 자율적 관계보다 '남성'과 '여성'이라는 양자의 의미를 구성하는 자질, 즉 의소sème에 의해 의미작용이 일어난다. 그레마스는 그의 저서인 『기호학 사전』(Greimas & Courtés, 1982)에서 '의소'의 개념을 설명하고 있는데, 의소는 의미작용의 최소단위로서 구상적 의소와 추상적 의소, 기질적 의소로 분류된다. 구상적 의소는 자연연어에서 감각차원의 성질을 나타내는 단위다. 추상적 의소는 세계를 범주화하는 단위, 즉 '관계/항', '대상/과정' 따위의 범주들이다. 기질적 의소는 '유쾌', '불쾌'와 같은 기분적 범주를 일컫는다.

그레마스는 "의미의 기본구조는 사항들이 서로 반대관계를 가지는 백白 대 흑黑과 같은 유형의 이원적 의소범주를 논리적 관계로 이해해야 한다"(박인철, 2003: 341)고 하면서 이처럼 공통된 의미의 축 위에 서로 반대되는 두 사항으로 이루어진 의미의 기본구조를 파악하였다.

특히 의미작용은 양자의 자율적 관계만으로 발생하는 것이 아니라 양자의 메타언어학적인 의미론적 관계, 의소 상호 간의 관계에 따라 계층화하고 구조화한다. '아들'이 '인간/짐승'에서 '인간', '남성/여성'에서 '남성', '부모/자식'에서 '자식'의 자질을 갖듯, 의소는 의미론의 최소단위로 의미작용을 변별화하는 기능을 수행한다. 반면에 동위isptopy는 언술의 의미론적 연쇄를 허용하는 원리로 텍스트에 존재하는 의미의 생성과 분절을 명시적으로 구성하여 텍스트의 의미에 대해 일관성을 가지고 읽을 수 있도록 한다.

인간의 인식은 절대적으로 이루어지는 것이 아니라 상대적으로 형성된다. 반대관계는 주어진 요소에 부정의 작용을 가한 후 이를 긍정으로 확인할 때 이루어진다. 이런 상호대립의 이항적二項的 패턴화는, 남성/여성, 차별/평등, 인간/동물, 어두움/밝음의 개념과 같이 어두운 것이 어떻게 밝은 것과 대립되어 보이는가에 의해 주로 정의된다. 예를 들어, '차별'을 부정하면 '무차별'이 되고, '무차별'을 긍정하면 '평등'이 되는데 '차별'과 '평등'은 서로 반대를 형성한다. '차별'은 '무차별', '평등'과의 관계 속에서 의미를 형성하는 것이다.

그레마스는 『구조의미론*Structural Semantics*』에서 "우리는 차이를 지각하고, 그 지각perception의 덕택으로 세상은 우리 앞에서 우리의 목적에 맞도록 형상을 취하게 된다"라고 말하고 있다. 기본적 '의미소'들은 그림 2-4에서와 같이 4개의 항term을 포함하는데, 이 4개 항은 2개의 대립된 짝을 이루고 있으며, '구조화를 행하는' 지각에 의해 기호학적 사변형semiotic square을 만들어 의미작용이 일어나는 기본구조를 제시할 수 있다.

'차별과 무차별', '평등과 불평등'처럼 S_1과 $\overline{S}_1$, S_2와 $\overline{S}_2$의 관계는 모순관계다. '차별과 불평등', '평등과 무차별'처럼 S_1과 $\overline{S}_2$, S_2와 $\overline{S}_1$은 보완관계다. '차별과 평등', '불평등과 무차별'처럼 S_1과 S_2, $\overline{S}_2$와 $\overline{S}_1$은 반대관계다. 기호학적 사변형은 의미분절을 통해 드러나며 각각의 요소가 다른 요소들과 맺는 관계를 보면 계열체적 성격을 띠지만, '$S_1 \rightarrow \overline{S}_1 \rightarrow S_2 \rightarrow \overline{S}_2 \rightarrow S_1$'의 경로를 따라 논리적으로 읽으면 결합체적 성격을 갖는다.

이러한 점에서 기호학적 사변형을 이루는 사항들은 하나의 전체를 이루며 다

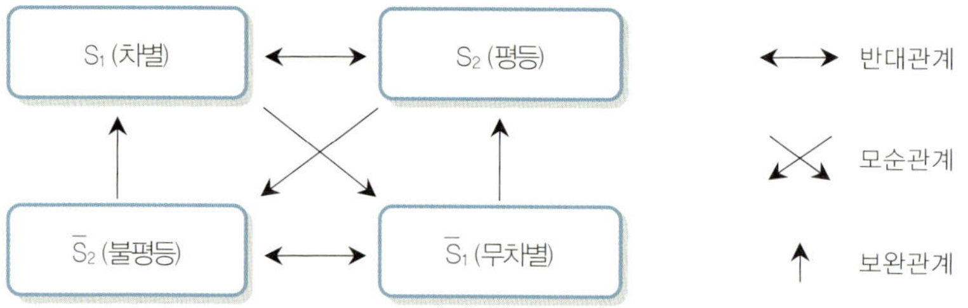

그림 2-4.
기호학적 사변형 모형

른 사항들과의 관계에 의해 정의되고 있다는 것을 알 수 있다. 이러한 의미의 범주가 지닌 기호학적 사변형 모형은 텍스트가 가지는 가치체계와 의미의 망을 형성한다. 하지만 담론 차원에서 심층적으로 분석한 네 요소 사이의 관계가 표층 차원의 네 어휘들의 관계와 항상 일치하는 것은 아니다. 단지 기호학적 사변형은 의미의 분절을 가해 텍스트의 의미를 형성하는 요소를 재단하고 분석할 수 있다는 점에서 구조주의적 의미론이다. 이러한 계열관계는 요소 간의 대립관계라기보다는 범주로 구분되는 대립관계라는 점에서 통사와 의미의 관계이자, 레비스트로스의 정태적 대립을 통해 파악되는 구조주의를 극복하고 있다.

기호학적 사변형은 담론의 기본구조에 대해 네 가지 틀로 의미론적 분석을 행하는 지평을 열었다. 더불어 기호학적 사변형은 담론 분석에서 한 걸음 더 나아가 어떤 사항에 대해 부정과 긍정, 모순과 반대의 차원에서 의미의 논리적 구조를 해명하는 길도 펼치고 있다(Greimas & Courtés, 1982: xxviii–liii). 심층을 통해 표층을 드러내고 잠재적 가치의 체계를 구성하는 총체는 예술에서도 의미의 재단적 분석과 함께 서사적 구조 외에도 구체적인 이념적인 면, 시간과 탈시간적 흐름에 따른 메타언어적 의미들의 관계를 규정한다.

4) 바르트의 기호학과 신화론

롤랑 바르트Roland Barthes는 소쉬르, 옐름슬레우, 야콥슨, 벤베니스트Emile Benveniste 등이 이어온 언어학의 연장선에서 문화의 기호체계를 읽는 독자적인 기호학적 방법론을 발전시킨다. 즉 문화 안에서 기호와 그 기호들이 대중매체 안에서 텍스트로 생산되는 과정을 읽어내는 그의 방법론을 말한다. 바르트는 패션이나 사진, 심지어 레슬링 경기까지 이른바 대중문화라 불리는 언어에 대한 이데올로기적 비평을 수행한다. 또한 이러한 기호의 작동원리를 분석하며 이미지와 단어로 구성된 전언을 분석한다.

기호론의 문제에 관해서 소쉬르의 해석을 가장 적극적으로 밀고 나온 사람들 중 하나는 롤랑 바르트다. 바르트는 텍스트의 의미를 기호학적으로 분석하는 것에 머물지 않고 비언어적 현상, 곧 사회적이고 문화적인 현상까지 메스를 가하려 한다. 바르트는 외연과 함의에 대한 인식을 통하여 텍스트의 드러난 의미와 숨은 의미의 관계에 주목하여 이를 신화론으로 정립한다(Barthe, 1973: 115).

바르트는 그의 저작 『신화론*Mythologyies*』을 통해 기호학자로서는 대중문화의 재현 속에 드러나 있는 것과 감추어져 있는 것을 탈신화화하는 비평작업에 몰두한다. 그것은 곧 문화라는 주제가 그 자체로 기호체계와 약호라는 텍스트의 형식을 취할 때 형성되거나 강화되는 신화의 편견이라는 것을 폭로하는 작업이 된다(피터 페리클레스 트리포나스, 2003: 14).

바르트는 기호를 일반적 언어행위인 기표와 기의의 두 항 사이에 하나의 관계가 이루어지면서 표현되는 것이 아니라 기호학적 체계에 존재하는 3개의 항을 기호표현, 기호내용, 그리고 이들의 결합인 기호로 보고 이들의 관계가 신화 속에 어떻게 드러나는가를 살핀다. 예를 들어, 결혼식 때 주고받는 반지는 영원한 사랑을 의미한다. 이때 '반지'는 기표가 되며 '영원한 사랑'은 기의이고 '내 사랑의 영원한 약속이 담긴 반지'는 기호다. 이때 기표는 텅 비게 되고 기호는 충만한 이미지로 가득 차 있다. 반면에 언어에서 '반지'라는 기호는 'ㅂ+ㅏ+ㄴ+ㅈ+ㅣ'라는 기표와 '금속의 링'이라는 기의로 되어 있다. 따라서 '내 사랑의 영원한 약속이 담긴 반지'는 기호학적 분석에 의해 반지와 영원한 사랑으로 해체된다. 반지도 영원한 사랑도 결합된 제3의 대상을 형성하기 전에 이미 존재하고 있었다. 경험의 측면에서 반지를 그것이 지닌 메시지와 떼어놓을 수 없는 것처럼 분석의 측면에서 반지를 기표로 혹은 기호로 혼동할 수가 없다고 주장한다. 이처럼 기표와 기의 사이에는 기능적 관련이 있는데, 바르트는 분석을 통해 그것을 나타내려 했고 신화 연구에서 이 구분은 매우 중요한 도식이 된다.

롤랑 바르트
(1915~1980)

신화는 미리 이루어져 있는 기호(의미작용이 '가득 차' 있는 것)를 대상으로 '배출작용'을 가함으로써 그것을 '공허한' 기호표현이 되게 한다. 바르트는 신화에서 이 제3항을 '의미작용', 제1항(기호표현)을 '형식', 제2항(기호내용)을 '개념'이라고 부르는 것이 당연하다고 말한다. 그래서 첫 번째 차원(즉 언어의 차원)의 의미작용에서는 기호표현과 기호내용의 관계에서 기호가 생겨나고, 두 번째 차원(즉 신화의 차원)의 의미작용에서는 형식(즉 첫 번째 차원에서의 기호)과 개념의 관계에서 의미작용이 생겨나는 것이다(강신덕, 2000: 59).

신화에서 독특한 것은 그것이 이미 존재하는 기호적 연쇄작용을 바탕으로 그 위에 만들어진 한 단계 더 높은 기호체계로 작용한다는 것이다(오원교, 1992: 186-187). 즉 신화는 부분적 동기가 있고 이러한 동기는 숙명적으로 유사한 것들 중에서 선택된 몇몇 개념들로 새로운 의미작용을 낳게 된다. 즉 신화는 하나의 대상 또는 개념이 아니라 의미작용의 한 양식이다. 그런 점에서 신화는 제2의 기호학적 체계다. 즉 제1의 기호학적 체계의 기호가 제2의 기호학적 체계에서는 단순한 기표가 된다. 신화는 그보다 먼저 존재하는 기호학적 연쇄로부터 세워지며, 최종적으로 그러한 형식에 의해 신화가 파악되는 순간 순전히 의미하는 기능으로 축소된다.

바르트에게 기호학이란 형식의 학문이다. 신화는 언어를 훔쳐 형식으로 변환하고 있으며 기의보다는 기표에 주목하고 있다. 그것은 내용과는 독립적으로 의미작용을 연구하기 때문이다. 따라서 새로운 의미를 무한히 생산하는 기표의 역동성에 관심을 기울이며 해석자가 임의로 판단하는 능동적이고 주관적인 '함축의미'를 풀어헤쳐 나간다.

바르트의 '외연denotation'과 '함의connotation'는 이러한 인식을 통해 텍스트의 드러난 의미와 숨은 의미의 관계에 주목하고 있다. '외연'은 언어사용에서 말해지는 문맥 속의 그대로의 의미, 객관적으로 그것 자체로 인식된 기호의미부로 구성되어 있다. '함의', 즉 내포는 언어의 문학적 혹은 미학적 사용에서 나타나 기호가 표상하는 대상체와 연관된 문화적 경험으로부터 연상된 의미, 문맥 속에서 기호로 작용하면서 본래의 의미 외에 부가적으로 의미를 창출하는 것, 기호가 그 형태와 기능을 갖는다는 사실에 의해서 그 기호와 결부되어 있는 주관적 가치군 표현을 의미한다(이도흠, 2003b: 21).

이는 선행되는 기호표현-기호내용의 관계로 이루어진 기호가 더 차원 높은 관계에서 기의로 되는 일이다. 이 경우 '둘째 차원'의 체계가 메타언어meta-language가 되는 것이다. 메타언어는 언어를 위한 언어로 실제 담론에 사용되는 언어보다 높은 평면에 위치하며, 이론을 세우고 분석하며 비판을 위한 언어라고 할 수 있다. 언어라는 언어학적 체계를 '대상언어lange-objet'라 부른다면 신화 자체는 메타언어행위가 된다. 이 때문에 신화의 기능은 현실을 초월하게 하는 것이다.

그림 2-5에서 1, 2, 3은 언어적 차원이고 I, II, III은 신화적 차원이다. 기표 1은 바르트가 본 『파리마치*Paris March*』지의 표지 자체다(Barthes, 1957). 그 기표의 기의 2는 '흑인병사가 프랑스 국기 아래에서 군대식으로 경례하고 있다'(프랑스적인 것+군사적인 것의 의도적 혼합이다)라는 것이다. 이들이 모여 기표 I을 이루며, 이 기표 I에 담긴 기의는 '흑인 병사가 프랑스 국기 아래에서 군대식으로 경례하는 표지다'이다.

그림 2-5.
바르트의 신화 모형

<table>
<tr><td rowspan="2">**랑그**(langue)</td><td>1. 기표(signifiant)</td><td>2. 기의(signifié)</td><td></td></tr>
<tr><td colspan="2">3. 기호
I. 기표(sens/form)</td><td>II. 기의(concept)</td></tr>
<tr><td>**신화**(mythe)</td><td colspan="3">III. 기호(signification)</td></tr>
</table>

바르트에게 기표는 형식이다. 기의와 대응하는 기표가 아니라 새로운 의미 혹은 신화로 채워질 수 있는 가능성인 것이다. 기표 I은 (드골 정권이 알제리의 독립을 제국주의 논리로 반대하고 강력하게 탄압하던) 프랑스의 당시 상황이라는 맥락과 작용하여 기호 III, 곧 제국주의 신화를 만든다. '프랑스는 위대한 제국으로 그 깃발 아래 있는 모든 신민들이 피부색에 관계없이 삼색기 아래서 충실히 복무하며, 터무니없이 식민주의를 비방하는 이들에게 보여 줄 최상의 대답은 이 흑인 병사가 보여 주는 열성이다'라는 신화가 바로 이것이다. 대중들은 이런 이데올로기를 깨닫지 못하고 흑인 병사가 프랑스 제국에 충실한 것을 자연스러운 것으로 받아들인다(Barthes, 1973: 115). 여기에서 의미작용은 신화 그 자체다.

이처럼 신화의 기표는 의미인 동시에 형식이며, 기의인 개념은 역사적인 동시에 의도적이어서 풍부한 의미를 담고 있는 기표의 형식에 관해 모든 의미를 끌어들여와 신화를 말하게 한다. 역으로 바르트에게 신화는 우선 '알레고리의 형태로 자연적, 역사적, 혹은 철학적 사실을 보게 하는 전통'이라는 사전적 의미다.

신화의 기표는 의미인 동시에 형식이다. 한편으로는 의미가 충만하고 다른 한편으로는 비어 있다. 신화를 정의한다는 것은 의미와 형식 간의 끊임없는 숨바꼭질이다. 칼베Louis-Jean Calvet (1977: 38)는 이것이 희랍어로 뮈토스muthos, 즉 전설에 해당한다고 말한다. 그것이 그 다음에는 신비화mystification가 된다. '속임수', '기만'이라는 뜻도 가지고 있는 신비화는 신비화시키는 행위로서 '헛되고 속이는 것'이다. 그러한 점에서 신화는 하나의 알레고리, 상징을 내포한다(김치수 외, 2002: 143).

부르주아 사회에서 다시 신화를 기호학적으로 정의해 보면 '비정치화된 하나의 파롤'이 된다. 여기에서 정치란 현실적 구조에서, 세계를 만드는 능력에서 인간관계들의 전체로 이해해야 한다. 예를 들어, 흑인 병사의 경우 철수된 것은 프랑스 제국주의적 성격이 아니라 식민주의의 우연적이고 역사적인, 한마디로 '만들어진 성질'이다(김치수, 2002: 140).

바르트는 신화의 의미작용을 끊임없이 도는 회전문에 비유한다. 그 회전문은 기표의미와 형태를, 대상언어와 메타언어를, 순전히 의미하는 의식과 상징하는 의식을 교대로 나타낸다. 바로 이러한 기표의 이중성이 의미작용의 성격을 결정하게 된다(김치수, 2002: 135).

무용에서 몸짓의 행위가 가져오는 기표와 형식, 그리고 개념의 의미작용은 예술의 비현실적 세계와 시공간적 역동성, 예술을 통한 신화적 의미 창출의 과정을 분석하는 데 유용하다.

5) 야콥슨의 기호학적 커뮤니케이션 기능 모형

로만 야콥슨Roman Osipovich Jakobson은 러시아 태생의 언어학자이자 기호학자로, 1928년 체코슬로바키아로 망명하여 프라하 언어학파를 구성하고 활동한다. 프라하학파의 구조주의는 러시아의 형식주의 시학과 소쉬르의 구조주의 언어학의 영향을 받으며 발전을 거듭했다. 특히 프라하학파의 구조주의는 소쉬르로부터 인간의 의미론과 커뮤니케이션적 행동방식의 분석이라는 과제를 물려받았다. 그 후 야콥슨은 제2차 세계대전 초에 미국으로 이주하면서 퍼스 기호학적 이론과 섀넌Claude Shannon과 위버Warren Weaver의 수학적 커뮤니케이션을 접하게 되면서 현대 기호학 이론에 큰 영향을 미치게 된다.

야콥슨의 커뮤니케이션 모형은 언어학적 배경을 바탕으로 발화행위나 언어적 커뮤니케이션을 구성하는 6개의 요소를 제시하고 이러한 요소가 수행하는 커뮤니케이션의 기능을 제시한다. 발신자sender와 수신자receiver, 그 사이에 전달되는 메시지, 그리고 그들과 공존하여 영향을 주는 상황context, 접촉contact, 약호code가 그것이다(그림 2-6 참조).

로만 야콥슨
(1896~1982)

메시지는 발신자로부터 수신자로 전달되는 기호다. 이때 발신자와 수신자 간의 공유된 의미작용 체계가 있어야 하는데 그 기호 사이의 조직원리가 바로 코드다. 즉 말이나 문자, 음성 등의 신호체계에 적합한 법칙에 따라 송출되어야만 전달될 수 있다. 또한 메시지가 전달될 때 어떤 의미가 이해되고 전달되고 생성되기 위해서는 그것이 지칭하는 어떤 것, 이야기의 대상이 되는 맥락이 필요하다. 문맥과 같은 맥락에 연관되어야만 비로소 의미를 지니게 된다. 접촉은 발신자와 수신자 사이의 물리적 채널과 심리적 연계로, 양자 사이의 커뮤니케이션을 시작하게 하고 그것을 지속하게 해 준다.

커뮤니케이션이 진행되는 메시지의 다양성은 메시지가 수행하는 기능들의 주요 요소와 부차적인 요소 사이의 질서와 기능에 달려 있다. 즉 지배적 지능에 따라 전달을 중심으로 하는 메시지인지 의미 중심의 메시지인지가 결정된다.

야콥슨의 위의 요소들은 의사소통 행위에 관여하면서 그림 2-7과 같은 기능적

그림 2-6.
야콥슨의
커뮤니케이션 모형

그림 2-7.
야콥슨 커뮤니케이션 모형의 기능적 역할

역할을 담당한다.

'표현적 기능'은 정서와 태도를 표현하는 기능으로, 발신자가 메시지에서 말하고자 하는 송신자의 감정이나 태도, 지위, 계급을 표현하는 기능을 의미한다. 표현적 기능은 지시적 기능과는 달리 메시지의 진위와는 관계없이 이루어진다. 그러나 나름대로 의도를 내포하고 있어서 커뮤니케이션을 하는 '의도'의 기능이 함축되어 있다. 그러므로 발신자의 정서와 이념을 내포한다.

'사역적使役的 기능'은 수신자에 대한 메시지의 효과를 의미한다. 발신자가 보낸 메시지의 외적 요인에 의한 영향과 함께 수용되는 기능을 의미한다. 맥락과 관계된 지시적 기능은 메시지와 그 메시지가 지시하는 대상과의 관계를 확립한다. 이 기능은 일상적 언어를 포함해 커뮤니케이션 중 가장 지배적이다. 즉 가장 명백하게 메시지를 전달할 만한 표현적 적극성이 내포되어 사실적 커뮤니케이션을 위한 상식적이고도 객관적인 기능을 수행하는 경향이 있다.

메시지와 관련된 시적 기능은 미를 표현하는 '미학적 기능'이다. 즉 메시지와 표현 사이의 관계를 정하는 기능을 수행한다. 계열적 범주들이 통합적 범주와 전환가능함으로써 시적으로 은유적 표현이 이루어지는 것을 의미한다. 메시지가 전적으로 강조되는 것은 이러한 시적 기능에서다. 예를 들어, 음성적 패턴, 어법, 리듬, 의미에 부가되는 것 등 기호를 명확히 인식하도록 촉진하는 기능을 뜻한다. 메시지는 발신자의 생각인 기호로 바뀌어 밖으로 표출된 상태이며 기호와 대상

사이에 기본적 이분성을 심화시킨다. 시적 기능은 언어의 은유적 표현뿐만 아니라 시각적 효과를 기대하는 모든 비구두적 예술에서 더욱 강조되어 나타나기도 한다.

'친교적(교감적) 기능'은 발신자와 수신자 사이의 심리적 연계를 의미하는 접촉이 중요하다. 즉 커뮤니케이션 채널을 열어 양자와의 관계를 유지하면서 의사소통이 일어나는 사실을 확인하는 것이다. 이 기능은 발신 상대자를 수신자로 변형시키는 결과를 낳는다(조르주 페니누, 1998: 108-109).

'메타언어적 기능'은 코드에 초점을 맞추어 메시지와 언어활동 사이에 관계를 만든다. 공연 중이라면 무대와 관중뿐 아니라 인물들 간에도 의사소통은 일어난다. 즉 메타언어적 기능은 대체로 사회문화적 배경이 함께 하면서 메시지 사이의 관계를 만드는 기능이라 할 수 있다.

야콥슨의 커뮤니케이션 모형과 기능은 커뮤니케이션에서 전달과 의미의 기능을 모두 나타내 주고 있다. 개인의 의사소통뿐 아니라 예술적 약호에서도 모두가 소통하는 정보를 가지고 있으며, 그것의 효율성에 대한 검토를 기호학적 이론에 의존할 수 있다. 정보의 이동과 인식론적 가치, 사회문화적·이데올로기적 상호 소통은 의미와 전달기능에 의해 의미작용을 특징짓고 유형화시킬 수 있다.

6) 코우잔, 파비스의 연극기호학

연극은 일찍부터 기호학의 대상이 되었으며 무카로브스키Jan Mukarovsky의 '현상에 대한 구조적 분석'을 기원으로 하고 있다. 그의 구조학적 분석은 공연예술기호학의 첫 단계를 제시하고 이를 중심으로 러시아의 형식주의와 소쉬르의 구조주의로부터 영향을 받아 프라하학파의 연극적 기호와 기호-기능의 의미작용 원리를 확립하려 하였다.

연극기호학의 부흥은 1960년대 폴란드와 프랑스 학자들에 의해서인데, 그중에서 코우잔Tadeusz Kowzan은 1968년 「연극에서의 기호Le signe au théâtre」라는 논문을 통해 연극기호학에 대한 세 가지 기본전제를 제시한다. 첫째로 모든 것을 기호로 보고 기호라는 용어를 사용한다는 것, 둘째로 기표와 기의에 관한 소쉬르의 기본도식을 취할 것이며, 셋째로 기호를 '자연기호signes naturels'와 '인공기호signes artificiels'로 분류하는 것이다. 그것은 '기호'라는 개념의 역사적 기원에서 '기호학'의 발전과 연극기호학의 태동에 관해 기술한 것이다.

코우잔은 연극에서 사용되는 기호들의 특수성을 인식하여 상연기호를 ① 말(파롤), ② 어조, ③ 얼굴표정, ④ 제스처, ⑤ 배우의 무대 움직임, ⑥ 분장, ⑦ 머리모양, ⑧ 의상, ⑨ 도구, ⑩ 장식, ⑪ 조명, ⑫ 음악, ⑬ 음향효과(잡음) 등 열세 가지 체계로 분류한다. 여기서 말과 어조는 발음된 텍스트로 극본과 연관되며, 얼굴표정과 제스처, 배우의 움직임은 배우의 신체적 표현과 연관된 신체활동을 의미하며, 분장과 머리모양, 의상은 배우의 외관, 도구와 장식, 조명은 무대공간의 양태와 연관되며, 마지막 음악과 음향효과는 비분절된 음향효과와 연관된다.

또한 이들 상연요소에 대해 시각기호와 청각기호로 구분한다. 즉 청각적 기호는 시간의 형식에 의해 전달되는 것이고, 시각적 기호들은 공간적 형식으로 전달되는 것을 말한다. 이를테면 음악, 음향효과나 어조 같은 청각기호는 시간의 형식으로, 분장이나 머리모양, 배우의 의상 같은 시각기호는 공간 안에 지각된다. 그 외 얼굴표정이나 제스처, 움직임, 무대세트, 조명 등은 시간과 공간 모두의 형식으로 지각되는 것이다.

하지만 이러한 분류는 분리 범위의 애매성과 요소의 제한성으로 인해 모호하다는 비난을 피하기 힘들었다. 예를 들면, 극장의 양식이나 관객의 좌석배열 양태, 그들 상호 간의 기호와 해석자질 등은 상연기호에서 제외되어야 하는가, 제스처와 움직임의 경계는 어디에 두어야 하는가, 머리모양과 분장을 과연 분리할 필요가 있는가 하는 애매함이 있기 때문이다.

1992년에 저술한 그의 『연극기호학*Sémiology du théâtre*』에서는 상연기호에 대한 분류보다는 기호 자체의 분류와 기호작용을 심층적으로 살펴보고 기호의 개념에 대한 여러 이론들을 수렴한 후 보다 심층적인 분류와 체계화를 시도한다. 기호는 기호발송의 의도성에 따라 자연기호와 인공기호로 분류된다. 즉 의미하고자 하는 의도 없이 생산된 기호는 자연기호이고, 인간 혹은 동물에 의해 의미하고자 하는 의지에 의해 창조된 기호는 인공기호가 된다. 즉 의사소통을 전제로 메시지를 전달하고자 하는 기호는 인공기호가 된다. 그런 의미에서 모든 연극기호는 메시지와 의미를 생성하고 관객과 의미공유를 목적으로 인공기호의 전제 속에서 실행되지만 자연기호도 인공기호화되는 이행의 가능성이 존재한다.

한편 기호는 동기화의 여부에 따라 '유연기호signes motivés'와 '임의기호signes immotivés'로 구분된다. 곧 기호가 자의적인가 자의적이지 않는가의 구분이다. 그러나 이 또한 기호는 유연적인 것에서 자의적 특성으로 이행되기도 한다. 기호가 동기를 부여받지 않았다 하더라도, 시대의 변천에 따라 개인의 경향에 따라 동기화되기도 한다.

연극에서는 의미를 나타내려는 의도 없이 생성된 기호라 하더라도 수신자는 의미해석을 이루어낼 수 있다. 이것은 자연기호가 연극의 필요에 의해 인위적으로 생산되는 의미작용을 말하며, 이때 기호들의 유연적 특성은 더욱 견고해진다. 그는 인간의 참여가 없는 자연발생적 기호와 의도로 인한 인공적 기호의 차이를 관습적 기호signes conventionels(관습기호)의 차이로 차별화한다. 연극기호의 현상은 이러한 기호들의 관계에 대해 여러 기호들에 대응되는 관계에서 나타난다고 설명한다. 즉 연극기호는 인공적이고 의도적이다. 매우 유연적이며 관습적인 속성을 지닌다. 또한 모방적-도상기호이며 은유화된 기호는 상징적-상징기호가 된다. 연극기호는 단독적 기호형태를 보이지만 모든 관계와 함께 의미를 파생하고 커뮤니케이션을 행한다.

코우잔은 이러한 연극기호의 속성에 따라 연극의 커뮤니케이션에 대해 수신자-수령자-해석자의 순으로 인식되는 모형을 설명한다. 연극에서의 커뮤니케이션은 배우-관객, 등장인물-관객, 배우-배우, 관객-관객이라는 다양한 축을 중심으로 이루어진다고 하여 파비스Patrice Pavis와 일치된 입장을 보인다. 즉 연극에서는 이중의 발신자와 수신자를 두고 기호의 수령자가 기호의 생산자로 피드백되는 현상에 대해 연극 커뮤니케이션의 특수성을 이야기한다. 코우잔의 수신 과정은 수신자가 일단 기호를 받아들이면 수령자는 기호를 지각하고 해석하며, 나아가 해석자는 기호를 심층적으로 해독하는 데까지 이른다.

코우잔의 연극기호학은 연극 분석에 적용된 사례가 없어 검증 과정을 구체적으로 거치지 못했지만, 뒤를 이은 파비스의 기호학 이론은 연극기호학의 가능성과 성과를 검토하여 연극이론에 대한 새롭고도 독창적 접근가능성을 제시해 준다.

파비스는 연극 분석에서 최소단위 문제를 제기한다. 즉 연극의 상연단위를 지나치게 세분화하는 것은 그것을 전체로 재통합하기가 어려워지는 경향이 있고, 크고 작은 단위로 다시 구분해야 하는 번거로움이 있다는 코우잔의 주장을 수용한다. 한편 코우잔이 분류한 상연기호 13개 가운데 12개가 시각적 체계와 비분절된 음성과 연관되어 있기 때문에 '텍스트에 속하지 않는 것'에 특권을 부여하는 경향이 있다고 주장하며, 코우잔의 상연기호를 수정해 표 2-4처럼 5개의 범주로 구분한다.

한편 파비스는 커뮤니케이션의 측면에서 야콥슨의 여섯 가지 기능을 토대로 지시적 기능과 표현적 기능, 능동적 기능을 연극에 적용한다. 지시적 기능이란 사람들이 말하는 현실을 지시하므로 연극무대에서는 재현된 등장인물과 상황일 뿐이다. 표현적 기능은 발신자가 등장인물을 통해 말하는 것이므로 등장인물의 표

표 2-4. 파비스의 상연기호 분류

발화된 텍스트	신체적 표현	배우의 외관	무대의 외관	비분절된 소리
• 말(Parole) • 어조	• 흉내 • 제스처 • 움직임	• 분장 • 머리모양 • 의상	• 소도구 • 무대장식 • 조명	• 음악 • 음향효과

현에 의한 기능을 말하며 연극에서 실상은 존재하지 않는 것처럼 보인다. 마지막 능동적 기능이란 지표-도상의 변증법적 결과로서 수신자에게 도착한 메시지는 이해될 수 있어야 하며, 한 걸음 앞으로 나아가는 점진적 기능을 의미한다.

파비스는 연극을 의미론적, 통사론적, 화용론적 측면에서 비평·해석하는 새로운 방법론을 제시한다. 의미론적 측면에서의 고찰은 기표(시각적 기표, 청각적 기표로 구분)를 중심으로 한 상호작용의 양상을 통해, 기표와 대상 사이의 실질적 관계에서의 기호의미론에 대해 설명한다. 통사론적 측면에서의 고찰은 기호와 기호 사이의 관계와 기호들의 의미작용을 살펴보는 것이다. 각각의 특성을 가진 기호들이 어떠한 형식으로 나열되고 결합되어 있는가에 대한 관계와 형상에 대해 제시한다. 이러한 고찰은 서술과 외시 차원에서의 고찰을 의미한다. 즉 서술은 모든 함의connotation 이전에 상황을 묘사하는 외시적 체계이고 이것은 지표에 의해 관계를 형성하는 기호들에 의해 보장받게 된다. 의미론과 통사론이 표층구조를 분석하는 것이라면, 화용론적 측면에서의 고찰은 심층적 구조분석을 위한 의미해석적 방법론으로 기호와 수령자 사이의 관계에서 기호와 의미 사이의 구조적 해석을 의미한다. 즉 메시지와 해독에 대한 약호를 심층적으로 분석하고 해독 가능한 메시지의 함의를 설정하는 것이다.

이러한 연극기호학 이론을 중심으로 엘람Elam은 코우잔, 파비스, 위베르스펠트Anne Ubersfeld의 연극기호학적 이론을 집대성한다. 연극기호학은 무용기호학적 접근 분야와 많은 동질성을 가진다고 할 수 있다. 무대공연예술이기 때문에 공연에서 나타나는 기호의 특성상 늘 '현재성'의 시간에서 모든 기호가 생산되며 관객의 해석에 의해 의미공유를 한다는 점에서 연기자와 관객은 '공유성'을 드러낸다. 또한 연극과 춤의 공연기호는 매번 고정된 재현이 불가능한 '변형성'(유동성)을 지니는데, 이는 기호학적으로 늘 다른 기호로의 무한한 해석의 순환을 거듭할 수 있는 역동적 성향을 지닌다고 할 수 있다.

퍼스의 이론에서처럼 기호가 '역동적 해석체'로서 마지막 '최종적 해석체'에 이르기까지 무용의 시간과 공간에서는 무한한 '의미소'들이 창조될 수 있으며, 끊임없이 바뀔 수 있는 춤의 의미는 사회와 문화적 '신화'라는 함축된 메타언어를 통해 이론을 세우고 분석·비판할 수 있는 것이다.

무용 텍스트에서도 코우잔의 상연기호 분류를 통한 구조적 분석이론은 춤이 인상주의적이고 단순히 현상적인 체험 분석으로 지나칠 수 있는 부분에 좀 더 포괄적이고 종합적인 영역의 해석을 가능하게 한다. 파비스가 그레마스의 행위소 모형에 입각하여 새로운 모델을 제시했듯이 춤의 서사에 담겨진 이데올로기를 끄집어내어 다양한 구조적 시각에서 춤 해석을 달리할 수 있다는 점은 연극기호학과 무용기호학의 적용범위가 유사성을 띤다고 할 수 있다.

7) 화쟁기호학

화쟁和諍기호학은 원효元曉(617~686)의 화쟁철학을 바탕으로 한다. 원효의 화쟁논리체계나 구성원리는 이미 고대 한국인의 지배적 사유체계와 문화양식으로 존재하고 있었다. 즉 삼재三才의 '도道' 개념은 하나一(한울)에서 비롯되었고, 이러한 사상을 바탕으로 한 신라 고유의 샤머니즘인 풍류도風流道가 고대 풍류의 세계관과 유교·불교·도교를 융합하여 '지금 여기에서' 전일全一과 조화를 이루고자 한 삶의 실천도 그렇다. 이처럼 화쟁기호학(이도흠, 1999a)은 원효철학을 바탕으로 텍스트의 내적 구조를 분석하는 형식주의 비평과 이를 사회적 맥락과 관련시켜 해석하는 마르크스주의 비평을 종합하여 텍스트의 내적 구조를 분석하면서도 이를 텍스트 외부의 사회문화적 맥락과 연관시켜 해석하는 길, 더 나아가 기표와 기의, 현실의 반영과 굴절, 텍스트와 이데올로기, 작자와 독자 등에 대해 이분법을 넘어서서 화쟁의 원리로 하나로 원융圓融시켜 비평하는 방법론이다.

따라서 원효가 대립을 불일불이不一不二의 관계로 아우르고 삼분법적으로 파악하여 무無와 유有, 이理와 사事, 각覺과 불각不覺, 공空과 색色 등 모든 대립을 하나로 종합할 수 있었던 것 또한 이미 고대로부터 온 한국인의 사유구조가 존재했기 때문이다. 이러한 화쟁기호학의 사유와 구조에 대해 이도흠(2002: 286-288)은 다음과 같은 논리를 전개하고 있다.

서양의 사고가 이분법의 체계에서 행해진다면, 한국적 패러다임은 이를 일원론적인 하나로 통합하여 행한다. 서양의 대다수가 갈등의 양상을 드러내며 대립적 투쟁의 결과로서 진보적 창조의 세계를 여는 원리를 바탕으로 한다면 한국은 차이를 통한 조화와 상생相生을 지향한다. 이는 근본적으로 서양과 동양이 다른 패러다임을 가진 데서 기인한다. 서양은 오랫동안 실체론적 사고, 동일성의 사유를 했다. 이런 사유는 이데아를 설정하고 이성을 통하여 이에 이를 수 있다는 이성중심주의logo-centrism를 형성하거나 타자를 배제하는 폭력적 사유를 낳는다. 반면에 화쟁은 이를 해체하고 관계의 사유를 하고 차이의 읽기를 행한다. 화쟁은 우열이 아니라 차이를 통해 자신을 드러내고, 투쟁과 모순이 아니라 자신을 소멸시켜 타자를 이루게 하는 상생의 사유체계다.

실체론적 사고로 이항대립적 사유를 낳는 서구의 패러다임은 모든 현대성 위기의 동인이었다. 이러한 대안으로 화쟁의 불일불이의 패러다임은 차이를 통하여 공존을 모색하자는 사유체계다. 원효가 말한 열매와 씨의 비유에서 씨는 열매 없이 존재하지 못하므로 공空하고 열매 또한 씨 없이 존재하지 못하므로 이 또한 공하다. 열매는 스스로 존재하지 못하나 땅에 떨어져 씨를 내고 씨가 죽어 싹이 돋으면 열매가 맺게 되는 원리, 즉 공空이 생멸生滅의 변화의 전제가 되는 것이다. 멸하지 않으므로 존재하지 않는다 할 수 없고, 나지 않으므로 존재하지 않는다고 말할 수 없는 이중부정을 통해 오히려 존재를 긍정하는 것이다.

서구 이항대립의 패러다임은 댐을 쌓아 결국 물과 생태계의 생명을 소멸하게 하지만, 화쟁의 불일불이는 그 댐을 부수고 물이 흐르는 대로 흘러 물은 사람을 살게 하고 사람은 물을 흐르게 하는 원리다. 이는 우열이 아니라 차이를 통하여 자신을 드러내고 투쟁과 모순이 아니라 자신을 소멸시켜 타인에서 자연과 우주에

그림 2-8.
삼원 모형을 적용한 체용상의 체계

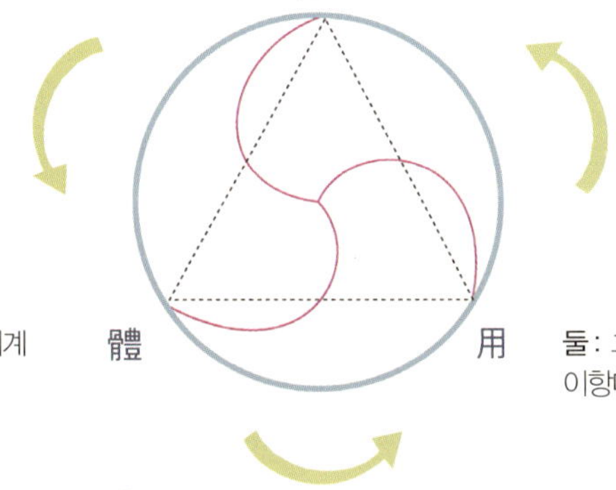

이르기까지 서로 공존하게 하는 상생의 예술행위다.

화쟁의 불일불이는 이항대립적 사고, 우열과 동일성을 해체한다는 점에서 데리다의 철학[2]과 통하나 데리다는 해체는 하되 대안은 약한 반면 화쟁은 차이와 상생을 결합한 사유체계다(기호학연대, 2003: 384).

이처럼 화쟁은 주와 객, 주체와 타자를 대립하고 분별하지 않고 양자를 융합하며 어느 한편으로 치우치지 않으며 중간도 아닌 것이다. 스스로 본질은 없고 다른 것을 통해 자신을 드러낸다. 즉 현상과 본질은 본래 하나이며 차이와 관계를 통하여 드러난다. 이러한 화쟁의 사상은 다음과 같이 체體는 용用을 통해 드러나고 용은 상相을 만들며 상은 체를 품는다.

그림 2-8에서 하나를 둘로 나누는 것은 실제 그런 것이 아니라 인간이 이해하고 소통하기 위한 것이며 용用이다. 예를 들어, 무지개의 색을 일곱 가지 범주로 나누면 그 사이의 갖가지 색을 보지 못하게 되는데, 이러한 언어기호라든가 이원

---

2. "이항대립적 사유에는 하나가 다른 것보다도 우위를 차지하고 지배하는 폭력적 계층질서가 존재한다"(Derrida, 1982: 56-57).

적 사고는 세계의 실체를 드러내지 못하고 세계 자체가 될 수 없는 한계가 있다. 그럼에도 불구하고 포스트모더니즘 이전의 서양 철학자들은 세계를 둘로 나누고 이름을 부여하여 실제라 착각하였다. 다시 말해 태초에 빛은 원래 하나지만 이를 밝음明과 어둠暗으로 가르고 다시 세분하여 빨, 주, 노, 초로 나누는 것과 같다.

그러나 거대한 이 세계의 실체體는 인간이 이해하거나 이용 또는 소통할 수 없으므로 이데아와 그림자, 본질과 현상, 주와 객, 노에시스noesis와 노에마noema처럼 둘로 나누어 차이를 만든다. 이처럼 하나를 둘로 나누는 것은 실제 세계가 나뉘는 것이 아니라 인간이 이해하고 소통하기 위한 원리적 작용으로 용用이다. 이렇듯 아무리 범주를 세분했다 하더라도 둘로 나눈 것, 또는 이에 근거한 이원론적 사고나 이에 이름 붙인 언어기호로는 세계의 실체를 드러내지 못한다. 극도로 세분한 범주에 언어기호를 부여한다 하더라도 그것이 세계 그 자체는 아니기 때문이다. 그럼에도 포스트모더니즘 이전의 서양 철학자들은 세계를 둘로 나누어 이와 같이 인식된 진리를 참이라고 생각한 것처럼, 사람들은 둘로 나누고 이에 이름을 부여한 것을 실체로 착각하였다. 따라서 화쟁은 셋을 두어 둘의 허상을 해체하며 하나로 돌아가게 하는 것인데, 이것이 바로 체體다.

일심一心, 사물의 체體는 영원히 알 수 없다. 예를 들어, 나무나 인간의 실체는 영원히 알 수 없다. 나무가 탄소동화작용이나 광합성을 하고 인간이 여러 행위를 하는 것을 통해 우리는 체의 한 자락을 엿볼 뿐이다. 이처럼 체는 용用을 통해 그 일부를 드러낸다. 몇몇 원숭이는 직립을 하고 손을 쓰면서 손이 발달하고 뇌가 점점 커지고, 탄소동화작용이나 광합성작용을 하는 나무는 햇빛을 충분히 받아들이도록 넓게 벌어진 잎을 가지게 된다. 이처럼 용은 상相을 만든다. 너른 잎을 가진 나무와 가는 잎을 가진 나무는 서로 다른 특질을 가지며, 뇌가 일정 수준 이상으로 커진 원숭이는 다른 원숭이와 다른 인간의 특질을 드러낸다. 이처럼 상은 체를 담는다. 이처럼 체는 용을 통해 드러나고, 용은 상을 만들며, 상은 체를 담고, 체는 또다시 용을 낳는다. 이처럼 체와 용과 상은 영겁순환에 놓인다. 일심이 이문

二門으로 나뉘고 이문은 화쟁의 방편을 통하여 다시 일심의 체로 돌아가고 이는 다시 이문으로 갈린다(이도흠, 2002: 286–288).

그러니 셋을 두어 둘의 허상을 해체하여 하나로 돌아가는 것이 바로 체體다. 이러한 체體는 영원히 알 수 없으며 용用을 통해 일부를 드러낸다. 또한 용은 상相을 만들어 특질을 만들며 상은 체를 담으며 영겁순환에 놓이게 된다. 즉 상相은 세계의 겉으로 드러나는 모습을 의미하며, 인간이 세계를 드러난 모습 그대로를 보는 경지다. 용用은 세계가 관계에 따라 작용하고 기능하며 운동하는 바이며, 체體는 세계의 실체 또는 본질이라고 파악하는 바다. '달'의 의미를 예로 들면 달의 상相은 보름달, 초승달, 반달 등 여러 가지 모습이 될 것이고, 달의 대표적 용用으로는 인간이 보는 달은 땅에서 떠서 하늘로 올라간다는 기능, 바로 태양과 반대로 대립하는 짓을 보게 되는 것이다. 그렇다고 볼 때 달이 차고 기우는 우주의 섭리를 달의 실체로 보아 체體가 되어 달은 영고성쇠榮枯盛衰의 부활적 의미를 부여하게 된 것이다. 체의 은유metaphor 개념을 체계화하여 형이상학적인 것을 유추하게 될 때 그것은 바로 철학이 되는 것이다. 체·용·상은 서로 결합하기도 하는데, 달의 둥그런 꼴과 신과 인간의 중개자의 짓이 결합하여 '둥그렇게 원융의 모습을 한 부처님'의 의미를 만들기도 한다.

환유metonymy란, 꽃과 꽃병처럼 인간이 세계와 세계 사이의 인접성을 근거로 유추하고 이를 대체하여 이루어지는 세계의 의미화다. 환유는 원인과 결과의 관계, 사물과 경험 사이의 인접성contiguity이다. 은유든 환유든 간에 창조적 비유는 기존의 세계를 파괴하고 그것과 전혀 상관없는 것으로 생각했던 세계와 관련시키고 차이를 드러낸다. 읽는 주체는 구조적 사유를 통하여 둘 사이의 유사성이나 인접성을 유추 또는 연상하고 차이를 인식한다. 이 과정을 통하여 비유된 언어기호는 차이와 관계를 통하여 세계의 숨겨진 부분을 드러낸다(이도흠, 2002b: 396).

이도흠의 화쟁기호학(이도흠, 1999a: 174)은 역사주의, 형식주의 시학과 마르크스주의 사회학을 변증법적으로 종합하는 데서 더 나아가 원융圓融에 이르게 하고, 기호학적 해독, 텍스트의 내적 구조를 과학적이고 시학적으로 분석한 것과 사회문화적 맥락을 하나의 틀 속에서 종합하여 해석하고 미적 가치를 평가하는 방법을 구사하고 있는데, 이렇게 양자를 하나로 회통會通시키는 원리로 원효의 화쟁철학을 수용하고 있다.

그의 저서에서 원효는 소쉬르보다 1천 3백 년이나 앞서서 기표와 기의를 지적하고 있고, 데리다보다 더 체계적이고 심도 깊게 언어기호의 불완전성과 이성중심주의, 이항대립의 한계를 갈파하고 있다고 말한다. 무엇보다 원효는 이것이 왜곡이고 차연인 줄 알면서도 언어기호로서 세계를 드러내면서도 세계 실체의 한 자락이나마 드러내는 방법을 알고 있었고, 이성과 언어기호 너머에 궁극적 진리가 있어 인간의 이해로 깨닫고 이미 진리가 아닌 줄을 알면서도 이성과 논리를 통하여 진리의 한 자락을 드러내는 방편을 펴서 모든 대립과 갈등을 화쟁의 원리로 아울렀기 때문이라고 말한다. 화쟁의 체·용·상의 개념을 세계가 어떻게 의미를 만드는가에 대해 설명하기 위해 품·몸·짓·참으로 범주화하기도 한다. 이때 '참'의 개념은 체 가운데 체라고 할 수 있는 것으로, 인간 주체가 파악할 수 없는 영원불멸한 것이며 늘지도 줄지도 않고 시작도 끝도 없는 세계의 진정한 실체를 나타낸다(이도흠, 1999a: 390–392).

화쟁기호학의 방법론은 예술 텍스트에 드러나는 상相과 용用을 통해 무한한 창조적 의미해석이 가능하다. 유추와 인접성의 은유적 인식을 통한 의미작용의 구조적 해석은 예술의 본질적 실체인 체體로서 사상과 철학까지도 해석할 수 있다.

무용기호학의 방향과 방법론

1) 무용 텍스트에 대한 기호학적 논의

(1) 비구두인 담화와 메시지 : 언어적 기호 요소

김춘수의 〈꽃〉이라는 시에서처럼 그 이름을 불러주었을 때 비로소 존재는 의미를 드러낸다. 하나의 고리ring에 불과한 반지는 사랑의 맹세 뒤에 서로에게 '영원한 사랑'이라는 의미를 지닌 기호가 된다. 인간 또한 의미를 지닌 삶을 지탱하며 생명의 순환을 거듭해 간다. 무용도 마찬가지다. 춤은 마음속의 의미를 동작으로 표상한 것이자 그 동작을 보고 많은 의미를 산출하는 기호체계다. 연희자는 의미를 춤에 담아 표현하고 관객은 춤을 보며 춤동작 하나하나의 단순한 의미에서 춤을 통한 삶에 대한 해석에 이르기까지 다양한 의미를 주고받는다.

무용이 언어기능을 하며 진리를 대신하여 세계를 매개해 주는 기호로 인식된 것은 사실 자연발생적 춤의 근원과는 다소 거리가 있다. 춤의 자연적 발로에서 보면, 그것은 인간의 유희충동과 관련한 감정의 공유에서 비롯되어 점차 약호화되어 성숙한 언어로 자리매김하기까지 언어로서 인식형태는 갖추어지지 않았다. 다만 몸짓언어로서 의도는 없지만 의미를 대신하는 무엇으로 발전되어 의사소통 기능을 갖춘 것으로 볼 수 있다.

주목할 점은 그것이 의도적이든 아니든 간에 의사소통의 기능을 수행하며 비구두 커뮤니케이션nonverbal communication 영역에 자리한다는 것이다. 따라서 신체가 표현할 수 있는 무용의 특수한 행위는 비구두 커뮤니케이션의 대표적 언어이자 소통을 매개하는 기호로서 존재한다. 인간의 몸짓 하나, 눈 동작 하나가 기표가 되어 의미를 형성할 수 있으며 벌의 날갯짓이나 새 깃털의 움직임도 의미를 주고받는 커뮤니케이션 수단이다. 이렇게 언어기호를 제외한 커뮤니케이션을 '비구두 커뮤니케이션'이라 한다.

비구두 커뮤니케이션은 인간의 몸짓, 몸동작, 신체언어, 얼굴신호, 시선, 접촉 커뮤니케이션, 근접학proxemics 등을 포괄한다(Nöth, 1995: 388). 즉 인간의 몸짓, 몸동작, 얼굴의 표정, 눈길, 접촉하는 촉감과 맥락, 인간과 타인 사이의 공간과 거리 등이 모두 의미를 담고 있는 기표가 되어 소통의 메시지를 주고받으면서 커뮤니케이션을 행한다.

해리슨Randall P. Harrison의 지적처럼, 비구두 커뮤니케이션이란 용어는 얼굴표정과 몸짓에서부터 패션과 상징까지, 춤의 음악, 그리고 복식, 거래유통, 동물의 영토권에서 전문가의 계획안, 초감각적 아날로그 컴퓨터, 강렬한 수사에서 미학적 수사까지 광범위한 현상에 적용되었다. 그는 비구두 커뮤니케이션을 신체행위에 기반한 '신체 코드bodily codes', 옷이나 보석을 사용한 '인공 코드artificial codes', 미디어 조작과 관련한 '매체 코드medical codes', 시간과 공간 내에서 비구두기호를 사용하는 '상황 코드contextual codes' 등으로 나누어 살핀다(Harrison, 1974: 27-29).

한편 포야토스Fernado Poyatos는 언어와 신체기호라는 두 가지 범주로 커뮤니케이션을 분류한다. 즉 구두-발성(자연언어), 비구두-발성(비명소리나 웃음 같은 유사언어), 구두-비발성(문자메시지, 언어대치부호, 기호언어), 비구두-비발성(시공간에서 수행되는 몸짓에 대한 언어) 커뮤니케이션으로 구분한다. 그러나 엄격한 의미로는, 비구두-비발성 커뮤니케이션만이 비구두 커뮤니케이션의 대표적 유형이다(Poyatos, 1976: 23-25). "한 인간이 말하기를 멈추었다고 하더라도 그가 몸을 움직이고 있다면 커뮤니케이션을 멈춘 것이 아니다"(Patterson, 1983: 35)라는 말처럼 모든 비구두행위는 커뮤니케이션이다. 문화적 맥락마다 다르지만 얼굴 표정, 시선, 손가락 등의 동작 하나하나가 '당신을 사랑합니다', '나는 당신의 말에 화가 납니다', '당신의 말에 동의합니다', '당신의 말에 반대합니다' 등의 의미를 드러내는 기표들이다. 춤은 말과 언어기호 없이 신체동작을 통해 관객과 소통한다는 점에서 비구두 커뮤니케이션이다.

무용을 언어로서 간주하여 읽기를 추론하는 것이 의미의 해석이다. 이때 무용 텍스트를 실증주의적 비평과 인상주의적 관점에 치우쳐 해석하다 보면, 의미의 합의를 중요시하는 소통의 목적보다는 발신자의 의도와는 관계없이 해석자의 주관적 침입이 개입되어 자유로운 의미가 생성되기도 한다.

여기에는 분명 언어의 일반적 기호개념과는 차이가 있다. 그렇다면 비구두적 언어인 춤이 의미의 소통을 이루는 과정에서 구두적 언어와의 차이는 무엇이며 발성적 언어와의 변별적 의미는 무엇인지 살펴볼 필요가 있다. 춤이 자연발생적 언어를 떠나 의미의 소통을 전제로 한다는 가정 아래, 예술로서 춤의 언어적 특수성에 대한 연구는 문화 텍스트 내에서 춤의 언어적 변별력과 기능에 대한 이론적 영역이 된다.

무용은 손짓 하나 몸짓 하나로 의미의 단위들을 형성하는 비구두적 언어다. 구두적 언어는 'ㄱ'과 'ㅕ'라는 음소音素, phoneme가 모여 '겨'라는 음절音節, syllable을, '겨'와 '울'이라는 음절이 합해져 '겨울'이라는 낱말을 형성한다. 이는 '한해의 사계절 가운데 마지막'이라는 의미를 떠올리며 더 나아가 '하얀 눈을 볼 수 있는 계절', 어떤 이는 '평화와 휴식'의 의미를 연상한다. 구두적 언어의 의미는 연상된 의미의 조합과 더불어 이미 기호로서 사회적 약호가 되어 의미의 발생을 자의적으로 결합하고 있다.

언어기호가 음소를 바탕으로 이루어지듯, 무용도 동작소動作素, kineme를 바탕으로 기호를 형성한다. 음소가 그 자체로는 아무 의미를 지니지 않듯, 동작소란 그 자체로는 별다른 의미가 없으나 춤 구조체에서 미분적 위치를 점유하고 즉흥적으로 자유롭게 표출되는 의미 단위를 가리킨다. 곧 손가락 하나, 발짓 하나는 동작소다. 이 자체로는 아무 의미를 가지지 못하지만 이들이 모여 동작기호를 형성하면 이것들은 의미를 갖는다.

무용 텍스트는 기호다. 기호는 간단히 말하여 무엇을 대신하는 무엇aliquid pro aliquo이다(Nöth, 1990: 85). 소쉬르는 실체론적 사유를 뒤엎고 구조적 사유의 지평을 연다. '빨강'은 본래 아무런 의미도 본질도 갖지 않는다. 세상이 온통 붉은색이라면 '빨강'은 아무런 의미가 없다. '빨강'은 '초록', '검정' 등과의 차이를 통해 '뜨거운 태양을 닮은 열정', '요동치는 심장과 같은 뜨거운 사랑'이란 의미를 드러낸다.

무용도 마찬가지다. 동작 자체가 의미를 가지고 있는 것이 아니라 이 동작과 저 동작의 차이가 의미를 생성한다. "이러한 차이들은 이 자체가 실체가 아니라 구조 자체가 만들어 내는 효과다"(김보현, 1996: 132). 이처럼 체계 속의 각 기호는 다른 기호들과의 차이에서만 의미를 가진다. 의미는 기호 안에 내재하지 않는다. 의미는 사물의 본질이 드러난 것도, 주체의 경험이나 이해에 바탕을 둔 것도 아니다. 의미는 차이나 관계에 따라 드러난, 공유된 의미작용 체계의 산물이다.

무용 동작은 연희자의 마음, 혹은 무용에 담긴 진리를 대신하는 무엇으로 그 자체가 기호다. 기호는 이 기호와 저 기호의 차이가 의미를 만든다. 무용은 이 동작과 저 동작이 차이를 형성하면서 의미를 산출한다. 기호는 발신자와 수신자 사이에 이루어지는 소통이다. 무용은 발신자인 연희자가 동작을 통해 수신자인 관객에게 메시지를 전하는 소통의 기호다.

(2) 무용 텍스트, 기호의 역동성

언어는 약속된 체계를 갖지 않으면 안 된다. 이것은 가장 언어적인 속성이다. 그러나 무용 언어는 구두적 언어와 같이 확정된 약호도 의미의 공유도 아니다. 전통적 발레와 같은 원활한 소통을 위한 보편적 코드를 제외하고는 사회적 규약과 같은 자의적 의미의 규정은 따로 있지 않다. 단지 승무의 동선 하나하나에는 뿌림의 내연기적內演技的 기법과 맺고 푸는 호흡 안에서 자유로운 선의 구도가 가져다주는 심미안을 들여다볼 수 있는데, 이는 구두적 메시지와는 확연히 다른 감동의 메시지를 전해 준다.

일반적 견해에서 비구두적 무용 언어의 소통은 전달과 상호 공유를 목적으로 하는 구두적 언어와는 다소 차이를 보인다. 무용의 역동적 기호들은 순간순간 해석자에 의해 무한한 의미생성을 하며 쾌감과 신비를 느끼게 해 준다. 해석자에 의한 텍스트의 의미는 주관적 경험과 감정이 이입된 의미를 생산함으로써 기호의 작용은 배가 된다. 이러한 언어적 기능이 바로 무용 텍스트의 예술적 역할을 담당하고 있다. 즉 감고 풀어지는 선線이 보이는 기표를 통해 마음의 갈등과 번뇌를 수차례 경험함으로써 카타르시스를 느낄 수도 있고, 장삼을 가슴에 모아 합장하며 사뿐히 짚어 가는 버선발에서는 생의 애잔함과 고통스런 중생의 삶을 가늠할 수도 있다. 기표들은 의미를 계속적으로 파생하며 기호들과의 관계를 멈추지 않는다.

언어학적 문자기호나 음성기호의 개별적 메시지가 은유라는 시적 기능에 의해 예술적 코드를 보이듯이 무용 텍스트 또한 시적 이미지와 동일한 해석상에서 분석될 수 있다. 즉 언어의 예술적 기능은 비단 춤 언어만이 아니다. 다음과 같이 〈승무〉에 관한 무용 언어가 시적 텍스트로 전환되는 경우 언어는 시적 기능을 한다. 곧 일반적 언어가 예술적 기능을 소통하며 메시지를 전달하게 되는 경우다.

> 복사꽃 고운 뺨에 아롱질 듯 두 방울이야
> 세사(世事)에 시달려도 번뇌(煩惱)는 별빛이라.
>
> 휘어져 감기우고 다시 접어 뻗는 손이
> 깊은 마음속 거룩한 합장(合掌)인 양하고,
>
> — 조지훈의 〈승무〉 중

언어적 전달만을 목적으로 본다면 "세사에 시달려도 번뇌는 별빛이라"라는 구절은 세속적 번뇌에서 종교적 승화를 나타내는 1인칭 화자의 내면심리와 깨달음의 욕구를 드러낸다고 할 수 있다. 그러나 "휘어져 감기우고 다시 접어 뻗는 손"과 "깊은 마음속 거룩한 합장인 양하고"의 두 구절은 몸짓언어가 은유적 인식[3]을

3. 은유(metaphor)는 한 개념이나 대상을 다른 개념이나 대상과 견주어 양자 사이의 유사성이

통해 인과적 의미해석을 유도한 것으로 시적 기능을 한다.

물론 시 텍스트는 문자언어를 기반으로 하며 무용 언어와는 또 다른 차이가 있다. 다만 핵심은 예술적 언어의 약호가 가진 의미의 파생이 얼마나 자유로운지에 대해 서술하고 있다. 비구두-비발성인 무용 언어의 예술적 기능 또한 소통의 기본전제인 의미파생에 관해 무한의 해석가능성을 시사해 준다. 이러한 기능은 이미 '약호'라는 자체로 충만한 몸짓언어에 대한 기호의 가능성을 의미한다.

무용 텍스트에는 역동적 기호가 산재해 있다. 그러한 기호의 작용은 시간을 멈출 수도 없고, 공간에 들어가 눈에 들어오는 현상을 그대로 직시할 수도 없는 움직이는 기호다. 그래서 무용 텍스트는 상연되는 동안 나의 인식과는 무관하게 늘 진행적이다. 또한 순간을 재현해 미적 체험을 재생하는 것은 더군다나 있을 수 없다. 무대라는 시간과 공간에서 수많은 정보의 기호들이 우리 눈에 조여들어 오므로 내가 공감하는 것들이 발신자와 일치하는지를 인식할 시간도 없다.

이 점이 무용 텍스트가 미술과 영화, 디자인과 다른 점이다. 무대에서 쏟아지는 무용 텍스트의 기호학적 단위들은 통합체적이다. 동시에 많은 의미작용을 하며 예술정보를 쏟아낸다. 그렇다 하더라도 기호학적 단위가 되는 무용의 계열체적 요소 하나하나를 분석하는 일이 무용기호학에서는 가능할 것처럼 보인다.

지금까지 무용기호는 너무도 다채널적이고 다체계적인 특성 때문에 포괄적 메

나 차이를 발견하고 이를 바탕으로 세계를 유추(類推, analogy)하여 한 대상이나 개념을 다른 무엇으로 전이하거나 대치하여 비유하는 것이다. 담론 안에서 작동할 때는 수용자가 주어진 세계관과 문화 안에서 형성된 개념체계와 상상력에 따라 원관념과 매체관념 사이의 관계를 유추하여 의미작용을 일으키는 방식이자 행동하는 양식이다. 창조의 장에서 보면, '둥그렇다'는 유사성을 통해 '보름달'에서 '엄마 얼굴'을 떠올리듯, 은유는 두 개념이나 대상 사이의 유사성을 유추하는 것이다. 수사의 장에서 은유는 '푸른 하늘'이 '맑은 마음'으로 의미가 바뀌듯, 전이와 대체다. 해석의 장에서 보면, '호박'에서 '그처럼 여름의 폭양을 극복하고 속을 익히는 수도승'으로 해석하듯, 이는 원관념과 매체관념 사이의 동일화다. 소통의 장에서 보면, 개발독재시대의 대중들이 '불도저'라는 은유를 '중단 없는 산업화'로 읽고 이에 매진하였듯, 발신자가 보낸 코드에 대하여 수신자가 유사성의 유추에 바탕을 두고 해석하면서 발생하는 의미작용이다(이도흠, 2004a: 341-342).

시지를 전한다는 막연함으로 다가왔다. 또한 시공간의 제약 때문에라도 그것을 재단하는 것은 불가능하다고 여겨졌다. 심지어 무용을 문자언어로 텍스트화한다는 것조차 기록적 보존에 의해서였을 뿐, 기호학적 방법론으로써 재단할 필요에 의한 실효는 거두지 못했다. 그러나 언어학적 단위인 음소phonemes와 같이 비구두 커뮤니케이션 영역에 해당하는 '행위소acteme', '행동소behavioreme',[4] '동작소'는 기호학적 요소의 단위가 될 수 있으며, 이를 구조적으로 범주화함으로써 비구두 언어에 대한 연구 영역이 점차 확대되고 있다.

2) 기호학문으로의 접근에 관한 논의

(1) 무용 분석의 필요성

현대 기호학은 언어에 대한 구조주의적 분석에서 출발했지만 기호학의 발전은 비구두적 매체나 이미지와 같은 텍스트에 적절한 방법론으로 확대되고 있다. 어떤 이는 기호학을 다른 학문의 곁가지인 방법론으로, 그리고 사회 전반에 걸쳐 기호의 혼재 속에 당연히 우리가 인식하든 인식하지 못하든 기호들의 커뮤니케이션을 연구하는 학문으로 여겨 왔다. 그러한 이유로 기호학 이론은 독자적인 학문으로 성립되기 어렵다고 말한다.

그러나 이를 떠나서 기호학은 언어기호학으로부터 출발해 설화기호학, 문화기호학, 사회기호학, 텍스트기호학으로 이론을 발전시켰고, 심지어 문학기호학, 시각기호학, 영화기호학, 컴퓨터기호학, 생명기호학 등 학문적 영역을 제대로 찾지

---

4. 언어학의 영역에서 비구두 커뮤니케이션에 가장 공헌한 것은 파이크(Kenneth Pike)의 『인간 행동 통일론(*Unified Theory of Human Behavior*)』이다. 여기에서 파이크는 음소(phème)와 발화소(utteremes)에 해당하는 행위소(acteme)와 행동소(behavioreme)라는 행동단위를 제안한다. 문법소론학파를 제외하면 이 제안이 비언어 행동 연구의 분야에서 큰 반향을 얻지 못했으나 파이크의 표층구조에 드러난 현상에 접근하는 비구조적 연구방법인 '에믹(emic)'과 기호체계를 약호 내에서 그것이 수행하는 기능의 관점에서 접근하는 방법인 '에틱(etic)' 원칙은 많은 분야에 영향을 미쳤다(김치수 외, 2002: 337).

못하는 시련에도 연구물과 저서를 속속 내놓고 있다.

하지만 기호학적 방법론을 획기적으로 가져오지 못한 곳이 바로 무용 영역이다. 무용은 미를 추구하는 미적 범주로 텍스트를 고정하고 시각적이고 인지적인 분석 외에는 불가능한, 사실 학문적 영역에서도 다소 뒤쳐져 있는 예술의 한 분야였다. 고정된 텍스트를 분석할 수도 없을뿐더러(비디오 매체를 통한 무용의 느낌은 생생한 전달력을 잃게 되며 이미 소멸된 기호로 작용되기 때문에), 영상매체가 나오기 전에도 무용은 분석 대상이기보다는 오히려 심신단련의 철학적 대상, 자유로운 주체의 표현행위 등으로 통했다.

그러다가 무용이 미학의 대상으로 편입되면서 전통미학이 보여 주는 산문 같은 시적 평론에서부터 예술로서 표현하고자 하는 전달적 이론을 해명하기에 이른다. 그런데 그나마 특이한 예술의 범주로 구분되었던 무용예술에서 전달하는 메시지를 해명하고 표현하는 현상을 설명하는 것은 실로 어려운 문제였다. 회화나 건축, 시각디자인의 경우 고정된 텍스트 분석을 통해 나름대로 이데올로기나 신화적 속성을 파헤치곤 했어도 무용은 그 기록법조차도 온전하지 못했다.

미학자 자신만의 주관적 경험에 의한 현상만으로 무용을 재단하거나 새로운 미적 개념들을 다른 예술에서 차용한 것이 주를 이루고, 무용만의 현상을 탁월하게 해명할 독자적 논리는 정식화되지 못하였다. 그 결과 안타깝게도 무용 분야는 분석에 의한 객관화의 유형, 유효한 창조적 과학의 성격을 갖고 있지 않다고 여겨졌고 연구도 더디게 진행되었다.

그러나 최근의 동향은 다르다. 아직도 기호학은 무용학문에 신선한 충격이며 때론 인정할 수 없는 논의가 거듭되지만 무용이 단순히 미를 추구하는 몸짓행위의 발화 측면에서, 관객에게 보다 감동적인 메시지를 전하고 의미를 공유하기 위해 분석하고 파악하는 창조적 일을 벌이고 있기 때문이다. 즉 무용예술을 커뮤니케이션의 도구로 효과적으로 사용함으로써 인간과 그 사회적 환경을 유기적으로 조직하는 예술운동의 실천에 진취적으로 접근하고자 하는 자세다.

그런 입장에 서서 무용예술은 분석적 접근의 실현을 위해 기록적 보존을 위한 데이터, 참과 거짓을 볼 수 있는 진리, 예술로서 현상의 극대화에 대한 면밀한 검토, 창조적 행위의 실현, 그리고 발신자와 수신자 사이의 공감대 형성까지 많은 원리와 이론들을 학문적으로 재단하며 체계를 세워야 했다. 마치 음악이 예술의 영역에 벗어나 있다가 피타고라스가 수의 협률을 발견함과 동시에 비로소 음악을 위대한 예술로 인정한 것처럼 원리와 질서를 요구한 것이다.

예술이라 하더라도 통일된 원리를 말하고 범주의 규정을 통해 보다 쉽게 인간은 인식의 틀을 가짐으로써 창조적 발판을 마련할 수가 있다. 질서와 자의적 약속을 의미하는 오선지 악보에 따라 똑같은 음악을 연주한다 하더라도 '도'와 '레' 음 사이에서 느껴지는 현과 피아노의 건반소리는 같지 않다. 무지개의 색깔을 우리가 일곱 가지로 규정해 놓았지만 빨강과 주황 사이에 존재하는 우주의 색은 우리가 생각하는 것보다 많은 띠를 두르고 있음을 안다.

질서는 우리의 인식적 편의에 의해 만들어진 것뿐이다. 보편적 원리를 실현하는 틀을 통일된 규정으로 재단한다 하더라도 예술 텍스트는 여전히 무궁무진한 의미를 지니고 있다. 무용예술은 미학적 시론에 의해 예술의 원리가 해명되기는커녕 점점 더 불가사의한 신비의 베일을 쓰게 되었다. 예술의 힘으로 인간사회를 풍부히 조직하려는 예술운동은 그러한 이론에 의해서 무용예술을 한 차원 더 난해한 예술로 방치해 두고, 진보의 발걸음을 방해받게 된 것이다. 따라서 좀 더 객관성 있는 창조적 과학으로서 무용 분석에 대한 필요성은 시급하다.

그렇다면 무용예술의 분석은 어디서부터 실현되고 어디까지를 객관화할 수 있는가? 그러기 위해서는 어떠한 방법론으로 학문적 재단을 해야 하는가? 보편적 방법론으로서 인정받기 위해서는 어떠한 논리로 무엇을 해명해야 하는가? 이를 위해서는 우선 과학적 방법으로 몸짓의 의미와 커뮤니케이션의 기능부터 밝혀야만 한다.

인식적 언어의 논리를 명확히 정식화하고 분석적 명제로서 기초하는 철학적 학문을 과학적으로 해명해야 한다. 무용의 몸짓이 왜 아름다운가에 대해서는 비록 영원한 숙제로 남겨둔다 하더라도 적어도 예술현상에 대한 참된 의미는 객관적 검증에 의해 공감할 수 있어야 한다. 예술에 관한 분석은 그 자체의 본질을 묻는 것이 아니라, '예술'이라는 언어가 가진 용법과 기능을 의미한다.

각각의 맥락 자체가 가지고 있는 의미체계를 분석하고 규정한다는 것, 곧 인간의 기호행동인 예술 커뮤니케이션의 과정을 이론적으로 해명하고, 더 효과적인 커뮤니케이션 시스템을 설계하려는 새로운 실천적 과학으로 무용 텍스트는 존재하고 있다. 이것은 언어의 화용론적 기능을 뜻하는 분석적 태도에 의해 정초됨으로써, 결국 창조적 과학으로서의 힘을 발휘한다고 본다.

인간의 행복과 삶의 원천으로서의 예술, 예술의 의미와 커뮤니케이션의 효과적 원리를 획득하기 위한 과학적 검증과 분석적 방법론으로 기호학은 유용하다. 카오스의 세계를 코스모스를 통해 무용 텍스트에 나타난 기호의 현상을 명명함으로써 예술철학에 대한 방법론을 실천하고자 하는 것이다. 무용 텍스트에 대한 그간의 연구에 대해 트리즈TRIZ 이론(창의적 문제 해결 이론)은 성립된다. 즉 문제를 발견하여 모순을 정의하고, 이로써 사고의 전환을 가지며 문제해결로 다가가는 창조적 실현은 비단 예술만의 문제는 아니다. 모든 질서의 통일에 대한 예술성을 추론하고 객관적 영역을 찾으려 할 것이다. 균형, 조화, 힘이 가져오는 예술적 질서를 찾게 되는 원리를 나열하고 인식하는 것은 예술이라는 현상의 실체에 조금은 다가서기 위한 노력이다.

(2) 무용기호학의 모태 : 동작학적 개념

비구두 커뮤니케이션 가운데 가장 대표적인 커뮤니케이션이자 무용과 깊은 관련이 있는 학문 분야는 동작학Kinesics이다. 버드위스텔Ray L. Birdwhistell은 동작학을 "인간 존재가 어떻게 몸짓을 통해 소통하는가에 대해, 또 소통적 가치를 만들기 위하여 드러낼 수 있는 신체동작의 유형화와 학습된 양상에 대한 체계적 연구"라고 정의한다(Birdwhistell, 1970: 123–139). 곧 동작학이란 인간이 머리, 얼굴, 몸통, 어깨, 손, 다리, 발, 목 등의 움직임에서 나타나는 기본적이고 상징적인 몸짓을 찾아낸 다음, 이를 조합하여 동작문자kinegraph 체계를 만들고 이를 바탕으로 인간이 동작을 통해 전달하고 소통하는 것이 무엇인가를 체계적으로 연구하는 것이다.

동작학에서 중요하게 작용하는 것은 맥락이다. "어떤 동작소도 맥락과 관계없이 의미를 결정짓지 못한다"(Birdwhistell, 1970: 185). 손가락으로 'V'자를 그리는 동작은 경쟁이나 스포츠의 맥락에서는 '승리'를 뜻하지만, 숫자를 헤아리는 맥락에서는 '2'를 의미한다. 동작은 문화적 맥락에서도 의미를 달리한다. 손바닥을 상대방에게 향하고 손가락을 아래로 움직이는 경우 한국인에게는 '이리 오라'를 뜻하지만, 미국인에게는 '안녕'을 의미한다.

무용은 말과 언어기호 없이 신체동작을 통해 관객과 소통한다는 점에서 비구두 커뮤니케이션이다. 비구두 커뮤니케이션 중 대표적인 춤은 바로 동작학의 대상이 된다. 무용동작학은 연희자가 연속적 신체동작을 통해 어떻게 관객과 소통하게 되는가, 소통적 가치를 만들기 위하여 드러낼 수 있는 동작의 유형과 학습의 양상에 대해 연구하는 것이다.

하지만 여타 동작학과는 다른 양상을 지닌다. 무용 동작은 몸짓뿐만 아니라 손가락 하나의 미세한 흐름까지도 의미를 형성하면서 소통한다. 무용 동작은 오랜 기간 의례를 통해 관습화하여 상징화된 의미, 정신과 사상에 따른 의미, 무용가가 새로이 창조한 의미 등이 압축되어 있다. 무용 동작을 제대로 분석하려면 함축적이고 은유적인 코드뿐만 아니라 심미적 코드와 사상적 코드를 함께 읽어내야 한다. 따라서 신체 동작을 '키네시스kinesis'라 한다면, 정신과 사상이 담긴 무용 동작은 '메타키네시스meta-kinesis'다.

무용기호학의 영역은 동작학적 개념으로부터 출발해야 한다. 그러나 '제스처gesture'와 '보디랭귀지body language'를 포함한 비구두 커뮤니케이션의 영역은 보다 진화된 언어적 의미에서 연구되어야 할 과제를 시사해 준다. 왜냐하면 무용이 신체 움직임이라는 기호로서 언어적 표현행위가 되었을 때는 언어로는 드러낼 수 없는 감정의 인식과 의미의 공유, 이 난해한 기호의 표상체가 가져다주는 메시지의 해독은 보다 함축적이고 은유적인 심미적 코드를 분석해야 한다는 점에서 동작학과는 다소 차이가 있다. 즉 안무가의 창조적 행위를 어떻게 해석해야 할 것인가가 난점이다.

무용기호학에서 비구두 커뮤니케이션이라는 동작학적 개념은 매우 기본적인 분석의 틀은 될 수 있지만 무용기호의 변수를 포괄하지는 않는다. 가령 춤의 시선과 표정 등은 일반동작학의 개념과는 달리, 이념과 형식구조의 메커니즘을 비롯하여 수많은 맥락과의 연합에 의해 다양한 지시와 의미를 가질 수 있다. 따라서 무용이 가진 비언어적 메시지는 다양한 의미작용을 반복한다. 간략히 말해 무용은 제스처와는 다른 수많은 '의미소'의 해석이 무한대로 생성되며 기호의 거듭나기와 그에 따른 수많은 기의들, 3차원의 '신화'적 개념 등 춤의 사상과 문화적 배경까지도 창출해 낼 수 있다는 점에서 단순한 문화적 약호와는 또 다른 기호작용을 의미한다. 무용기호의 의미작용과 신화적 개념에 관해서는 다음 장에 자세히 서술하기로 한다. 기호학의 미덕은 객관성과 과학성에 있다. 기호학은 언어과학을 바탕으로 객관적이고 명료하게 기호체계를 정립하는 과학이다. 기호학을 응용하여 모호하고 복잡한 무용 동작에 대해 객관적이고 보편타당한 체계를 세울 수 있다.

무용 동작을 유형화하고 그 의미를 추적하는 데 유용한 방법론은 기호학 가운데서도 동작의 기호학이다. 춤은 동작을 기표로 하여 의미를 드러내면서 관객과 소통한다는 점에서 동작학의 대상이 된다. 의미의 동작기호학은 무용 동작이 의미작용체계에 따라 어떻게 만들어지고 해석되는가를 탐색하는 학문이다. 소통의 동작기호학은 발신자로서 연희자가 어떤 원리로 춤 동작의 코드를 만들며 이를 무대라는 채널을 통하여 송신하고 이를 수신한 관객이 어떻게 해석하여 메시지를 해독하는가에 대하여 연구한다. 더구나 춤 동작의 외연denotation[5]은 춤사위로 나타나지만 이것이 가지는 함의connotation[6]는 그에 담긴 정신과 사상, 연희자의 정서와 창조력, 춤이 실현되는 맥락에 따라 다양하다. 춤의 동작기호학은 춤동작의 외연 너머의 함의, 함의에 담긴 진정한 의미와 신화를 분석하고 비평한다.

무용 동작은 언어로서 의미를 드러낸다. 관객은 춤 기표의 다발을 보고 여러 기의들을 해석하고 의미를 생성하며 서로 소통을 이루고 예술이 선사하는 감동을 받는다. 따라서 무용기호학은 의미의 기호학과 소통의 기호학을 융합한 연구이며, 나아가 예술로서 감동을 주게 되는 심층적 구조에 대해 분석하는 과학이다. 비구두의 동작학적 개념에서 출발한 모든 커뮤니케이션을 수반하는 의미와 소통의 범주는 무용기호학의 중요한 학문적 모태임을 강조한다.

(3) 무용기호학의 영역

① 의미기호론

소쉬르의 기호가 언어구조에서 출발했지만, 의미작용은 언어기호에 의해서만 이루어지는 것은 아니다. 인간의 몸짓 하나, 눈 동작 하나가 의미의 운반체이며, 벌의 날갯짓이나 새 깃털의 움직임 또한 의미를 주고받는 커뮤니케이션의 수단이다. 세상의 모든 것이 기호로 충만하듯 대상에 대한 의미작용은 무수히 많을 수 있다. 특히 예술의 의미를 파악하기 위해서는 미적 경험과 사고의 전환 등 다양한 인식과정이 요구된다. 예술의 커뮤니케이션에서 발신자와 수신자 간에 간의 의미가 일치하기도 하고 불일치하기도 하기 때문에 모호함이 생긴다.

---

5. 외연은 '나무 = 목질의 줄기를 가진 다년생식물'처럼 언어공동체의 합의로 이루어지는 비주관적이며 담론과 떼어놓아도 분석이 가능한 것을 뜻한다. 보통 언어기호의 사전적 의미, 지시적 의미를 가리킨다. 기로(Pierre Guiraud)는 이를 "객관적으로 그것 자체로 인식된 기호의미부로 구성되는 것"으로 정의한다.

6. 함의는 '나무 =부드러움, 자연, 수직지향, 신과 인간의 중개자'처럼 수용자나 문맥에 따라 담론에 놓인 위상에 따라 의미작용을 하는 것을 가리킨다. 보통 기호가 표상하는 대상체와 연관된 문화적 경험으로부터 연상된 의미를 뜻한다. 기로는 "기호가 그 형태와 그 기능을 갖는다고 하는 사실에 의해서 그 기호와 결부되어 있는 주관적 가치군 표현"으로 정의한다.

기호는 기표와 기의가 상호작용하면서 의미작용을 일으킨다고 했다. 기표와 기의의 개념은 소쉬르 이후 의미망이 확대된다. '초콜릿'이 가게에 있으면 물질이지만, 밸런타인데이Valentine Day에 누군가에게 선물하면 '나는 당신을 사랑합니다', '당신에게 오늘 사랑을 고백합니다'의 의미를 갖는다. 여기서 초콜릿은 후자의 의미를 생성하는 기표로 작용한다. 미학에서는 대상의 의미를 지식과 행위, 그리고 미적 대상으로 기호의 의미작용을 이해하고 있다. 한 그루의 고목나무가 있다고 가정하자. 고목을 썩은 나무로 보고 어느 종이었는가, 얼마만큼 살았는가, 열매는 어떤 것이었는가 하는 관점은 고목을 지식의 대상으로 본 것이다. 그리고 어떤 이는 썩은 나무를 벌목해 땔감으로 쓰고자 여겼다면 고목은 행위를 위한 대상일 뿐이다. 그러나 고목을 미의 대상으로 보는 시각은 다르다. 고목을 보고 푸른 잎이 무성했던 여름날의 안식처를 상상할 수도 있고, 지나간 과거와 인생에 대해 무상함을 견주어 미적 대상으로 볼 수도 있는 것이다. 이처럼 기표와 기의의 상호작용은 의미의 기호를 다르게 연상하게 한다.

무용 텍스트를 의미기호학으로 보는 견해는 해석 과정을 통해 이해되고 감상될 수 있는 무용 전반에 관한 현상을 의미한다. 이들은 각기 다른 기표들에 의해 의미를 전달하고 대상을 이해해야 한다. 무용에서 실제 대상에 대한 논의는 어려운 문제다. 언어기호가 세계의 실체를 다 표현하지 못하듯이 예술이 남긴 창조적 고뇌 또한 본질적 기호의 해석은 불가능하다. 무용의 이러한 의미기능은 의미론에서 조금은 난해한 일로 보여도 기호학적 재단은 기표들부터 찾아나서야 한다.

무용예술에 나타난 현상은 많은 의미를 파생하며 관객과 연희자를 포함해 모두가 하나의 복합된 기호임을 묵시하고 있다. 일단 행위 자체는 무용가에 의한 발화이자 코드의 사용을 의미한다. 이는 무용 동작의 도상에 의해 시각적 이미지를 전달받게 된다. 즉 춤에서 가장 명확한 도상은 바로 동작이다. 그리고 그것들은 각기 다른 의미를 조합하여 기호가 되며, 차이에 의한 수많은 기호들이 얽히고설켜 의미의 복합단위를 이루게 된다. 무용 동작의 순간은 허구적이거나 재구성된 직접적인 시각적 기호다. 따라서 무용기호학의 의미론을 단순히 해석의 문제로 보면 하나의 기표 이미지만을 강조하여 주관적 해석에 치우칠 수 있다. 기호의 다의성을 인정하고 기호가 관여하는 여러 가지 맥락을 함께 해석해야 한다.

무용 동작은 서로 다른 기호의 유형들이 모방되는 현실에서 도상으로 재구성된 것이다. 그런 기호들을 해체하고 기표와 기의의 개념으로 돌아가는 것은 무용 의미론에서 중요하다. 물론 이러한 의미론은 소통의 전달기능과 함께 살펴봐야 하지만 우선은 의미론에 대해 말하고 있다. 무용의 의미론적 해석작업에는 해당되는 대상이나 사건을 보고 구별하는 변별력이 있어야만 한다. 아무리 난해한 무용기호라고 하더라도 동일한 사건에서 같은 기표로서 도상이나 지표를 쓰진 않는다. 나름의 구성요소와 형식이 있으며 보편화된 특성을 수용하는 미메시스적인 특성이 있기 때문이다. 따라서 무용의 의미는 객관적이고도 독특한 특징들을 구분하고 인식하며 특성화하는 과정에서 찾아야 한다. 동작이 나타나는 맥락을 봐도 그것이 사회적인가, 예술적인가, 제의적인가에 따라 다양하고, 수신자에게 다가가는 의미의 목적이 치유인가, 교육적인가에 따라 달라질 수 있다. 만약 언어적 담화, 서사가 있는 주제를 가진 무용이라면 메시지는 대부분 교육적인 경우가 많은데, 이와 같은 맥락의 해석으로 본다면 무용기호에서는 심리적 발로의 행위보다는 직접적 교훈과 메시지를 시각적으로 강조할 수 있는 1차적 도상의 역할이 중요하다. 그러나 반대로 스타일을 중시한 개성적 예술발화 과정에서 미의 창출을 목적으로 본다면 도상과 지표와 함께 모든 상징기호들은 심미적 코드를 통해 많은 의미를 생산하고 거듭 대상들에 대해 지시하는 세미오시스를 갖게 된다.

이처럼 무용 텍스트는 다양한 기의들을 함축하고 있다. 세미오시스 과정을 지속할 수 있다는 것은 춤이 '심리적인 인간 내면과의 소통된 이미지'라는 것을 증명하는데, 현대인의 삶 속에 증대되는 심리적 표현에 대한 요구가 그것이다. 따라서 춤의 의미를 이루는 기표들은 비단 동작만이 아니다. 표현되는 행위가 가진 움직임의 크기, 각도의 형태, 방향성을 이루는 시각적 행보, 리듬감의 표출, 그 밖의 스타일과 소품 등 모든 것이 의미 단위가 된다.

무용기호가 동작소를 바탕으로 기호를 형성하고는 있지만 동작소 자체로는 별다른 의미는 없다. 무용 텍스트의 구조체에서 미분적 위치를 점유하며 즉흥적으로 자유롭게 표출되는 가장 핵심적인 의미의 요소일 뿐이다. 왜냐하면 무용에서 몸짓이 표현하는 의미는 심리적인 발화적 행동으로서는 의미가 크지만 해석과 관련하여 관객과 함께 하는 의미론적 입장에서는 별개의 의미가 될 수도 있다. 안무가와 무용수, 관객이 약속해야만 하는 기호, 곧 소통적 의미가 또 다른 기호작용의 축이 되기 때문이다.

② 소통기호론

비단 무용뿐 아니라 예술이라 이름 붙여진 모든 것은 소통을 전제로 한다. 유희와 같이 단순지각을 동반하는 참여적 행위가 아니고서는 외부 충격에 의한 내적 반응을 동반하는 활동양식이다. 무용 텍스트는 의미를 운반하는 요소들로 가득 차 있다. 이들을 운반하는 기표는 단순히 의미생산의 물체가 아닌 의미를 일으키는 작용 그 자체다. 외부 충격(현실세계)에 의한 발신자의 심리적 의도는 수신자에게 인식되기까지 예술의 코드들에 의해 '전환'한다. 이때 이루는 의미기능은 소통하는 기호들의 작용에 의한 것이다.

무용예술의 행위는 신체적 자극에서 보여지는 강렬한 메시지를 보다 효과적으로 전하는 방법을 늘 강구해 왔다. 그 방법은 신체의 언어가 하나의 의미를 생산하는 현상에 대해 직감적으로 알아차리게 하는 미적 감정의 공유가 아닌, 한 차원 높은 예술에서의 '소통'을 의미한다.

따라서 소통론에서는 의미론과 함께 의미의 단위들이 단계적으로 파생되는 원리를 알아야만 한다. 동작이 나타내는 도상의 차이, 현상이 나타내는 의식과 무의식의 구별, 무대로부터 실재의 구분과 예술세계로의 치환까지 범주의 규정, 나와 예술과 세계를 하나로 아우르는 예술언어 등 이 모두는 구조 자체가 만들어 내는 차이를 통해 분석해야 한다. 따라서 소통의 기호학은 기호적 차이와 그것을 만들어 내는 소통 모형, 예술 코드의 특성, 의미의 맥락과 메시지 등 발신자와 수신자 사이에서 일어나는 의미의 기호작용과 함께 연구되어야 한다.

그러나 무용 텍스트의 커뮤니케이션을 분석하기 어려운 것은 역동적 시공간 안에서 일어나는 예술적 소통이라는 점 때문이다. 사실 이런 역동적인 활동 자체는 하나의 기호 안에 내재해 있는 것이 아니다. 텍스트에 드러난 의미는 사물의 본질이 드러난 것도, 주체의 경험이나 이해에 바탕을 둔 것도 아니다. 그저 다른 동작기호, 그 밖의 수많은 기호들의 차이나 관계에 따라 드러난, 나름의 공유된 의미작용 체계의 산물이다.

따라서 잠재적인 최소한으로나마 상호 소통이라는 모형을 통해 무용에서의 예술적 사건이 어떻게 실재를 재현하고 있고, 어떻게 상호작용하며 결합되어 있는가를 통해 예술의 본질에 다가가고자 함이다. 구체적이고도 사실적인 원리는 구조의 원리와 같아서 그것을 가능하게 하는 것 또한 기호학의 유용함이다.

무용기호학을 통해 우주를 소통하게 하고 무용 텍스트에서 만물의 이치를 완벽하게 얻지는 못한다. 그러나 무용이 비구두적 기호체계인 만큼 텍스트에 나타나는 현상은 움직임일 수밖에 없다. 우리는 이제 미학적 해답을 얻지 못할 논쟁으로부터 벗어나, 의미의 단위들에 대한 무용예술의 객관적 영역을 해석적 명제로 대상화해야 한다.

기호학의 미덕은 객관성과 과학성에 있다. 기호학은 언어과학을 바탕으로 객관적이고 명료하게 기호체계를 정립하는 과학이다. 기호학을 응용하여 모호하고 복잡한 무용 동작에 대해 객관적이고 보편타당한 체계를 세울 수 있다. 무용 텍스트의 소통적 탐구는 무용예술에 다소 결여되어 있는 대중적 의미를 불러올 수도 있고, 모방이 창조의 어머니이듯 여러 사람에게 예술적 동기를 부여하는 차원에서도 무용기호학은 소통의 의미에서 접근해야 할 필요성이 있다.

현대 기호학은 크게 의미의 기호학과 소통의 기호학으로 나눌 수 있다. 의미의

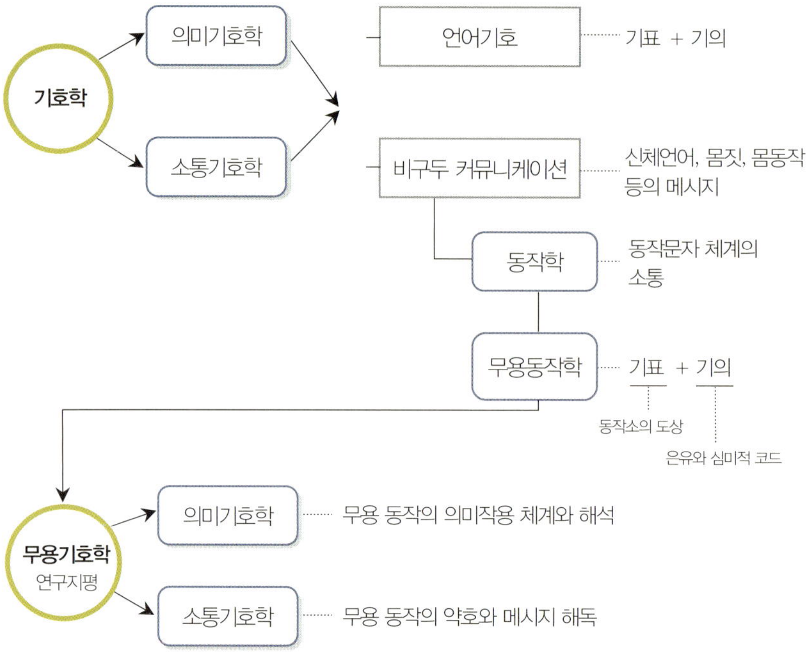

그림 2-9.
무용의 기호학적 지평에 관한 연구 영역

기호학은 의미가 일어나고 해석되는 구조와 원리에 대해 규명하려 한다. 무용에 대한 의미의 기호학 또한 동작의 의미가 어떤 차이와 구조에서 발생하며 이를 해석하는 원리나 체계는 무엇인가에 대해 밝히는 연구영역이다. 또한 무용에 대한 소통의 기호학은 발신자로서 안무가와 무용가가 동작을 통해 어떤 메시지를 보내고 있는가, 이는 어떤 통로를 거쳐 관객에게 전달되고 왜곡되며, 수용자로서 관객은 이를 어떻게 해석하여 의미를 전달받고 소통하는가에 대한 영역을 의미한다. 이는 독립적인 연구영역이 아니라 서로 같은 시각에서 무용 텍스트를 바라보며, 때론 구조적으로 때론 의미론적으로 함께 병행해야 할 방향성을 나타낸다.

제2부

무용기호학의 이론과 실제

03

무용 텍스트와 기호

sign, symbol의 차이에 의한 무용언어들

일찍이 카시러Ernst Cassirer는 사인sign와 상징symbol을 대비시켜 2개의 범주로 확연히 구분했는데, 이러한 고찰은 랭거S. K. Langer에게 계승된다. 카시러와 랭거의 고찰방식에서 보면, 사인은 신호와 동일시되며 상징과는 엄격히 구별된다(가와노 히로시, 1999: 32). 신호가 기호이기는 하나 행동과 결합한 신체적 기호로서 하위개념으로 성립한다면, 상징은 직접 신체적으로 나타나지 않는 행동의 개념이다. 만약 손가락으로 V를 그리는 것이 승리의 신호라면, 상징은 직접적 제스처를 넘어서 환희와 열정을 표현한 행동 모두를 좀 더 넓은 범주에서 포괄한다.

몸짓언어인 무용예술은 기호와 상징이라는 두 가지 범주가 변증적 융합을 하며 서로 다른 특성에서 차이를 보인다. 즉 무용[1]이라는 비구두의 언어적 현상은 신호로서 메시지가 되는 동시에, 한편으로는 가상의 이미지를 연출하고 다른 세계를 창조하는 예술적 특성으로서 존재한다. 그럼에도 불구하고 지금까지 무용

1. 개화기에 '신무용'이란 용어가 도입된 이래 무대공연과 어울릴 만한 개념은 '무용'으로, 전통적인 것은 '춤'으로 불리게 되면서 두 용어는 혼용되고 있다. 그러나 이는 단지 순수한 우리말과 한자어라는 차이가 있을 뿐이며, 이 책에서는 문맥상 더 적절한 언어를 선택하여 혼용하였다.

에 관한 연구는 실증적·인상비평적 연구에 치우친 경향이 있었으며, 무용기호에 관한 연구는 움직임의 기록이나 정량적 분석법 등 다소 제한된 이론적 방법론이 대부분이다.[2] 세상의 모든 것이 기호이듯 무용 또한 기호라는 범주와 영역에서 연구를 거듭하다 보면 무용의 협동체적 현상들이 지닌 신체적 커뮤니케이션과 나아가 의미의 상징들에 대해 보다 과학적이고 명료한 체계를 인식할 수 있다. 그렇다면 기호의 상징적 의미는 무엇이며, 예술의 기능을 관장하는 상징기호는 신호와는 어떻게 구분되며, 예술의 언어를 상징적 약호로 만드는가가 궁금하다.

원시부족을 보면 그들의 무용은 전투적이거나 수렵과 풍농에 대한 감사, 환희의 신호적 의미에 더 가깝다. 발을 동동거리거나 땅을 축복하는 행위, 원을 돌며 화합하는 단순화된 동작이 주를 이룬다. 엄밀히 말해 춤이라기보다는 신체적 발로에 의한 표현운동으로 봐야 한다. 시간이 흐르면서 여기에 감정의 극대와 신체 행동의 폭에 의해 표현의 자유와 아름다움이 점차 더해졌으리라. 어찌됐든 무용의 원류는 그곳에서 비롯되어 미를 추구하는 오늘날의 예술로 발전되었다. 움직임의 예술이 소통의 대화를 나누고 있다는 점 또한 예술적 발로에 대한 탐구의 초점을 맞출 필요가 있다.

그림 3-1에서와 같이 신호와 상징의 두 범주는 무용기호에서 동작기호와 예술기호를 엄밀히 구분한다. 그러나 모든 것은 융합된 의미로 존재하며, 보다 상위개념의 예술원리에서 본다면 무용기호는 예술의 가상적 공간에 상징적 약호를 띄워

2. 무용에 기호학을 적용한 선행연구로는 기호학적 방법론에 의한 정보량 분석을 중심으로 한 연구인 이은주의 「살풀이춤의 구조분석」(1998)과 서사구조인 무용극을 중심으로 그레마스 이론을 적용한 민성희의 「그레마스 기호학을 중심으로 한 한국 춤 해석」(2004)이 무용기호학적 소개를 단편적으로 제시하고 있다. 이 외에 원효의 화쟁을 근거로 하여 기호학적 재단을 하고 새롭게 한국 춤의 해석을 심층적으로 분석한 이찬주의 「범부춤의 심층구조와 의미에 대한 화쟁기호학적 연구」(2005)도 있다. 또한 필자는 그동안 그레마스(2006), 퍼스(2007), 바르트(2006) 등의 기호학을 적용하여 많은 무용 텍스트를 분석하기도 했으나 제한된 이론과 방법론에 대한 단편적 연구로 그쳐 무용기호학적 태도에 관한 인식과 필요성에 대한 연구가 우선시 되었다.

그림 3-1.
무용기호의 신호와 상징의 두 범주에 대한 이해

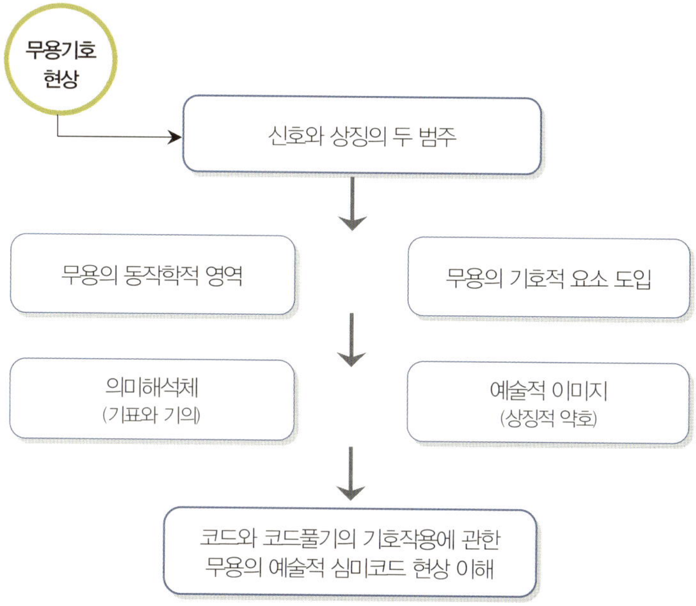

복잡한 의미망을 형성하는 심미 코드의 세계라고 해도 무방하다.

무용기호가 단순한 의미해석체인가 하는 의문을 해소하기 위해서는 상징이라는 문제를 해결해야 한다. 이에 대한 해답은 바로 심미 코드에 있다. 무용이 예술적 기능을 수행하는 일에는 이미 언어로서 기능을 다하고 있다. 원시무용과 같이 태초의 자연발생적 무용은 언어적 기능을 위해 생성된 것이 아니라 할지라도, 점차 언어로서 사회적 약호가 되어 의사소통의 기능을 수행한다. 실제 언어는 자연적 현상 또는 예술에서 구조적 사유를 가능하게 하며, 세계의 모든 사물에 대해 차이를 두고 의미를 부여한다. 예술세계를 자연세계와 유리시키는 방법론 가운데 하나는 언어 자체를 상징 또는 기호작용의 하나로 의미화하는 경우다. 그 같은 상징화된 언어를 논하고자 할 때면, 언어 특성의 일반적 견해와 함께 예술의 현상에 관한 이론적 특성이 절실히 요구되곤 했다.

몸짓언어는 기호와 상징이라는 의미론적 체계를 갖춘 언어로서 역할을 분명히 한다. 그러나 기호/예술적 언어/무용은 그 '의미'에 관한 존재론적 속성을 논리적으로 동일한 선상에서 생각하기보다는, 감각적이거나 관념적이거나 또는 너무도 실증주의적인 인상 어느 한쪽에 치우쳐 의미의 해석을 달리하였다. 따라서 이 책에서는 무용에 관한 '의미'라는 단위와 해석의 문제에 관하여 언어철학과 과학적 분석이론이라는 절충된 방법을 모색하면서 예술의 언어로서 무용의 기능을 살펴보려 한다.

무용을 예술로 보는 시각에는 우선 상징된 언어로서의 기능, 상징기호에 대해 흔히 말한다. 이것을 묶어 '예술기호론'의 범주에서 생각해 보자. 예술기호론은 종래 예술의 상징이론이나 예술의 의미이론 등으로 다양하게 불렸지만, 이는 "예술작품이 어떤 의미내용을 표현하거나 지시하거나 전달하는 기호 내지 상징의 기능이라고 보는 철학적 예술이론"이라고 잘라 말할 수 있다(이기우, 1989: 148). 다시 말해 예술기호론은 기호의 상징에 관한 문제를 철학적 이념으로 끌어냄으로써 지시되고 조응된 의미를 해석하는 학문적 성향을 일컫는 말이다.

예술기호론은 작품의 구조와 기능을 객관적으로 분석한다. 랭거S. K. Langer(1953: 374)가 예술작품은 주관적 특징을 나타내면서도 그 자체는 객관적이라고 하였듯이, 예술작품의 목적은 감정의 생명을 객관화하는 것이며, 상징은 더 이상 형이상이거나 주관적 성향을 벗어나지 않을 수 없는 명제다. 이것은 '의미'에 관한 현상학이자 분석철학이라고 말할 수 있다. 예술을 미학적 영역에 반영하면서 언어로서 작용하는 바를 설명하기 위해서는 기호적이고 미적 용어들의 적절한 도입과 통합적이고도 분석적인 기호학적 시각이 필요하다.

우선 예술작품을 객관적 언어기능으로 보고 기호로서 상징과 역동적 이미지를 분석하기 위해 퍼스의 도상·지표·상징의 개념을 적용해 볼 것이다. 이는 퍼스의 삼원적 기호의 분류 중 기호가 대상과 관련된 것으로, 동작소에 관한 기호적 개념과 더불어 예술기호가 가진 언어적 기능을 유추할 수 있기 때문이다.

표 3-1은 기호가 가진 성질에 관해 춤 기호가 의미를 파생해 가는 과정과 예술

적 언어기능을 수행하게 되는 2차원적 요소를 제시하고 있다. 대부분의 기호는 도상, 지표, 상징이라는 세 가지 기호를 모두 복합적으로 가지고 있으며 하나의 성질만을 가지지는 않는다. 무용기호 역시 도상적 언어만 을 드러내며 의미를 파생하는 것은 아니다.

표 3-1에서 텍스트는 한국 민속춤 가운데 송파산대놀이의 '용트림' 동작소의 단면이다. 도상은 바로 춤동작 자체를 지칭한다. 동작이라는 단순한 도상은 기표[3]가 되어 '용이 트림하는 동작'이라는 1차적 의미(기의[4])를 낳는다. 그런데 여기서 끝나지 않는 복합적 기호의 작용은 용트림하는 캐릭터가 옴을 옮아 몹쓸 병에 걸린 '옴중'이라는 점으로 미루어 '옴중이 쓰는 탈', '벙거지', '흑장삼' 등은 또 다른 기표가 되면서 '벽사가면, 제재초복'이라는 2차적 기의를 파생한다. 즉 옴중은 파계하여 불결한 질병(옴)까지 옮은 중이지만 벽사가면과 흑장삼, 시루 밑 벙거지와 무화 등으로 보아 벽사 수호신과 같은 원시무속의 맥락을 드러낸다. 여기까지가 춤동작의 도상이 기표로서 기능하는 것과, 지표로서 '옴중의 탈, 벙거지, 흑장삼'이 기표가 되어 의미를 파생하는 기호기능을 설명해 준다.

의미작용은 여기서 그치는 것이 아니다. '옴중이 용의 형상으로 세상에 나와 거드름을 피우며 세상물정을 보는 동작'에 대해 시선이라든가 호흡 외에 여러 가지

---

3. 위에서 언급한 바와 같이, 언어기호인 기표(능기)와 기의(소기)는 언어가 관념을 표현한다는 기호의 체계로 언어기호는 '개념'과 '낱말들의 청각 이미지'의 구조적 관계로 구성됨을 의미한다. 기표라는 것을 음성 이미지를 가리키는 말로 썼으나 기표는 어떤 이미지라도 상관없다. 기표를 '기호의 이미지'라고 일반화해서 이해하는 일이 중요하다. 기표로 쓸 수 있는 이미지 중 중요한 것은 두 가지다. 하나는 음성 이미지이고, 다른 하나는 시각 이미지다. 이 점은 기표란 보고 듣고 만지는 감각적 인식에 의한 것으로 의사소통이 물질을 통해 일어나는 현상을 가리킨다. 기표와 기의가 합쳐져서 기호가 된 후에는, 그 자체가 압축된 기표가 되어 인간의 뇌에 각인되고 두 가지 세계를 연결시키게 된다.
4. 뒤에서 설명하겠지만, 기의란 기표를 통해 결국 인간의 정신세계에 도달하기 위한 의미의 세계로서 정신적·추상적 개념을 의미한다.

표 3-1.
기호의 성질과 예술기호의 언어적 기능

구분	도상	지표	상징
퍼스의 기호론적 의미와 무용에서의 기호	대상과 유사성의 관계에 있는 동작기호, 대상체의 성질을 공유, 상하좌우 동작 등 드러나는 구체적 외시표현, 동물 모의적 표현, 성 모의적 표현, 전투와 농경 모의적 표현 등 유사성에 바탕을 두고 표상된 무용동작기호	대상과 인접성의 관계에 있는 기호, 자연적이고 존재적인 인과관계에 놓인 동작뿐만 아니라 의상이나 소품 등 인접성의 유추작용에 의해 그와 관련된 행위, 직업이나 벼슬, 계절, 주변 환경 등을 환기하거나 지시하는 무용기호	일반관념의 연상에 의하여 지시하는 대상을 표상하되 추상적 개념을 표의하는 기호, 관습적이고 규칙적 무용동작이 추상적 개념을 표상, 예를 들어 호흡이 음양을, 청색의 옷이 오행에서 '목(木)'을 표상하는 것 등을 의미하는 자의적 무용기호
예술적 언어로서 무용기호의 해석 모형	〈예술적 언어기능을 수행하게 되는 2차원적 요소들〉		

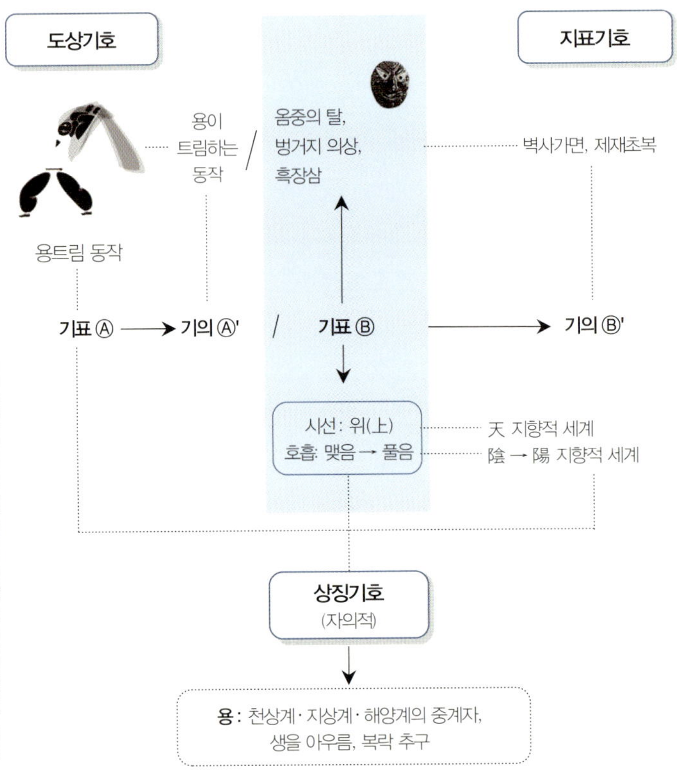

상징적 코드를 찾아 기표를 읽게 된다. 따라서 옴중이 표상하는 동작은 예술적 언어가 되는 기호가 되어 종교적 색채가 강한 상징언어로서의 기능을 수행하게 되는 것이다. 용트림을 보아도 '용'이라는 동물은 천상계, 지상계, 해양계의 중개자이자 삶을 아우르고 복락을 추구하는 신성한 인물로 동일시되며 예술의 상징언어가 여러 가지 맥락과 더해져 자의적으로 결정되는 과정을 보여 준다. 이렇게 예술언어로서 기능하는 다양한 기표들과 상징적 언어의 단위들은, 무용기호가 해석해야 할 분석적 문제들에 관해 알려준다.

예술의 상징 개념은 다른 세계로의 치환이 가능한, 이른바 예술적 기능을 다하기 위한 숙명의 조건이 된다. 현실세계에서 가상으로의 전환, 몽환적 이미지, 수많은 이미지들의 조합인 창작물, 시간과 공간이 우리에게 말하는 모든 메시지가 바로 상징으로 표상되는 예술세계라 명명되기 때문이다.

예술기호의 상징기능은 보이지 않는 약속처럼, 보이지만 한편으로 매우 자유롭다. 의미가 지나치게 막연하고 발신자의 의도를 헤아리기 어려운 이유는 바로 이 때문이다. 상징기호는 예술기호의 의미작용에 관한 개념을 고정된 양식으로 추상화하고 때로 지나치게 자유로운 읽기를 억제하는 기능을 돕는다. 만약 무용이 머리와 가슴으로 인지한 감성을 몸을 통해 세계에 투영하고 있다 해서, 그것이 진짜 실체의 모든 것을 대변할 리는 없을뿐더러, 만약 이것을 수신자가 주관적으로 자유롭게 읽어내도록 놔둔다면 예술의 소통 면에서는 불완전한 커뮤니케이션을 가져올지도 모른다. 상징기호는 예술의 기호들을 무수한 개념으로부터 끌어내려와 몸의 실체와 투영된 세계를 이어 주는 인위적 반사체가 되어 준다. 아무리 상징이 추상이라 해서 예술의 개념을 규정짓지 못한다면 세계의 실체는 불분명해지기 때문이다. 따라서 기호에 의해 대변되는 예술의 모든 의미들은 실제는 반추상의 개념으로 볼 수 있다는 의미도 된다.

무용기호의 요소

1) 기표와 기의

앞에서 살펴봤듯이 소쉬르는 언어가 일반적이고 추상적 체계인 랑그와 실제 언어 행위인 파롤로 이루어진다고 보고 랑그에 주목하여 언어를 과학적으로 분석한다.[5] 언어 사이의 구조적 인식에 중점을 둔 이와 같은 연구는 그리스 이래 실체 중심적 사유를 한 서양 인문학계를 뒤엎고 구조적 사유의 지평을 연다.

그는 언어의 의미작용에 대해서도 이원적 분석을 시도하였다. 기호에서 기표는 기의의 이미지라고 볼 수 있다. 기표는 언어기호에서 청각 이미지acoustic image의 면, 시각 이미지, 의미의 전달 또는 운반체를 의미한다. 예를 들어, '해'라는 언어기호가 있을 때 [hae]라는 청각적 이미지의 면이 기표다.

기의는 기호 속에 담겨 있는 추상적 개념을 가리킨다. 기의는 기호에서 개념의 면, 의미의 운반체에 담겨 있는 추상적인 내용, 인간의 의식에 도달하기 위한 사고의 내용인 메시지를 가리킨다. 예를 들면, '해'라는 언어기호에서 기의는 '태양계에 자리한 뜨거운 행성'이라는 개념이 떠오른다. 이처럼 기호에서 개념과 의미의 면이 기의다. 기표와 기의를 통해 우리는 세계를 유추하고 기호로써 추상적인 관념을 형상화한다.

---

5. 소쉬르의 개념에서 잠깐 언급되었듯 랑그는 언어의 형식적 체제, 언어공동체에서 언어기호 활동에 적용되는 일반적 제도이자 언어의 추상적 체제다. 파롤은 언술처럼 다른 사람들 간의 상호작용을 통해 실생활에서 이용되는 언어행위의 구체적 과정으로 사회적이며 구체화한 표현을 의미한다. 파롤이 점차 규범화하여 언어의 추상적 체계를 이루면 그것이 랑그다. 개개인의 발화행위인 파롤은 랑그를 통해 의미를 갖는다. 예를 들어, 옷을 입을 때 마음대로 선택할 수는 있지만 치마를 위에 입는다든지 윗도리를 바지로 입을 수 없는 것과 같다. 이렇게 옷차림을 지배하는 법칙이 랑그라면 그 랑그 안에서 자신의 취향과 유행 등을 고려하여 선택한 차림 자체는 파롤이다. 파롤은 이처럼 다른 사람들과의 상호작용에 쓰이기 때문에 사회적이며, 랑그는 순전히 추상적 체계다. 랑그는 계열체적이고 파롤은 통합체적이다.

그림 3-2.
기표와 기의의 의미작용

기호(sign) : 해	기표(signifiant): [hae]
	기의(signifié) : 태양계에 자리한 뜨거운 행성

↑ ↓ 의미작용(signification)

기호는 기표와 기의 중에서 어느 하나만 없어도 기호 구실을 하지 못한다. 기호가 기표와 기의를 발생시키고 작용하면서 의미를 산출하는 것, 또는 기표와 기의를 결합하여 기호를 만드는 것을 '의미작용signification'이라 한다. 무용에서의 기표는 동작이며, 그 동작에 담긴 의미가 기의다. 이렇게 무용이 실현되는 현상 하나하나의 의미를 산출하는 것이 기호작용이다.

문제는 기표와 기의가 일대일로 대응하지 않는다는 것이다. 가령, 한 사람이 노란 장미 꽃다발을 여인에게 바칠 경우, 주는 사람은 '당신을 사랑합니다'라는 의미로 전달한다고 하자. 받는 사람 또한 그렇게 생각했다면, 설사 받는 사람이 주는 사람에 대해 전혀 사랑하는 마음을 품지 않았다 하더라도 의사소통은 성공적으로 이루어진 것이다. 그러나 받는 사람이 노란 장미를 질투의 상징으로 받아들이며 '당신을 질투합니다'라고 해석할 경우 의사소통은 실패로 귀결된다.

이것은 주는 사람(발신자)과 받는 사람(수신자) 사이에서 해석에 관여한 여러 맥락에 의해 '기호작용'과 '해석작용'이 일치하지 않을 수도 있음을 의미한다. 이는 무용 현상에서는 흔히 일어나는 일로, 긍정적인 면은 열린 해석의 지평을 연다는 것이다. 물론 부정적인 면은 의사소통의 왜곡이 일어난다는 점이다. 그러나 무용에서의 의사소통은 소통의 일치와 공유를 의미하는 것이 아니다. 발신자의 기표가 떠나 의미를 생성하는 기호로 전환되기까지 기표와 기의는 일대일로 대응하지 않고 많은 기호의 망으로 의미를 거듭 산출한다.

기의는 인간의 두뇌가 가지고 있는 지각의 계열체로 볼 때 무수한 의미의 관계가 이루어질 수 있다. '인간 = 이미지 저장소'라는 바르트의 표현은 기호의 변증법

'학사위'는 다른 사위와 차이를 통해 의미를 갖는다. '학사위' 동작 자체가 기표라면, 이 사위를 보고 '장수', '고고함', '이상향의 매개자' 등의 의미를 떠올리는 것은 기의다.

적 합성 의미와 기표와 기의의 접합이 자의적임을 드러내는 말이다. 인간이 곧 기호라는 점에서 무용예술의 도구로서 신체는 기호를 생성하는 원천이다.

소쉬르의 기호에서 '표상의 세계'는 예술의 기호를 대입시키는 중요한 요소가 된다. 외부세계로부터 기표와 기의가 의미작용을 하고 내부세계의 번잡한 이미지들을 총망라하여 이미지로 대신하게 된다. 예술적 기호는 무용동작에서 다른 무엇인가를 대신한 것이기에 기호가 된다. 동작 자체는 기표다. 하나의 동작은 다른 동작과의 차이를 갖는데, 이 차이의 구조가 의미를 낳는 것이다.[6] 동작의 차이를 통해 드러나는 의미의 면이 기의다. 예를 들어, 학사위는 용트림 등 다른 사

6. 언어의 구조는 현실과의 연결을 통해 관념을 생성하고 보증하며 비로소 의미작용(signification)을 이룬다. 이름의 의미는 그 이름 자체 때문이 아니라 그 이름이 아닌 것들 때문에 의미 있는 것이다. 그 말이 그 말 같지만 의미는 차이의 다른 말이고, 차이란 부정성에서 오며 치환을 허용하지 않는다. "불치환성이 곧 가치의 기본이다"(Saussure, 1966: 120)라는 말은 많은 기호학자들에 의해 통용되고 있다.

위와 차이를 통해 의미를 갖는다. 학사위의 동작 자체가 기표라면, 이 사위를 보고 '장수', '고고함', '이상향의 매개자' 등의 의미를 떠올리는 것은 기의다.

기표는 신체의 몸짓을 통해 기의를 운반하는 역할을 한다. 그러나 무용 텍스트에서는 그 밖에도 음악적 효과, 무대장치, 소품 등 무수한 기표들이 함께 의미를 운반하기 위해 존재한다. 기표란 어느 정도 시청각적 이미지를 일컫는 말임에 분명하다.[7] 가령, 움직임의 이미지, 의상의 이미지, 음악의 이미지, 조명의 이미지와 같이 모든 시청각적 이미지가 기표로 존재하며 기호가 표상적 의미를 가지게 도와주는 운반체 역할을 하는 것이다.

2) 은유와 환유

인간은 자신의 앞에 놓인 사물을 보며 의미를 부여한다. 일단 우리의 경험을 물질로 식별할 수 있다면, 우리는 그것을 가리키고, 범주화하고, 분류하고 양화할 수 있다. 그리고 이런 방법으로 그것에 대해 추론할 수 있다(Lakoff & Johnson, 1980: 25, 머레이 노울즈 외, 2008: 57 재인용). 인간의 인식은 무수한 연상을 통해 진리를 부분적으로나마 체현하고 세계를 떠올린다.

인간이 세계를 인식하고 이를 표명하는 방식은 은유와 환유metonymy로 나뉜다. 은유는 같은 맥락 안에 현존하거나 함축되어 있는 다른 기호를 가리킬 때 유사성similarity의 관계에 기초하는 시적 언술이다. 환유는 유사성에 따라 선택한 것을 인접성contiguity을 근거로 연계하는 것, 즉 시간적으로 배열하는 서사와 관계가 있다(조용훈, 2004: 208).

은유는 사물에 대한 개념 대 개념으로 유사similarity와 대체substitution, 그리고 압

7. 엄격히 말해 이미지는 기표와 지시대상물 사이의 질적인 유사성을 실행하는 도상적 기호다. 이미지는 한 오브제의 여러 특징, 형태, 비율, 색, 질감 등으로 제한하거나 다시 취한다(마르틴 졸리, 2004: 55).

축된 체계다. 은유는 사물을 보는 방식이자 세계를 이야기하는 방식으로, 개념적 체계에 구조를 제공한다. '위는 행복이고 아래는 슬픔이다'라는 공간적 지향에 의한 은유 외에도 '어두운 생각, 우울한 기분', '사랑이 시들다' 등 감정을 나타내기도 한다. 이러한 '사랑', '인내'와 같은 은유의 실체들은 '사랑의 시련', '인고의 힘' 등 보다 공상적이면서도 창조적인 은유를 통해 넓은 시각으로 세계를 이해하도록 돕는다. 이런 표현은 해석자에게 초현실적 효과를 일으킨다. 인간의 삶과 유사성을 갖는 형이상학적인 무엇으로 유추하게 되면 그것은 시와 같은 철학이 된다. 은유는 이상적 상징, 초현실주의, 상징주의, 약호 등의 인식적 틀을 제공하며 모방적 힘을 드러내고 세계를 표명한다.

반면, 환유란 '귀뚜라미-가을', '군인-제복'과 같이 유사성이나 대응이 아닌 연상에 의해 밀접하게 연결되는 통합적 부분(전체를 명명하기 위한 하나의 성분 또는 연결된 자질이나 부분을 가리키기 위한 전체다)을 의미한다. '지느러미'에서 '물고기'를, '아지랑이, '눈꽃에 핀 매화'에서 그와 관련된 '봄'을 연상하듯, 본질적으로 한 사물의 부분과 전체 관계, 동일한 영역에서 일어나는 유추작용이다. 즉 은유가 동일성을 지향하는 데 비하여 환유는 차이와 치환, 지시적이며 사실적인 구체성을 지향한다. 은유의 표현이 상징주의 또는 낭만주의 계열이라면, 환유는 표현이 강한 사실주의 계열이다. 또한 환유는 텍스트에 작용하는 가치관이나 이념 등 맥락을 강조하여 통사적 원리로 나타나기도 한다. 은유가 '-이다'라고 표현되며 상징적 이해와 해석을 통해 현상을 이해하는 수단이라면, 환유는 사물을 명명하거나 차이를 식별하기 위해 근접한 사물이나 지시적으로 연결된 어떤 다른 것을 언급하는 방법이다. 따라서 환유는 현실적 효과를 일으킨다. 즉 우리의 언어 외에 사고와 인식, 태도와 양식, 행동을 구조화한다.

춤에서 은유는 동작과 서사로 나타난다. '학사위', '자라춤' 등은 동물의 형상이나 동작을 은유화한 것이다. 이것은 춤으로 공연할 때 2차적 은유로 작용한다. 예를 들어, 자라춤은 송파산대놀이에서 소무가 손바닥을 제쳤다 엎었다 하면서 제자리에 서 있거나 걸으면서 추는 춤사위다. 손바닥을 쥐었다 폈다 하기도 해서 '죔춤'이라고도 한다. 고대 가야의 가요인 〈구지가龜旨歌〉에서도 나타나는 것처럼, 자라 머리는 남성의 성기와 모양이 유사하기에 이는 남성 성기의 은유로 사용된다. 또 남성 성기는 다시 생산과 풍요, 다산多産이라는 3차적 의미를 파생한다. 반면에 손바닥을 드러내 쥐었다 폈다 하는 손사위는 성적 유혹의 상태로 여성 성기의 은유다. 이처럼 자라춤은 남성과 여성 성기 양자로 은유화할 수 있는 것이기에 남녀를 가리지 않고 성性적 유혹의 상징으로 활용된다.

멍석말이는 팔을 머리 뒤에서 앞으로 감아 내리는 춤사위로 농사일에 쓰이는 짚자리를 마는 것과 비슷한 형상을 한다. 팔을 가슴 앞으로 당겨 귀 밑을 지나 이마 앞으로 머리를 쓰다듬듯 하고, 다시 이마 앞에서 잠시 멈추었다 손목을 아래로 툭 떨어뜨리는 동작을 취한다. '멍석'은 '시골생활', '논', '농부'를 연상케 하는 환유다. 멍석을 말면서 생활함은 멍석에서 삶을 시작하여 멍석에서 마감하는 민중들의 삶의 애환을 나타낸다. 멍석을 마는 듯한 춤 동작은 원환圓環적 삶의 은유로 해석된다. 둥글게 말린 멍석처럼 삶이란 생과 사, 만남과 이별, 행복과 불행이 교차하고 순환하는 과정이란 것이다. 이를 긍정적으로 해석할 경우 죽음이 삶이 되고 이별이 만남이 되며 불행이 행복이 되리라는 소망의 표현, 혹은 재앙을 없애고 복을 불러오리라는 민중의 제재초복除災招福 신앙을 형상화한 것으로 볼 수 있다.

이처럼 환유란 춤 동작이 인접성의 유추에 따라 의미작용을 일으키는 것을 뜻한다. 범주로 더욱 세분하여 부분-전체, 공간적 인접성, 경험적 인접성, 시간적 인접성, 형식-내용, 원인-결과, 도구-행위로 나눌 수 있다.

탈춤의 경우 양반과 말뚝이 등이 착용하는 갓이나 벙거지 등은 신분을 나타내는 징표가 된다. 나아가 '찌그러진 갓'은 그 신분이 가지고 있는 모순과 부조리 등의 의미로 확장될 수 있다. 또한 다양한 소품으로 삼지창, 꿩털, 깃발 등은 부분으로 전체 내용을 유추하게 되면서 잡귀를 물리쳐 없애는 벽사辟邪, 전투 등을 의미하게 된다. 공간적 인접성에서 보면 민속춤이 연행되는 터는 단순한 공간이 아니

탈춤(왼쪽)에서 갓, 벙거지 등은 신분을 나타내는 징표가 된다. '찌그러진 갓'은 그 신분이 가지고 있는 모순과 부조리 등의 의미로 확장된다.

멍석말이(오른쪽)는 멍석에서 마감하는 민중들의 삶의 애환을 나타낸다. 멍석을 마는듯한 춤동작의 형태는 둥글게 말린 멍석처럼 삶은 생과 사, 만남과 이별, 행복과 불행이 교차하고 순환하는 과정이란 것이다.

라 신과 교접하는 성소다. 이는 성聖과 속俗, 신과 인간의 매개 내지 아우름의 공간을 의미한다. 강강술래는 달밤과 시간적으로 인접한 관계에 있다. 이는 다시 한가위, 대보름 등으로 2차적으로 확대되며, 대보름과 한가위는 다시 '부활, 풍요, 음陰의 속성, 공동체적 순환과 영원성' 등의 의미를 갖는다.

은유든 환유든 간에 '낯설게 하기estrangement'[8]를 통한 창조적 비유로 의어義語를 만들 때 이는 기존의 세계를 파괴한다. 다른 것에 의해 새로운 어떤 것을 이해하는 인간의 관념세계는 수많은 개념으로 구성된다. 낯설게 하기는 진리를 부분적으로 체현하기도 하고 감추어진 세계를 지시하기도 하면서 세계를 이해하는 하

8. '낯설게 읽기'는 기존의 읽기방식을 해체하고 읽기를 통해 새로운 세계를 창조한다는 점에서 창조적 해석이다. 상투성에 반역을 일으켜 낯익은 것을 낯설게 하는 것을 의미한다. 예를 들어, 뒤샹(Marcel Duchamp)의 작품 〈샘(Fountain)〉은 일상용품인 변기를 미술관에 전시하여 공산품을 예술대상으로 낯설게 하여 기존의 미학과 비평이론을 부정하는 창조적 예술의 지평을 열었다(기호학연대, 이도흠의 글, 2003: 40).

나의 방편이 된다. 그러나 아무리 낯설게 하기를 이룬 무용기호라 할지라도 세계의 일부분만 드러낼 뿐이다. 무용 동작도 세계를 지시하기 위한 한 방편일 뿐이며, 이것 모두 인간 주체가 한마음一心 속에서 해석한 결과다. 따라서 세계와 기호에 절대성을 부여할 수 없을뿐더러 세계의 절대적 의미에 이르지 못하였다고 해석체가 아니라고 부정할 수도 없다. 은유와 환유는 무용기호의 해석에서 매우 중요한 개념이자 해석체와 관련된 사색의 방법이기도 하다.

3) 기호작용과 도상·지표·상징

기호작용semiosis이란 기호가 인간과 만나 의미를 만들고 해석되는 과정 전체를 의미한다. 인간이 대상을 보고 기호로 파악하거나 기호 자체를 대하였을 때 인간의 마음에서 일어나는 작용 전반을 가리킨다. 즉 기호작용은 기호가 기표와 기의에 의해 작용하면서 의미를 산출하는 것, 기표와 기의가 결합하여 기호를 만드는 것, 대상이 기호가 되고 이것이 의미를 파생하는 과정 전반을 뜻한다.

무용 동작이 기표로서 차이를 통해 의미를 발생시키는 것, '학사위'와 '장수長壽'가 어우러지듯 동작에서 의미를 떠올리는 것, 세계를 모방하여 무용 동작을 만들고 이 동작이 의미를 파생하는 과정 전반이 무용의 기호작용이다. 무용은 의미를 생산해 내는 무수한 기표와 기의의 관계에 따라 기호작용을 한다. 그리고 끊임없이 이루어지는 기호작용은 예술기호로서 무용을 세계 너머의 세계로 유인한다. 그것은 표상의 세계이자 관념 너머의 세계다.

퍼스에 의하면, 도상은 "오직 그 기호 자체의 성격에 의해서 그 지시대상에 조응하는 기호"다. 유사성을 바탕으로 대상을 설정한 기호로서 하위개념에는 이미지, 도식圖式, diagramme, 은유metaphor의 세 종류가 있다고 했다. 화장실 문에서 흔히 볼 수 있는 스커트나 바지를 입은 도형화된 인물, 누군가를 그림으로 그려놓은 초상화, 딸기가 그려진 딸기 맛 시럽, 세계지도, 설계도, 십자가 등이 명백한 도상기호들이다. 도상으로서 가장 단순한 유형은 대상의 직접적인 모습에 의해 그것이 나타내는 것으로 즉각적 인지가 가능하다. 무용에서 흔히 동물을 모방하여 나타낸 도상은 매우 사실적인 실체가 고도로 양식화되어 나타나는 기호라고 볼 수 있다. 자라의 동작을 모방한 '자라춤', 학이 활개를 펴고 날아가는 형상을 흉내 낸 '활개펴기'는 도상이다. 그러나 모든 도상들이 무용에서 시각적으로만 나타나는 것은 아니다. 위험을 알리는 사이렌 소리, 총에 맞아 쓰러지는 행위에서의 총소리, 사랑을 나누며 키스하는 '쪽' 소리 또한 소리의 도상이 된다. 이는 재생된 현실의 소리로 직접적 도상이다. 그 밖의 기호유형들도 도상적 미메시스mimesis 안에서 작동한다.

한편, 무용 동작이 모두 도상적인 것은 아니다. 움직이며 가리키는 손 방향, 춤의 동선은 의미를 묘사하는 대상과의 근접관계로부터 끌어내는 기능을 하며 이를 지표라 한다. 즉 '그 대상에 의해서 실제로 영향을 받고 그 사실에 의하여 그 대상의 기호로서 기능하는 것'을 가리킨다. 비싼 스포츠카는 부를 나타내며 콧물, 발열, 인후통은 감기의 지표다. 이처럼 지표는 물리적 인접성contiguity을 바탕으로 주의를 대상을 향해 기울이게 하는 것을 의미한다.

지표에는 진정한 지표genuine index와 퇴화적 지표degenerate index가 있는데, 진정한 지표는 '피 흘림, 긁힌 자국 → 상처'처럼 지표와 대상 사이에 실재적 관계가 있는 지표를 뜻하며, 퇴화적 지표는 '이것, 저것'처럼 지표와 대상 사이에 실재적 관계가 없는 지표를 의미한다. 무용에서 직접적인 단어가 동작을 동반하는 경우로서 지표는 '멍석말이'가 농민의 삶을, '꽃봉오리'가 꽃의 개화를 알리는 것을 의미한다. 그러나 살풀이춤의 하얀 수건이 지표가 되는 경우 떠난 임(망자)을 대신하여 표현되는 인칭대명사 '너'를 의미하며(연극의 경우 '너'와 '나' 같은 인칭대명사도 지시적 기호라 불린다), 그것은 대상과의 퇴화적 근접관계에 의한 지표기호를 의미한다.

한편 기의들과 직접적으로 인지 가능한 유기적 관계를 맺고 있지 않는 기호가 바로 상징이다. 상징은 "어떤 법규에 의하여, 보통은 일반관념의 연합에 의하여 그것이 지시하는 대상을 표의하는 기호, 그 경우 법칙이나 일반관념의 연합은 그 대상을 표의하는 것으로 해석되도록 작용함"을 가리킨다.[9]

상징의 기호는 전적으로 관습에서 유래하는 일종의 특별한 약속이다. 우리들의 언어기호는 대부분 자의적이고 인위적인 상징기호들이다. '여자'라는 글자는 상징이다. 'ㅇ'과 'ㅕ', 'ㅈ'과 'ㅏ'의 자의적 조합으로 되어 있을 뿐 실제 여자를 닮은 유사적 인접성은 찾기 힘들다. 이 외에도 상징은 학교의 마크나 의상의 관습에서도 나타난다. '한복 → 한국인', '십자가 → 기독교'처럼 상징은 일반적 관념을 매개로 하여 그 대상을 표의하는 기호이기 때문에 개별적 사물을 지칭하지 않고 추상적 부류를 지시한다.

무용에서 어떠한 상징적 동작은 관습에 의한 것이다. 발레의 경우 반지를 낀 손가락에 키스하는 제스처는 '사랑합니다, 청혼합니다'라는 약속된 동작기호를 의미한다. 또한 송파산대놀이 중 '거울보기'는 '통치자나 수호신을 맞는다, 나를 반성한다'라는 의미로, '거울'은 통치자나 수호신을 상징하는 기호다.

그렇다고 해서 무용의 상징이 모두가 관습적이고 상투적인 것은 아니다. 그것이 무용상징의 역동성이다. 우리가 대부분 배우고 익히며 체험하여 체화한 상징들을 무용은 해체하고 옮기고자 한다. 인간의 두뇌가 이미지 저장고라는 바르트의 말처럼 의식은 우리에게 정서를 불러일으키고 공상하게 한다. '면사포' 하면 누구나 떠올리는 '축복과 환희'로 가득한 결혼에 대한 정념을 무용기호는 언제든지 다르게 상징할 수 있다. 안젤랭 프렐조카주Angelin Preljocaj [10]의 〈결혼Les Noces〉에

---

9. 도상, 지표, 상징에 대해서는 Peirce(1982: 2. 449) 참조.

10. 1959년 프랑스에서 태어난 안젤랭 프렐조카주는 1980년 미국을 방문하여 머스 커닝햄(Merce Cunningham)에게 현대무용을 배우고 1981년 미국에서 돌아와 Quentin Rouiller Viola Faber라는 단체에서 활동하게 된다. 1984년 프렐조카주 컴퍼니 결성, 파리 오페라 발레의 초청 안무가로 활동하다가 1993년 샤토발롱에 '발레 프렐조카주'를 창단하기에 이른다. 〈결혼(Les Noces)〉에서 안무자는 '합의된 강간'이라는 비극으로 출발하여 결혼을 슬픔과 체념, 그리고 폭력이 난무한 갈등의 연속으로 묘사하고 있다. 이 작품은 니진스카(Nijinska)의 현대적 버전의 특징을 보여 주고 니카일 포킨(Nikail Fokine)의 Le Spectra de Rose의 성격을 다시 띠며 현실

서 면사포는 '처녀성을 잃음, 합의된 강간'을 의미하기에 죽음의 문에 도달하는 관문이 바로 결혼을 의미한다.

우리의 현실은 상징이라는 기호에 갇혀 살면서 그것의 저 너머에 도달하려고 한다. 그럴수록 기호는 수많은 기호들로 다시 확장된다. 기호의 도피와 안식처는 결국 예술과 의미의 세계다.

4) 코드와 코드화

코드는 기로Pierre Guiraud에 의하면 "명료한 사회적 관습들의 체제"(Guiraud, 1971: 51)이며, 에코Umberto Eco는 "미리 정해진 규약을 토대로, 정보를 정보원에서 수신점으로 전달하는 데 사용되는 모든 상징기호의 체계"(움베르토 에코, 1998: 22), 세보크Thomas A. Sebeok(1991: 16)는 "가장 기본적인 코드의 정의를 표현으로 변환시켜 주는 명료한 규칙들의 묶음"으로 정의한다. 보통 반복적으로 사용함에 따라 관습화한 기호 사용의 패턴을 뜻하며, 기호의 제작과 해독을 위한 원리를 의미한다. 이때 코드화codification란 이런 코드를 만들고 또 이 코드를 풀어 해석하도록 하는 문화와 체제 전반을 의미한다. 여기서 코드를 만드는 것이 '코드만들기encoding'라면 이를 풀어 의미를 해석하는 것을 '코드풀기decoding'라 한다.

도상적 기호를 통해 우리는 기호를 색깔 코드, 동작 코드 등으로 범주화할 수 있다. 코드는 랑그처럼 완결된 체계는 아니지만 어쨌든 서로의 관계를 통해 체계를 만들어 내는 요소들이다. 커뮤니케이션을 옹호하는 학자들[11]은 매우 엄격한 언어학적 영감은 기호의 완결된 체계(랑그, 도로표지판, 모스부호, 엘리베이터 기호 등)의 경우에만 코드적이라고 주장한다(마르틴 졸리, 2004: 152).

과 환상의 유사한 세계를 환기시킨다는 평가를 받고 있다.

11. 뷔상스(Eric Buyssens), 마르티네(André Martinet), 무냉(Georges Mounin), 프리에토(Luis Jorge Prieto) 등의 학자가 여기에 속한다.

에코는 모든 것이 '코드'가 된다고 말한다. 음운론적 코드, 의미론적 코드, 심미적 코드, 예술적 코드 등이 그것이다. 이러한 코드의 철학은 문화의 삶을 코드의 피륙으로 간주하거나, 코드에서 코드로 끊임없이 이어지는 것으로 간주하여 세미오시스의 활동성을 위한 규칙을 추구한다. 규칙의 단순화를 위해 코드는 표현할 수 없는 것들과 투쟁한다. 문화를 결정하는 상호작용의 사실, 특히 예술에서도 명백한 법칙에 의해 정해진 작용의 현실을 보려는 뜻으로 코드를 만들고 푼다.

기로(Guiraud, 1975)는 코드를 크게 논리적 코드, 심미적 코드, 사회적 코드로 나눈다. 논리적 코드란 신호와 프로그램 코드(교통신호), 점술 코드(화투, 점성술, 카드), 과학적 코드(구구단, 화학의 주기율표, 생물학의 유전 코드)와 같이 기표와 기의가 일대일로 대응한다. 코드는 언어를 대체하기 때문에 기호 자체가 단독으로 의미를 전할 수 있다. 기로는 이를 '자율적 코드'라 부른다.

심미적 코드는 수많은 종교와 예술에 나타난 코드로, 메시지를 담고 있는 물체(대상)처럼 절에 있는 부처의 모습이나 회화나 조각 같은 작품들을 의미한다. 논리적 코드가 인식적 경험을 사고나 이성에 의해 관계를 형식으로 표상하는 것에 비해, 심미적 코드는 지각된 체험을 물체 자체의 표상에 코드화한다. 즉 일대일의 자의적 상징이 아니며, 인간 심리에 의해 체험된 물체를 반영하는 도상 또는 도상적 지표 기호를 사용한다. 이러한 심미적 코드는 예술의 체험처럼 인간을 미지의 세계에 연결시키고, 코드의 사용자마다 다르게 사용하기 때문에 어찌 보면 코드의 강도는 약하면서 추상적이다. 실존하는 것이든 환상적인 것이든 인간의 심리를 표상하게 하면서 현재의 상황으로부터 전환시켜 다른 세계로 향하게 한다. 예술에서 코드는 순간적 코드를 뛰어넘어 다른 미지의 차원으로 움직이기 때문에 역설적인 경우가 많다. 바로 이 점은 예술적 코드의 역설이 탈코드화 현상을 의미한다. 그래서 예술은 잡기 힘든 복합체나 개념들에 의해 소통하는 역동적 코드의 모습을 드러낸다.

사회적 코드는 예의범절, 의례, 종교, 정치와 같은 문화를 형성하는 코드로, 인간사회에 중요한 규칙과 질서를 부여하는 핵심적 코드다. 사회적 지위나 어떤 기능적 특성에 따라 사회적 코드가 더욱 세분화되고 이에 따른 행동규범이 존재하게 된다. 그리고 여러 사람이 집단적으로 참가하는 커뮤니케이션의 양태를 특성화한다. 특히 의례와 같은 코드는 중요한 사회적 코드가 되면서 인간의 고유한 문화를 일으킨 핵심요소다.

기로가 코드는 결국 역동적이라고 단언한 것처럼, 코드는 쉴 새 없이 구성되고 재구성된다. 무용예술 또한 심미적 코드들의 코드엮기와 코드풀기의 연속이다. 동작 자체가 코드가 되고, 사회관습적 규칙에 의해 어느 정도 형식이 만들어지며, 코드풀기를 통해 수신된 의미를 찾을 수 있다. 코드풀기는 해석학적 의미에서 함축의미의 영역에서 일어난다.

무용예술은 다중 코드의 체계로 된 담론을 내용으로 하는 텍스트다. 아무리 코드가 순간을 뛰어넘어 미지의 차원을 넘나든다 하더라도 발신자와 수신자 사이에는 기호작용을 일으키는 규칙은 존재한다. 무용은 태곳적 문화를 어느 정도 간직한 전통적인 것으로 사회관습적 규칙에 따라 실현되며, 관객도 이러한 문화적 코드에 의해 나름대로 의미를 해석한다.

그렇다고 하더라도 무용 코드는 전통적으로 내려온 상징과 문화적 코드에 대한 규칙을 캐고 늘 재구성된다. 지금의 상황에서 나와 세계를 표현하는 커뮤니케이션에 사용할 기호를 선택하고 조립하는 질서와 조건에 대해 코드는 늘 고민한다. 코드는 한마디로 기호복합체의 조립된 규칙을 품고 있기 때문에 코드와 기호는 자물통과 열쇠에 비유되기도 한다. 무용예술에서 나타나는 기호들의 복합체적 재단을 위해 코드는 엮어지고 풀어지는 것이다.

5) 텍스트와 맥락

데리다Jacques Derrida는 텍스트란 그 자체로 모든 것이고 텍스트 밖에서는 아무것도 존재하지 않는다고 주장한다. 텍스트는 어떤 질서로 짜여 있는 언술, 사건, 이미지, 사진, 영화와 같이 이 구조를 통하여 메시지나 의미를 캘 수 있는 모든 것을 가리킨다. 시 한 편이나 무용 동작 하나도 거기서 질서를 발견하고 그 질서를 통해 의미나 메시지를 파악한다면 그것은 텍스트다. 의미를 창출할 수 있는 모든 것이 텍스트가 되는 것이다. 누군가가 의미를 담은 메시지를 보내기 위해 코드를 만들어 낼 때 텍스트는 성립된다. 그러나 텍스트의 특성은 그 의미들을 그대로 수신자에게 돌려보내지 않는다. 일단 텍스트가 만들어지면, 그것은 저자의 의도와는 별개이며 텍스트 그 자체로 봐야만 한다. 이 같은 텍스트의 자율성은 다중의미체로서 무한한 해석 방법을 청하고 있다.

텍스트는 여러 의미를 품은 다차원의 공간으로, 맥락에 따라 의도가 달라질 수 있다. 이러한 시각은 퍼스의 기호론과도 일맥상통한다. 텍스트 자체의 역동적인 힘은 기호에 대한 창조적 의미해석을 지향한다. 예술에서의 텍스트는 시공간적 이미지가 의미 창출에 큰 비중을 차지하며 코드의 자율성을 허락한다. 기호들의 망과 외부 세계로의 연결에 의해 새로운 예술적 코드를 생성하고 다양한 해석의 가능성을 가진다. 해석의 가능성과 불안정성, 그리고 발신자 사이에서 전하는 메시지에 대해 다차원적 해석의 가능성을 열어두고 존재하는 곳이 텍스트다. 이러한 점은 텍스트가 소통을 전제로 하는 담론의 장임을 묵시하고 있다. 다만 텍스트에 의해 창조된 주위의 공간으로부터 기호는 구조적으로 의미의 단위를 이루고 맥락에 의해 관련된 의미를 결정한다.

콘텍스트context란 문장에서 유추해 볼 수 있는 상황적인 의미해석을 포함해 시대적 상황이나 사회문화적 배경, 사상과 이데올로기 등의 '맥락'을 의미한다. '나는 소를 바라보았다'에서 언어학적으로 '소'가 무엇을 의미하는지 이 문장만 읽어서는 확정할 수 없다. 앞뒤 문맥을 살펴 앞에 '냇물'이라는 낱말이 있다면 '소'는 '소沼', 곧 '땅바닥이 둘러빠지고 물이 깊게 된 곳'을 뜻한다. 반면에 '목장'이나 '외양간' 등의 낱말이 언급되고 있다면 '소'는 '우牛'를 의미한다. 이처럼 '소'의 의미는 문맥을 통해 확정된다.

콘텍스트란 넓게는 텍스트가 만들어지고 수용되는 외적 상황, 곧 무용작품의 창조와 수용에 관여한 무용가나 창작자, 안무배경, 사상적 · 문화적 토대 등을 말한다. 따라서 무용 텍스트를 해석할 때는 무용가의 신체적 특징, 의상, 분장술, 음향, 무대소품, 무대조명 등과 관련된 무용공간에서의 모든 기호들의 맥락을 주시해야 한다. 같은 동작이라도 문맥에서와 같이 상황에 따라 의미를 달리하기 때문이다. 춤을 추는 의도가 의식적 관습에 의한 것인지, 코드의 변형인지에 따라 텍스트는 다양한 의도를 가질 수 있다.

송파산대놀이의 '용트림' 동작만 봐도 용을 모방한 춤사위는 맥락에 따라 다양한 의미를 가질 수 있다. 춤이 농사를 짓는 배경, 기우제 등의 맥락에서 행해진다면 '용'은 농신으로 비를 내리게 하는 신인 셈이다. 반면에 벽사진경辟邪進慶의 의례를 행하는 자리라면 '용'은 제재초복, 곧 재앙을 없애고 복을 불러오는 벽사신을 의미한다.

무용을 창작하고 수용하는 당대 사회문화도 콘텍스트로 작용하며 그 사회의 시대의식, 사상도 콘텍스트다. 무용 텍스트에 대해서도 콘텍스트로서 당대 사회문화적 배경과 사상에 대한 폭넓은 해석을 함께해야 코드를 엮는 조건을 윤곽지으며 예술작품으로의 가치를 실현시킬 수 있다.

6) 외연과 함의

'외연denotation'(외시의미)은 '비'를 '대기 중의 수증기가 높은 곳에서 찬 기운을 만나 엉겨 맺혀서 땅 위로 떨어지는 물방울'로 해석하는 것처럼, 언어공동체의 합의로 이루어지는 비주관적이며 담론과 떼어놓아도 분석이 가능한 것을 뜻한다. 기호와 대상체 사이의 단순명료한 직설적 관계를 나타낸다. 이처럼 외연은 모호함이 없이 누구나 공통적으로 수긍되는 사전적 의미, 기호가 지니는 객관적 의미다.

이에 반해 '함의connotation'(함축의미)는 그 기호에 덧붙이는 암시적 의미로 주관적 느낌이나 문화에 따른 경험과 차이에 따라 달라지는 의미를 말한다. '비'의 의미를 '신의 축복, 이별'처럼 수용자나 문맥, 담론에 놓인 위상에 따라 의미작용을 하는 것을 가리킨다. 보통 기호가 표상하는 대상체와 연관된 문화적 경험으로부터 연상된 의미를 뜻한다.

외연과 함의는 객관성과 비객관성이라는 상반된 의미의 양태를 보이지만 함께 커뮤니케이션의 바탕을 이룬다. 과학적 기호나 지시적인 단순한 언술, 직접적 도상은 외연에 의존하는 커뮤니케이션이지만, 시나 그 밖의 예술에서는 함의에 의해 커뮤니케이션을 도모한다. 따라서 무용기호의 해석에서 함축의미를 끌어내지 못하고 외연의 수준에 머물면 진정한 예술적 소통을 이룰 수 없다. 살풀이춤의 동작에 나타난 외연 그대로 그저 '망자를 보내는 슬픔과 한'으로 해석하는 것은 함의를 보지 못한 데서 나오는 태도다. 수건을 지표로 하여 나타내는 기호들은 '새로운 부활의 가능성과 염원의 승화'라는 함축된 의미를 파생하기 때문이다. 이처럼 함의를 통해 문화적 이념을 유추할 수도 있다.

또한 함의는 은유적 속성이다. 지전춤에서의 '바람막이' 사위의 외연은 '다리를 굴신한 상태에서 팔을 일자로 벌린 형태로 독수리가 공중에서 일정한 자세를 유지하며 나는 형상을 본뜬 동작'이다. 그러나 춤사위가 세찬 앞바람을 막는 의식으로 간주하며 '몰아치는 바람을 막듯 사람에게 닥쳐올 액을 막는다'는 은유적 해석은 동작의 함의를 나타낸다.

무용에서 외연은 객관적이며 보는 그대로의 시각에 따라 직접적 효과를 가져오는 보편적 구성요소가 관계한다. 뛰는 동작에서 오른쪽인가, 왼쪽인가는 방향성의 외연을 의미한다. 더 진보적인 외연이라면 오른쪽을 향한 행동은 '밝음'을 왼쪽을 향한 행동은 '어둠'을 의미하는 보편적 의미에 속한다. 빨간색이 '주의'를, 녹색이 '평화'를 의미하는 것과 같다.

그러나 무용 텍스트에서 함의의 자율성과 역동성은 객관적 의미를 해산해 버린다. 푸른색의 조명 아래 펼쳐지는 예술적 이미지는 맥락에 따라 기호들이 어떻게 관계를 맺느냐에 따라 달라진다. 그것은 죽음세계에 대한 표상이나 암울한 예고를 암시하는 어두운 의미를 나타낼 수도 있고, 〈백조의 호수〉에서와 같이 백조들이 머물러 있는 청아하고 맑은 신비스런 세계를 표출하기도 한다.

함의는 문화적 경험에서 오기도 하지만 인간 자아의 무의식에 속한다. 그래서 같은 기호라도 함의는 맥락마다 다르다. 실용성과는 무관하게 텍스트 내에서 시시각각 변하며 예술의 정서를 불러일으키는 시적 언어다.

7) 메타언어

위의 외연과 함의의 관계에서 메타언어meta-language는 좀 더 진보된 함축 의미를 나타낸다. 메타언어는 바르트의 함축 모형의 변형이다. 1차 기호가 2차 기호의 기의로 함축된 경우가 바로 메타언어이며, 이때 1차 기호의 표현과 내용이 2차 기호의 내용을 이룬다. 함축언어와 메타언어는 1차 기호가 표상하는 하나의 사물에 대한 대립적 설명으로 나타난다. 즉 함축언어는 주관적 의미를 파생하지만 메타언어는 객관적 의미를 내놓으려 한다. 함축언어를 메타언어의 통제 아래에 둠으로써 기호의 담론에 대해 객관성을 도모하고자 하는 의도가 보인다.

메타언어는 내용의 평면 자체가 의미화를 이루고 있으며 외시의미 자체를 내용으로 삼아 표현하고 있다. 메타언어는 이전 언어의 체제 자체를 내용으로 하여 표현하고 있기 때문에 그 이전 언어를 분석하는 언어로서의 기능을 지닌다. 메타언어는 나타나는 모든 요소를 분석하고 기술하는 언어의 역할을 하기 때문에 비평적인 일로 주관적 의미현상을 재단해야 한다. 그리고 더 보편적인 원리들에 대해 해명하고 질타해야 한다. 바르트의 신화적 개념은 메타언어에서 나타난다.

8) 신화

바르트는 랑그와 파롤, 기표와 기의, 통합적 체계, 외연과 함의 등 소쉬르와 옐름슬레우의 언어학 모형을 토대로 신화론을 완성한다. 앞서 바르트의 기호학적 논리에 대해 설명하였으므로 신화 모형에 대한 상세한 설명은 생략하기로 한다. 다만 무용 텍스트에서 신화의 형성에 대해 간략하게 언급하겠다.

무용에서도 신화는 형성된다. 살풀이춤에서의 '고리체'는 한 발을 들거나 옆으로 발을 내어딛고 수건을 어깨에 걸었다가 밑으로 내리면서 원형의 고리를 만드는 사위로, 이것이 기표(1)다. 이의 기의(2)는 '정적인 원형성과 무한한 고요, 침묵과 인내의 시간'이라는 의미를 파생한다. 그러나 다시 1의 기표와 2의 기의가 합쳐져 I의 기표를 형성하며, 이 기표의 기의(II)는 '하늘과 땅의 조화와 삶과 죽음이 하나가 됨, 윤회하는 삶'이라는 뜻을 발산하게 된다. 이는 한을 넘어서 조화와 원융의 자세를 승화하는 신화(II)적 이념을 형성한다(그림 3-3 참조).

여기에서 나타난 신화적 개념은 문화적 맥락에서 해석되며 민족적 정한론情恨論의 기본 이데올로기를 엿볼 수 있다. 즉 정과 한의 이항구조적 갈등과 대립을 하

그림 3-3. 고리체의 신화 모형

<table>
<tr><td rowspan="2">랑그(langue)</td><td>1. 기표 : 고리체</td><td>2. 기의 : 정적인 원형성,
무한한 고요,
침묵과 인내의 시간</td><td></td></tr>
<tr><td colspan="2">3. 기호
I. 기표(sens/form)</td><td>II. 기의(concept) :
하늘과 땅의 조화,
삶과 죽음이 하나가 됨,
윤회하는 삶</td></tr>
<tr><td>신화(mythe)</td><td colspan="3">III. 기호</td></tr>
</table>

살풀이춤을 추는 필자.

살풀이춤은 생과 멸, 재생의 단계를 무대공간에 지속하며 수건이라는 원형의 지표를 통해 우주공간과 소통을 추구한다.

나로 아우르는 경지다. 살풀이춤을 추는 시간은 영원한 현재로 귀의되는 비시간성을 지닌다. 순환과 궤도, 즉 생과 멸, 재생의 단계를 무대공간에 지속하며 수건이라는 원형의 지표를 통해 우주공간과 소통을 추구한다. 돌아올 시간과 공간인 천재天才와 지재地才는 사람人才이 본질적 세 요소를 합일시켜 움직임으로써 무한한 자유 속에서 몸과 마음을 다스리고 삼태극의 합일체로서 역할을 하는 것으로 민족적 신화의 개념이다.

이러한 신화적 모형은 외연과 함의에 따른 메타언어적 개념으로, 문화적 의미에서 객관성을 확보하며 한국 춤의 의미를 규정하게 된다. 따라서 비록 하나의 동작소에 대한 텍스트 분석에 대한 것이라 하더라도, 이러한 메타언어적 신화의 개념은 살풀이춤의 모든 기호적 요소들을 같은 시각에서 분석할 수 있는 객관적 틀로 작용한다.

9) 행위소 모형

그레마스는 텍스트(담론)의 의미를 구조적이고 체계적으로 분석하는 기호학을 정립하였다. 우리는 그레마스를 통하여 의소를 분절하여 담론의 심층구조를 살피고 이를 통해 표층의 의미를 읽고 다시 텍스트로 표출되는 의미들을 구조적으로 파악할 수 있게 되었다. 그중 대표적인 것이 행위소 모형으로, 무용에서의 행위소 모형에 대해 간략하게 언급하기로 한다.

처용무는 『삼국유사』 권2 〈처용랑망해사조處龍郎望海寺條〉에 나오는 처용설화에서 유래한 춤이다. 신라 제49대 헌강왕 때 동해용의 아들인 처용은 인간 세상에 내려와 아름다운 아내와 급간級干의 벼슬을 선사받으며 정사를 보좌하게 된다. 처용의 아내는 매우 아름다워서 역신까지도 처용의 아내를 흠모하였는데, 어느 날 역신이 사람으로 변하여 처용의 아내와 동침하게 된다. 이를 목격한 처용은 조용히 문밖으로 나가며 어질고 현명하게 노래와 춤으로써 마음을 달랬다고 전해진다. 역신이 이러한 처용의 태도에 감동하여 처용의 형상을 그린 것만 봐도 절대 다가가지 않겠다고 맹세를 하게 된다. 이후 사람들은 처용을 호부護符라 생각하고 사귀邪鬼를 막기 위해서라도 처용의 형상을 문에 붙이는 풍습이 생겨났다고 한다. 이러한 서사를 통한 행위소 모형은 의미를 구조적으로 분석할 수 있다.

처용무는 궁중무 중 향악 정재에 속하며 처용 가면을 쓰고 화려한 수의를 입고 추는 일종의 무용극(舞踊劇)이다.

1971년 1월 8일 중요무형문화재 제39호로 지정되었고, 2009년 9월 30일 유네스코 세계무형문화유산으로 등재되었다.

그림 3-4의 모형에서 주체subject는 대상을 추구하거나 원하는 존재, 욕망을 실현하는 자, 아내를 욕망하는 처용이다. 대상object은 주체가 원하는 존재, 욕망의 대상이니 처용의 아내다. 대상을 주체와 만나도록 임무를 주어 보내는 발신자sender는 헌강왕憲康王이다. 수신자receiver는 주체가 대상을 구현함으로써 그 혜택을 받는 자로, 처용 자신이다. 조력자helper는 주체가 대상을 추구하는 욕구를 강화해 소통을 용이하도록 도와주는 자로 동해 용이다. 적대자opponent는 주체가 욕망의 실현 행위를 방해하고 대상의 소통에 맞서 주체에게 해악을 끼치며 방해를 수행하는 자로 역신이다.

이처럼 그레마스의 행위소 모형은 '행동하는 자'와 '행동대상'으로 '주체'와 '대상'으로 구분하면서 대상을 획득하고자 하는 주체의 추구에 의해 처용무에 나타난 인물의 관계와 구조를 드러내고 있다.

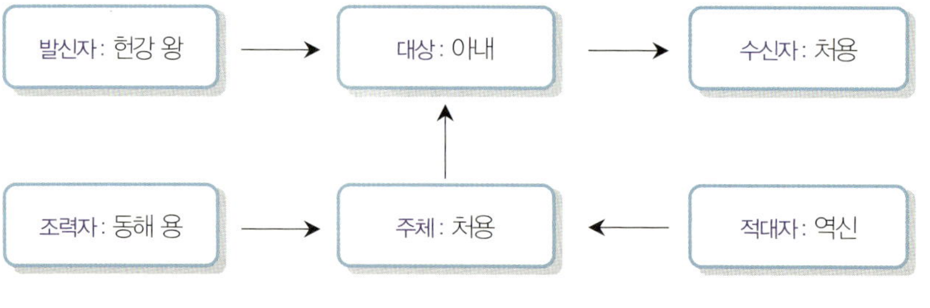

그림 3-4. 처용무의 행위소 모형

10) 기호학적 사변형

그레마스의 기호학에서 가장 중요한 것은 의미작용이다. 그레마스는 의미작용의 기본구조를 밝히고 모형을 정교화하여 구조적 의미론을 편다. 앞서 설명한 그레마스 이론으로 기호학적 사변형을 무용 텍스트에 적용할 수 있는 간략한 의미작용에 대해 언급하려 한다. 춤 텍스트인 살풀이춤에 관한 그레마스 기호이론의 적용과 논의는 다음 장에서 상세히 다루기로 한다.

살풀이춤은 한恨에 맺혀 있는 원怨을 생명력을 응집해 풀어 해소하려는 데 그 목적이 있다. 이는 어원적으로도 살煞을 풀고자 하는 것인데, 살이란 사람을 해치는 독기로서 자아를 상하게 하는 파탄의 의미를 내포하고 있다. 맺혀 있는 원한을 풀지 못한 한의 갇힌 형태는 삶의 근원적 생명력을 파괴하고 그것은 우리의 민족 정서인 정情을 무너뜨리는 원인이 되기도 한다.

살풀이춤에서 '풀이–살', '흥–원'은 반대관계다. '살–흥', '풀이–원'은 모순관계다. '흥–풀이', '살–원'은 각각 보완관계다(그림 3–5). 곧 살을 풀면 흥이 나고, 흥이 나면 살이 풀린다. 반대로 원이 살이 되고, 살이 있으면 마음에 원이 자리한다. 그러므로 액이 끼친 사람에게 살을 풀고자 모여서 의식을 행하고 서로 위로하는 정다움이 바로 우리 민족의 대표적 정서인 정이라 볼 수 있다. 인간이 풀지 못한 죽음이라는 숙제에 망연자실하지 않고, 영원에 대한 믿음을 해답으로 서로를 위로하고 아픔을 극복하고자 하는 생명력이 바로 정의 소산이다. 여기서 한국인의

그림 3–5. 살풀이춤의 기호학적 사변형

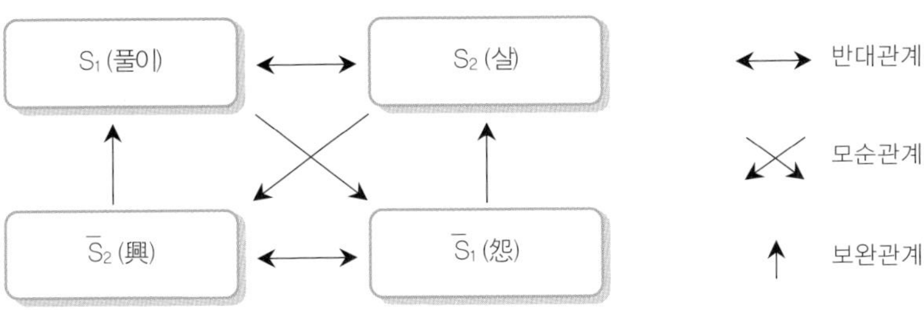

정서를 파탄하는 원을 풀어 버리고 정을 회복하는 순간이 바로 흥이고 신명神明이다. 이처럼 춤 텍스트에 관한 부정과 긍정, 모순과 반대의 차원에서 의미의 논리적 구조를 해명하게 된다.

무용기호학의 변별적 영역과 기호현상, 무용 텍스트의 현상

1) 무용의 기호적 의미

세상의 모든 사물은 기호로 가득하다. 그것이 자연적 신호든 인공적 신호든 간에 우리는 의미를 캐며 기호를 만들어 소통하고자 한다. 즉 기호는 의미와 소통을 목적으로 한다. 무용이라는 독특한 신체 움직임이 아무런 지시 목적이 없는 자연적 발로라 해도 그것을 보는 이는 의미를 캐고 또 다른 의미를 상상하게 만든다는 점에서 하나의 텍스트다. 안무가가 대본을 쓰는 일은 춤을 문자화된 언어를 통해 드러내는 과정이다. 해설이 있는 발레라든지 탈춤의 대사처럼 스토리텔링의 대부분은 좀 더 소통하기 편한 무용 텍스트 가운데 하나다.

벨트루스키Jiří Veltruský(1964: 80)는 일찍이 무대에 있는 모든 것이 기호라 단언하고, 무용에 관한 사물들은 자의성을 띤 기호를 의미한다고 했다. 동작에 수반되는 음악, 조명, 소품들은 모두 하나의 의미를 담아 서로 교환하며 또 다른 기호를 생성한다. 무용기호는 기호와 기호 사이에서 의미를 창출하며 예술이라는 영역에서 수많은 미학적 의미들을 들추어낸다. 때론 안무가의 의도가 드러난 기호도 있지만 그렇지 않는 기호들이 무수히 존재하는 것은 미적 예술의 영역이기 때문이다.

주지하듯 무용이 가지고 있는 메시지는 신체를 바탕으로 한다. 언어기호가 음소音素, phoneme를 바탕으로 하듯 무용은 신체동작을 바탕으로 기호를 형성한다.

여러 동작소는 시선, 몸동작, 팔동작, 발동작 등 그 밖의 신체 움직임으로 메시지를 전달하고 의미의 단위가 되는 미분적 지위를 점유한다.

앞서 설명한 것처럼, 소쉬르의 구조적 사유는 언어에 차이를 두어 의미규정을 하고 있다. 즉 차이에 의한 의미규정처럼 무용기호들은 복합적으로 움직이며 의미를 생성한다. 실제 하나의 동작 자체가 의미를 가진다 해도 무용이 예술기호라는 점은 여러 구조적 사유의 혼합으로 인정해야 하며, 어떤 유기체적 역동성에서 비롯된 기호들의 엮임으로 봐야 한다. 그것을 예술론에서는 '역동적 이미지 dynamic image'라고도 하고 3차원을 뛰어넘어서 4차원의 세계를 점유하는 가상의 세계라고 보는 견해와 일치한다. 무용의 기호들은 각각 독립된 개체가 아니라 상호 간의 연결된 활동을 의미한다. 팔동작 하나가 조명에 빛을 더하고 어떠한 소품을 집어 드는 기호는 그것이 무슨 신호인가 생각할 겨를도 없이 무한한 생명력을 꿈틀대며 전 신호와 다음 신호 사이를 연결하고 조합한다.

다시 말해 무용의 기호들은 혼자서 자립된 형태가 결코 아니다. 똑같은 손짓 하나라도 수많은 단위의 몸짓, 또는 수많은 맥락(음악, 조명, 사회적 · 역사적 상황, 의상 등)과 유기적 조합을 이루며 보다 복합적인 단위의 결합체 사이에서 의미를 규정하고 파생한다. 무용기호는 비구두 커뮤니케이션이라는 동작학적 개념과 함께 무용기호현상에 관한 한, 무대라는 시공간에서 동작 외의 변수가 가지고 오는 기호적 협동요소들을 간과해서는 안 된다. 이러한 개념적 이해만이 무용기호가 갖는 함축적이고 난해한 표상체의 메시지 해독을 가능하게 돕는다. 이 점이 바로 일반 교통신호와 무용기호현상의 차이다.

2) 의미해석체로서의 기호현상

무용에서의 기호현상은 우선 소쉬르의 기호체계인 기표와 기의의 개념으로부터 출발하고자 한다. 그의 이론이 비록 언어 사이의 구조적 인식에 중점을 두었다고는 하나 실제 무용동작에서도 기호는 기호 사이의 차이와 관계망에서 구조를 드러내기 때문이다. 기표가 동작의 도상이라면 함축적 의미인 기의와의 결합은 그물처럼 엮어진 수많은 의미를 생성해 내는 예술적 기호가 된다. 이때 발신자인 무용가와 수신자의 해석에는 차이가 있을 수 있으나, 수신자의 내부세계에 축적된 미적 경험들은 의미를 새롭게 창조하는 생산고 역할을 한다. 이같이 연속되는 기호의 세미오시스는 예술의 역동적인 생명적 기능을 다한다. 새로운 해석과 의미 해석체로서의 무용기호는 단순한 기호가 아닌 예술현상을 보여 주기 때문이다.

현대 기호학의 출현배경인 소쉬르의 언어적 인식과 구조적 사유는 본질과 실체론적 사고를 뒤엎고 세미오시스에 대해 이원적 해명을 하고 있다. 바로 언어기호인 '기표(능기)'와 '기의(소기)'의 개념임을 밝혔다. 이는 언어가 관념을 표현한다는 것으로 언어기호는 '개념'과 '낱말들의 청각 이미지'인 구조적 관계로 구성됨을 의미한다. 소쉬르는 언어학자이기 때문에 언어를 음성 이미지(청각 이미지)로 해석하고 있지만 그것은 어떠한 이미지라도 상관없다. 다만 구조주의적 인식의 차이, 어떠한 기표라 하더라도 그것에는 오직 차이만 있을 뿐이며(Saussure, 1966: 120), 기표는 '모든 이미지'를 의미한다.

무용현상은 앞서 설명한 비구두-비발성이라는 비언어적 개념으로 보면 시각 이미지에 속하지만, 넓게는 음악이 주는 음성을 포함한 메시지가 언어적 이미지를 연출하기도 한다. 특히, 서사가 없는 무용현상은 동작이 주는 이미지가 함께 감성적 이미지에 영향을 주며 음악이 한몫을 하기도 한다. 가령, 한때 유행했던 무음악의 무용 퍼포먼스는 동작만의 이미지로서 메시지를 더욱 강하게 보여 주긴 하지만, 관객과의 소통에서는 다소 난해한 인상을 주면서 무용 커뮤니케이션의 복합성을 시사해 준다고 볼 수 있다.

무용의 기표란 시각과 청각 등 감각적 인식에 의해 보이는 현상이며 의미의 결합단위를 기호로 연결해 주는 매개 역할을 한다. 기표와 기의가 합쳐져 기호가 된 후에는 그 자체가 각인된 기표가 되어 세계를 연결시키며 예술의 가상적 이미지를

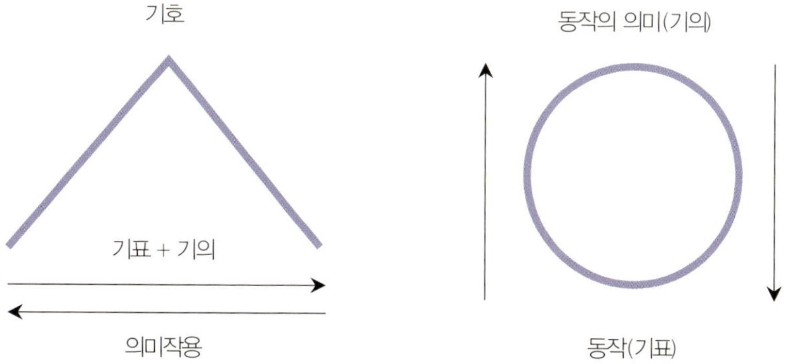

그림 3-6.
기호요소들의 의미해석적 기호현상

형성한다. 이처럼 기표는 의미의 저장고를 연결시키는 단위이자 이미지다.

그림 3-6은 소쉬르의 기호체계를 바탕으로 무용현상에서 일어나는 의미작용을 나타낸다. 기표와 기의가 결합하여 '의미화'를 이루며, 무용동작의 이미지는 시간의 흐름에 따라 끊임없이 해석을 병행해 간다. 기표와 기의가 더해져 기호를 만들어 내는 '기호작용', 코드만들기encoding, 코드풀기decoding 같은 기호현상은 서로 독립적이면서도 자유롭게 많은 의미를 파생하며 의미를 운반하고 있다.

이러한 해석작용의 끊임없는 순환을 돕는 기호항들을 퍼스는 대상과 표상체, 해석체의 삼원 모형으로 설명한다. 퍼스의 삼원 모형은 세계인 대상이 있고 대상에 대해 인간이 기호를 명명한다. 그리고 다시 기호를 해석한 해석체가 자리한다. 무용현상에서 서사가 있는 스토리라든가 동작적 의미를 생각하면 이 문제는 아주 간단하다. 즉 사랑을 속삭이면서 '나는 그대에게 청혼합니다'라는 표현으로 반지를 끼워 주는 동작을 하였다고 하자. 반지라는 실제 대상의 이미지는 춤 동작인 표상체가 되어 춤 동작과 의미를 자의적으로 결합하게 되고 춤 동작은 곧 기호가 된다. 이는 다시 해석체의 자리에 놓여 원형의 반지와 그 대상을 표상하는 동작기호는 '영원한 사랑의 약조, 결혼'이라는 의미를 마음속에 불러일으킨다. 그러나 이러한 동작기호는 안무가의 의도에 따른 스토리의 전개 과정에서 꼭 같은 의미를 파생하지는 않는다.

앞서 살펴본 것처럼 안젤랭 프렐조카주Angelin Preljocaj의 〈결혼Les Noces〉이라는 작품은 '결혼 = 행복'이라는 의미가 1차적으로 끝나게 되는 것이 아니라, 여러 가지 경험과 사회문화적 맥락이 더해져서 결혼은 일상적인 의미를 해체하고 '영원한 소유, 합법적 강간, 구속' 같은 전혀 다른 2차적 의미를 불러일으킬 수도 있다. 이와 같이 무용이라는 시공간의 연속적인 기호작용 과정에서 고정된 기호는 없다. 다만 해석과 해석 사이에서 늘 대화의 형식을 취한다. 곧 무용현상은 고정되지 않은 의미의 해석체를 운반하며 끊임없이 기호작용을 하고 있다.

퍼스가 말한 해석체의 개념은 매우 역동적이다. 이처럼 끊임없는 기호작용이 가능한 것은 '외연과 함의'의 은유적 해석으로서 가능하다. 단순한 동작이 가져오는 신체의 의미를 '키네시스kinesis'라 한다면, 무용이 예술로서 인정되는 심미적·사상적 코드에 담긴 함의는 '메타키네시스meta-kinesis'다. 이처럼 퍼스의 기호론이 무용을 대상 너머 가상의 이미지로 심미화하려는 과정을 일관된 체계(그림 5-3 참조)로 설명할 수 있다.

지금까지 무용언어의 기호적 특성과 함께 의미의 태동을 야기하는 무용기호의 언어적 현상에 대해 살펴보았다. 의미운반체로서 무용의 기호적 작용은 무용이 언어로서 존재하는 이유를 입증하고 있는 셈이다.

무용은 신체의 동작학적 의미(제스처를 포함해서) 외에도 인물의 행동으로 야기되는 비구두적 서사언어들에 의해 의미를 전달하는 경우가 있다. 인물의 관계와 구조를 통해 담화의 메시지를 추론하는 방법으로 그레마스의 행위소 모형이 대표적이다. 기호학의 분석대상은 담화談話이며, 이러한 담화는 비언어적 텍스트(언어뿐 아니라 그림, 몸짓 등)를 포함하면서 언어학적 분석의 한계를 넘어서고 있다.

그레마스 행위소 모형은 무용의 서사구조가 인물의 행위와 흐름상 전개에 의해 발신자와 수신자를 연결하는 의미전달을 축으로, 이데올로기와 철학 등 전달하고자 하는 의미의 과정과 획득이라는 가치의 실현을 텍스트 내에서 드러내준다. 곧 행위자의 의도와 관계된 신체언어는 의미의 메시지를 표방하면서 비구두

표 3-2. 의미해석체로서 기호현상에 관한 이론과 실례

기호적 요소	주요 의미	기호현상	무용 텍스트의 예
기표+기의 =기호	소쉬르의 언어적 기호작용을 의미, 기표와 기의가 결합하여 의사를 전달하는 과정	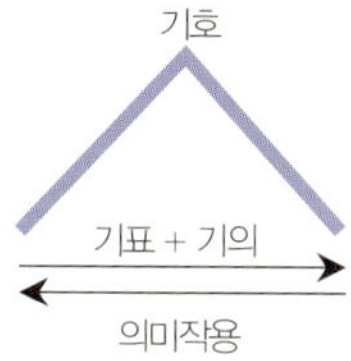	기표가 몸짓언어로 시각을 총망라한 이미지라면 기의는 추상적 개념을 의미, 무용기호는 이러한 의미작용을 통해 일어나게 된다.
대상체, 표상체, 해석체	퍼스의 세 가지 기호항들 간의 기호작용으로 순환적 체계	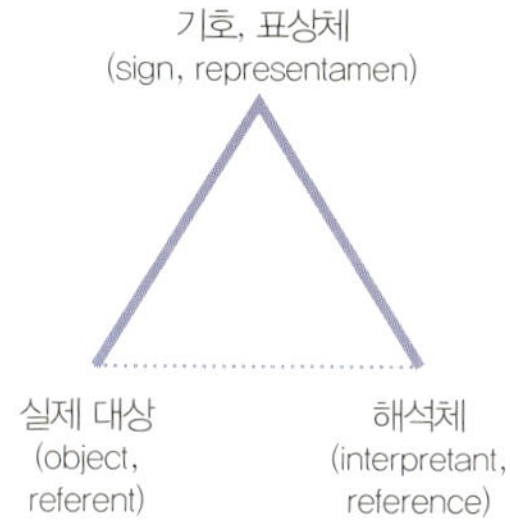	한국무용 중 학춤의 경우는 학을 실제 대상으로 두고 학을 표상한 무용 동작을 통해 연속되는 의미를 파생한다. 1차적 해석체가 '학의 비상'이라면 2차적 해석체는 '장수와 고고함, 이상향의 매개자' 같은 끊임없는 의미를 불러일으킨다.
발신자, 수신자 간의 행위소 모형	그레마스의 행위소 간의 의미전달 모형	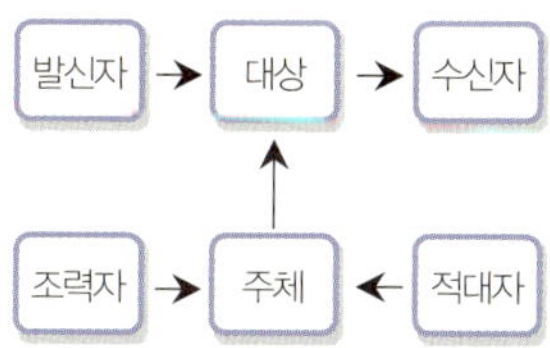	서사적 스토리에 적용되는 무용현상(한국무용 중 앞서 논의한 처용무의 경우 처용은 역신과의 갈등과 화해구조에서 인물 간의 관계와 구조를 파악하며 의미의 전개를 언어적으로 전환할 수 있다)

적 판타지인 예술로 넘나드는 심미안을 가지게 해 준다. 의미의 운반체는 언어기호 이상의 몽환적 세계를 넘나들면서 예술적 이미지로서의 기호현상을 일으키는 것이다.

3) 예술적 이미지로서 기호현상

앞서 무용기호가 언어적 의미운반체 역할을 하며 메시지를 소통한다는 것을 밝혔다. 또한 신체적 언어이기에 동작학의 영역이면서 키네시스와 메타키네시스의 범주를 넘나들며 심미적 현상과 사상을 전달한다. 무용에서 이러한 메타언어는

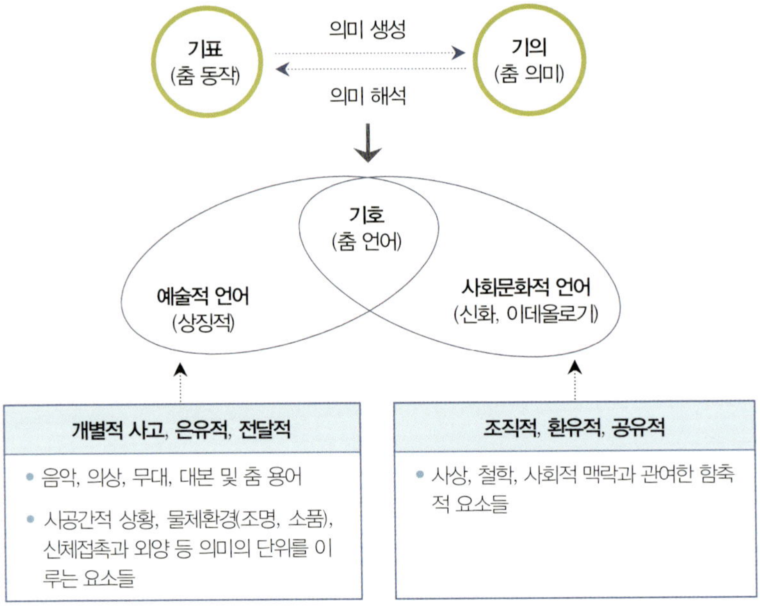

그림 3-7. 무용언어의 기호의미론과 해석학적 요소

때론 동작뿐만 아니라 여러 가지 무대현상과 함께 의미화를 더하면서 함축적 메시지를 전달하기도 한다. 곧 이러한 함축적 이미지들은 역사적·문화적 맥락과 함께 변화하기도 하지만 고정된 이미지로서 이미 상징적 기호가 되어 버린 경우도 있다. 예를 들어, 동서를 막론하고 샤머니즘적 의식무용의 경우는 의사소통의 목적에서 벗어난 자연발생적 동작이라 하더라도, 시대가 변하면서 우리의 의식 속에서 점차 규범적으로 상징화되어 버린 경우가 많다. 그럼으로써 의사소통에 관계된 규약적이고 상징적인 기호를 이미 형성해놓고 있다. 여기서 우리는 기표와 기의의 이원적 사유구조가 무용기호로서 의미를 생성하고 고정된 기호로 작용하는 원리에 대해 살펴볼 필요가 있다.

그림 3-7은 몸짓언어의 기호작용을 통해 무용의 언어적 기능과 그에 관한 요소들을 나열함으로써 무용언어의 해석학적 요소들을 제시하고 있다. 즉 무용동작의 의미 파생과 해석이라는 상호작용은 연희자와 관객 사이에 소통하는 기호를

만들고 언어와 같은 기능함으로써 무용 분석에 관한 의미론을 형성하게 된다.

예를 들어, '진도 씻김굿' 텍스트를 분석할 때 동작의 기표가 '팔을 X자로 흔드는 형상'이라면, 의미는 '가위질하는 모양을 흉내 내어 자르는 동작을 통해 나쁜 기운을 물리친다'는 기의를 가진다. 즉 '가위질(X자의 형상) = 자름', '자름 = 액을 물리침', '가위질 = 벽사진경'이라는 기호를 생성하게 되고, 동작이 추어지는 상황에 따라 기호는 또 다른 기호와 의미를 전달하면서 언어적 기능을 달리한다. 즉 '가위질'이 추어지는 상황이 굿에서인가, 또는 순수무대에서 안무자의 의도에 의한 창작적 의지에서인가에 따라 부차적 해석이 달라지기 때문에 이는 무용언어에 관련된 모든 요소들(무대라든가 의상, 음악, 그 외 맥락과 배경 등)에 관한 조합적 해석만이 기호에 대한 정확한 의도와 기능을 추측할 수 있다. 만약 굿에서의 '가위질' 동작은 샤머니즘적인 상징언어적 체계에 가깝지만, 안무가의 의도가 담긴 창작 대본에서 '가위질'은 안무자의 의도라든가 여러 가지 정황에 맞는 의미해석에 가깝기 때문이다. 또한 전자의 경우에는 예술로서 언어적 기능을 떠나 사회문화적 배경을 드러내는 신화의 개념이 형성되고 있는데, 이는 대체로 의미가 고정되어 있는 관습적이고도 상징적인 기호다. 이러한 신화적 개념은 다시 설명하기로 한다.

위와 같이 무용의 언어는 몸짓언어로서 많은 의미를 함축하고 있으며 신체적 동작을 의미하는 키네시스를 넘어서 정신과 사상적 코드를 읽어내야만 하는 메타키네시스라는 언어적 개념이다. 이 같은 개념은 무용기호의 중요한 요소로 다음 장에서 상세히 다루기로 한다.

이렇듯 자연발생적 민속무용이 점차 발레와 같은 약호화된 무용처럼 의도화되면서 의미의 기호현상은 소통이라는 전제를 더욱 부각시킨다. 이러한 과정은 주로 이데올로기적·사회학적 관점에서 형성되며, 춤을 통한 의식의 형성을 전제로 하는 경우다. 그렇다면 무용기호는 무용 자체의 언어적 해방에서 벗어나 또 다른 이미지로 전환되는 그 어떤 기호를 형성하고 있음이 드러난다. 이러한 이유에서 동양과 서양의 무용이 다르며, 똑같은 무용이라 하더라도 보는 이에 따라 달라지는 이유도 이러한 심미적 코드를 지니고 있기 때문이다. 따라서 이제는 무용기호 현상을 이미지와 상징으로 주목하고 심미적 코드라는 미학적 기호체계가 어떠한 형식으로 형성되는가를 알아볼 것이다. 우선 퍼스 기호의 세 가지 유형인 도상, 지표, 상징의 형태를 더욱 구체적으로 살펴보자.

도상은 굳이 시각적 기호만이 아니라, 음성이나 그림 등을 포괄하는 기호다. 무용기호로서 도상은 움직이는 상을 의미한다. 춤을 표현하고자 하는 대상체와 유사한 기호다. 동작소는 도상의 한 부분이며, 기호와 그것이 표상하는 대상체 사이의 유사 정도가 높은 기호다. 이는 기의가 기표를 결정하는 정도가 매우 긴밀한데, 무용작품의 경우 무대장치, 소품, 효과적 이미지 등이 모두 도상에 포함된다.

지표는 실제로 그 대상에 의해 영향을 받고 인접성이 매우 강한 기호다. 무용의 경우 지표는 좀 더 추상화된 동작, 즉 예술적 시공간 안에서 지시하는 의미와 몸짓 또는 소품의 사용 등을 의미한다. 예를 들어, 신부 역할의 웨딩드레스라든가, 살풀이춤의 흰 명주수건 등은 그 자체만으로도 인과적 관계가 형성되어 있어서 작품의 환경을 환기하거나 지시되는 기호가 된다. 살풀이춤에서 수건은 한을 풀이하는 여러 가지 인과적 의미를 연출하고 소통의 조력자 역할을 하면서 감정을 전달하는 매개의 기호가 된다.

한편 상징은 임의로 만들어진 기호로, 자의적 계약만으로 사회적 제약이 되기도 한다. 이러한 관념의 총체인 상징은 중요한 법칙과 환상을 유도하기도 하며 자유로운 창작작품의 경우에는 해석의 난해함도 가져온다. 의미작용 관계가 성립하기 위해서는 해석하고자 하는 적극적 의지가 필요하며, 무엇을 상징하는가에 대해 약속의 개념까지도 파악해야 하는 경우가 많다. 상징은 보이지 않은 약속이지만 예술에서는 가장 자율성을 띠기도 한다. 가령, 어슴푸레한 저 멀리 보이는 문과 교회의 새벽 종소리가 무대에 울려 퍼질 때 그것은 성스러운 길로 인도하는 문이 될 수도 있지만, 아무런 인기척이 없는 십자가의 문과 어슴푸레한 불빛은 극도의 불안과 함께 사건의 발단을 야기하려는 의도로 상징되기도 한다.

상징은 고도의 커뮤니케이션 현상들을 숨기고 우리에게 코드풀기를 요구한다. 실제로 그러한 코드풀기는 같은 작품이라도 수많은 의미를 파생하며 우리의 경험에 대해 은유와 환유를 거듭한다. 예술 자체가 하나의 은유적 이미지로 나타난 인간의식의 표현이라면, 그 이미지는 어떻든 생명적 형식의 외형을 입지 않으면 안 된다. 이것은 예술의 창조적 원리와도 유사하다. '변화'를 창조하는 예술적 기교는 현실적인 것을 포함할 필요가 없다. 예술적 형식은 복사가 아니라 투영이다. 가상적 공간이 하나의 창조적 공간이듯이, 이 공간을 체계화하는 모든 것들은 움직임과 휴식을 창조해 준다. 기호현상으로 인해 창조되는 공간은 필연적으로 하나의 '시간적 공간'이 되며, 곧 하나의 '시공적 형식spatio-temporal form'이 된다. 이것은 생명의 특성인 '변화'와 '영원'의 변증법을 포함한다(Langer, 1957: 53-55).

예술적 이미지를 미학에서는 생명적 역동성의 이미지로 강조한다. 모든 감각기관을 통해 받아들인 미적 표상활동은 생명력을 가지며 예술적 이미지에 담긴 메타언어들은 함축적이며 대개 다중 코드로 된 담론을 형성한다. 왕성한 창조적 활동을 하는 모든 무용현상은 이에 속한다. 그러나 또 한편에서는 외연과 함의의 기호적 관계에 의해 어떤 이념이나 신화를 형성해 내고 문화적 약속 내지는 사회기호학적 양상을 드러내는 경우도 있다. 의식의 춤(종교성이 짙은 춤)이라든가 궁중에서의 무용 등이 그러한 경우가 많은데, 이러한 현상을 미학적 개념으로 받아들이기에는 너무 자의적인 약호 개념인 상징적 성향이 짙다. 이와 같은 무용현상을 설명하기에 바르트의 신화론은 매우 적절하다.

앞서 이야기했듯 롤랑 바르트Roland Barthes는 기호학적 체계에 존재하는 3개의 항을 기호표현, 기호내용, 그리고 이들의 결합인 기호로 보고 이들의 관계가 신화 속에 어떻게 드러나는가를 살핀다. 그러나 신화에서 독특한 것은 그것이 전부터 이미 존재하는 기호적 연쇄작용을 바탕으로 그 위에 만들어진 한 단계 더 높은 기호체계로서 작용한다는 것이다(오원교, 2002: 159). 즉 신화는 부분적 동기가 있고 이러한 동기는 숙명적으로 유사한 것들 중에 선택된 몇몇의 개념들로 새로운 의미

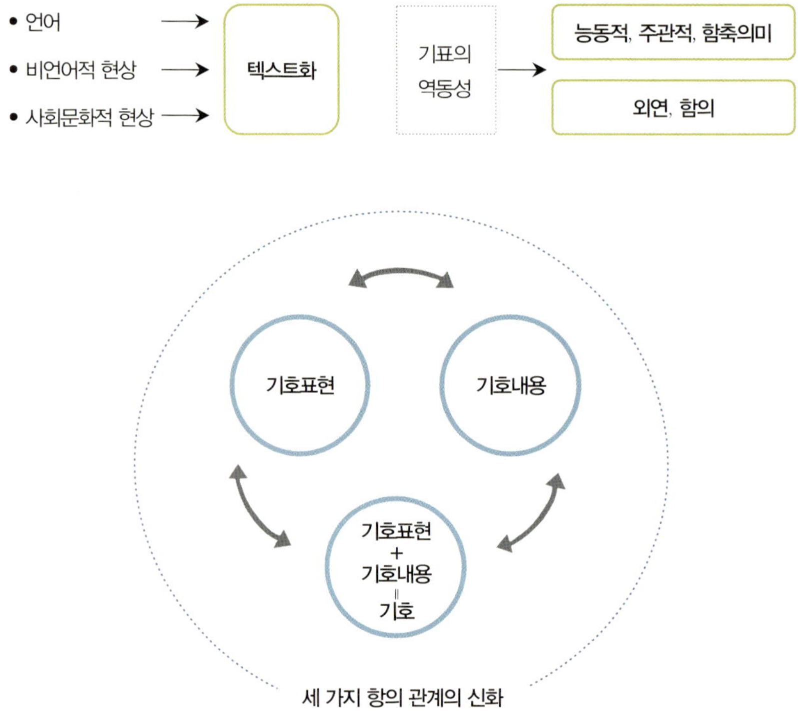

그림 3-8.
바르트의 기호작용

작용을 낳게 된다.

바르트에게서 신화는 언어를 훔쳐 형식으로 변환하고 있으며 기의보다는 기표에 주목한다. 따라서 새로운 의미를 무한히 생산하는 기표의 역동성에 관심을 기울이며 해석자가 임의로 판단하는 능동적이고 주관적인 '함축의미'를 풀어헤쳐 나간다. 무용현상의 경우 텍스트를 주관적으로 해독하여 심층적 의미 분석을 하는 관객은 능동적 생산자로 변한다. 무용기호도 동작을 통한 외시언어를 의미화하고 함축의미의 메시지를 찾아가며 자유로운 해석을 필요로 하는데, 같은 기호라 할지라도 사회문화적 배경에 따라 매우 새롭게 변환될 수 있다. 바르트는 외시와 함축의미가 만나 기호가 되고 다시 그 속의 잠재적 언어인 메타언어를 드러내고자 하는 과정에서 또 다른 기호를 창출해 내는 것이 신화라 말한다.

바르트의 신화적 기호는 신비화와 상징적 이야기를 담고 있다. 바르트의 기호작용은 무용 텍스트의 의미작용을 유추하는 과정에서, 한 개념에 대한 수많은 기의의 가능성에도 불구하고 자의적 형식과 내용 간의 의도를 파악하는 데 유용한 분석법이다. 몸짓언어에 의한 하나의 약호code가 수많은 기호작용의 개념을 창출해 내는 데 있어서, 춤기호에 자의적인 동기화를 부여한 이데올로기를 분석하다 보면, 자연히 몸짓언어에 관한 신화적 개념이 정의하는 역사적·철학적·자연적 의미를 알 수 있다. 이 점은 앞서 언급한 무용의 신화적 속성이다.

이처럼 무용형식에 대해서도 신화는 형성된다(그림 3-9 참조). 안무자가 만들어 낸 몸짓언어가 기표들 간의 차이에 의해 의미를 형성하여 구조 자체가 만들어 낸 의미의 기호(3)를 형성하게 되면, 이는 또다시 텅 빈 형식으로서 기표(Ⅰ)에 의해 함축된 의미의 망(Ⅱ)을 가지게 되며, 의미의 해석되는 구조와 원리에 의해 또 다른 기호가 창출되면서 춤에 관한 예술적 신화(Ⅲ)가 형성된다. 전자의 기호적 단계를 단순한 기표의 차이에 의한 의미의 기호라면, 후자의 기호는 주로 소통에 의한 기호학적 영역이다. 주관성과 보이지 않는 세계관이 부합되면서 흔히 말하는 예술로서 가상의 세계에 부합하는 형식과 이미지를 보여 준다. 즉 단순한 무용형식에 관한 의미를 넘어 외연이 가지는 함축적 함의는 신화적 메시지가 가져오는 정신과 사상, 문화적 맥락에 따라 다양한 의미망을 형성한다.

예술 텍스트의 분석에서 소쉬르의 기호가 가져오는 '표상의 세계'에 바르트의

그림 3-9. 무용현상에서 신화적 이미지의 형성

<table>
<tr><td rowspan="2">랑그(langue)</td><td>1. 기표 : 춤형식</td><td>2. 기의 : 춤의 1차적 의미</td><td></td></tr>
<tr><td colspan="2">3. 기호
Ⅰ. 기표(sens/form) : 기호형식</td><td>Ⅱ. 기의(concept) :
춤의 2차적 의미</td></tr>
<tr><td>신화(mythe)</td><td colspan="3">Ⅲ. 기호
춤에 관한 예술적 신화</td></tr>
</table>

기호적 요소	주요 의미	기호현상	무용 텍스트의 예
• 도상 • 지표 • 상징	퍼스의 삼원항으로 본 자의적 관계망에서의 상징	• 무용기호는 복합적 양식으로 삼원항의 성향을 모두 가지고 있다. • 하나의 양식은 필연적으로 다른 두 양식을 지배하는 계층적 관계를 형성, 상이한 협동체계들과의 관계에 의한 복합된 기호현상	• 무용현상에서 음악·소품·의상과의 연관성, 무대방향·음양론과의 상징성 등 무용 텍스트의 수많은 하위요소와의 관계망을 통해 상징이라는 예술적 이미지를 엿볼 수 있다. • 그럼으로써 가상의 이미지인 시공간이 몽환적으로 신비하게 창출되고 내적 경험에 의해 생명력과 역동성을 갖게 된다. 예술적 기호로 풀 수 있는 심미적 코드다.
• 외연 • 함의	바르트의 외연과 함의의 인식과 신화 모형	• 외연과 함의의 인식을 통한 텍스트의 드러난 의미와 숨은 의미와의 기호현상	• 샤머니즘 형성에 관한 신화적 의미는 맥락과 결합함으로써 이데올로기를 형성하며 무용현상의 신비감을 극대화한다.

표 3-3.
예술적 이미지로서 기호현상에 관한 이론과 실례

기호 이미지에 관한 변증법적 종합을 통해서 동작의 기표가 전하는 의미체계뿐 아니라 춤의 시원과 예술의 주동적 세계관까지도 엿볼 수 있다. 예술에 관해 이러한 의미의 유추가 가능한 것은 담론 안에서 작동 시 주어진 세계관과 문화적 환경 안에서 형성된다는 개념이 자리잡고 있기 때문이다.

지금까지 무용의 상호 협동적 체계들이 가져오는 무용예술의 함의와 심미적 현상을 기호라는 현상에 주목하여 살펴보았다. 몸짓언어로서 동작학의 영역인 무용은 신체의 의미를 전달하는 이미지의 저장고이자, 한편 모든 기호는 이러한 기호요소들 간의 의미작용을 통해 기능한다. 무용기호의 소통문제를 해소하기 위한 심미적 코드의 난해함은 바로 상징이라는 문제였다. 따라서 기호현상을 통해 무용이 어떻게 상징의 이미지를 대표하는 표상성을 지니는지 살펴보았다.

첫째, 무용의 기호현상은 기표와 기의의 의미작용을 통해 기호를 생산한다. 이러한 과정에서 기호는 대상을 표상하면서 외연과 함의의 연속된 세미오시스 관계망에서 끊임없이 순환하게 된다.

둘째, 서사적 스토리가 강한 무용현상에서는 인물의 유형을 통해서도 의미의 전달 과정을 볼 수 있다. 무용현상의 구조적 분석이라는 기호학적 방법론은 단순히 서사가 주는 메시지뿐만 아니라 비구두적 언어와의 결합으로 귀결되는 사상적 이미지로의 전환을 보여 준다.

셋째, 예술의 이미지로서 상징은 무용현상에서 도상, 지표, 상징이라는 기호항들의 연계된 상호작용에 의한 기호와 기호내용의 결합인 기호의 작용, 기표의 역동성이 가져오는 끊임없는 관계에 의해 신화적 이미지를 창조한다. 이러한 심미적 코드와 코드풀기라는 관계에 나타난 무용기호의 대표성(표상성)은 다른 너머의 세계로 치환 가능한 예술적 영역을 설명하고 있다.

무용의 기호학적 관점은 무용기호학의 영역에 대한 연구문제와 확장에 대한 요구를 의미한다. 움직임의 의미와 소통의 영역만으로도 무용은 충분한 메시지를 지니지만, 보다 심미적인 예술 영역으로 확대되기 위해 폭넓은 인문학적 교류를 필요로 한다. 예술이라는 장르에서 다원적인 검증 절차는 객관적이면서도 보편타당한 해답을 가져올 수 있다.

무용 텍스트의 언어학적 해석

춤의 언어적 기능은 이제 그것이 기호이건 창조적 표현요소이건 간에 해석에 대한 문제이며 우리의 시각성에 의해 결정된 미학적 표상활동임이 분명하다. 이는 비트겐슈타인L. Wittgenstein의 '국면보기aspect-seeing' 개념과도 일맥상통하는데, 우리가 어떤 사물을 '본다'라는 것은 순수한 시각적 체험이라기보다 그것에 대한 해석을 내리는 것이며, 해석에 따라서 그것을 보는 것을 의미한다.

그렇다면 춤의 언어학적 해석에서 자유로운 시각과 그로 인해 표상된 세계는 무엇이라 기술할 수 있을 것인가. 바로 이러한 문제는 예술세계를 기술하기 위해 이전의 기억들과 새로운 암시에 대해 필요한 몇몇 습관들이 요구된다. 즉 위에서

요소	기호의 의미	춤의 언어적 표기에 대한 해석
신체 동작	신체의 움직임, 눈의 움직임 또는 행위, 자세와 표정에 대한 직접적 동작 기호	**각종 신체언어로 손짓, 몸짓, 발짓에 관한 상징적 체계에 대한 해석이 가능** • 발사위 가운데 '잣움새' : 태극문양의 형상으로 우리 춤의 사상과 맥락을 구조적으로 분석할 수 있다.
신체적 외양	신체 동작을 포함한 신체의 형태, 징후 등 간접적이며 비언어적 지시행위가 갖는 시각적 기호	**신체의 형태, 냄새, 머리카락, 매력 등의 외향적 요소** • 송파산대놀이 가운데 '용트림' 동작 : 옴중(옴을 옮은 중)이 쓰는 탈과 벙거지, 흑장삼 등 신체적 외양에 대한 언어가 동작적 기능을 더함으로써 더욱 상징적인 의미를 도출해 낸다.
신체적 접촉 행위	접촉의 유무로 보는 의사전달 간의 표현적 기호	**접촉행위** • 송파산대놀이의 '자라춤' : 손짓의 언어적 행위(손을 주물렀다 폈다하며 자라 머리가 들쑥날쑥 하는 듯한 동물 모의적 행위)와 성적 희롱(엉덩이를 실룩거리며 양반을 유혹하는 접촉행위) 등 접촉을 통해 신체행위의 기능을 극대화하여 연극적 상징행위를 과감하게 표출한다.
부차 언어	음성의 변동 또는 영상과 구두적(口頭的) 언어 등 몸짓언어에 의미를 더하거나 새로운 의미를 만들고 조절해 주는 지표적 기호의 의미	**그 밖의 소도구 또는 상징적 무구라든가 동작언어 외의 부수적 언어** • 춤의 감정 코드(놀람, 고통, 기쁨)가 포함된 춤사위 용어 : '껑충뛰기'는 기쁨을, '회오리바람'은 진도 씻김굿에서 회오리바람을 불러일으켜 격동적 상황으로 액이 따르지 못하게 하는 부차적 의미를 지닌다. • 춤에서 사용되는 소품의 지시적 의미 : 승무에서 장삼자락과 긴소매를 통해, 살풀이춤에서 사용하는 수건 역시 감정을 대입하는 부차적 언어로 지표적 기호가 된다.
공간의 사용	다양한 공간기호, 미적 코드로서 작용하는 공간적 언어소통	**공간에 대한 의미해석** • 공간적 성향에 따라 서양 춤과 우리 춤의 형식에 대한 비교추론이 가능하고, 무대를 사용하는 빈도나 자리에 관한 표기는 춤을 기록하는 언어적 체계에서도 매우 중요한 언어다. 또한 미학적 분석 틀로서 동양 무용에서 음양론이나 오방사상에 관한 의미를 상징적으로 규정지을 수 있다.
시간 사용	시간에 따른 의사전달 간의 가치와 메시지를 알리는 기호	**대본상에 표기되는 춤의 언어적 메시지라든가 음악이 주는 효과 등 시간이 주는 모든 언어들의 기록적 형식** • 음악과 서사적 메시지의 유추를 통해 춤의 언어적 기능은 더욱 분명해지고, 춤의 요소 하나하나를 연결해 역동적 형식[12]을 가능하게 한다.
물체와 환경	그 밖의 메시지나 예술적 언어로서 모든 맥락과 관련된 기호	**물체와 환경적 요인은 춤의 성질을 묘사할 수 있고, 다양한 맥락을 유추하며 상징적 환경으로서 기능** • 궁중무용의 〈무고(舞鼓)〉 : 중앙에 북을 놓고 북채를 든 원무(圓舞) 4인, 삼지화(三枝花)를 든 협무(挾舞) 4인이 북을 돌면서 추는 향악정재(鄕樂呈才)의 춤으로 북소리와 여러 가지 형식을 연관하여 소통적 메시지를 추론할 수 있다.

표 3-4. 춤의 언어적 표기에 관한 해석

살펴본 바와 같이 기호로서의 상징은 그것을 어느 대상과 연결지어 주며 지시작용을 함으로써 해석의 틀을 제공한다. 이것은 예술언어에 대한 고찰에서 어느 정도 '재현'의 정확성에 다가가는 기준이 되므로 해석학적 연구에 대한 방법론으로서 적절하다. 앞으로 다룰 춤 언어에 대한 해석은 춤이 예술적 상징이자 기호로서 어떻게 특수한 이해가 되어 언어적으로 나타나는가에 대한 탐구라고도 볼 수 있다.

1) 언어적 표기에 관한 해석

예술은 기존 세계를 반영하는 것이 아니라 새로운 것을 창출하는 행위다. 예술은 세계를 형성하는 여러 다른 방식들과 마찬가지로, 인간이 자신의 세계를 형성하고 규정하는 언어적 세계투사way of worldmaking 행위다. 즉 세계에 대한 특수한 이해가 언어적으로 나타나는 것이라고 할 수 있다. 그렇다면 예술의 가치는 특수한 언어에 의한 상징화(기호화)가 얼마나 성공적으로 이루어졌는가와 그 예술언어의 상호 의사소통이 얼마나 잘 이루어졌는가에 달려 있다(이수정, 2001: 12).

무용이 예술적 언어가 기호인 한, 표기에 관계된 일정한 규약과 체계에 대한 이해가 필요하다. 무용이 동작으로 실현되는 형상적인 면 외에도 표기체계를 이루는 구성단위들은 예술의 상징과 관련하여 많은 맥락을 규정짓게 된다. 이처럼 작

---

12. 역동적 형식(dynamic form)의 개념(Langer, 1957: 48):
1) 폭포는 하나의 형태, 즉 움직이는 형태의 긴 물줄기를 소유한다. 그 움직이는 형태는 바위나 나무, 움직이는 바람 사이에서 하나의 풍경을 구성하는 영원한 재료가 된다. 폭포의 물줄기는 리본처럼 바람 속에서 전환하는 것 같지만 물은 실제로 우리의 눈앞에 현존하지는 않는다. 우리가 바라볼 때 거기에는 물방울 하나 머물지 않는다. 오직 폭포라는 형상만이 변하지 않고 있는 것이다. 이처럼 물에 어떤 형태를 부여하는 것은 움직임인 것이다. 폭포의 움직임의 형식(form of motion), 혹은 '역동적 형식'을 제공한다.
2) 수레바퀴의 가장자리에 한 가지 물감을 찍고 돌아가게 하면 우리는 하나의 점이 아니라 하나의 원을 보게 된다. 그것은 점의 움직임의 형식, 곧 순수한 역동적 형식이다.

품으로서 무용을 이해하고자 할 때는 작품의 상징체계로부터 다른 구성요소들 간의 관계가 무엇보다 중요하다. 따라서 몸짓언어로서 춤 언어가 표기할 수 있는 모든 요소들을 나열하여 이에 대한 춤 해석에 관한 문제를 살펴본다.

2) 신체공간과 상징적 의미에 관한 해석

지금까지 춤의 언어적 기능으로 '의미'를 이루는 일반적 단위들을 통합적으로 나열함으로써 춤이 언어로서 해석되는 사항에 관해 살펴보았다면, 이제는 춤이 예술적 언어가 되기까지 춤의 이미지를 지시하는 신체형상에 대한 해석과 상징에 관해 살펴볼 것이다. 즉 춤의 언어적 표기와 기록에 대한 1차적 인식이 표면적으로 읽혀지는 도상기호의 기능이라면, 춤의 형상과 관계되는 수많은 상징체계에 대한 해석은 지표와 상징기호를 통해 설명할 수 있다. 춤을 해석하기 위해서는 그것들이 속한 상징체계를 이해하는 것이 무엇보다 중요하며, 그들 간의 상호 복합적 구성요소가 어떠한 상징 코드로 기능하여 예술의 언어로서 읽혀지는지 살펴봐야 한다. 이처럼 상징으로 표현되는 춤의 형상들에 관해 신체언어의 개별단위가 갖는 언어적 인식에 의한 해석은 표 3-5와 같다.[13]

---

13. 무용의 공간을 형성하는 요소 중 인간 신체가 연출하는 존재의 공간(보이는 공간)이 인간육체가 만들어 낼 수 있는 부동(不動)의 공간이어서 분석과 재구성이 가능한 비인격적 요소의 구성을 가지고 있다면, 인간의 신체가 가지는 유기적 움직임은 시간의 경과와 그 시간을 포착할 수 있는 특수한 공간을 체험하게 되는데, 이것은 랭거(S. K. Langer)가 표현했듯이 '역동적 이미지(dynamic image)'의 공간을 의미한다. 특히 무용은 신체운동에서 표현적이고 역동적인 운동에너지를 발산하게 되는데, 이러한 '미적 공간'(위의 특수한 공간)의 형성에는 신체요소가 상징하는 표현활동에 대한 이해가 요구된다. 우리가 무용작품을 감상할 때 신체요소들이 상징하는 성격을 굳이 의식하지는 않더라도 잠재적 인식을 통한 안무자와의 소통은 미적 체험을 완벽하게 수행할 수 있는 신체미학에 대한 이해로 직결된다. 이와 같은 신체공간의 상징적 요소는 크게 두부, 견부, 흉부, 복부, 요부, 사지의 여섯 부분으로 나눌 수 있다.

표 3-5. 인간의 신체공간에 대한 상징적 해석

신체 요소	상징적 활동	춤에서의 상징적 의미해석
두부	**지적 상징성** • 의지적 활동 • 직선적인 기하학적 운동 : 직선적 운동과 과학적으로 분석된 운동 • 긴장감 있는 운동 또는 표정	• 춤을 추는 형상에서 머리 방향이나 표정, 시선은 단순히 방향성을 나타내기보다는 정신의 지향점을 나타낸다. 예를 들어, 몸동작이 최대의 운동성을 가져온다 하더라도 시선이 응시하는 공간과 길이로서 그 깊이에 대한 해석이 달라진다. • 시선은 춤 동작에 담긴 정신을 드러내는 잣대이며, 그 밖의 요소와 상황의 전개에 의해 춤의 농도와 지향하는 세계를 결정짓는 상징 코드다. • 두부의 상징적 활동은 방향성을 중심으로 발신자가 보내는 메시지를 읽고 소통하게 되는 지적 통로다.
견부	**의욕적 상징성** • 의욕적 활동: 방향, 무게감, 속도-표현의도를 나타냄	• 견부는 방향성을 가지며 무게감과 긴장의 형태로 상징된다. • 중력에 따른 무게감은 속도감을 떨어뜨려 운동성을 작게 하고 소심함과 비활동적 표현의도를 나타낸다. • 견부의 방향은 춤의 진행 방향을 결정하며 무대와 공간 사이에서 약호화된 상징적 의미를 드러낸다. • 예를 들어, '연풍대' 동작은 좌측을 중심으로 어깨의 방향을 회전하는 사위로, 좌(左)지향의 밝음(靑)을 상징하는 오행의 철학이 깃들어 있다.
흉부 (심장)	**정동적 상징성** • 내면의 활동 = 호흡 또는 감정의 정(情) 과 동(動) **질적 요소** : 희, 노, 애, 락 **양적 요소** : 대소, 강약에 따라 감정의 깊이를 헤아림	• 춤에서 흉부는 마음의 변화와 감정을 일으키는 원인이 되기도 하지만 이를 드러내는 양식은 호흡이다. • 호흡의 상징적 활동은 외부세계와 나를 소통하는 행위다. 소통의 기는 몸 안에 내재하기도 하고 호흡과 더불어 안과 밖을 넘나들며 동작을 이루어낸다. 내재된 마음의 운동성은 유일하게 시공을 초월하는 매개가 되며 이를 통해 안과 밖의 경계를 허물어 보이지 않는 실체에 다가간다. • 한국 춤의 정(情)과 한(恨)에 관한 민족적 감정에 관한 의미표출 단위도 호흡의 질적·양적 깊이에 따른 예술적 현상으로 설명된다(김지원, 2006c: 127-131).
복부 (소화기, 저장기)	**욕망적 상징성** • 두 가지 요소 **용적감(容積感)** : 표현적 강조 **중량감** : 긴장감을 위한 표현	• 춤에서 복부에 대한 표현은 흔히 부차적 언어로 대신한다. 그것은 '배불뚝이'라는 이미지에서 느끼듯이 욕구와 사리사욕이 가득한 인물의 이미지를 상징하게 한다. • 해학적 춤을 보면 배를 내밀고 걷는 행위가 권력과 위세를 상징하는 경우가 많다.

표 3-5. (계속)

신체 요소	상징적 활동	무용에서의 상징적 의미해석
요부 (생식기, 배설기관)	**욕정적 상징성** • 선정적이며 음미적(淫靡的)인 잠재요소	• 요부는 생식기와 관련됨으로써 성적 상징에 대한 은밀한 언어로 간주되곤 한다. • 〈송파산대놀이〉의 '엉덩이 춤'은 유혹과 생산의 욕망을 나타내는 상징적 언어가 되며 춤의 대사 가운데에서도 '버들허리'는 가는 허리를 가진 여인에 대한 욕망 등 성적 지향을 노골적으로 드러낸다. 
사지	**모든 상징적 성격(보조적 입장)** • 신체 각부의 상징적 성격이 존재, 그러한 표현적 성격을 한층 더 명확하게 해 주는 조력적 역할 **팔의 성격:** 사물의 성격을 조종하는 듯한 역할 **다리의 성격:** 걷고 뛰고 몸을 지탱하는 등 보조적 역할	• 사지는 머리와 몸통 부분에 의존하여 종속적 움직임을 나타내는 아주 미세한 상징 단위다. • 세부적 코드를 생성하는 손과 발동작은 비구두적 언어로서 이미 정형화된 것들이 많다. 즉 손동작은 손목동작의 다양한 놀림과 방향성에 따라 이미 동작 문자가 되어 문화적 약호로 기능하기도 하고, 발동작은 지향하는 무대에 따라 춤의 상징에 관한 해석이 달라지기도 한다. • 서양 춤에서 발동작이 이상세계에 도달하기 위한 도약의 의미라면, 한국 춤은 대지에 집착하며 현세에 토대를 두는 풍습으로 대조된 행동양식을 보인다.

3) 미학적 기능과 예술적 인식에 관한 해석

춤의 형상에 관한 상징언어들은 춤이 추어지는 무대의 시간과 공간을 넘어서 우리를 표상의 세계로 인도한다. 의미를 운반하고 규정지으며 끊임없이 황홀한 체험을 가능하게 함으로써 예술적 공간을 제공한다. 미학의 주제가 그렇듯이 예술은 우리에게 현실세계와는 동떨어진 자극을 주며 그렇다고 세계와 동떨어져 고립된 형태로 존재하지는 않는다. 그렇다면 분명 예술은 현실세계의 실체로부터 비롯되어 무언가 다른 상징적 구조물들에 의해 독립된 양상을 띠고 있다는 것인데, 이것은 카시러Ernst Cassirer가 예술을 '상징적 언어'로 정의한 것과도 일맥상통한다.[14] 랭거S. K. Langer도 "상징이 대상의 대리기호도 아니고, 어떤 사태의 징후도 아니며, 대상에 대한 표상을 운반하는 의미체계"라고 규정하며 이를 뒷받침한다.

춤을 이루는 많은 요소들은 언어로 상징된 표상을 운반하고 그들 간에 서로 결합된 양상으로 미학적 기능을 다한다. 이것이 몸짓언어든 그것을 동반한 부차적 언어든 간에, 이들은 서로 조합된 관계로서 춤의 리듬과 같은 운동적 요소를 통해 에너지를 발산한다. 바로 이 점은 춤의 미학적 기능을 의미한다. 춤은 여타의 예술과는 달리 운동적 에너지를 가시화하고 이들이 극대화되면서 상징적 언어를 나열한다. 물론 이때 시간과 공간은 춤 예술에서 중요한 소통의 구실을 한다. 즉 무대라는 시공간은 현실세계와 예술세계의 원활한 소통을 가능하게 하는 미적 창구다. 곧 예술세계로의 환원에 기여하는 춤의 미적 기능에 대한 연구는 자연히 춤이 언어로 소통하며 기능하는 역할과 언어가 가진 철학적 기능까지도 해석할 수 있다.

"'움직임'이라는 표제 아래에 놓고 볼 때, 무용의 형식이나 스타일이 무엇이든지 간에 공통된 관심사는 행위와 제스처의 범위와 특정 집단 내에서의 공간적·역동적 요소, 이 요소들의 시간에 따른 진행 상태라는 것은 명백하다"(자넷 애드쉐드, 1996: 57). 따라서 무용의 역동성은 인간 신체의 움직임들이 일어나는 힘이자 예술적 장르에서 무용의 특정한 스타일이 만들어 내는 예술적 이미지를 지칭하기도

14. 카시러는 『인간론』에서 예술은 감정의 폭발이 아니며 깊은 통일과 연속을 나타낸다는 점을 강조하고, 예술을 '상징적 언어'라고 정의한다. 즉 "모든 다른 상징형식처럼 예술은 사물과 인간생활에 대한 객관적 견해에 이르게 하는 여러 방식 중 하나다. 그것은 모방이 아니라, 실재의 발견(a discovery of reality)이다"라고 하였다. 실재의 발견이란 실재의 강렬화(intensification)를 의도한다. 늘 떠오르는 태양은 과학자에게는 같은 것이지만 예술가에게는 새로운 것이며, 예술의 구체화된 노력은 생을 풍부하게 한다.

표 3-6. 춤의 미적 소재와 기능에 관한 예술학적 해석

성질 / 단위	시간성		공간성	
	현실적 시간	예술적 시간	현실적 공간	예술적 공간
시선	하늘을 향하다가 다시 바닥으로 떨어뜨리기를 반복하면서 다른 움직임들과 함께 운동성을 가지는 시간.	천상을 지향하며 신과 접촉을 매개하는 긴장감의 시간.	무대 위를 쳐다보며 관객과 함께 어우르는 시선의 형태로 관객과 소통하는 공간.	천상을 지향하면서도 사람과 대지를 아우르는 천지인(天地人)의 조합이 이루어지는 신성한 공간.
호흡	춤추는 이의 응축된 힘과 에너지를 해소하기 위한 과정의 시간. 춤의 표현을 위해 준비된 시간구조의 여유와 감정의 농도에 따라 호흡의 길이를 조절. 돌려뿌리기의 경우 맺는 호흡으로 숨이 정지된 형태에서 움직임.	호흡이 멈춰진 시간적 정지 상태에서 응어리진 한(恨)의 농도와 절제하려는 감정이 노출되는 시간. 정지된 외면적 호흡구조에서 추측할 수 있는 생명력과 약동이 창조되는 시간.	단전으로부터 끌어올린 호흡으로 감정의 과장과 절제된 압축의 깊이를 조절해 신체의 동작소와 함께 긴장감이 표출되는 공간. 맺는 호흡은 점을 찍듯, 장삼을 뿌리는 동작은 원을 그리며 에너지를 발산하는 원의 공간.	들숨의 호흡을 응축하여 발산함으로써 내면의 감정과 세계의 깊이를 드러내고 생명의 기를 흡수하는 생장의 공간. 정(靜)에서 동(動)으로 향하는 중(中)의 이미지와 원융(圓融)을 상징하는 여백의 미적 공간.
신체동작	시간의 복귀(점)	예술적 시간(회귀성)	구형의 공간(곡선)	예술적 공간(통일)
신체동작 – 팔동작	장삼을 뿌린 다음에는 늘 제자리로 다시 끌어오며 맺힌 호흡의 탄력을 이용해 원점으로 복귀하는 형태.	하늘을 향해 내던짐은 양(陽)이며 땅을 향한 떨굼을 음(陰)이라 보는데, 장삼의 기운은 양을, 손목을 뿌렸다 떨군 형태는 음으로 현세로의 귀환을 의미하는 시간.	활 또는 활을 당겼을 때의 모양이나 활 쏘는 모습을 닮은 형상(궁체사위).[15] 이는 한국 춤에서 나타나는 근본적 형상인 곡선의 형태를 이루는 동작선.	장삼이 뿌려지는 완만한 곡선 형태는 우주의 형태인 원을 지향하는 공간으로, 세계를 아우르고 조화로운 삶을 지향하는 현세주의적 세계를 의미.
신체동작 – 몸통방향	우(左)전진의 비상함과 자유로움을 지향한 표현적 행위는 해방과 행복감이 춤의 모티브가 되어 관객과 함께 최대의 운동성을 갖게 됨으로써 리듬이 고조되는 시간.	우전진의 시간은 오행의 방향으로 여름의 시간을 나타내며, 火(赤), 金(白)을 상징하는 시간상의 언어.	우전진의 사선공간은 미학적으로 전진, 자유, 긴장 등의 의미를 관객에게 전하며 밝고 환한 이미지를 연출하는 창조적 공간으로 활용.	우전진 방향은 서방세계와 천상을 지향하고 인간의 내면을 극복할 수 있는 의지에 대해 강한 표출상태를 드러냄. 성숙과 희생, 원융 사상, 곡선미, 여백의 미·자유로운 의지에 대한 공간상의 예술적 미를 상징.

15. 우리 춤에는 유난히 공그리는 사위(한 손 또는 두 손을 둥그렇게 원을 그리는 동작)가 많다. 이러한 사위를 총칭하여 '궁체사위'라고 한다. 궁체사위는 상체동작을 중심으로 표현되는데, 활 모양의 구부린 팔동작은 일자사위와 함께 한국 춤에서 팔동작의 기본이 된다.

표 3-6. (계속)

성질 / 단위	시간성		공간성	
	현실적 시간	예술적 시간	현실적 공간	예술적 공간
	시간의 복귀(점)	예술적 시간(회귀성)	구형의 공간(곡선)	예술적 공간(통일)
발동작	발사위의 동선은 나아가는 동작이 주된 사위지만 반드시 멈추는 형태로 어느새 제자리의 중심에 복귀하는 형태.	나아가는 듯 멈춰지는 시간은 호흡의 정지형태와 함께 정적 고요를 지향하는 구심적 시점이자 동적 에너지의 발산을 준비하는 응축된 시간을 의미. 정적 동작의 응축된 에너지는 동적 운동 에너지를 형성하는 예술적 시간.	무릎의 오금을 준 상태에서 발코는 나선을 이루며 태극의 형태로 나아가는 곡선의 아름다움을 이루는 형태.	잦은걸음 뒤엔 정지의 맺음이, 맺음 뒤엔 풀이하는 동(動)을 지향하는 정(靜)의 형태, 음양의 조화로운 균형과 태극을 상징하는 우주적 공간.

한다(Langer, 1957: 48).

표 3-6은 춤의 몸짓언어에 대한 단위(신체 부위)를 최소화하고, 그것들이 지닌 움직임의 공간적 요소에 관해 점, 선, 통일(조화)이라는 세 가지 미적 소재[16]를 중심으로 시공간에 펼쳐지는 춤의 미학적 기능과 해석에 관해 나타내고 있다. 춤 텍스트의 예는 한국 춤 가운데 승무의 '돌려뿌리기' 사위를 적용한 것이나, 이는 특정 동작에 대한 기능적 제시일 뿐이며 모든 텍스트에 적용할 수 있는 일반적 해석에 관한 기준임을 밝힌다.

승무의 '돌려뿌리기' 사위

16. "무용미를 형성하는 외면적인 미적 요소는 공간적 요소와 시간적 요소다. 또 공간과 시간의 요소를 미적으로 형성하는 요소는 미적 소재다. 즉 미적 소재란 미적 형성의 기초적 소재를 가리키는 것이다."(김경자, 2000: 102) 표 3-6은 이러한 미적 소재의 정의에 의해 점과 선, 시간과 공간적 요소에 관해 나열하고 있다.

무용 텍스트의 소통학적 해석

춤은 언어다. 언어란 문화의 일부분이며 의사소통을 목적으로 하는 매개체로서 기호가 된다. 현대 기호학은 소쉬르의 언어 일반의 구조적 분석으로부터 시작하여 예술의 한 장르가 된 춤으로까지 그 영역을 확대하고 있다. 그러나 춤의 기호론적 의미에 관한 규정은 기호학적 응용에 관한 분석으로 치우쳐 있는 경향이 있고, 춤의 언어적 본질과 기능, 그리고 소통에 관한 기호로서의 당위성과 춤 기호의 특수성은 독자적 정립이 미흡한 현실이다.

춤은 미를 추구하는 예술로서 언어기호의 특수성을 지니고 있다. 또한 시대의 예술로서 문화를 이루면서 역사적으로 전승, 발전되었다. 여기서는 춤 언어가 지닌 기호의 산출과 소통적 언어들 사이에서 나타난 의미작용을 통해 문화로서의 춤을 읽어 내고자 한다. 또한 예술의 심미적 코드가 문화기호학이라는 사회적 약호가 되어 인간이 이미 만들고 공유하고 있는 문화라는 정의가 어떠한 시각으로 분석되는가에 대한 문화 텍스트 읽기를 수행하고자 한다.

이에 대한 방향은 춤의 언어적 정의와 기호라는 관점으로부터, ① 소통으로서 춤의 기호론적 요소의 응용과 기호학적 영역에 관한 구분, ② 춤이 소통되는 기호적 모형, ③ 문화 텍스트를 형성하는 춤의 기호읽기로 진행할 것이다. 적용될 텍스트의 기호론적 이론과 관련해서는 의미론과 소통에 관한 몇몇 요소로 제한하며, 무용 텍스트의 실례는 문화적 특수성에 대한 편의를 돕기 위해 한국 무용인 승무의 용어 가운데 하나를 선별하여 일관된 이론으로 설명하고자 한다.

1) 소통으로서 춤의 기호론적 요소와 영역

비구두 언어로서 의미를 파생하고 메시지를 소통하는 춤이 약호화한 기호라는 관점은 동작학의 범주로 파악되었다. 그렇다면 동작학에서 다루는 신체동작의 코

그림 3-10.
무용의
기호론적 요소와
영역

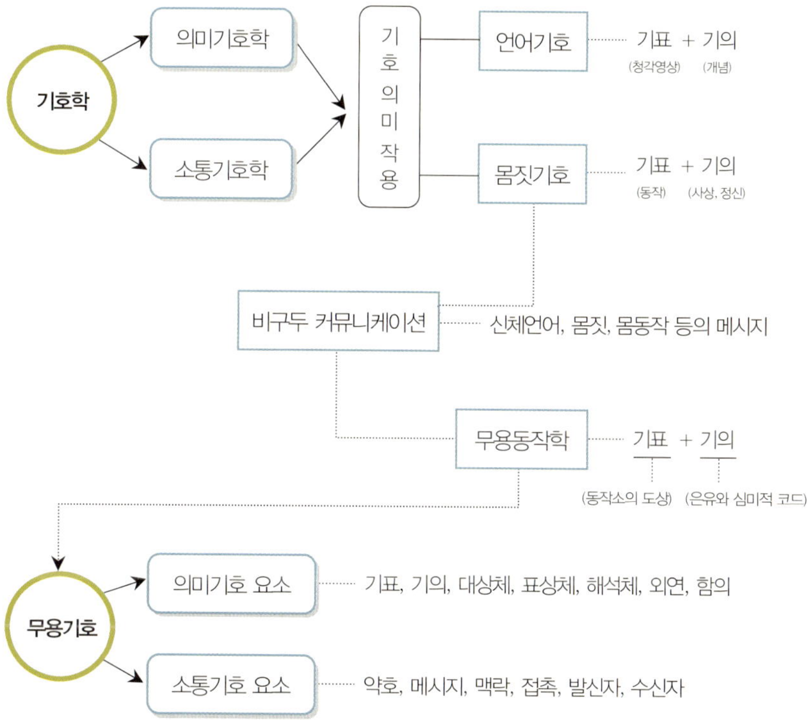

드, 즉 춤 언어가 전달하는 메시지의 소통적 의미를 해석하기 위해서는 춤 동작이 지닌 기호적 요소와 구조주의적 관계의 망을 주목할 필요가 있다. 우선 동작학의 범주 안에서 춤이 언어기호로서 관계되는 요소와 개념에 대한 영역은 그림 3-11과 같이 정의한다.

그림 3-11에서 춤 기호는 의미기호 단위와 소통기호 단위로 분리하고 있다. 춤의 언어적 메시지를 파악하는 일은 발신자와 수신자 사이에서 가장 중요한 요소 중 하나인데, 춤 언어는 문자처럼 그 의미가 이미 공유된 약속이 아니므로 해석자의 주관이 개입될 소지가 많다. 따라서 춤 기호는 많은 메시지를 함축하는 약호가 되고, 사회적 맥락과 함께 의미의 단위를 이루며 기호와 기호 사이의 구조적 관계망에서 예술적 소통을 이룬다.

표 3-7.
춤 기호에 관한 의미해석의 요소

기호 요소	기표와 기의	대상체, 해석체, 표상체	외연과 함의
기호적 개념	소쉬르(1974)의 언어적 개념에서 기표는 이미지의 면, 의미의 전달 또는 운반체, 무의식이 표출된 증상을 의미, 곧 춤에서 보이는 도상과 같은 면, 동작 자체를 의미. 기의는 기호 속에 담겨 있는 추상적 개념을 의미.	퍼스(1982) 기호론의 삼원 모형에서 대상체는 실제 대상을, 표상체는 기호로 나타나는 형태를, 해석체는 기호에 대한 사고나 개념 등 의미론적 해석으로 삼원항이 계속 순환적 작용을 하게 되는 기호작용.	• 바르트(1973)의 '외연'과 '함의'는 인식을 통해 텍스트의 드러난 의미와 숨은 의미의 관계에 주목. • '외연'은 언어사용에서 말해지는 문맥 속의 그대로의 의미, 객관적으로 인식된 기호의미부로 구성. • '함의'(내포)는 언어의 문학적 혹은 미학적 사용에 기호가 표상하는 대상체와 연관된 문화적 경험에서 연상된 의미, 문맥 속에서 기호로 작용하면서 본래의 의미 외에 부가적으로 의미를 창출하는 것, 기호가 그 형태와 기능을 갖는다는 사실에 의해서 그 기호와 결부되어 있는 주관적 가치군 표현을 의미(이도흠, 2003b: 21).
기호론	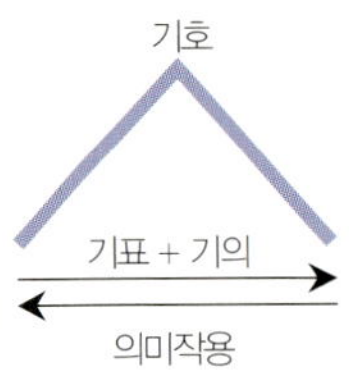	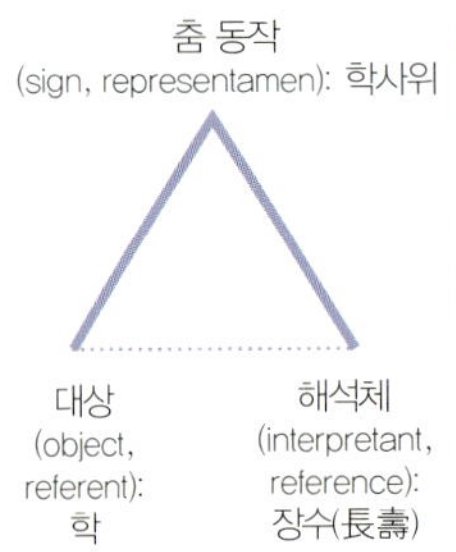	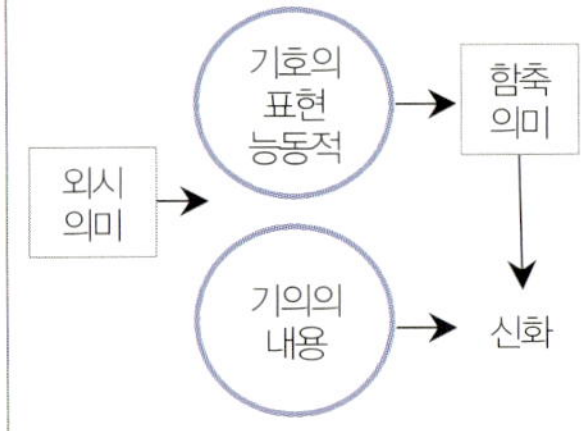
춤 텍스트	승무의 '활개펴기' 동작이 기표라면 기의는 학이 활개를 펴고 날아가듯 장삼 자락을 확 펼치는 형상을 의미.	승무의 '학사위'는 실제 학을 대상으로 하여 표상되는 실제 동작을 기호화하고 몸짓 표현을 하게 됨. 이때 학사위에 대해 연상되는 개념적 의미가 1차적 해석체가 된다면, 이는 다시 대상으로 놓여 2차적 해석을 함으로써 의미의 해석이 계속되는 현상.	'학사위'의 경우 • 외연은 실제 학을 모방한 동작으로 두 손을 머리 위로 올리고 걷는 동작이라든가, 두 발을 모으거나 한 발을 들어 두 손을 장삼자락에 넣고 학이 날개를 서서히 펴는 형상을 의미. • 함의는 학의 고고함과 장수, 천상계와 지상계를 매개함으로써 부처와 인간의 중개자 또는 도가적 이상세계의 중개자를 함의.

한국 춤의 '학사위'를 대상으로 춤 기호의 의미해석적 요소와 정통기호학의 개념 및 춤 텍스트에 적용될 방법에 관해 살펴보면 표 3-7과 같다. 즉 춤의 언어적

소통에서 약호가 기능하는 춤의 도상적 이미지라든가, 발신자와 수신자 사이에 성립되는 메시지의 해석적 방법론에 관한 기호론적 단위에 대한 것이다. 그렇다면 다음에서는 이러한 소통의 춤 언어가 과연 실제 춤 텍스트에서 어떠한 작용을 하며 예술적 기능을 수행하게 되는지 살펴보겠다.

2) 춤 언어의 소통 모형

춤의 약호는 춤추는 이에 따라 다양한 방식으로 성립된다. 춤은 고정된 기호라기보다는 유동적이며 다양한 맥락과 방식, 대상에 따라 다르게 나타난다. 문화현상과 관련하여 역사, 사회, 종교적으로 전혀 다른 개념이 성립되기도 하며 같은 종교사상에 관한 맥락을 가지고 있다 하더라도 해석자의 관습이나 철학에 따라 수많은 의미를 창출해 내기도 한다. 즉 예술로서의 춤 언어는 세계와 나를 연결하며 새로운 상징의 형태로 표상의 세계에 다다른다. 그림 3-12는 이를 설명하기 위한 과정으로 춤이 가지고 있는 언어적 커뮤니케이션 모형을 도식화한 것이다. 또한 소통 모형에 관한 요소는 야콥슨의 소통 모형에 제시된 여섯 가지 기본요소(발신자와 수신자, 그리고 그 사이에 전달되는 메시지, 그리고 그들과 서로 공존하여 영향을 주는 상황, 접촉, 약호)를 토대로 하여 작성한 것이다.

그림 3-12에서와 같이 춤은 언어로서 약호를 이루고 기호화 과정을 거치면서 세계의 기호로서 존재한다. 이러한 커뮤니케이션 과정에서 중요한 것은 바로 메시지이며, 이것의 의미작용의 결과로 언어적인 뜻을 전하고 공유하기에 이른다. 따라서 발신자의 의도도 중요하지만 언어가 생성하는 의미의 파생에 따라 수신자가 춤 텍스트에 관해 기호와 약호를 해독하게 된다. 이때 위의 여러 가지 요소와 상황에 따라 의미는 다양한 선택을 하며 기호작용을 거듭한다.

춤 텍스트를 예로 그림 3-12의 모형에 관해 설명해 보면 발신자는 춤을 추는 이가 된다. 승무에서 '활개펴기' 동작은 학을 대상으로 학이 날아가는 형상을 담은

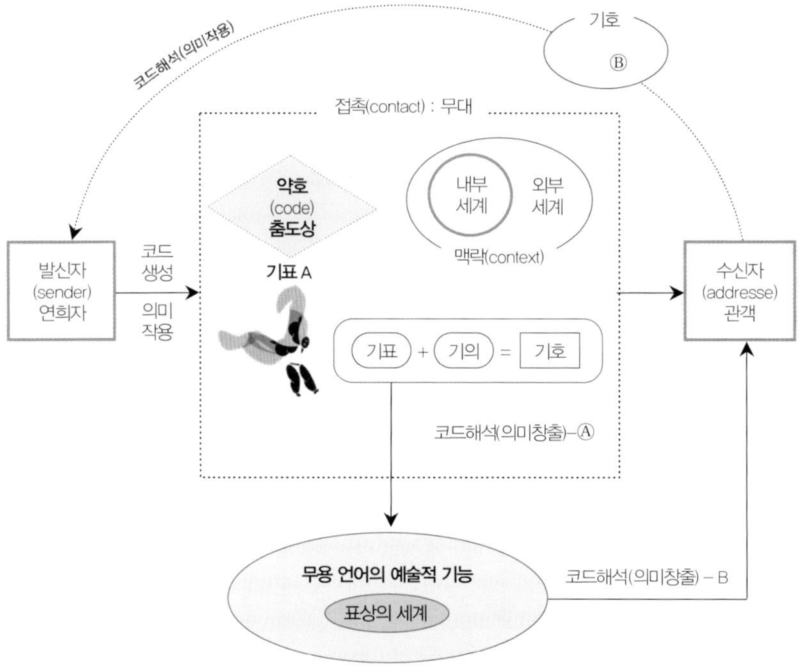

그림 3–11. 무용 언어의 소통 모형

춤 동작이다. 퍼스의 기호론에 의하면 실제 대상은 학이 된다. 춤 동작은 약호로 표상체가 되어 실제 활개펴기 동작을 수행하며 의미를 전달한다. 이때 무대라는 채널은 수신자에게 약호를 전달하는 접촉의 공간이 되고, 춤의 위치라든가 방향에 따라 또 다른 상황으로서 의미를 규정짓게도 한다. 즉 맥락은 여러 가지 상황으로 의미작용에 관여한다.

우선 학에 관한 해석적 맥락을 살펴보면, 신화적인 면에서 학은 예로부터 상서롭고 장수하는 동물로 여겨졌다. 동양의 옛 설화에서는 남극노인이 학을 타고 구름 사이를 날아서 오면 서왕모西王母가 이를 영접하였다고 알려져 있다. 정치적 이념으로도 학은 깨끗하고 고결한 이미지 때문에 조선시대 관복에 붙이는 흉배에 운학문雲鶴紋을 사용하였으며, 선비도 고귀하고 청초함을 상징하는 학창의鶴氅衣를 입었다고 한다. 왕과 고관들이 참석하는 국가적 행사에서 학춤[17]이 추어지기

도 했는데, 학을 형상화한 춤사위가 대체로 의연하면서도 엄숙하고 장엄하며 전아한 기품을 보이는 것은 앞에서 말한 학의 이미지와 연결된다.[18] 자연히 문화적으로 학 문양을 사용한 항아리나 병, 대접, 주전자 등에 많이 새기게 됨으로써 학을 물건에 새기면 장수, 행복, 귀인, 풍요가 찾아든다고 믿게 된 것이다. 이렇듯 학에 관한 정치, 사회, 역사, 종교, 문화적 이념 등은 춤 동작의 코드를 읽는 순간 여러 가지 상황으로 작용하며 외부세계로부터 학에 대한 관념을 결정하고, 약호와 결합되어 기호를 형성함으로써 내부세계로 들어오게 된다. 이러한 기호는 다시 2차적 함의를 가진 기호로 거듭나며 표상적 의미를 창출하게 되고 예술적 기능으로 소통한다. 즉 기호는 새로운 의미의 해석체로 수신자에게 메시지를 전달하게 되고, 발신자의 의도와는 별개로 다양한 예술적 메시지를 전달하기도 한다. 바로 이러한 춤의 기호적 소통 모형은 전달을 목적으로 하는 언어와는 차이가 있으며, 예술적 기능을 소화함으로써 언어적 기능을 달리하는 것이다.

한편으로 춤 언어는 거듭되는 기호를 형성하고 의미를 창출하면서도 문화라는

---

17. 우리나라에서 추는 학춤에는 학 모양의 탈을 온 몸에 뒤집어쓰고 주로 궁중에서 연희되었던 궁중학무와 머리에 갓을 쓰고 비교적 소매의 길이와 폭이 넓은 장광수(長廣袖) 형태의 겉옷을 입고 연희되는 민속적 동래학춤, 양산학춤, 울산학춤이 있다. 그리고 불가에서 승려들에 의해 전승되는 사찰학춤이 있다(김성수, 2005: 25).

18. 학춤은 고려 향악정재(鄕樂呈才)에서부터 나타나며, 성종 때 처용무(處容舞), 연화대무(蓮花臺舞)와 합쳐서 크게 발전하며 구한말까지 전해졌다는 기록이 나온다. 『고려사』 악지(樂志) 당악조(唐樂條)에서 연화대(蓮花臺)의 설명에서는 학춤을 추다가 연화대무를 춘다는 기록이 나오고, 『악학궤범』에서는 '학연화대처용무합설(鶴蓮花臺處容舞合說)'이라고도 하며, 구한말 문헌 『교방가요(敎坊歌謠)』에서도 한 쌍의 학이 춤을 추는 방식을 설명한 내용이 등장한다.

틀 안에서 크고 고정된 기호로서의 기능과 역할을 하고 있다. 춤을 예술적 현실 또는 문화를 형성하는 언어로 보는 시각에 서면, 문화란 이처럼 수많은 기호단위들과 작용들의 총체적이고 단일체적 집합임을 알 수 있다. 따라서 춤 언어는 기호이자 문화적 텍스트를 이루는 최소단위가 되고, 그것의 기호학적 기능과 영역을 다루는 체계의 정립은 바로 문화기호학적 연구의 지평을 확대하는 방법론이 된다. 지금까지 춤 언어가 문화적 범주에서 기호로서 소통하는 과정을 살펴보았다면, 춤이 문화라는 영역에서 하나의 문화를 이루는 체제로 성립되기까지 춤 텍스트를 보는 시각과 문화기호학적 영역을 살펴보기로 한다.

3) 문화적 맥락에서 춤 텍스트 읽기

문화를 기억, 지식, 행동양식 등으로 정의할 때, 이들은 모두 전승되며 변화하기 때문에 기호작용을 하는 것으로 간주될 수 있다(송효섭, 1997: 35). 이러한 의미에서 볼 때 문화기호학은 춤의 기호학적 자질을 이론화하는 학문적 방법론이다. 또한 기호학적 방법론을 적용하여 춤의 분석을 목적으로 하는 응용기호학의 영역이라기보다는, 춤이 문화로서 성립되는 기호학적 자질과 이론을 체계화한다는 점에서 춤 텍스트를 읽는 시각은 다를 수밖에 없다. 이제까지 춤 언어가 일반적 언어의 기능과 확연히 구분되었던 점은 이미 문화기호학적 텍스트로서 춤 기호를 읽는 해명의 열쇠가 되었다. 그렇다면 춤이 기호라는 사실과 기호는 소통을 목적으로 한다는 것을 전제로, 위의 춤 기호에 관한 의미론적 방법론을 적용하여 문화적 기호로서 춤의 코드읽기를 수행할 것이다. 승무의 '활개펴기' 사위를 대상으로 문화 텍스트로서 읽기를 종합해 보겠다.

그림 3-12의 텍스트 읽기는 무용기호가 의미작용을 거치면서 예술기호로서 문화적 약호를 형성하는 과정을 보여 주는 하나의 예시다. 즉 약호란 기호가 만들어지고 해석되는 규칙을 가능하게 하는데, 이처럼 결합된 규칙으로부터 의미의 발

그림 3-12. 문화기호학적 텍스트로서 무용기호 읽기

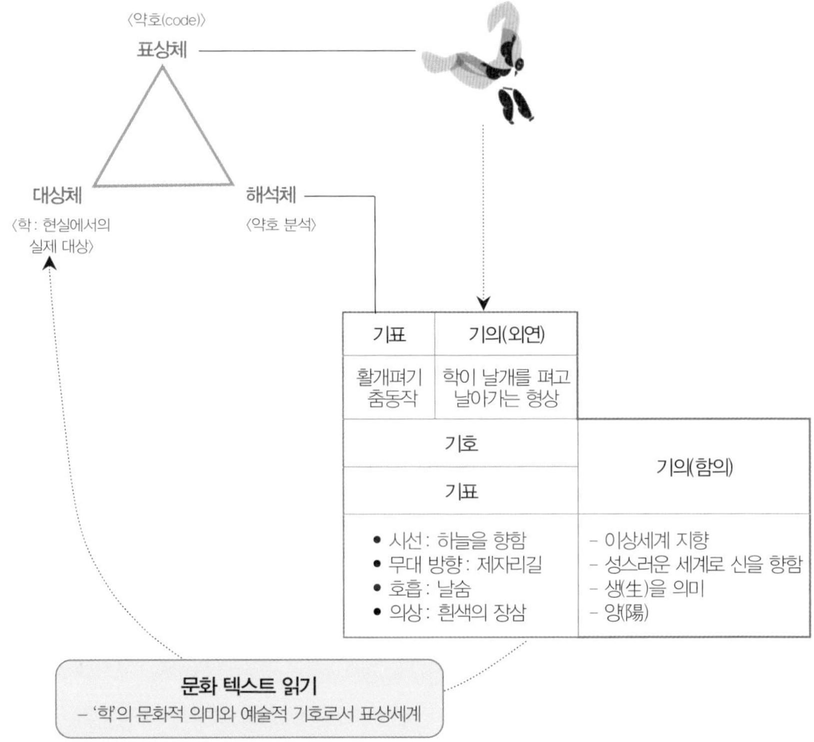

생과 의사소통이 가능하게 된다. 춤 동작의 형식인 약호가 기호로서 읽혀질 때는 바르트의 '외연'과 '함의' 개념으로 메타언어 읽기를 수행한다. 이때 메타언어는 언어의 소통적 요소인 외부의 맥락(사회적 조건, 문화적 환경 등)의 영향을 받게 된다.

즉 '활개펴기' 동작은 1차적 개념인 '학이 날개를 펴고 날아가는 동작'을 의미하며 기호를 이루고, 다시 기호는 약호가 되어 춤의 기표가 될 수 있는 요소들(시선, 무대방향, 호흡, 의상 등)에 의해 2차적 해석을 하게 된다. 이때는 '학'에 관한 수많은 맥락과 사상이 더해져 보다 함축적이고 주관적인 해석을 드러낸다. 이렇게 형성된 하나의 코드는 신화[19]적 개념을 성립하며 춤은 예술기호가 가진 무한한 기호작용의 가능성을 함축하면서도 능동적 규칙을 이루는 문화 텍스트가 된다. 춤 기호를 읽

는다는 것은 곧 문화기호학적 영역에서 춤의 기호작용과 관계망들에 대한 존재를 규명해 준다. 문화 텍스트로서 춤은 문화기호학의 영역 속에서 분명한 약호를 지니기도 하지만, 그러한 약호는 또 하나의 약호를 찾아가는 예술적 기호가 되어 무한한 상징과 의미를 파생한다. 그런 의미에서 춤 기호는 문화를 전승, 발전시키고 창출할 수 있는 자질적 기호의 단위가 되며, 언어의 소통에서 드러나는 의미들의 총체들은 문화를 형성하는 메타텍스트가 된다.

춤은 기호이자 이미 문화적 범주로 존재한다는 인식에서 이러한 논의는 시작된다. 곧 기호가 소통을 전제로 하는 것으로부터 춤 기호의 언어적 의미와 소통에 관한 기호작용의 모형을 산출하게 된다. 이는 비구두-비발성 언어로서 춤의 코드와 코드풀기를 가능하게 하는 기호학적 의미론과 그에 관련된 요소를 적용하여 춤에 관한 기호학적 영역을 모색한 것이다. 그 결과 춤은 동작학의 영역 안에서 춤 언어만이 가진 특수성을 보게 되었고 예술적 기능과 의미론적 분석도 가능하였다.

춤에 관한 소통 모형은 커뮤니케이션을 이루는 요소들 가운데 메시지와 약호를 풀기까지 여러 가지 맥락과 접촉에 관한 의미작용이 중요하다. 또한 춤이 예술적 코드로서 심미적·문화적 기능을 수행하는 역할에 관해서도 문화기호학적 텍스트로서 춤 읽기에 대한 방법론은 필요하였다. 춤에 대한 언어, 기호, 문화라는 세 가지 항들에 대한 학문적 해석과 분석적 틀은 바로 문화의 범주 안에 언어가 있고, 언어는 기호라는 의미작용과 소통적 모형을 통해 문화 텍스트를 이루고 있었다. 이와 같은 현상과 문화기호학에 관한 연구는 문화를 이루는 기호적 총체들의 소통과 의미에 관한 추론과 함께 예술이 형성되는 과정을 시험하고 검증하는 또 하나의 규칙으로서 실용적 학문이 될 것이다.

---

19. 바르트는 기호학적 체계에 존재하는 3개의 항(기호표현, 기호내용, 그리고 이들의 결합인 기호)의 관계가 신화 속에 어떻게 드러나는가를 살핀다. 그러나 신화에서 독특한 것은 그것이 전부터 이미 존재하는 기호적 연쇄작용을 바탕으로 그 위에 만들어진 한 단계 더 높은 기호체계로서 작용한다는 것이다. 즉 신화는 부분적 동기가 있고 이러한 동기는 숙명적으로 유사한 가운데 선택된 몇몇의 개념들로 새로운 의미작용을 낳게 된다.

04

코드와 탈코드화, 그리고 무용 커뮤니케이션

무용 텍스트는 코드화를 통해 커뮤니케이션을 이룬다. 즉 코드엮기와 코드풀기를 통해 메시지를 전달한다. 의미작용에는 코드화 외에도 탈코드화de-codification 현상이 나타난다. 예를 들어, 발레와 같이 의미전달에서 구상적 방법을 압도적으로 사용한, 형식-내용이라는 자의적 기호의 형태를 벗어나지 못한 경우도 있지만, 그 밖의 무용작품에는 움직임 자체와 매개된, 우리의 눈에 현실적으로 시각화될 수 없는 추상화된 개념으로 정의되는 탈코드화 현상이 일어나기 때문이다. 이처럼 시각적이고도 관념적인 현상인 무용을 우리가 어떻게 해석해야 하는가는 매우 중요한 문제다.

무용이 구상적이라면 의미를 산출하기 위해 코드화를 진행시킬 많은 계열체들의 선택을 구조적으로 파악해야만 한다. 수많은 형식으로 이루어진 동작적 마임을 통해 무용의 성격과 사건, 의사를 전달하기 위한 방법이 전해질 수 있다. 그러한 것들은 주로 상징과 이미지, 은유적 개념에 의해 성립된다. 그리고 이러한 현상은 작품을 형성하기 위해 참여한 안무가와 무용가에게서 인위적 형식과 내용이라는 다소 좁은 의미의 커뮤니케이션을 이룬다고 말할 수 있다.

엄밀히 말하자면 무용해석에서는 무용가도 안무가가 마련해 놓은 텍스트를 해석하는 해석자가 된다. 또한 더할 나위 없이 관객은 무용이 전하는 모든 기호와 탈코드화로 전환되는 탈기호화 현상으로 무용작품을 대하게 된다. 따라서 무용작품에 나타난 의미작용의 구조 분석은 무용기호 전체의 의미망 구축을 전제로 매우 복합적인 양상을 띠며, 한편으로는 의미 간의 상관관계를 찾기 어렵다는 문제에 부딪치기도 한다.

그렇다고 하더라도 무용의 통합체적 의미구조의 진행과 작용에 관해 살펴본다는 것은 결국 형식적 해석을 넘어서 무용작품의 양태와 예술로서의 기능을 구조적으로 이해할 수 있다는 것을 의미한다. 무용에는 다양한 함의와 메시지를 전하는 원리, 그리고 예술적 구성과 적합한 해석의 실연을 위한 약속이 존재한다. 그렇다면 무용기호의 코드화, 기호현상, 그리고 기호들이 코드화되는 양상에 대해 어떻게 의미를 소통하는가에 대한 원리들을 간과할 수 없다.

만약 무용이 메타언어인 균형, 힘, 조화를 통해 예술성을 가져올 수 있다면 우리는 형식적이고도 자의적인 기호들을 어떻게 봐야 하며, 그것들은 어떠한 양상을 띠는가, 그리고 과연 예술적 생명력과 창조의 원리는 무대와 이 세계에서 어떻게 작용하는가에 대한 예술기호로서의 현상에 대한 것을 살펴볼 것이다.

무용기호와 코드화

기호의 조작원리를 코드라고 했다. 그리고 코드 없이는 메시지를 만들거나 해독할 수 없다. 코드는 말하자면 기호의 제작과 해독을 위한 원리인 것이다. 코드에 의해 생산된 산물인 텍스트를 이루는 것에는 온갖 이미지, 은유, 환유, 이야기체, 신화, 이데올로기 같은 상징체계가 있다.

코우잔Tadeusz Kowzan은 상연예술에 대해 "여러 예술과 모든 인간행위 가운데 기호가 가장 풍부하고 밀도 있게 나타나는 예술"이며 "연극의 상연에서는 모든 것이 기호다"(Kowzan, 1968: 61)라는 전제에서 상연기호를 열세 가지로 구분한다. 상연예술에 속하는 무용예술은 상연기호의 특성을 지니기 때문에 연극기호학에서 기호의 체계로 불리는 것과 무용의 기호적 체계는 대부분 같지만 다른 면도 있다. 특히 말(파롤), 어조와 같은 언어체계가 다르며, 코우잔이 분리한 제스처나 배우의 무대 움직임 등은 무용에서 여러 가지 하위기호일 뿐이다.

무용의 움직임을 위주로 한 비구두적 표현기호는 이렇게 단순히 분리될 수 있는 문제가 아니다. 왜냐하면 연극에서 신체의 움직임은 대본에 의한 말과 어조를 강조하는 기능을 할 뿐이며, 표정 또한 제스처와 함께 보조적 수단의 기호로 대본보다는 하위개념의 기호에 속한다. 그러나 무용에서는 움직임이 곧 안무가의 대본이며 말을 대신하는 무엇이다. 따라서 제스처라는 개념에서보다는 움직임 자체가 일어나는 기호 안에 모든 하위기호들이 명시되어야 한다. 즉 무용의 움직임에는 코우잔이 따로 분리한 표정기호뿐 아니라 인도의 카타칼리와 같은 손가락의 제스처, 동작의 마임, 발레의 수직구조에 의한 기호, 한국 춤의 수평구조에 의한 움직임 기호, 심지어 호흡에서 일어나는 움직임에 대한 원리까지 2차적 기호인 움직임 하나만 보더라도 기호영역은 실로 방대하다.

이에 대한 논의를 위해 우선 무용의 상연기호를 다음과 같이 구분하여 기호의 형태와 양상에 대해 살펴보기로 한다.

1) 무용 상연기호와 그 형태

(1) 움직임

무용 텍스트 내에서 움직임이 나타낸 기호는 무용극에서처럼 그것이 스토리story와 플롯plot을 기본으로 하여 등장인물에 대해 행위를 묘사하는 경우와, 안무가의 의도대로 무용수의 움직임 그 자체가 대본인 경우는 조금 차이가 있다. 우선 희곡과 같이 대본에 나타난 무용수의 배역이 있을 경우, 그리고 인물 간의 대화를 몸으로 풀어내는 경우 몸은 바로 플롯이라 할 수 있다.

플롯을 구축하는 기표가 무용수의 몸에 의해 움직임이라는 형식으로 나타나면 관객은 무용수가 나타내는 줄거리를 읽으면서 움직임의 특성에 많은 영향을 끼친다. 물론 이때 움직임 자체가 의미를 산출하지는 않지만, (〈백조의 호수〉에서 백조의 의상처럼 캐릭터 효과를 낸 의상이나 분장과 함께) 대부분 동작의 기표와 내용은 미리 고정된 양식으로서 기호를 표방한다. 따라서 배역에 따라 무용수는 동작들의 상호작용으로 이미 의도를 가진 기호의 조합으로 코드화한다. 즉 가지고 있는 모든 관계에 의해 극중 인물을 묘사한다. 따라서 무용극에서 움직임은 캐릭터에 따라 다른 양상을 보이고, 그 배역을 소화하는 무용수에 따라 늘 차이가 있다. 예를 들어, 하루에 두 명의 주역 무용수가 같은 배역으로 각각 1회씩 번갈아 공연을 하는 경우 똑같은 스토리라 하더라도 관객에게 미치는 이미지는 달라진다. 이처럼 무용의 움직임은 연극에서와 같이 배역과 무용수에 따라 코드화는 각기 다르게 나타난다.

하지만 무용극이 아닌 경우는 대체로 스토리에 의지하지 않고 음악에 의한 표현이나 즉흥적 감정표현인 움직임 자체에 비중을 둔다. 이때는 캐릭터를 대신할 기호적 움직임은 따로 없지만 움직임 자체가 기호다 보니 무용수의 신체 자체는 훌륭한 기표가 되어 의미를 운반한다.

움직임에 대한 신체의 기표는 다음과 같은 하위기호를 가진다. 우선 의례적 제스처를 나타내는 기호다. 신부와 신랑의 옷을 입고 결혼식 장면에서 성스러운 약속과 입맞춤을 하는 행위처럼 사회문화적 예의에 따라 머리카락, 이마, 코, 팔, 무릎 등 신체와 접촉하여 어떻게 상징적 움직임 기호를 나타내느냐에 따라 드러나는 기호다.

다음은 관습적이고 문화적인 표정과 제스처를 포함한 동작의 마임mime(몸짓과 표정으로 하는 연기)에 해당하는 기호인데, 예를 들어 인도의 카타칼리는 개인적 특성을 제거한 얼굴 표현으로 정밀한 코드체계를 갖추고 있다. 안면근육을 움직여 정확한 감정을 표현하는 표정의 움직임은 개인적 특성을 배제하고 제스처를 반복하여 익혀야만 하는 무용동작이다. 이는 마임에 가깝다고 볼 수 있다. 카타칼리의 제스처 체계는 '하스타hasta'라고 불리는 손가락 동작에 의한 24개의 기본 코드를 체계로 하고 있다. 하스타는 알파벳과 한글 자모의 기능을 하는 상징적 체계일 뿐 그 자체로는 아무것도 의미하고 있지 않다. 이들이 합쳐져서 단어적 가치를 지니게 되는 것을 '무드라mudra'라고 하는데, 무드라는 완전한 추상적 상징이 가능하다. '아름다움'이라든가 '신앙심' 등뿐만 아니라 언어로서 지시대명사의 기능까지도 소화한다. 카타칼리는 무려 5백 개 이상의 무드라로 이루어진 어휘체계다.

이러한 움직임과 표정은 매우 의도적으로 관습화된 기호다. 그러나 이 외에 무용 텍스트 내에서 무용수가 즉흥적으로 감정이나 움직임을 중점적으로 표현하고자 할 때의 표정은 매우 자연스런 기호가 된다(이러한 코드화의 속성인 인위적 기호와 자연적 기호의 속성은 다음에 논하기로 한다). 무용수의 육체와 표현적 심리가 함께 어우러진 움직임 기호는 무용에서 가장 비중이 크다. 아무런 무대장치가 없는 곳에서도 움직임 기호는 전 시간 내내 의미를 이끌어내며 소통할 수 있는 가장 완벽한 무기인 신체에 있다. 움직임은 무용의 매체로 의도적인 속성이 매우 강하며, 창작에서는 특히 그렇다. 움직임은 기본적으로 도상적이며 지표적 기능을 함께 한다.

(2) 분장

분장maquillage은 움직임을 제외한 무용수의 머리모양, 의상, 특수한 형태의 분장, 가면 등을 의미한다. 분장은 무용수의 캐릭터를 더욱 강조해 주는 지표적 기호와 의례적 상징을 의미하는 자의적인 것으로 나뉜다. 연극에서 분장은 움직임과 직접적 관련을 가지지 않는 것으로 보지만, 무용에서 무용수의 움직임은 특수한 형태의 의상이나 가면 등을 통해 움직임을 더욱 부각시키는 역할을 한다.

예를 들어, 무용극의 경우 (매우 상징적인 개념이긴 하지만) 악한은 항상 검은색 의상을 주로 착용하며 제스처를 취한다. 또한 한국의 살풀이춤의 경우도 망자를 떠나보낼 때는 상복을 의미하는 흰색 의상을 통해 움직임뿐만 아니라 신체의 의도를 강조한다. 한때 현대무용에서 표정을 덮어 버리는 가면이 유행할 때가 있었다. 엄밀히 말하면 표정도 움직임의 하나이긴 하지만 이런 경우 움직임의 표현을 한층 더 강조하며 즉흥성과 신체가 말하는 메시지를 더욱 고차원적으로 표현할 수 있다. 대개 '말하는 몸, 지각하는 몸'의 현상학적 실천에서 극도로 치닫게 되었을 때는 모든 의상을 벗어 버리기도 한다.

무용 분장에도 동서양의 차이는 있다. 동양이 고도로 절제된 분장법에 의해 지표적 상징기호로 부각하는 반면, 서양은 사실적 표현미를 우선으로 하여 도상적 상징기호의 성격으로 분장을 특수한 보조적 형태의 개념으로 여긴다. 중국 경극에서 분장은 고도로 발달되어 있으며 관습적이기까지 하다. '남자의 분장은 이렇게 여자의 분장은 저렇게'라는 공식적 개념이 분장으로 연계된 은유와 상징을 나타낸다. 하지만 서양에서는 특수한 분장이 필요한 경우 움직임을 표현하기 위한 최소한의 깔끔한 복장을 선호한다.

분장기호는 작품의 의도와 성향을 한층 더 부각시키며 시각기호로서 상당한 역할을 한다. 또한 분장기호는 현대의 무대와 관련해 움직임의 표정이나 특정 신분에 대한 상징에 대해 모방하고 지시한다. 움직임 이상으로 표현적인 면에 상당히 개입되는 경우도 많다. 탈춤에서 특수한 가면인 '탈'은 오히려 무용수의 표정보다 인물의 캐릭터를 살려 주고 재미와 해학을 더해 주며, 신분을 암시하는 지표가 되기도 한다. 탈춤은 무용의 범주에서는 유일하게 구두의 대사가 있는 경우이기 때문에, 특별한 움직임을 묘사하기보다는 독자에게 서사적인 이야기의 흐름을 상상하게 하는 도구로서의 기능이 더 강한 면도 있다. 그러나 현대 무용예술에서 분장은 움직임을 중점적으로 강조하는 최소한의 특수한 기능만을 남겨두고 사라지는 추세다. 이런 경향은 신체가 희곡과 같은 언어적 장르나 회화, 영상을 비롯한 다른 시각적 예술로부터 침해받을 경우 무용예술의 독자적인 영역이 사라질지도 모른다는 위기감에서 비롯된 것일지도 모른다.

(3) 소도구

소도구object와 무대장치는 신체와 직접적 매개가 있는가, 작품으로서의 상황인가에 따라 구분된다. 즉 소도구는 무용수가 직접 들거나 작품의 주제와 관련되어 상징될 만한 도구 전부를 지칭한다. 무대의 여러 장치들 중 보조적 수단이라기보다는 핵심이 될 만한 상징기호를 뜻한다. 비교적 분장과는 별도로 독립적 기능을 담당하기도 한다. 그러나 소도구도 의도적 기호다. 발레리나의 머리띠에 꽃이 놓여 있다면 그것은 분장의 일부로 여겨지지만, 사랑을 속삭이며 꽃을 건네는 행위는 움직임의 표현에 대한 상징적 지표로 핵심적 키워드가 된다. 이는 현실 상황을 모방하여 의도적으로 관객에게 해석을 유도하는 지시체다. 번뜩이는 칼을 지닌 남자의 모습은 용기 있는 군인이나 장군을 묘사할 수도 있다. 이런 모든 것들은 매우 구체적인 반면에 추상적 소도구를 작품에 사용하는 경우가 있다. 예를 들어, 다리가 2개뿐인 불안정한 책상, 면사포를 쓰고 옷이 갈기갈기 찢어진 채 품에 안겨 있는 인형 등은 직접적 지시를 넘어 현재 갈등심리나 불안정한 모습을 빗대어 내면을 표현하기 위해 쓰인다.

소도구의 이미지는 시각적 효과를 극대화한다. 무대의 정황이나 인물들이 묘사하는 심리적 표현에 의해 다른 기호들과의 관계망에서 의미를 구축한다. 무대장치가 좀 더 포괄적인 개념에서 무용예술에 관여한다면 소도구는 비교적 소극적인 형태로 움직임과 거리를 좁혀 가는 형태를 취한다. 그것은 소도구가 움직임 자체에 흡수되어 움직임과 같은 기능을 의미한다. 검무에서 칼의 움직임은 신체의 행동과 직접적으로 결부된 신체 움직임 그 자체라고 할 수 있다. 표현의 절도와 시선, 손동작, 발동작 모두가 하나가 되면서 움직임이 이루어진다. 이런 경우 소도구는 신체동작의 연장이다.

소도구는 매우 지시적이다. 소도구는 신체의 연장까지는 아니더라도 사고와 생각을 나타내는 지표로 쓰인다. 살풀이춤에서의 수건, 승무의 긴 장삼자락은 행위를 더욱 강조한다. 물론 이 같은 경우 의상기호로 볼 수도 있지만, 의상의 일반적 상징에 비하면 장삼 안에 살짝 쥐어든 스틱은 동선을 넓히면서 지시하는 대상을 더욱 부각시키는 움직임을 위한 도구다. 살풀이춤의 수건도 떠나보내는 임을 표현하는 소도구의 기능을 한다.

장검무를 추는 필자

그렇다면 소도구는 정태적인 것과 유동적인 것으로 나눌 수 있다. 정태적 소도구는 분장의 하위범주에 속할 수 있고, 움직임을 관철하는 역할에서 의미를 보태는 데에만 쓰인다. 그러나 유동적 소도구는 움직임 자체에 귀속되며 진정한 소도구의 역할을 한다. 하지만 이것조차도 독립적인 기호는 되지 못한다. 소도구는 현실을 도상하는 기호인가 표상하는 기호인가에 의해서도 분류될 수 있다.

(4) 무대장치

무대장치decor는 무대배경, 영상, 사진 등을 포함한 시각기호인데, 안무가가 움직임 못지않게 중요시하는 부분이다. 예전의 무대장치는 무대와 조명, 음악, 음향까지를 함께 지칭할 수 있다. 왜냐하면 현대와 같은 무대 형식이 고안되기 전까지 무대장치란 공연이 실행될 수 있는 무대와 관련된 모든 것을 의미했기 때문이다. 그러나 현대예술에서는 세부적이고도 시각적인 디자인에 의해 작품이 완성되기까지 관여하는 뛰어난 도상기호로 무대장치는 독자적인 기호로서 자리매김한다.

무대장치에는 크게는 움직임을 둘러싼 대도구와 작품의 스토리를 강조하는 영상과 스틸사진 등이 있다. 작게는 무대의 막, 무용수의 움직이는 동선에 좌우되는 편리적 장치들이다. 우선 움직임을 둘러싼 대도구인 무대장치는 무대의 배경을 암시하는 추상적 공간을 만들 수 있다. 움직임의 주무대가 백조들의 호수가 된다면 장치는 무대를 그곳으로 만들어 버린다. 또한 무대 하나로 현실과 과거를 넘나들게 하고자 한다면, 샤막screen curtain을 사이에 두고 두 공간으로 분리하며 그림자 같은 움직임과 현실적인 실제 움직임을 통해 공간의 의미를 납득시킨다.

이때 영상은 추상적 공간에 현실성을 입히는 역할을 한다. 바다를 상징하는 공간에서 실제 바다의 물결치는 영상을 비춰 줌으로써 바다에 표류하는 듯한 인상을 준다. 사진이나 영상기호는 구체적인 것을 직접 도상하지는 않더라도 표현하고자 하는 것을 대변하는 뚜렷한 매체다. 영상은 가끔 문자를 띄우기도 하고 음악과 함께 시간성을 염두에 두고 장치적 역할을 한다. 무대장치로 인해 움직임의 표현이 커지기도 하지만 움직임 자체 기호는 수그러들기도 한다. 마치 영화 속의 한 장면과 같이 무용수는 대본과 같은 영상을 설명하는 배우가 되어 버리는 경우도 생긴다. 그렇다고 해서 무대장치가 움직임을 축소하는 쪽으로 몰고 가는 것은 아니다. 일본의 부토舞踏는 오히려 무대를 모래벌판으로 만들어 희뿌연 먼지를 날리는 효과를 주며, 움직임을 더욱 신비하게 주목하도록 유도함으로써 환상적이기까지 하다. 이처럼 각인된 이미지로 우리의 뇌리에 남게 되는 무대장치는 기호들 간의 훌륭한 코드화를 진행한 결과다. 장치는 사라져도 작품에 대한 감동과 이미지들은 예술을 한층 승화시켜 준다.

무대장치에 대한 지금까지의 서술은 바로 관객을 위한 무대장치, 해석자를 위한 무대기호에 해당된다. 물론 여기에는 막이 올라갈 때 보이는 커튼까지도 관객의 눈에서는 긴장하고 무대를 관람하게 되는, 약간은 상기된 개념에서 보게 되는 하나의 장치 역할을 한다. 어릴 때 보았던 공연에서 무대의 막이 오르고 내려지는 순간이 가장 긴장되고 안타까운 순간으로 기억되는 것처럼, 작품의 시작을 알리는 막은 작품과 연속선상에 있는 개념이다.

소통의 관점에서 무용예술은 무용작품과 관객이라는 주체와 객체 외에, 안무가의 표현 의도와 무용수 자신의 표현과 수용이라는 협의적 소통도 있다. 즉 안무가가 설정한 대본을 들고 무용수를 통해 실연하게 할 때 무용수는 작품의 의도에 대한 이해와 표현을 고민하게 된다. 그리고 그것을 전달하려 할 때 관객의 차원으로 이행되기 전에 표현행위에 대한 무용수 자신의 경험적이고도 내적인 표상활동이 이루어진다.

무용이 관객에게는 일회성을 지닌 예술이지만 무용수에게는 수많은 표현연습의 반복을 통해 이루어진다. 따라서 무대장치는 무용수에게 표현을 전달하는 매우 중요한 보조적 역할이며 자신의 표현행위와 관계를 이루는 장치에 대해 무엇이 어떻게 이루어지는지를 제3자의 시각으로 볼 수 있어야 하며, 가장 완벽한 표현을 위해서 무대장치는 최고의 표현효과를 줄 수 있어야 한다.

곧 무대장치는 편리성과 안전성, 효율성을 전제로 한다. 무대에서 퇴장한 다음 움직임을 위해 어두운 조명 아래서 높은 단 위를 올라가야 한다거나, 죽음의 캐릭터로 사라지기 위해 홀연 오페라 피트 앞에 나타나 상하로 움직이는 무대에 서야 할 때, 회전하는 무대에서 오랜 시간 움직이거나 암벽과 같은 장치에서 오랫동안 버티면서 움직여야 할 때 무대장치는 위험에 노출되어서도 안 되고, 무용수와 정확한 시간적 틈새에서 같이 움직여야 하는 의도된 시간성을 가지고 있어야 한다. 따라서 무대장치는 관객에게는 작품의 공간적 기호로 존재하지만, 무용수에게는 움직임과 같이하는 시간성을 띤 기호가 된다.

(5) 무대

무대stage라는 기호는 매우 공간적인 개념인 동시에 시간적 개념이다. 공간적 개념에서 볼 때 무대는 무용이 펼쳐지는 현실적 공간을 의미하며, 작품이 계속되는 동안은 무대의 현실과 객석에 앉아 있는 관객을 연결해 주는 상호 교류된 공간 전체를 의미한다. 또한 이 공간을 넘어 가상의 공간까지 포괄한다. 이러한 공간성은 작품의 시간성과 관련이 있지만 시간에 비례하지는 않는다. 순간이동처럼 이 공간과 저 공간 사이를 끊임없이 왔다 갔다 한다.

무대라는 개념은 사실 현대화된 무대에 어울리는 개념이다. 한국의 전통 원형 무대에서는 무대와 관객이 매우 밀착되어 있어서 특별히 공연이 상연되는 안과 밖의 차이를 두지 않았다. 그런 밀착성으로 인해 신비성은 덜 갖췄을지라도 표정이나 동작의 섬세함, 관객의 감동을 직접 눈으로 체험하며 춤을 출 수 있는, 의미의 공유를 즉각 이룰 수 있었다.

따라서 움직임의 표현을 최대화할 필요도 없고, 움직임을 보조할 수 있는 분장이라든가 무대장치의 섬세함도 중요하게 대두될 필요도 없었다. 그런 이유로 한국의 (기방에서 추어졌던) 기방무용이나 원형 무대에서 난장을 이루었던 춤판은 의미의 전달 또는 주제성과 연관된 심도 있는 움직임을 필요로 하지 않았고, 공동체적 소통을 핵심으로 다루었다. 한마디로 춤이 상연되는 무대라는 기호는 현실적 시간의 도피, 유희적 공간, 현실적 공간의 상징으로 해석되는 편이다.

반면에 현대식 극장 무대의 도입으로 서양예술의 원리인 이원적 구분이 뚜렷이 반영되기에 이른다. 무용예술은 신비한 기호들의 천지이자 가끔 난해한 개념 속에서 다른 생각을 유도하고 관객을 무대에 끌어들였다가 거기서 또 다른 공간으로 이끌어간다. 결국 무대는 시간적 관념에 의해 현실과 동떨어진 공간을 극히 자연스럽게 유도하고 여러 가지 관계의 망으로 시간과 공간을 초월해 버리기도 한다. 그러한 것을 예술의 특권으로 여긴다면 현대식 무대는 마치 기호들의 피안이자 천국처럼 보인다.

이러한 특성은 무대라는 기호가 유사-인접관계 혹은 대립의 차이를 통해 코드를 형성함으로써 통합적인 모든 것을 대변할 수 있는 상징의 기호로 존재하게 한다. 즉 역사, 사회, 문화, 심리 등 무대에서는 무엇이든지 현실을 상징할 수 있다. 모방을 통해서든 이미 상징화된 상징을 통해서든 간에 모든 사건이 일어난다. 전자가 도상적 현실의 공간을 보여 준다면 후자는 상징적 초현실의 공간을 보여준다. 이 때문에 모든 기호들과의 연합은 더욱 활기를 띠고 의미의 파생을 위해 기표들은 더욱 미분적 단위로 변모할 수밖에 없다. 작업량이 많아질수록 운반체는 당연히 많아질 수밖에 없는 것이다.

무대는 살아 움직이는 기호공간이다. 무용이 실행되는 공간이라는 개념을 넘어서 관객이 앉아 있는 공간, 더욱 포괄적으로는 작품의 실행이 종료된 다음 관객의 의식에 남아 있는 기억까지를 모두 아우르는 기호 개념이다.

(6) 조명

조명lighting이야말로 현대식 무대의 발전을 도모한다. 조명은 의도적일 수도 있지만 비의도적으로 자연적 기호를 대신해 준다. 빨간색, 파란색 등 색깔이 주는 기호의 속성은 이미 오래전 우리에게 관습적이면서 자의적으로 의미지어진 내용들에 의해 연상작용을 유도하는 잠재적 기호의 속성이 내재하기 때문이다. 따라서 움직임을 특성화시키고 작품의 주제를 강조하기 위해 아무리 의도적으로 계획한다 하더라도 교통표지판의 '빨강'의 자의적 개념처럼 '주의, 경고, 금지'라는 일대일적 정의를 무너뜨리기는 어렵다.

그러나 예술기호로서 해체를 위한 강구책은 있었다. 무대에서의 조명은 한 가지 색상으로 기호의 속성을 강조하기보다는 조명의 수많은 색상의 조합, 인물과 소품에 대한 조명 강도, 빛에 의한 전파속도 등에 대해 과학적으로 분석하면서 무대장치에 힘입어 더욱 복합적이며 다양하게 쓰였다. 따라서 무대장치보다는 오히려 조명이 주는 효과에 작품은 늘 새로운 옷으로 갈아입고 싶어 한다. 조명의 효과를 주기 위해 블랙 백 호리존트black back horizont를 사용하고 검은색 댄스 플로어black floor를 깔고 싶어 한다. 오직 움직임을 강조하기 위해서도 다른 기호의 요소들은 배제하는 반면 조명은 매우 중요한 효과로 채택되기도 한다.

조명은 이와 같이 움직임을 강조하고 작품의 신비화를 극대화하거나, 어떤 중요한 반전이 되는 사건에 대해 시선을 집중시키고자 할 때 유도하는 기호로 사용된다. 즉 신호적 개념이다. 또한 아주 지시적인 기능을 할 때가 있는데, 무도장을 연상하게 하는 번쩍번쩍하는 사이키 조명, 바다를 연상시키는 푸른 조명, 불길을

〈호두까기 인형〉의 한 장면(동국예술기획 제공).
조명의 효과는 모든 기호 가운데 작품의 인상과 관계가 있다. 흰색 의상은 푸른 조명에서 가장 신비감을 조장한다.

연상하게 하는 붉은 조명 등이 모방적 도상으로서 기능한다.

그러나 조명은 기호 자체가 잠재적 속성을 가진다고 해서 독립적이거나 단순한 의미로 존재하지는 않는다. 똑같은 붉은색 조명이라 하더라도 악마가 나타나는 위험한 순간, 주의와 경고, 불안을 예고하는 것 외에도 태양이 떠오르는 희망의 메시지로 열정과 젊음을 표현하기 위해 작품에 따라서는 탈코드화된 기호로서 존재할 수 있다. 연극에서의 조명과 같이, 조명은 다른 표현수단을 부각시키기 위하여 주로 이용되기는 하지만 자율적 기호로서의 기능을 맡을 수도 있다.

조명의 효과는 모든 기호 가운데 단연 작품의 인상과 관여된다. 무대조명뿐 아니라 객석의 조명을 포함해 의상의 색을 좌우하는 조명기호까지 작품의 흐름을 결정하고 시각적 이미지를 제공한다(흰색 의상은 푸른 조명에서 가장 신비감을 조장한다). 색의 이미지는 예나 지금이나 고정된 기호 틀로 자리잡고 있는 속성적 기호다. 핀 조명은 주의를 환기시키고 오직 고정된 한 공간을 향해 의도적 연출을 한다. 그러다 사라지게 되어 시선을 분산시키는 순간, 무용수가 무대에서 사라질 수 있는 시간적 틈을 제공한다. 조명도 무대장치의 한 부분으로, 움직임과 함께 총체적 의미를 파생하는 매우 순발력이 뛰어난 기호이자 눈속임을 기본으로 하는 고도로 정교화된 기호다.

(7) 음악

음악music은 무용과는 뗄 수 없는 부차적 메시지다. 가끔은 음악이 주가 되는 움직임인가, 움직임이 주가 되어 음악은 표현효과에 불과한가에 대해 비평가는 의미 있는 각도로 무용을 살핀다. 전자의 경우 움직임 자체는 음악의 시각화를 추구하는 안무법의 형식으로, 동작과 음악이 어떻게 연결되어 표현을 극대화하는지에 초점이 맞춰진다. 음악적 감정을 표현하기 위해 미리 준비해 둔 안무적 기록이 철저하게 수행되는지 여부와 안무가와 무용수 사이의 공감대가 관건이 된다. 반면 후자의 경우는 동작의 연결을 매끄럽게 하고 표현의도를 상상하게 해서 움직임의 의도와 맞아 떨어지는 강약의 조절이나 서정성에 맞는 음악을 고르고 직접 작곡을 하기도 한다.

예를 들어, 음악이 무용반주로 무대에서 실연될 때는 무용수는 움직임에서 매우 주동적이다. 그러나 미리 녹음된 음악에 의해 작품을 할 때는 음악의 고정된 시간적 패턴에 의해 잠시라도 한눈을 팔아서는 안 되는데, 그만큼 더 인위적이다. 그리고 그 상황에서는 안무와 음악의 일치 정도도 작품에 상당한 영향을 미친다. 모든 의도된 기호들이 음악과 일치하지 않으면 음악 자체는 소음으로 치닫게 된다. 때로는 독자적 예술 영역으로 중요한 위치를 차지하는 음악의 영향력만 따로 독립되어 무용의 작품성은 음악의 뒤로 사라져 버리기도 한다. 이 점에서 음악은 모든 시각적 기호들을 삼켜 버리는 매우 중요한 기호라고 볼 수 있다. 무용에서 음악은 무대의 상황과 함께 의미전달을 돕는 기능을 하는 것이 가장 이상적이다.

음악은 모방적 도상기호로 음향을 포함한다. 그러나 음악이 은유와 환유적 인식을 통해 시적 기능을 가능하게 하는 것을 전제로 한다는 점에서 음향과 구분된다고 보는 것이 바람직하다. 음악은 말 그대로 독립적 예술 장르다. 음악은 혼자서도 연주할 수 있으며 모든 악기에 의해 다양한 목소리를 가지고 있고 각 기호들은 협연으로 조합되며 늘 새로운 코드를 잠재적으로 조합할 수 있는 하위체계가 무궁무진하다.

음악의 은유적 인식은 싱그러운 숲속을 연상하게 하고, 때로는 한나절의 소나기와 한겨울의 폭설을 연상시키며, 그 밖에도 사랑의 세레나데처럼 무대와 작품의 표현활동을 지시하며 환기시킨다. 따라서 음악은 작품과 동일한 선상에서 같은 스토리를 지니며 무용과 동일한 표현을 하는 연속된 시간축에 해당하는 기호다. 만약 이것이 시간의 연속선상에서 나란히 나타나지 않고, 가령 싱그러운 숲속을 연상시키는 연속선상에서 순간 새소리를 들려줌으로써 싱그러움을 강조하고자 했다면 그것은 똑같은 청각기호라도 음향 효과에 속한다. 이런 면에서 음향도 은유적 속성을 지니고는 있으나 그 자체로 시적일 수는 없다.

또한 음악은 환유적 인식을 가능하게 한다. 가령, 아리랑의 곡조는 한민족에 대한 지표이며, 〈라 마르세예즈La Marseillaise〉[1]는 프랑스와 혁명적 이념에 대한 지표가 된다. 음악은 동작이 끝난 뒤에도 계속 여운을 남기고 장면을 회상하게 해준다. 〈지젤Giselle〉에서 지젤이 꽃잎으로 행복을 점칠 때 들리는 음악은 시간이 흘러도 그 장면을 회상할 때 반복적으로 들린다. 무용에서는 음악이 드라마의 오버

---

1. 1792년 4월 25일 밤 프랑스의 공병대위 루제 드 릴(Rouget de Lisle)이 스트라스부르의 숙소에서 혁명가요〈라 마르세예즈〉를 만들었다. 4월 20일 프랑스는 혁명에 간섭하는 오스트리아와 프로이센에 선전포고를 하였고, 4월 25일은 선전포고령을 지니고 파리를 떠난 전령이 스트라스부르에 도착한 날이었다. 라인 강을 사이에 둔 프랑스군과 프로이센군은 일촉즉발의 상태였다. 스트라스부르 시장은 루제 대위에게 적진을 향해 떠날 라인 군대를 위해 군가를 지어달라고 부탁했고, 대위는 그날 밤 단숨에 노래를 만들었다. 그해 7월 2일 마르세유를 출발한 5백명의 지원병이 7월 30일 이 노래를 부르며 파리 교외를 지나자, 처음 들어보는 힘찬 멜로디에 감동한 파리 사람들은 이 노래를 '라 마르세예즈'라고 부르기 시작했다. 이 노래는 프랑스군과 함께 유럽 구석구석을 누비며 혁명의 이상을 뿌렸고, 제3공화국 시절인 1879년 마침내 프랑스의 국가가 되었다.

랩 효과를 나타내기도 한다. 따라서 음악은 무용행동, 즉 움직임이 끝난 다음에도 움직임을 지속시키는 기호현상을 가져온다. 그리고 그러한 표현행위에서 음악은 감정의 결합을 희석시키며 연상작용을 가져오고 의도를 강조하는 기능을 한다.

현대의 창작작품에서 음악은 연주곡 형식으로만 들려주지는 않는다. 때로 가사가 있는 노래로 더욱 직접적인 효과를 의도하기도 한다. 음악은 여러 형태로 존재하는데, 작품에서 여성과 남성의 소리는 각기 다른 성질의 것이며, 악기의 선택에 따라서도 슬픔과 기쁨 등 감정의 효과가 달라진다. 음악의 청각적 이미지는 작품의 분위기를 연출하는 아주 중요한 기호다. 음악은 움직임과의 조화를 필수 전제로 하면서도 때로 무대를 관념적 이미지로 시각화하는 다양한 언어기호로서의 개념, 무용에서의 시적 언어로 존재하는 것이다.

(8) 음향효과

위에서 음악과 구분되는 현상으로 잠깐 언급했듯이 음향sound은 음악보다 순간적 효과이자 명백한 도상의 역할을 한다. 음향은 사이렌 소리, 새소리, 철문이 닫히는 소리, 바람소리 등 현실을 모방하는 소리에 가깝다. 즉 모방적 도상, 현실의 세계를 지표하는 소리에 가깝다. 이 외에도 음향은 의도적 소리 외에 관객들의 소음을 포함해 무용수가 실수로 넘어지는 소리, 기침하는 소리 등 모든 소리를 포괄한다.

작품의 의도를 떠나 일어나는 현상도 무대(실연되는 장소와 함께 객석을 포함하는 뜻)에 관여되는 기호현상이다. 즉 작품의 순수한 의도를 방해하는 소리는 무용수뿐만 아니라 관객에게 영향을 미치기 때문이다. 만약 예술에서 이런 현상들을 배제한다면 진정한 커뮤니케이션에서 논란은 계속될 수 있다. 그러나 이런 현상이 모두 불필요한 효과로 무용작품의 의도를 전달하는 데 방해가 되는 것은 아니다. 한국 전통춤에서 관객이 흥에 겨워 넣게 되는 '얼-쑤, 얼씨구- 좋다' 같은 추임새는 무용수의 흥을 더욱 부추기며 관객과 상호 밀접한 소통을 가능하게 한다. 따라서 한국 전통춤의 경우에는 추임새를 불러일으키기 위해 다소 과장된 제스처를 보이기도 하고 박수를 유도하는 즉흥성을 보일 때가 많다. 더욱 세밀한 범주에서 본다면 객석에서 들리는 음향은 그것이 자연발생적인 것인가 인위적인 것인가로 나눌 수 있다. 즉 핸드폰이 울리거나 누군가 기침하는 소리는 매우 도상적인 것으로 자연적이다. 그러나 '얼쑤' 하는 추임새는 누군가 의도적으로 하는 소리와 흥에 겨워 나오는 자연적인 소리 양자 모두에 해당된다.

코우잔은 연극기호의 하나인 음향 중에서 자연적 소리는 부차적이며 비의도적인 산물이므로 연구대상에서 제외한다. 그러나 앞서 얘기한 대로 자연적 발로에서 한국 춤의 추임새는 매우 중요한 의사소통 수단이 된다. 또한 더욱 응집력 있는 기호의 상호작용과 함께 작품을 이해하고 몰입하는 데 도움이 되는 언어적 기표로 흥과 신명을 유도하는 촉매제의 기능을 한다.

다시 음악으로 돌아가 최근의 작품 경향을 보면, 움직임의 효과를 극대화하기 위해 무음악을 쓰는 경우가 많다. 이는 움직임의 표현성을 신체에 두고 신체 자체의 독립적 표현능력을 부각시키면서 테크닉 위주의 움직임을 선보이는 것이다. 물론 나중에 나올 음악적 효과를 배가시키기 위한 의도도 있다.

어쨌거나 필자는 음향은 음악과는 다른 독립적 기호로 본다. 춤의 선상에서 먼저 음악이 시작되었다면, 이미 흐르고 있는 음악을 중지하는 것도 음향효과라는 견해다. 그것은 음악을 들려주지 않는 것이 아니라, 음향효과처럼 어떤 사건을 강조하기 위해 소리를 입히지 않은 것이다. 왜냐하면 음악이 지금 들리든 들리지 않든 간에 이미 의식 속에는 작품에 대한 이미지와 함께 음악의 효과는 계속된다. 만약 처음부터 음악이라는 효과가 없이 시작된 동작이라 하더라도, 무음악의 효과가 끝난 다음 들리는 음악적 효과는 전에 있었던 움직임이라는 기호와 무한한 코드화를 통해 배가 된 이미지들을 불러일으키며 의미작용을 하게 된다.

음악이 연상을 일으키고 세계에 대해 환기시킨다면, 음향은 음악의 효과를 배가하고 작품을 돕는 보조기호 역할을 한다. 때로 음향도 현실을 유사하게 모방하는 기호로 나타나기도 한다. 왜냐하면 음향 자체도 진짜 자연의 소리나 행동의 소리를 나타내지 않을 때가 많기 때문이다. 그러나 음악과 음향은 분리하여 보아야 한다.

흔히 작품에서 들리는 '북소리'는 극의 상황에서 전쟁의 신호와 승리의 기쁨을 전하는 지표기호로서 관습적일 때가 많지만, 추상적 작품에서 북소리는 태초의 심장소리를 상징하는 '생명의 태동'을 의미하기도 한다. 이 외에도 승무에서 처음 들리는 목탁 소리는 '염불'이라는 음악이 전하는 이미지, 즉 수도승의 불교철학적 메시지를 전하는 음향기호다. 이처럼 음향도 은유적이며 추상적 의미를 나타내기도 하지만 음악과는 구분된다. 음악은 무용작품과 같은 시간선상에 있는 기호로 존재하고 지속성을 띠는 반면, 음향은 매우 단기적이고 강렬한 효과를 보조하기 위한 기호다.

(9) 플롯으로의 무용대본

연극기호학에서 스토리story와 플롯plot은 매우 중요한 개념이다. 희곡이 없이는 연극이 상연될 수 없으므로 대본은 곧 1차적 도구다. 그러나 무용에서는 언어로 지시되는 문자기호인 대본은 존재하지 않는다고 봐야 한다. 물론 프로그램에서 볼 수 있는 무용작품의 의도나 무용극에서의 대본이 있긴 하다. 즉 희곡과 같이 1차적 도구로서 지시될 수 있는 대본은 '무용을 제작하는 원리에 대한 의도나 지침 내지 안무노트'라고 할 수 있다.

무용은 대부분 스토리를 전제로 하지는 않는다. 대본이 있다면 다만 안무노트의 형식을 빌려 '표현하고자 하는 의도와 관련된 모든 기호들을 종합적으로 인식하기 위한 토대'라는 의미로 적절하다. 그런 의미에서 플롯은 무용작품의 구성양식이자 예술성을 부여하기까지의 창조적 고뇌이며, 구상적이기보다는 추상적이고, 기호를 위한 형식과 내용이다. 이런 의미에서 무용은 안무노트의 구상보다는 작품이 수행되고 난 뒤의 기록, 말하자면 무보舞譜를 포함한 기록에서 비로소 2차적인 완벽한 플롯으로 대본이 완성된다.

1차적이든 2차적이든 무용대본은 존재하지 않는 것이 아니라 여러 가지 관점에 의해 다양한 대본형식이 존재하는 것이다. 그러나 희곡과 같은 우화는 있을 수 없다. 무용극이라 하더라도 스토리를 중심으로 한 언어적 대본보다는 그 상황에 맞는 표현행위에 대해 재구성된 안무노트에 더 가깝다. 무용수와 무용수 사이의 몸짓대화가 강조된 일련의 사건들로 플롯은 존재하는 것이다. 굳이 무용의 우화적 요소를 제시하려 한다면, 그것은 신체언어가 가지는 플롯의 층위에서 무용형식이 내용을 이끌어 내면서 얻게 되는 표상활동의 과정에 있다고 봐야 한다.

안무노트는 움직임이나 공간사용, 동작의 길이, 플로어 패턴floor pattern 등 무용 공연을 위해 필기한 1차적 기록이다. 무용에서 대본은 대부분 안무가가 자신의 구상을 기록한 형태이기에 지도와 같은 지침서나 시각적 도상기호로 작용하는 경우가 많다. 하지만 이러한 대본의 내용이 충실히 지켜지는 경우도 있고, 때로는 아주 판이하게 뒤바뀌면서 기록과 작품 사이에 큰 차이가 있는 경우도 있다. 그 이유는 간단하다. 연극에서는 이미 대본에서 줄거리가 파악되며 어떻게 표현하는 것이 가장 적절한지 대사에 의해 모든 것이 결정된다. 즉 대사의 말투나 발음, 어조, 음색, 속도, 억양, 박자, 소리의 강약에 따라 느낌이 달라진다. 배우의 성향과 능력에 따라 대본이 조금은 수정되더라도 판이하게 바뀔 수는 없다.

그러나 무용은 대본이 있다 하더라도 그것은 안무가의 상상일 뿐이며, 안무형식에 의해 무용수가 실행하는 동안 모든 기호들의 총체적 집합은 바로 공연 현장에서 더욱 기승을 부린다. 말하자면 기호들의 총체는 대본에 잠재해 있다가 무대에서 여러 가지 각도에서 유기적으로 살아 움직이는 것이다. 대본에서 쓰인 플로어 형태와 움직임의 강약은 소리, 조명 등에 의해 묻혀 버리기도 하고 때로 과잉 코드로 나타나 오버된 효과를 주기도 하면서 수도 없이 변화된 이탈이 계속된다.

무용은 오감을 통해 현상으로 느끼는 예술이다. 현실적 시간을 때로 뛰어넘어 기호들은 표상의 세계를 연결해 준다. 따라서 대본의 존재는 무의미하다. 하지만 프로그램에서의 작품설명, 안무 의도, 1차적 안무노트는 플롯의 층위에 있는 무용형식을 의미하며, 그것들로 인해 우리는 내용을 가늠하게 된다. 작품이 상연된 뒤에 남겨진 작품노트는 다음 창조적 작업을 위한 현재까지 가장 완벽한 대본이라는 데 의의가 있다.

(10) 그 외 매체

필자는 위의 아홉 가지 요소 외에도 무용기호로서 그 외의 매체를 제시하려 한다. 그것은 다른 예술 분야에도 널리 쓰이는 공연을 위한 일련의 홍보물, 게시판, 안내책자, 포스터, 인터넷 등을 말한다. 현대는 정보화사회다. 무용공연처럼 시간과 장소를 구애받는 예술도 흔치 않다. 꼭 정해진 시간과 장소에서 기간을 두고 봐야 한다. 현실적 시간은 곧 소멸되어 버리고 늘 일회성에 머문다. 따라서 공연을 앞둔 상연자의 입장에서는 작품을 선전하며 홍보해야 할 필요성이 있으며, 관객의 입장에서는 쏟아지는 공연들 중 어느 것을 선택하여 시간을 할애할 것인가가 중요하다.

그중 홍보물은 일종의 여행가이드와 같다. 거기에 나타난 주역 발레리나의 아름다운 모습은 모방적 도상기호다. 내가 좋아하는 스타라면 가보고 싶은 생각이 들게 한다. 피겨스케이팅 선수인 김연아의 CF 광고는 그런 의도로 겨냥된 홍보적 아이콘이다. 스타의 이름을 내걸고 최고를 지향하는 이미지를 추구하는 것을 무용에서도 종종 볼 수 있다.

또한 공연 포스터는 가장 강렬한 매체가 된다. 포스터 자체는 상징적인 이미지로 작품의 주제와 표현 의도를 환기시킨다. 포스터가 가장 중요하게 자리잡은 곳은 다름 아닌 영화계다. 영화의 주제만큼 강렬한 이미지는 작품을 선택하게 하고 호기심을 자극한다. 무용에서도 포스터의 역할은 공연을 알리는 기호보다는 작품을 표현하는 하나의 상징기호로 작용하고 있다.

이러한 매체가 안무가의 입장에서는 무용작품을 통째로 알릴 수 없는 현상에

표 4-1. 무용의 상연기호와 하위기호의 개념

기호	하위기호	기호 요소	기호 형태	표현 단위	기능과 속성
움직임	의례적 제스처, 관습적이고 문화적인 표정과 동작의 마임, 시선, 제스처를 포함한 기호	신체동작, 신체적 외양, 부차언어(감정의 표현형태-놀람 등)	시각기호	무용수	무용극에서의 등장인물로서 움직임, 무용수 자신의 표현적 행위
분장	머리모양, 무용수의 몸, 의상, 특수분장, 가면을 포함한 기호	신체적 외양	시각기호	무용수	지표적 상징, 도상적 상징의 특수기호, 움직임을 강조하고 편리성을 추구하는 최소한의 특수행위
소도구	무용소품으로 가장 핵심적인 도구, 상징적 도구, 지시가 가능한 지표적 기호를 총망라한 기호	신체적 접촉행위 부차언어	시각기호	무용수와 무용수 밖	정태적 소도구 (분장의 하위 형태) 유동적 소도구 (움직임의 귀속행위)
무대 장치	무대배경, 드라이아이스, 영상, 사진 등을 포함한 시각기호	부차언어-영상 물체와 환경	시각기호	무용수 밖	무용수에게서는 움직임과 함께하는 시간성의 기호, 관객에게는 시각적 도상기호인 공간적 기호
무대	원형무대, 극장무대에서의 시간과 공간기호	공간의 사용 물체와 환경	시각기호	무용수 밖	도상의 현실적 공간, 상지의 초현실적 공간
조명	무대조명뿐 아니라 객석의 조명을 포함한, 의상의 색을 좌우하는 조명 기호	물체와 환경	시각기호	무용수 밖	지시적 기능, 모방적 도상(다른 표현수단을 부각하기 위한 기호, 자율성을 의미하는 기능
음악	무용을 표현하기 위한 부차언어로서 음악만의 기호	부차언어 시간사용 물체와 환경	청각기호	무용수 밖	무용작품과 똑같은 시간선상에 있는 기호로 존재, 지속적
음향 효과	무 음악, 음악을 제외한 소리, 객석의 잡음을 포함한 기호	시간사용	청각기호	무용수 밖	단기적, 강렬한 효과를 보조하기 위한 기호
플롯으로의 대본	프로그램 설명, 안무노트를 포함한 기호	부차언어	시각기호	무용수 밖	중심적 기호(플로어 패턴, 움직임, 공간사용, 동작의 시간 등)를 표현하는 1차적 필기, 상연되고 난 뒤의 무용기록과 같은 2차적 대본
그 외 매체	홍보물, 게시판, 포스터, 티켓을 포함한 기호	물체와 환경	시각기호 청각기호	무용수와 무용수 밖	작품의 현상과 질적 유사성에 의해 상징적으로 이미지화된 기호

대한 전언에 불과하지만, 관객에게는 너무도 큰 상징적 이미지가 된다는 것을 인식해야 한다. 따라서 매체의 표현기호도 무용작품의 중요한 한 단면이다.

2) 복합적·총체적 기호의 양상

무용 텍스트에서 나타나는 사건의 현상은 다음과 같이 두 가지 형태를 띤다. 우선 즉시 우리의 인식에 들어오는 1차적 기호로서의 기능과 더불어, 이러한 기호들이 다시 기호화되어 서로 결합된 기호로, 즉 움직임 자체를 넘어 어떤 형태가 되는 움직임 또는 포괄적 의미의 플롯과 같이 새로운 형태로 진행되는 기호가 바로 2차 기호의 양상으로 나타난다. 2차 기호는 지금까지 낱말 상태로 머물러 있었던 여러 단위의 기호가 이제는 문장을 이루는 논리적 기호체계를 갖춘 단계로 전환함을 의미한다. 이 단계에서는 움직임의 형태 틈새에 낀 기호들의 관계망을 보며 비로소 의미를 파악하게 되고 어떤 현상에 대해 직감적으로 많은 이해들이 성립된다.

앞에서 언급한 무용의 열 가지 상연기호는 움직임, 분장 같은 시각적 기호와 음악 같은 청각적 기호들의 복합적 상호작용에 의해 나타난 기호체계를 체현한다. 따라서 무용 텍스트 내에서 독립적 기호의 작용은 찾아보기 힘들다. 만약 어떠한 경우 기호가 스스로 독립적 기호로서 존재하는 것처럼 보일지라도, 그것은 단지 무용의 전체적 흐름상 특별히 강조된 기호적 양상에 불과하다. 예를 들어, '무음악의 움직임' 같은 경우도 움직임의 형태를 강조하는 시각적 이미지의 강조된 의도적 효과일 뿐, 그 안에는 조명과 무대를 위시하여 수많은 기호들의 복합적 양상에 의해 드러난 결과다.

이처럼 무용 텍스트 내에서 기호는 독립적 양상을 보이지 않는다. 특히 인위적 효과와 자연스런 기호들의 관계를 면밀히 검토하다 보면 어느 하나의 기호가 강조되고 나타나는 것을 알 수 있다. 따라서 다음과 같이 기호의 대상에 관계된 도상(유상), 지표, 상징과 관련된 기호는 무용기호의 복합성과 총체성, 현장성에서 난

표 4-2.
복합적·총체적 무용기호

구분	도상 관련 기호	지표 관련 기호	상징 관련 기호
의미	도상적 기호로서 기능, 모방적 움직임, 분장, 무대, 무대장치 등 대상과 유사성의 관계에 있는 동작기호, 대상체의 성질을 공유하는 기호	지시적 움직임-호흡, 인접성을 띤 무대장치, 음향, 소도구 등 대상과 상징적 인접성의 관계에 있는 기호, 자연적이고 존재적인 인과관계에 놓인 기호	추상적 움직임을 표의하는 기호(방향, 시선, 무게중심 등), 프로그램의 도상, 조명기능의 반전, 무대위치 개념 등 일반 관념의 연상에 의하여 지시하는 대상을 표상하되 추상적 개념을 표의하는 기호
성격	**은유적 대치 성격:** 기표와 기의 사이에 가정된 유사성, 임의적이며 공상적	**환유적 대치의 성격:** 결과에 대한 원인의 대치 또는 유사물에 의한 실물의 대치, 사실주의적	**현실의 환유:** 무대 밖의 현실을 다른 세계로 지시하여 의도적 효과를 증대시키는 데 기여, 은유적 상징으로 문화적 맥락에서의 약호화
텍스트 예	• **어떤 대상을 모방하는 표정과 움직임:** 학을 모방한 움직임으로서 도상, 괭이질을 하는 농부의 행위, 사랑을 속삭이는 포옹 행위, 기도하는 제스처, 인사하는 동작 • **현실에서 유사한 의미를 지닌 분장:** 실제 꽃을 장식한 신부의 머리, 상복, 군인 의상, 의사 가운을 걸친 무용수, 동물을 묘사한 탈 • 실제 바다를 표현하는 무대, 그리고 폭포를 흐르게 하는 영상, 자연의 소리를 담은 음향, 인간의 목소리, 빨강 조명 아래의 태양장치	• **배경적 환유:** 그리스 아테네 신전을 옮겨 재현한다거나 고딕풍의 첨탑으로 교회를 나타내는 무대장치 • **지시적 지표기호:** 탈춤에서의 탈과 의상은 신분을, 살풀이춤의 흰 의상과 수건은 여러 가지 심리적 인과관계에 의해 동작이 구체적으로 추상화된 움직임	• **문화적 맥락에서 은유적·상징적인 약호:** 한국 전통춤의 움직임 가운데 유독 많은 무릎의 굴신 형태는 죽은 뒤에 땅에 묻히며 다시 윤회적 삶으로 이 땅에 돌아온다는 현세주의의 추상적 의미가 곧바로 기호로 해석, 서양 발레리나의 토슈즈에서 보듯, 높이 상승하는 도약적인 움직임은 서양의 이원론에서 기인한 형이상적 의미로 좀 더 하늘 높이 다가가고자 하는 해석이 가능하다. • **자의적 상징:** 인도의 하스타 무드라와 라바노테이션의 기록과 관련된 상징부호

해한 구분임에 틀림없다. 그러나 무용기호의 코드화와 탈코드화에서 역동적 무용기호가 나타나는 양상을 살펴봄으로써 무용 텍스트에 대한 이해를 조금이나마 도울 수 있을 것이다.

(1) 도상과 관련된 기호

도상기호는 퍼스가 구분한 도상의 개념과 같이 대상체의 성질을 공유하는 기호를 지칭한다. 무용 텍스트에서 도상적 기호-기능으로 나타나는 것은 모방적 움직임, 분장, 무대, 무대장치, 음향효과 등 대상과 유사성의 관계에 있는 기호가 된다. 도상기호는 기의가 기표를 결정하는 정도가 매우 긴밀한데, 기호는 표상하는 대상체 사이의 유사 정도가 높은 기호다. 이것을 '모방적 도상기호'로 칭한다면, 시각적 기호로 보여지는 속성적 기호가 먼저 여기에 속한다.

모방적 도상기호에는 어떤 대상을 모방하는 표정과 움직임이 있다. 예를 들어, 학을 모방한 움직임에는 도상, 괭이질을 하는 농부의 행위, 사랑을 속삭이는 포옹 행위, 기도하는 제스처, 인사하는 동작 등이 있다. 또한 현실과 유사한 의미를 지닌 분장을 통해서도 볼 수 있는데, 이는 실제 꽃을 장식한 신부의 머리, 상복, 군인 의상, 의사 가운을 걸친 무용수, 동물을 묘사한 탈을 현실과 유리되지 않는 범위 내에서 연결시키는 모방적 행위를 일컫는다. 이 외에도 실제 바다를 표현하는 무대, 그리고 폭포를 흐르게 하는 영상, 자연의 소리를 담은 음향, 인간의 목소리, 빨간 조명 아래의 태양장치가 있다.

그러나 도상과 관련된 기호는 그 자체의 표현에서 실제 현실과 관련되어 나타나는 경우로 제한된다. 이 범주에서 본 기호의 양상은 단지 그 기호 자체가 대상과 은유적 대치에 놓인 성격만을 의미한다. 기표와 기의 사이에 가정된 유사성을 원리로 임의적이며 공상적인 유기체의 기호를 의미한다. 의사 가운을 입은 무용수의 캐릭터는 신분을 지시하는 지표기호로 작용하면서 도상-지표의 기호를 동시에 지닌다고 볼 수 있다. 한마디로 움직임 자체, 표정 하나로 매우 1차적인 기호를 의미한다.

(2) 지표와 관련된 기호

도상이 대상과 은유적 인접성을 통해 나타난 기호라면 지표와 관련된 기호는 대상과 구체적이고 사실적인 인과관계의 성질을 띠고 있다. 이 경우 대상과 실제적 연관이 보다 추상적인 상징형태로 나타난다. 따라서 무용 텍스트에서 지표는 좀 더 추상화된 동작, 지시적 움직임과 이로 인한 호흡, 인접성을 띤 무대장치, 음향, 소도구 외에도 자연적이고 존재적인 인과관계에 놓인 기호를 의미한다.

연기가 불의 지표인 것처럼 실제 무대에서 불이 났음을 알리는 연기 또한 자연적 인과관계에 의해 지표기호가 된다. 지표는 자연스러운 것 같아도 매우 지시적이면서도 고정된 관념에 따를 때가 많다. 무대에 그리스 아테네 신전을 옮겨 재현한다거나 고딕풍의 첨탑을 세워 교회를 나타내는 것은 대상을 표현하는 인접성을 배경으로 우리의 인식을 환유시킨다.

지표는 인접성을 토대로 하므로 위의 도상과 관련해 흔히 도상-지표의 기능으로 결합한다. 탈춤에서 탈과 의상은 신분을 암시하는 지표기호로 기능하는 경우다. 또한 살풀이춤의 흰 의상과 수건은 현실에서의 상복을 모방하는 도상기호인 반면, 손에 들고 추는 흰 수건은 한의 풀이를 위한 여러 가지 심리적 인과관계에 의한 동작의 추상화된 움직임을 의미한다. 이 경우 기호는 대상으로부터 실제적 영향을 받으면서도 도상적인 면도 강하게 작용하는 기호다.

대체로 무용에서 지표와 관련된 기호는 도상적인 면과 상징적인 면을 결합하면서 결과에 대한 원인의 대치, 유사성에 의한 실물의 대치, 사실주의적 지시 등 환유로 대치되는 양상을 띤다. 움직임과 같은 동작이 구체적 외시의미를 넘어 함축의미, 나아가 메타언어까지 고도의 추상화된 의미작용에 대한 결과에도, 지표는 내적 심리의 원인으로 나타난 양상, 호흡의 지표-상징기호로 철학적 의미를 유추할 수 있기 때문이다. 이 외에 음악을 통해 나타나는 청각적 환유는 다른 세계로 이행되면서 무대라는 현실체계를 환기시키는 역할을 한다. 시간의 흐름에 따라 비, 폭군, 전쟁 등 연상시키는 음악이 바로 그런 기능을 담당한다.

지표와 관련된 기호는 실제 연기 같은 효과처럼 매우 개별적인 기호로 존재하는 경우에는 현실적이고 구체화한 기호를 나타낸다. 그러나 대부분은 다른 것과 관련을 맺어서 춤 동작에 구체적 설명을 도모하고 기호와 기호 간의 차이를 더 변별력 있게 코드화시키는 원인을 제공한다.

(3) 상징과 관련된 기호

상징과 관련된 기호는 일반관념의 연상에 의하여 지시하는 대상을 표상하되, 추상적 개념을 표의하는 무용기호를 일컫는다. 이는 대체로 움직임의 추상적 표현, 프로그램의 도상, 조명기능의 반전 등 주위를 환기시키면서도 구체적 현실과는 동떨어진 기호작용을 의미한다.

상징과 관련된 기호의 해석에서는 문화적 맥락에서 은유화된 상징적인 약호를 밀접하게 관련시키는데, 이때 동작의 움직임에 따라서 문화적 해석이 추상적으로 이루어진다. 한국 전통춤의 움직임 가운데 유독 많은 무릎의 굴신 형태는 죽은 뒤 땅에 묻히며 다시 윤회적 삶으로 이 땅에 돌아온다는 현세주의의 추상적 의미가 곧바로 기호로 해석된다. 하지만 발레리나의 토슈즈에서 보듯, 높이 상승하는 도약적 움직임은 서양의 이원론에 기인한 형이상학적 의미로 좀 더 하늘 높이 신의 세계에 다다르고자 하는 것으로 해석할 수도 있다.

상징은 매우 자의적인 법칙에 의한 개념이다. 앞에서 언급한 인도의 하스타 무드라Hasta Mudra와 라바노테이션Labanotation의 기록과 관련된 상징부호는 움직임의 자의적 체계에서 추상적 표현동작을 해석하게 하는 기호로, 모두 상징과 관련된 기호체계다.

상징기호는 무대에서의 현실을 환기시키고, 무대 밖의 세계를 지시하며, 예술의 상징과 극적 효과를 증대시킨다. 상징과 관련되어 나타나는 상연기호들은 1차적 해석에서 끝나지 않고 복합적이면서도 형이상학적 연상에 의한 기호들의 작용을 의미한다. 여기에는 의도적 암시를 겨냥한 기호현상도 나타날 수 있지만, 진정한 무용 텍스트의 상징기호는 안무가의 의도와는 무관하게 해석자에 의해 나타나게 되는 모든 의미들의 총체라고 할 수 있다.

〈경복궁의 봄〉 공연 장면 (동국예술기획 제공).

발레리나의 토슈즈에서 보듯, 높이 상승하는 도약적 움직임은 신의 세계에 더 가까이 다가가고자 하는 의도로 해석할 수 있다.

그리고 상징은 도상-상징, 지표-상징과 같이 복합적 층위에서 비롯된 상호작용의 결과로 인한 형태이므로, 작품에서는 우리가 관습화되어 상징하는 것들이 완전히 뒤바뀌는 기호의미를 함의하는 경우가 많다. 도상-상징의 '빨강'이 주는 현실적 느낌이 무대에서는 다른 양상으로 보이기도 하고, 지표-상징과 같은 무대의 유사성을 기반으로 한 인접적인 환유가 아주 다른 해석으로 바뀌어 버리는 것 또한 무용 텍스트에서는 가능하다. 고도의 추상화된 무용작품의 경우는 탈코드화된 커뮤니케이션의 영역과 관련된다.

이러한 기호들의 양상에 따라 무용작품이 코드화되는 형태에 관해 살펴봄으로써 무용의 진정한 커뮤니케이션에 다다갈 수 있을 것이다.

무용 텍스트의 코드와 탈코드화

코드는 특정 맥락에서 기호와 기호 사이에서 발생하는, 발신자가 수신자를 상정하고 기호를 제작하고 해독하는, 곧 기호작용을 일으키는 규칙들의 총체를 가리킨다. 커뮤니케이션의 중심이 되는 메시지를 가능하게 하는 것은 코드다. 코드 없이는 메시지를 만들 수도 없을뿐더러 해독은 더욱 불가능하다. 코드는 메시지를 한 가지 표현으로부터 다른 표현으로 변화시키는 명료한 규칙들의 묶음이다 (Sebeok, 1991: 16). 코드는 기호의 특정한 연결이 무엇을 의도하는지 하는 기호사용자의 의식과도 관련되어 있다. 즉 코드화란 기호를 어떤 대상체나 정신적 개념에 연결시키는 기호에 관한 조립규칙을 의미한다.

예술 코드 또한 기호와 기호 사이를 오가며 의미를 해독한다. 그것을 기호학에서 '심미적 코드' 또는 '미학적 코드'라고 하며 논리적 코드와는 다른 개념임을 앞서 설명했다. 즉 사고나 이성에 의해서 관계를 형식으로 표상하는 논리적 코드와는 다르다. 심미적 코드는 느낌과 감성에 의해 메시지와 물체 자체(기로가 말한 message-objects)를 표상한다. 그것은 때로 춤으로, 때로는 미술작품으로 매우 추상적이면서 심리적 또는 미적 체험을 드러낸다. 따라서 예술 코드가 몽환적이거나 가상적 이미지가 되어 예술세계를 현실에서 유리시키기까지는 코드화의 강도에 의해 실험적 모습을 보이는 것이다.

예술에 나타난 미학적 코드는 도상적 기표 혹은 도상적 지표기호를 사용한다. 도상기호는 때로 대상을 실제적으로 표현할 때도 있지만, 그것은 실제와 멀어져 또 다른 가상세계에서 공상적 이미지를 연출하는 예술기호를 만든다. 인간의 심리와 느낌을 원형으로 하여 무의식을 표방하고 예술적 감정의 결정체를 만들기 위해 예술 코드는 코드엮기와 코드풀기의 연속이다. 그래서 예술 코드는 머무는 것이 아니라 늘 새로운 선택을 하며, 탈코드화의 특성을 지녀야만 하는데, 그것은 예술의 '창조'를 의미한다.

예술에서의 의미작용은 코드화와 탈코드화를 허용한다. 예술에 생명력과 역동적 에너지를 가져오는 것 또한 탈코드화의 힘이다. 탈코드화는 기호를 탈기호de-sign화한다. 탈기호화는 새로운 질서 위에 일반적 기호로서의 의미를 해체하고 새롭게 조립한다. 예술기호와 기호 사이에서 발생하는 커뮤니케이션의 해독, 즉 의미과정에 대해 코드엮기와 코드풀기에 따로 주목하는 것은, 예술기호 작용의 총체를 보면서 예술의 미학적 기능을 나름대로 정의내릴 수가 있기 때문이다.

무용 텍스트 읽기를 위한 예술기호에 대한 의미, 곧 해석의 실현은 비구두nonverbal라는 언어적 관점에서 구조적으로 논의되어야 함을 시사한다. 다시 말해 기호학의 출발이 '언어구조인 해(기표) + 태양계의 중심행성을 이루는(기의)=기호(대상-태양)'가 되어 기표와 기의의 의미작용으로 관계와 구조를 설명했듯이, 예술기호의 의미작용 또한 비구두라는 언어적 메시지가 바로 기호작용의 구조를 설명하고 읽어 내는 것을 가능하게 한다.

그런 의미에서 예술기호의 코드엮기와 코드풀기는 지속되는 심미적 코드의 외시의미를 넘어선 심층적 함의까지도 파악해야 한다. 도상, 지표, 상징기호의 연속 고리와 기호적 이해를 통해 예술기호가 어떻게 무한한 의미를 생산하는지 발신자와 수신자의 사이에서 발생하는 대화를 읽고자 하는 것이다. 무용 텍스트는 바로 도상이 세계를 재현하는 여러 가지 코드화를 통해 그 밖의 모든 맥락들과 어우러진 상징의 의미를 캐내야 할 것이다. 코드화의 분류를 살펴보면 다음과 같다.

무용 텍스트는 안무가와 관객 사이에서 의미를 전달하고 소통하는 커뮤니케이션을 수행한다. 안무가는 안무노트에 무용수의 형태적 움직임, 공간에서의 대열과 방향성, 힘과 속도, 음악이나 음향 등을 기호들의 조작을 위해 낱낱이 기록한다. 코드화는 기호의 특정한 연결이 어떤 대상체나 정신적 개념에 연결시키는 기호에 관한 조립규칙인데, 상연 요소에 나타나는 기호들을 어떻게 엮고 풀어헤치면서 메시지를 전할 것인가에 의한 조작된 원리를 의미하고 그것을 해석하는 과정까지를 의미한다.

작품의 의도가 어떻게 관찰자(관객)에게 전달되느냐에 따라 관객의 미적 경험과 작품의 분석이 달라진다. 그러나 관객의 시선에서는 비구두인 몸짓 매체가 전하는 이미지가 여전히 난해할 수 있다. 따라서 무용작품에 대한 해석이 의도와는 전혀 다른 주관적 인상주의에 치우칠 수 있기 때문에 움직임에 대한 코드의 형식과 제작원리에 대해 어느 정도 숙지할 필요가 있다. 이러한 미학적 작용 원리에 대한 보편적 이론은 예술의 커뮤니케이션과 관련된 기호의 상호작용뿐 아니라 코드화에 대한 안무 형태의 이해, 그리고 객관적 비평의 해석에도 나름대로의 명료성을 부여할 수 있다. 따라서 다음과 같은 코드화의 분류를 통해 무용의 움직임과 형상은 어떠한 원리로 코드화될 수 있으며, 어떠한 구조로 접근하여 무용 텍스트를 이루는가 하는 예술적 원리를 규명할 수 있을 것이다.

1) 요소에 따른 분류

(1) 구상적 코드화

무용 텍스트에서는 미학적 원리에 의한 무용수의 움직임, 이 밖에 시각적·청각적인 효과를 기대하며 코드가 적절하게 기호들을 조작하여 메시지를 생산한다. 특히 가장 활발하게 움직이는 운동적 요소가 이에 해당된다. 구상적 코드화는 무용수가 보이는 구체적 시각 이미지, 움직임이 가져오는 역동적 힘, 점과 선에 의한 원리적 개념, 무대에서의 진행방향, 그 밖의 시청각적 구성원리를 뜻한다.

구상적 코드화는 매우 형태적인 원리인 1차적 상연기호들의 조합이며 보편적 개념에 의한 코드화의 실천이다. 추상적 코드화가 진행되기 전에 안무가는 일련의 조작된 원리로 무용이 작품으로 우선 실현해야 할 기술적 작동원리의 기본적 요소를 생각하며 작업을 수행해야 한다. 다만 이 같은 분류는 독립적 코드화 현상보다는 다른 요소들과의 관련된 총체적 결합으로 나타나게 된다.

표 4-4는 표 4-3에 나타난 코드화의 원리에 의해 구상적 코드화를 중심으로 두

표 4-3.
구상적 코드화의 원리

<table>
<tr><th colspan="2">요소</th><th>구성</th><th>코드화의 원리</th></tr>
<tr><td rowspan="2">무용수</td><td>형태</td><td>인원수와 성비</td><td>• 성비와 집합체적 성격에 따라 주제의 핵심과 상소 표현
• 군집의 조화와 균형, 대비에 따라 형식적 원리를 이어감
• 움직이는 하위신체기호 단위들의 인위적·형태적 원리
• 1 : 1, 1 : 2, 1 : 3 등 비례적 형식의 복잡과 다양성을 통해 유동성과 율동성을 부여하는 형식</td></tr>
<tr><td>역할</td><td>극에서와 같은 배역</td><td>• 배역의 동일화, 모방적-도상의 표현형태, 신체를 표현하는 내면적 형상이 표출된 형식의 기호들의 묶음</td></tr>
<tr><td rowspan="2">움직임</td><td rowspan="2">공간적 요소</td><td>모양과 크기

정지와 움직임의 크기: 비틀거림이나 팔의 꺾임, 턴, 밸런스 등 움직임과 점프, 낙하의 강도, 플로어와 공간 사이에 나타나는 크기</td><td>• 미의 기능적 요소 중 하나인 운동성과 활동적 기호들의 조합
• 정지상태의 공간: 외견상 계속성이 없는 순수공간의 성격, 외면적 공간의 정지된 공간, 발전성이 있는 시간적 요소를 갖춘 유기적 코드
• 운동상태의 공간: 공간적으로 움직임을 파악할 수 있는 공간, 의식작용에 의해 상승과 낙하 등 내적 심리를 해석할 수 있는 코드, 지속적 시간을 통해 움직임의 성향을 읽을 수 있는 코드
• 구상적 코드화로서 상징적 움직임의 형식을 축약과 과장에 의해 코드화하고 해석할 수밖에 없는 속성
• 플로어와 공간 사이의 도약성, 밀집성, 응집력의 형태에 의해 나타나는 내적 심리의 크기에 대한 다소 과장된 형식
• 대칭, 균형, 대비를 통해 질서의 장중감을 보이는 형식
– 대칭을 통한 동질성, 동질적 대상과 마음
– 균형과 통일의 안정성과 견고의 감정, 이완의 휴식
– 강력한 대비를 통한 내적 강렬함, 인력적 형태의 흡수성, 상반되는 힘이 약해질수록 자극적 성격의 축소 지향
• 자극적 생기, 흥분, 변화된 감정, 확고한 통일감을 지니기도 함</td></tr>
<tr><td>대열과 방향성

무용수의 등장과 퇴장, 남녀 무용수의 대비 등 대비의 대열에서의 조화와 균형감, V자 형태의 패턴, 사선대열 등 주요 집단과의 대비, 평형성</td><td>• 공간성과 밀접하게 연관되어 방향성 자체가 갖는 심리적 혼합과 융화된 감정
• 동일한 방향을 나타내는 집합체의 동일적 방향성: 통일성, 직진적 강한 감정, 전진적 강한 의지
• 다른 방향이 가지는 이질적 방향성의 코드: 자극, 반발, 대비, 균형성, 반항 형태의 감정, 심리적 갈등을 표현</td></tr>
</table>

표 4-3. (계속)

<table>
<tr><th colspan="3">요소</th><th>구성</th><th>코드화의 원리</th></tr>
<tr><td></td><td></td><td></td><td></td><td>• 움직임의 패턴과 대열
<table>
<tr><th>직선</th><th>사선</th><th>곡선</th></tr>
<tr><td>• 수평선은 연장되는 형식으로 평탄한 확장의 이미지, 안정감, 죽음의 차가운 요소
• 수직선은 상하의 움직임에서 볼 수 있는 열정과 따뜻한 성격, 대지를 파고드는 예리함과 격렬한 요소</td><td>• 대각선은 수평선의 차가운 면과 수직선의 따뜻한 면을 동시에 보유하는 대열, 여러 가지 감정의 복합적이고 불안한 형식
• 꺾은선과 같이 2개의 선이 충돌하여 각이 형성되고 하나의 선이 저항을 받아 방향을 전환하는 직선형태의 대열로, 외면적 운동성의 효과를 최대한 가져올 수 있는 형식
– 직각: 차가움과 자제,
– 예각: 첨예(尖銳), 고도의 능동
– 둔각: 당혹함과 우유부단, 수동적</td><td>• 호선(弧線: 활과 같은 형태), 사행선(蛇行線: 뱀과 같이 꼬인 선), 나선(螺線), 와선(蝸線)의 형태
• 우아함, 원숙하고 동적이며 여성적인 감정의 소유형태</td></tr>
</table>
• 움직임과 함께 시각적 이미지로 코드화되어 함께 조화를 이루어내는 형식
– 앞으로 향하는 방향성: 외향적이며 적극적인 성격, 확대와 강조, 비굴하지 않은 태도, 위엄 있는 인물표현과 공명정대한 성격
– 뒤로 향하는 방향성: 내면으로 파고드는 추진적 예리함과 강함의 내성적 감정, 소극적 도피성, 압축적 추진성
– 오른쪽으로 향하는 방향성: 우방향이 가진 자유로움과 밝음으로 점진적 희망을 지향, 수평선의 차가운 영향으로 엄격한 논리와 이성적 성향을, 전면에서 받은 저항에 대한 방향전환으로 도피적이면서도 욕구를 받아들일 수 있다는 가능성
– 왼쪽으로 향하는 방향성: 좌방향이 가진 부자연스러움, 어둠의 성향, 수평선의 차가운 공명에 의해 엄격함이 드러남, 전면부의 지향을 부정하는 어두움이 표현된 형식</td></tr>
<tr><td>동적 요소</td><td>힘과 경쾌함</td><td></td><td>긴장감, 강약의 힘 등 방향성이 크거나 빈번한 점프 또는 회전 동작의 활력, 반복된 교차행진은 통일적 경쾌함</td><td>• 반복적 통일감: 사물의 공간적 반복, 움직임의 되풀이 되는 관계, 반복의 형식에는 움직임의 명암, 표현적 색채, 강약의 형식이 있어 규칙성과 불규칙성의 원리에 의해 표현
• 반복구성: 정적 흐름을 가진 통일감에서 지루한 감정의 표현, 무대조형과는 달리 감정의 약동이 움직임으로 인해 직접 강하게 공간에서 포착되므로 상징적 의도가 강한 도상적 이미지를 연출
• 동적인 것을 포함한 정적 힘: 밀도 있는 상징의 표현 형식</td></tr>
</table>

표 4-3. (계속)

요소			구성	코드화의 원리
	동적 요소	속도와 지속성	음악과의 조화, 움직임과의 융합, 속도감 후의 정지, 또는 움직임에 의한 강조, 반복성, 신속한 공간배치를 통한 빠르고 지루하지 않은 안무구성(역동성의 활기와 완화감)	• 음악의 점층적 형식으로 의지의 표현과 비례, 리듬감 강조, 대칭 고유의 질서, 안정감 유지, 정과 동의 감정 형태의 지속 • 속도감 있는 밀집성으로 클라이맥스의 집중적 형태로의 구성원리, 음악적 효과와의 연관성
시각적 배경		분장 및 의상	색상배열의 조화, 통일감의 형성, 캐릭터의 상징	• 색상의 상징, 감성적 감각표현 등 단숨에 지각되는 상징성을 의도, 도상적-상징, 도상적-지표 등 모방과 관습적인 기호체계들의 구성 • 움직임과 함께한 표정 연출의 연계된 기호체계, 미적 표현의 시각적 형상화
시각적 배경		무대환경	조명의 현상적 이미지 효과, 무대 환경적 지시	• 무대미술의 극적 효과, 자연적·인위적 기호들의 시각적 형태, 보조적 수단으로 주제의 상징적 표현을 극대화하는 형식 • 흐트러뜨림의 불균형한 어수선함, 무대의 환기된 이미지, 시공을 초월한 극적 반전을 기대
청각적 요소		음악	음악의 역동적 경쾌함, 움직임과 융합된 조화, 일치감, 무대 환기, 신비감 조성, 상징	• 움직임의 효과를 동일한 시간선상에서 조합하는 청각기호의 하나. 감정표현의 대체적 매체, 시각적 매체와 어떤 대상과의 연상작용을 유추하게 하는 매개적 기호로서 존재 • 지시적 현실 확대, 현실을 떠난 관념의 이미지로서의 반전 • 지속적 시간성과 공간성 확보
청각적 요소		음향효과	음향효과의 극적 반전, 극적인 힘과 역동성의 상징	• 무음악을 포함한 극적 효과. 무용수 본연의 자연기호로서 음성이나 무대 바닥을 치는 소리, 비명 등 갈등과 긴장의 극적 효과를 기대 • 무정형의 공간성, 효과적 시간배분에 따른 신축성

작품을 5단계로 나누어 비교분석한 예다. 지리 킬리안Jiri Kylian의 작품은 무용수의 구성과 작품의 상징에 따라, 안젤랭 프렐조카주Angelin Preljocaj의 작품은 무용수의 구성은 변함없는 데 비해 단계별 주제의 내용이 분명하였으므로 그에 따라 분석한 것이다.

표 4-4. 킬리안과 프렐조카주의 〈결혼Les Noces〉 텍스트 비교

요소			킬리안의 〈결혼〉	프렐조카주의 〈결혼〉
무용수		형태	• 여성군무의 시작과 남성군무의 등장 • 신랑신부의 기대와 불안을 노래하고 혼합군무의 형태로 축복을 상징	• 여성군무의 불안의식의 안무 형태 • 2단계부터는 일률적인 군무 형태를 보이며 주제의 내용과 상징을 부각시킴
		역할	• 주연인 신랑신부와 그의 친구들, 부모, 중매쟁이 등의 역할	• 특별한 주연 없이 5쌍의 신랑신부가 그 역할을 소화해 냄
움직임	공간적 요소	모양과 크기	• 격렬한 움직임의 크기로 상체 동작의 비틀거림이나 팔의 꺾임 등의 모양을 보임 • 점프의 강도와 바닥에 엎드리는 모양으로 크기의 강약을 조정	• 팔의 꺾임과 상체동작의 격렬함은 비슷하나 회전동작 후에는 도약하여 움직임의 크기를 조정 • 소품 사용의 효과를 위해 내동댕이치는 등의 잔인한 동작으로 주제의 암시를 극대화
		대열과 방향성	• 무용수의 등장과 퇴장이 조화를 이루고 남녀 무용수의 대조·대비의 대열이 조화와 균형감을 강하게 드러냄 • V자 형태의 군무로 주연을 중심에 두어 집단과 대비하여 강조	• 일정한 규칙은 없으며 사선 대열의 의자 배치와 그를 에워싼 군무는 불안감 속에 조화와 긴장감을 조성 • 무대 정면을 향한 ㄷ자 대형 속에 안무는 중심을 강조하고 주제의 상징을 극대화함
	동적 요소	힘과 경쾌함	• 방향성이 크고 점프 회전동작이 많음 • 각각 나뉜 남녀 군무의 점프와 회전동작의 반복성이 경쾌감을 더함 • 전진과 후진의 빠른 반복은 힘과 통일된 경쾌함을 보임	• 남자 무용수의 보조적 힘과 여성 무용수의 빠른 움직임이 돋보임 • 움직임의 경쾌함보다는 불안한 심리와 갈등의 묘사로 인한 힘의 상징이 강함
		속도와 지속성	• 음악과의 절묘한 조화 속에 움직임과 융합이 뛰어난 안무를 구상 • 주연의 속도감 있는 동작 후의 정지는 사랑을 표현하는 강조와 완화된 휴식, 평화를 줌 • 반복적 안무가 지속되지만 신속한 공간대열의 배치를 통해 스피드하고 지루하지 않은 안무구성 • 역동성의 빠름과 완화감 조절이 잘 이루어진 작품으로 절묘한 조화와 통일을 선사함	• 주제의 극적 반전과 상징을 위한 리듬의 반복으로 속도감의 지속성이 최대화된 안무 • 빠른 속도감의 반복은 극을 대비와 절정으로 이끌어가고 퇴장하는 순간까지 희미한 여운의 힘이 계속 이어짐
		의상	• 신부의 순백 드레스와 러시아의 전통적 일상복을 응용한 남성 무용수의 의상 • 1920년대 러시아 시골의 한 단면을 살린 자연스런 색상과 장식	• 붉은색의 우단 원피스에 구두를 신은 신부와 검은 바지와 흰 와이셔츠에 넥타이를 매고 구두를 신은 신랑의 복장

표 4-4. (계속)

요소		킬리안의 〈결혼〉	프렐조카주의 〈결혼〉
시각적 배경	의상	• 아름다운 신부의 신체 곡선을 잘 살리는 의상과 중매쟁이의 튀는 듯한 붉은 계열의 의상은 색상 배열이 조화를 이루어 색채감이 돋보임	• 붉은색의 짧은 원피스는 자유의지를 강하게 추구하는 내면의 일면을, 스커트 사이로 드러난 하얀 속옷은 신부의 순결과 성적 이미지를 함축 • 보편화된 남성의 현실감 있는 복장은 권위와 냉철함을 상징
	조명	• 간결하고 차분하며 많은 변화가 없는 조명 • 5단계에 와서 조명의 극대효과를 노리는데, 푸른빛의 다운된 조명이 그림자처럼 길게 드리워지면서 성스러움과 황홀한 신비감을 주는 이미지 효과	• 표정연출을 위한 조명의 기대효과와 극의 반전을 노리는 절정 효과 • 5단계에서 창문 역광을 통한 조명의 극대화
	무대장치	• 단순하면서 시대성과 상징성이 돋보이는 무대 환경 • 무대 뒤 닫힌 문(門)을 통해 신부의 처녀성을 상징 • 열리는 문은 성스러운 결혼의 출발을 암시하며 초야를 치르기 위한 신방을 나타내기도 함	• 영화적 스크린 효과와 창고 형태의 무대 계단, 창문의 역광 빛을 기법으로 한 무대미술의 극적 효과 • 의자와 신부인형 소품의 어수선한 배치, 안정된 균형으로 주제의 상징 극대화 • 의자는 상징적 의미로 신랑신부의 결혼의 보금자리인 침대와 함께 위협적 무기로, 신부 인형은 여인의 지고지순한 처녀성을 상징
청각적 배경	음악	• 스트라빈스키의 칸타타 음악이 주는 역동적 경쾌함으로 춤과 융합이 뚜렷한 안무 • 5단계에서 타악기의 신비한 여운감은 성스러운 상징을 극대화	• 남성 보이스에 맞춘 남성 군무와 여성 보이스에 맞춘 여성 군무, 혼합 보이스에 맞춘 혼합 군무가 조화를 이룸 • 무음악의 안무구성이 돋보이는데, 처음 시작은 주제의 예고를, 엔딩은 무음악의 여운이 카타르시스의 극한 절정을 가져옴
	효과	• 남자 주연이 키스하는 순간 음향 효과의 기대와 반전 • 극적 힘과 역동성을 상징할 때 몸을 치거나 손바닥으로 바닥을 치기도 하고 손뼉을 침	• 음악이 꺼지는 순간의 극적 효과 • 격렬한 손뼉 치기, 바닥 치며 구르기, 비명 지르기 등으로 갈등과 긴장의 극적인 효과

표 4-5. 추상적 코드화의 원리

<table>
<tr><th colspan="2">요소</th><th>코드화의 원리</th><th>특성</th></tr>
<tr><td rowspan="2">움직임 자체의 공간적 상징</td><td>시선</td><td>• 시선의 경우 상, 하, 중앙, 좌, 우에 따라 지향하는 심리를 지표하며, 상승적 동작, 하향적 동작, 무대방향과 함께 복합적인 상징적 개념을 유도
• 대개 한국 전통춤에서 상(上)은 양(陽)의 동적 이미지, 하(下)는 음(陰)의 정적 이미지를 상징
• 신체의 자아표현 단위를 중심으로 좌(左)를 소극적 음의 이미지로 우(右)를 적극적 가능성을 지닌 양의 이미지로 코드화하는 원리
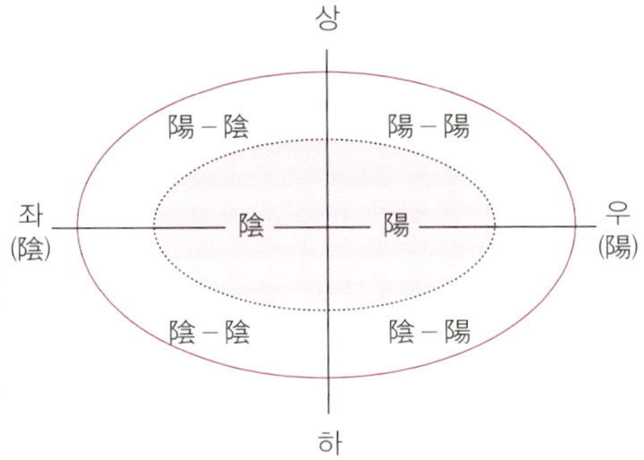
</td><td rowspan="2">• 움직임 자체가 갖는 상징기호의 조합
• 일대일의 기능으로 조작되는 원리이긴 하지만 의미적 효과를 가져오지 못할 수도 있는 기호작용, 주제와 일치할 때만 사용될 수 있음</td></tr>
<tr><td>호흡</td><td>• 호흡 방법은 특히 한국 춤에서 중요한 구분을 의미
• 들숨－吸(陰), 멎숨－止(中), 날숨－出(陽)과 세기(강, 약)에 따라 상징적 개념, 내면적 기호들의 표현을 의미
• 움직임 원리의 표출원리로 내면 심리의 지표적 기호작용
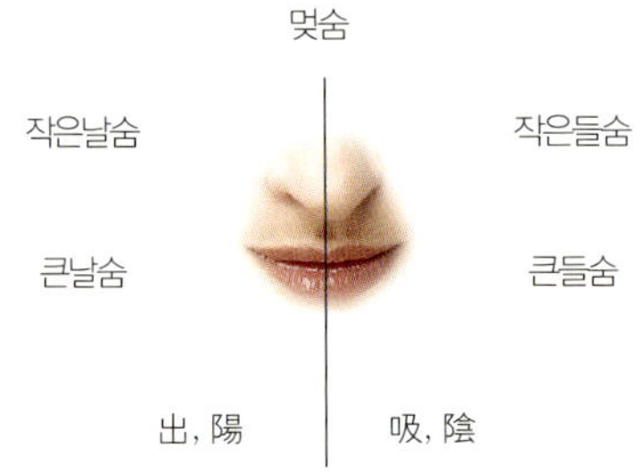

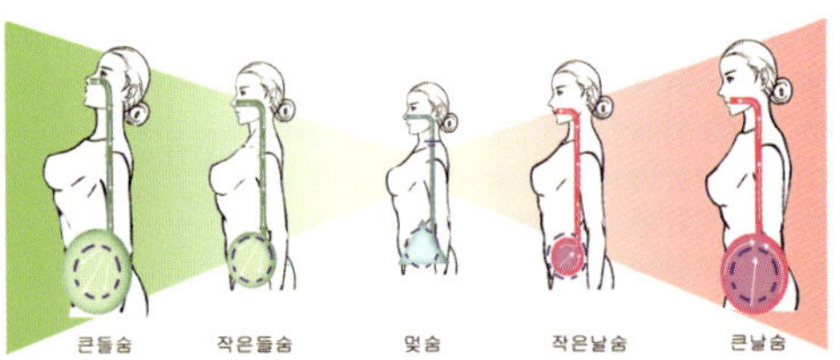
</td></tr>
</table>

표 4-5. (계속)

<table>
<tr><th colspan="2">요소</th><th>코드화의 원리</th><th>특성</th></tr>
<tr><td rowspan="3"></td><td>무게 중심</td><td>• 상승과 하향에 따라 양과 음을 구분하거나 의욕적 비상, 적극적이거나 소극적인 태도를 상징하는 개념</td><td rowspan="3"></td></tr>
<tr><td>움직임 방향</td><td>
<table>
<tr><th></th><th>色</th><th>계절</th><th>방위</th><th>위치</th><th>六神</th></tr>
<tr><td>木</td><td>靑</td><td>봄</td><td>동</td><td>왼쪽</td><td>靑龍</td></tr>
<tr><td>火</td><td>赤</td><td>여름</td><td>남</td><td>위쪽</td><td>朱雀</td></tr>
<tr><td>土</td><td>黃</td><td>한여름</td><td>중앙</td><td>가운데</td><td>句陳, 螣蛇</td></tr>
<tr><td>金</td><td>白</td><td>가을</td><td>서</td><td>오른쪽</td><td>白虎</td></tr>
<tr><td>水</td><td>黑</td><td>겨울</td><td>북</td><td>아래쪽</td><td>玄武</td></tr>
</table>
</td></tr>
<tr><td>신체 부위</td><td>
<table>
<tr><th>부위</th><th>상징화된 의미</th><th>부위</th><th>상징화된 의미</th></tr>
<tr><td>두부</td><td>지적 성격</td><td>복부</td><td>욕망적 성격</td></tr>
<tr><td>견부</td><td>의욕적 성격</td><td>요부</td><td>욕정적 성격</td></tr>
<tr><td>흉부</td><td>정동적 성격</td><td>사지</td><td>보조적 성격</td></tr>
</table>
</td></tr>
<tr><td colspan="2">시각성의 구조적 개념</td><td>• 대상의 자연적 코드화 : 지시적 형태, 자연적 그대로의 사건 인식(무대의 꽃 한 송이, 나무 한 그루는 자연을 연상시키기 위해 그대로 자연을 모방한 상징기호, 그러나 추상적 개념으로의 환기는 이미 자연의 싱그러움, 일상에서의 탈출, 일탈, 자유 등을 의미하는 기능)

• 대상의 행위적 코드화 : 기표와 의식적 행위를 전달하고자 하는 의미가 합해져 기호로 표상되어 대상을 인식(장미꽃을 전하며 사랑을 고백한다거나, 반지를 건네며 영원한 사랑의 약속을 하는 행위적 대상, 상징적 의미의 기호, 이미 기표가 사라져도 대상 하나로 인식이 아주 강렬하게 전달되는 형태의 기능)

• 대상의 미적 의미의 코드화 : 모든 것은 미적 대상으로 보는 기호의 조작된 원리, 무대에서 반전되는 기호의 탈코드화, 감성의 자유로운 직관에 의해 창조적 생명력의 대상으로 인식하는 경우
(죽은 고목나무는 일상에서 쓸모없지만 무대에서는 황혼의 인생을 연상시키며 아름다운 삶에 대해 유추하게 하는 것, 떨어지는 낙엽을 일상에서는 주워 버리거나 태우지만 무대에서는 세월의 유수와 또다시 소생하기 위한 자연의 아름다운 생명의 개념으로 우주원리와도 소통되는 경우 모든 것이 미적 개념과 연결되는 표상활동의 구조)</td><td>• 미적·심미적 개념의 표상활동으로 미를 형성하는 중심개념에 대한 인식 태도</td></tr>
</table>

(2) 추상적 코드화 : 심미적 요소

구상적 코드화는 보편화된 도상적–상징, 모방적–도상으로 보이는 기호 표현이 주를 이루며, 움직임과 시각적 이미지가 가져오는 역동적 힘, 공간적 구성에 대한 보편적 원리 개념으로서 지시형태를 보인다. 뿐만 아니라 무용이 상연되는 내내 기호의 표현과 이동에 의해 보다 총체적 의미를 생산해 내는데, 이러한 총체적 기호들의 작용은 보다 추상적인 내용으로 우리의 인식을 환언한다. 바로 심미적 요소로 유추할 수 있는 세계의 개념이자 어떤 대상으로부터 새로운 의미를 결정짓는 코드화를 의미한다. 즉 기호를 넘어선 기호, 보다 추상적으로 약속된 개념적 정의, 해석자의 세계관, 문화적 코드, 신화 등 2차적 대상과 관련하여 유추될 수 있는 열린 해석의 장을 의미한다. 따라서 표 4-5의 원리와 특성은 추상적 코드화의 심미적 코드를 통해 가시화될 가능성 있는 기호 제작 원리를 보여 준다.

2) 특성에 따른 분류

(1) 자연적 코드화

자연에서 볼 수 있는 신호는 이루 말할 수 없이 많다. 검은 구름은 곧 비가 올 것을, 아지랑이와 들에 핀 파란 새싹은 봄이 왔음을, 우수수 떨어지는 낙엽은 곧 추운 겨울이 다가올 것을 알려준다. 이러한 신호는 자연 속에서 일어나는 현상에 대해 경험을 바탕으로 하여 징후와 결과를 암시하며, 시간성과 함께 하며 어떤 지시대상과 의미를 결합한다. 자연적 신호는 일대일로 결합되는 기호의 속성을 지닌다. 사실 자연적 신호 자체는 단순한 자연현상일 뿐이지만, 그것은 인간의 뇌리에 직접적인 원인과 결과로 결합되어 신호로 작용하는 것이다. 예를 들어, 천둥과 번개가 치는 것은 자연현상일 뿐이지만 우리는 비가 올 것에 대비하여 우산을 들고 외출한다. 반대로 누군가가 멀쩡한 날에 우산을 들고 외출했다면 다른 사람들은 '오늘 비가 오려나?'라는 생각을 하게 된다. 이처럼 자연현상은 아무런 의미도 가지지 않지만, 인간은 자연현상과 결합하여 특별한 의미작용을 진행한다.

무용작품에서 자연적 코드화란 이처럼 이미 관습적 일대일의 기호로 의미가 쉽게 구별되는 천둥소리, 울음소리, 동물의 소리 등 기호가 지시하는 대상체를 바로 연상하게 해 주는 기능을 말한다. 따라서 자연적 코드화는 기호 자체의 성질을 그대로 지니면서 다른 기호를 우위에 두는 하위적 기호로 존재한다. 한마디로 상위 기호와의 엮임에 따라 그 기호의 의미를 더욱 강조하고 무대에 진짜 천둥이 치고 동물이 있을 것만 같은 환상을 불러일으키는 것이다.

모방적-도상인 무대 소도구와 무대장치 같은 물질적 기호들은 지시된 하나의 대상을 나타내는 경우를 의미한다. 사실 엄밀한 의미에서 코드화의 의미는 모두 인위적이다. 녹음된 음향, 무대장치, 모방적 동작 등은 모두 하나의 대상에 대한 모방이며, 인위적으로 미리 계획된 것이기 때문이다. 또한 자연적 코드화는 예기치 않은 무용수의 기침소리, 객석의 소음 등과 무의식중에 엮이게 된 현상들도 배제하지 않을 수 없다. 그렇기 때문에 작품 자체에서 온전한 자연적 코드화란 있을 수 없다.

그러나 여기에서 설명하는 자연적 코드화는 진짜 자연의 현상과 같은 기호들의 양상이 아니라 현실에 대한 지시로서 아주 원초적인 코드화의 형태를 의미하는 것이다. 그러므로 자연적 코드화가 무대를 환기시키는 기능은 인위적 코드화에 비해 다소 약하다. 또한 심미적 코드화와는 아주 상반되는 현상을 의미한다.

자연적 코드화는 1차적 지시에 의해 명백히 드러내고자 하는 경우에 기호의 작용을 유도한다. 그러므로 관습적, 문화적, 생활적, 의례적, 친화적, 비논리적, 경험적, 비시간적, 발화적이라 할 수 있다. 먹구름이 깔려 비바람이 곧 몰아닥칠 것이라거나, 까치가 울어 오늘 좋은 일이 있을 것이라는 생각은 관습적이며 문화적이자 생활적이다. 사람의 비명소리로 어디선가 불길한 사건이 일어났음을 예고하는 것은 발화적이다. 또한 과거에 누군가가 객실에서 하룻밤을 묵었는데, 쾅 하고 철문이 닫히는 소리에 놀라서 깬 기억이 있다고 하자. 그런데 그 소리는 우유를 배달하는 이가 우유통의 문을 닫는 소리로 기억되는 경험을 가지고 있다면, 그런 경험으로 무대에서 똑같은 무대장치를 통해 효과를 계획하는 것은 사실적이긴 하지만 매우 비논리적이며 개인적이다. 그것은 자신의 경험일 뿐이지 타인의 경험과 모두 일치할 수는 없으며 논리적 개념이라기보다는 하나의 사건에 불과하다.

이처럼 자연적 코드화는 무대에서 시간을 염두에 두지 않고 시시각각 일어나는 코드화를 의미한다. 그리고 자연적 코드화는 세계를 협소한 틀로 좁혀주는 경향이 오히려 강하다. 즉 이때까지의 코드화는 아직 현실적 무대에 머물러 있는 시공간적 기호들의 작용에 의한 것이고, 관객이 코드풀기를 통해 일어날 사건에 대한 징후를 자신의 경험에 의해 생각하는 것으로, 자연현상의 신호적 개념과 같다.

(2) 인위적 코드화

무용에서의 인위적 코드화는 자연적 코드화를 포함하는 광범위한 개념이다. 즉 인위적 코드화는 무대배경의 효과, 음향의 효과, 상대방과 호흡을 맞춘 안무, 무용대본 등 형식적으로 안무가 또는 무용수가 미리 약속한 코드화의 의미로, 효과적으로 의미를 전달하기 위해 만든 일련의 기호들의 조작을 칭한다.

인위적 코드화의 조합도 대부분 현실 무대에서는 일대일로 대응한다. 앞에서 살펴본 구상적 코드화가 인위적 코드화의 실행에 속하는데, 인위적 코드화에는 움직임의 방향성과 힘의 강약, 안무노트에 의해 실행하는 것들이 포함된다. 인위적 코드화는 기호의 역동을 생각하기 전에 인간의 의식구조에서 바라본 무한한 세계를 향해 기호들은 갇혀 있다. 이것은 인위적 코드화의 기계적이며 언어적·현실적인 속성을 의미한다. 즉 관객의 해석과는 무관한 전 단계로, 안무가가 바라본 협의의 소통 과정에서 인위적인 기호작용의 총체를 의미한다. 무용이 상연되어 시각적 이미지로서 바라보게 되는 모든 도상기호의 측면이 인위적 코드화를 설명해 준다고 해도 과언이 아니다.

그러나 인위적 코드화는 여기서 멈추지 않고 의식적인 것에서 무의식적인 것으로 전환되는 과정을 포함한다. 무대배경, 음향, 소도구 등의 효과에 의해서 인위적 코드화는 어느 정도 시간이 지나면서 더욱 역동적인 형태로 코드화가 진행된다. 코드의 탈코드화 현상이 진행되면서 기호는 다시 기표로 전환되어 다중의 의미운반체로 작동한다. 이때 관객은 무대를 벗어나 시간을 초월하기도 하고 현실과 유리된 세계에 대해 연상하기 시작한다. 예를 들어, 그리스 신전을 그대로 옮겨놓은 무대장치는 그곳에 벌어지는 신기한 현상에 대한 줄거리 외에도 신의 세계에 대한 표상, 동경하는 음악적 모토, 예술에 대한 환상 등 여러 가지 의미를 동시에 파생한다. 이때는 기호의 갇힌 형태가 아니라 열린 형태가 된다.

무용이 심리적 표현의 형태로 자의적 형식의 기호들을 선택하더라도 기호들은 스스로 외부세계와 결합함으로써 또 하나의 의미를 생성한다. 아무리 열정적이고 강력한 에너지 분출을 시도하는 동작이라 하더라도 현실에서의 도약은 다시 제자리로 돌아오기 마련이다. 하지만 인위적 코드화 현상은 기호들을 현실 그대로 보지 않고 도약한 시간에 멈춰 버리며, 현실에서의 시간을 이탈해 버린다. 이때는 무대에서의 공간보다도 인간의 움직임과 역동적 현상들에 대해 인식하며 그대로 추상적 기호들을 생성하는 시간이다.

인위적 코드화는 현실을 환기하는 추상적 작품으로서 무용예술이 성립되기까지의 과도기적 현상을 의미한다. 즉 심미적 코드화를 위해 거쳐야 하는 중간단계이면서 탈코드화를 위한 기호의 이탈을 의미한다. 그렇다고 하더라도 인위적 코드화는 무용수 자신의 심리적 문제와 무대에서 이루어지는 대체로 자의적 결합 뒤에 오는 현상으로 제한된다. 말하자면 무용수에게는 내적 표상활동이 이루어지는 심미적 시간이라 하더라도 관객에게는 아직 외적 표상활동이 이루어지는 단계다. 관객은 무용수의 몸과 무대에서 이루어지는 모든 현상에 대해 아직 주의를 기울이고 있으며 문맥과 문맥을 연결시켜 의미를 찾고자 하는 시간이다. 무용작품은 결국 해석자에 의해 플롯이 선택되며, 해석자의 의미작용에 의해서 작품으로 형상화되는 것이다.

(3) 심미적 코드화

심미적 코드화는 무대 외에 객석과 무대와 무대 밖, 현실과 외부세계를 연결하는 기호들의 총체로 이루어진 아주 추상적인 코드화의 진행을 말한다. 눈에 보이는 의도된 현실에 대해 자연적 코드화와 인위적 코드화 현상을 넘어서 탈코드화를 진행시키는 모든 기호들의 작용이다. 이때는 기호의 순간적 관계들이 유기적으로 움직이는 가운데 커뮤니케이션을 넘어선 커뮤니케이션이 진행된다. 한마디로 심미적 코드화는 예술을 살아 있는 유기체로 만들며 우주와 같은 지속적 생명의 상태로 만든다. 심미적 코드화는 탈기호화의 기호화를 의미하며, 무대의 기호들이 소멸되고 더 이상 사건이 존재하지 않아도 여전히 남겨질 수 있게 만드는 코드화를 의미한다.

심미적 코드화는 대체로 상징이라는 자연에 의존하지 않는 자유로운 의미기호를 새롭게 만들어 버리는 특징이 있다. 상징과 지시대상의 대응은 유동적이며 일대 다수의 대응을 만들기도 한다. 그래서 작품은 극도로 표상적·추상적이며, 창조적이고도 예술적인 속성을 드러낸다.

해석자는 이러한 집합에 대해 공통되고 보편적 성질과 상징을 결합시켜 상징에 대한 최종 해석체를 만든다. 이 상징에 대한 해석내용은 추상적 관념이자 어떠한 집합체적 지시 개념에 대해 이미지를 설정한다. 이러한 차원은 외연과 함의를 넘어서 메타언어의 기능에 해당되며, 바르트의 신화적 개념과 같이 문화적 단위에서의 해석을 의미하기도 한다. 어찌 보면 일대일의 대응 개념으로서 자연적 코드화와 인위적 코드화가 오히려 많은 의미를 산출하는 반면, 심미적 코드화에서의 최종 의미산출 효과는 하나의 정의로 표상된 매우 집합체적인 개념이라 할 수 있다.

천둥소리는 비가 올 것임을 의미한다. 그리고 특정한 사건에 대해 무용수의 불안한 움직임이 무대의 모든 상연기호들과 자의적으로 결합되어 기호들을 엮어내고 있다. 주제에 대해서는 선뜻 형식과 내용이 그려지지 않는다. 그러

표 4-6.
코드의 분류

범주	코드화		
	성격	내용	현상
요소	구상적	• 운동적 요소	• 힘, 점과 선, 방향, 무대이동 등의 역동적 이미지
	추상적	• 심미적 요소	• 지시대상, 시간성, 공간성, 우주관, 표상성
특성	자연적	• 천둥소리, 우는 행위 등 이미 관습적인 일대일의 기호로 의미가 쉽게 구별되는 기호들의 조작 • 기호의 고정된 형태로 다른 기호를 우위에 두는 하위적 개념	• 관습적, 문화적, 생활적, 의례적, 친화적, 비논리적, 발화적
	인위적	• 무대배경의 효과, 음향의 효과, 상대방과 호흡을 맞춘 안무, 무용대본 등 형식적으로 안무가가 이미 설정해 두고 보다 효과적으로 의미를 전달하기 위해 만든 기호들의 조작, 기호의 갇힘성, 커뮤니케이션을 위한 커뮤니케이션	• 역동적, 기계적, 현실적, 언어학적
	심미적	• 자연적 기호와 인위적 기호들을 넘어서 탈코드화를 진행시키는 모든 기호들의 작용, 기호의 순간적 관계들이 유기적으로 움직이는 형태, 커뮤니케이션을 넘어선 커뮤니케이션	• 표상적, 창조적, 추상적, 예술적

나 어느 순간 내 눈에 보이는 무용의 기호는 이미 이탈되고 없으며, 그저 까닭모를 카타르시스를 느끼게 한다. 자리를 뜨는 순간 새로운 세계로의 열망으로 나는 총총 걸음을 걷고 있다. 심장이 두근거림은 멈추지 않았고 작품은 계속되는 감동으로 남아 있다.

문학작품은 줄거리에 의해 결과를 예견하고 시간의 흐름에 따라 문맥을 따져가며 의도된 적당한 이해를 위해 노력한다. 이때 문맥이라는 플롯의 틈새에서 독자는 무한한 상상 속에서 스토리의 맛을 더해 간다. 무용예술 또한 형식이 갖는 플롯의 층위에서 무용의 의미에 대해 무한한 상상력을 더해 가기는 마찬가지다. 하지만 문학작품과 다른 점은 문학이 언어가 가져오는 일대일의 자의적 개념에서 인간의 의식을 고정된 세계로부터 유리시키기까지 꽤 많은 언어적 기호들을 소비해야 하지만, 무용은 탈코드화로 이탈되는 시간을 미리 예견할 수 없을뿐더러 기호들이 던지는 시간성과는 무관하게 현실과 유리될 수 있다는 것이다. 따라서 무용도 무대에서 행해질 때는 적당한 상연시간과 공간성에 의존하지만 대본의 플롯에 의해 어느 정도가 적당한 커뮤니케이션을 유도하는 때인가에 대해서는 아무도 알 수 없다.

그러한 이유에서일까. 무용은 특별한 주제가 없는 한은 심미적 코드가 최종적 해석체로 귀결되어 버리는, 한없이 넓은 주제에 대해 끊임없이 일관성 있는 의미로 신체표현을 한다. 살풀이춤의 형식은 정과 한의 끊임없는 투쟁과 극복의 실천을 위해 승화하려 하고, 창작품의 어느 주제는 인간의 인생을 표현하며 나와 세계와 그 어떤 또 다른 실체에 대해 끊임없는 대화를 청한다. 이렇듯 우주의 철학과 인간 삶의 원리를 논하기 때문에 난해할 수밖에 없다. 그러나 무용은 언어의 도움을 요청하지 않는다. 언어로 세상의 모든 것을 대신하지 못하며 무용 또한 실체에 다가가지는 못하더라도 본질적 물음에 대해 원초적 표현으로 대화를 청한다.

신이 어디선가 본다면 무용은 이처럼 인간이 논하고 분류하는 코드화의 의미란 없다. 다만 자연적 현상이자 인간 본연의 자연적 기호일 뿐이다. 음악이 신의 소리를 대신하고 조각이 신의 형상을 빚는 것처럼 무용은 신을 향해 부르짖는 소리이자 결국은 신 자신의 몸짓인지도 모른다. 그래서 발레는 신을 향해 다가가려 도약적 발걸음을 했고, 살풀이춤은 인간이 죽은 뒤에도 춤으로써 달래며, 결국 춤으로 자신의 모든 허황된 잡념을 버리고 세계 너머에 있는 진실을 바라보려 했다.

인간의 몸짓은 이렇게 구조화되어서 바라보기 이전에 이미 저 너머에 있는 표상의 언어로 존재했었다. 어떠한 원리에 의해 무용예술을 바라보는가보다는 인간행위의 발화가 얼마나 역동적인 이미지와 말을 넘어선 표현을 하느냐에 집중하는 것이 오히려 중요한 일이다. 그렇다면 춤의 커뮤니케이션을 위한 진정한 의미 너머의 의미인 '탈커뮤니케이션'이라는 소통의 구조에 대해 살펴볼 필요가 있다.

표 4-7. 무용 코드화의 시공간성

구조 \ 성질		외면적·가시적 시공간성		내면적·표상적 시공간성	
		무대에서의 시간	무대에서의 공간	예술작품으로서의 시간	예술작품으로서의 공간
코드화	의미	• 표현운동의 기능적 시간의 한 부분(음향효과, 무대의 조명 변화 등)을 시각적으로 포착하는 시간 • 움직임에 의해 직접적으로 호소하며 생명의 약동이 잠재된 시간(표현이 정지된 막과 막 사이의 시간을 포함)	• 정지상태에서 모든 것이 강한 이미지로 다가오는 무대의 현실적 공간 • 안무가의 의도가 코드화된 상태로 설정된 공간상을 의미 • 과장이나 압축된 기호들의 작용으로 주제와 관련을 맺는 기표가 다소 뚜렷한 의미를 드러내는 공간	• 생명이나 호흡의 약동이 지속되는 내면적·심미적 시간 • 부분적 시간의 지속에 의해 해석자가 눈으로 직접적 포착이 불가능한 시간 • 어느 인식의 단계에서 멈춰 버리는 비지속적 시간을 포함 • 경험이나 태도에 의해 주위를 환기시키는 시간	• 실질적 시간 안에서의 현상을 초현실적 공간으로 착각하는 공간 • 표현적 구성이나 형식, 기교 등이 복잡하게 뒤엉키면서 호소력이 강한 표현적 공간 • 내재된 의식과 연관된 공간개념으로 깊은 감동과 작품으로서 내면의 표상활동이 일어나는 시간에서의 공간
	성질	• 무대공간에서 움직임의 시간적 원리를 미리 형식화하여 음악, 무대 배경, 조명 등과 함께 초를 따지며 모든 것이 바쁘게 움직이는 원리 • 리듬의 원칙, 속도감의 조성, 율동의 지속성과 관계, 규칙적, 논리적	• 현실에서의 공간을 지시, 작품의 주제를 그대로 재현하면서 있는 그대로 공간의 의미를 연상하게 해주는 공간상(바다라면 바다라는 공간을, 중세시대라는 과거의 시간을 의미하면 시간을 초월한 지시적 공간을, 교회라면 교회의 신성한 이미지의 공간을 연출하는 의도된 공간) • 무대공간의 양적 변화, 의도성, 자의적 규약, 인위적, 자연적 코드화	• 무대에서의 형식화된 움직임은 의도된 형식으로 움직이고 있으나 좀 더 추상적인 내용과 매개적 작용을 함으로써 과거와 미래를 넘나드는 매우 자율적인 시간성 • 역동적 생명의 호흡 같은 지속적 시간으로 카타르시스적인 성향과, 반복적 리듬성의 구조에 의해 하나의 메시지가 의도적 효과 이상으로 감동에 이르는 효율적 시간 • 역동적 생명성, 시간의 질적 이동성, 비논리적, 이동적	• 무대라는 타협적 공간에서 무한한 비약적 공간상의 의미가 형성되는 창조적 공간 • 무대가 환기되고 연장되며 다른 세계로의 연결과 함께 치환까지 가능하게 하는 비가시적 공간성 • 인간의 상상을 초월한 극치의 세계까지 미적 표상을 보이며, 텅 빈 공간에서도 나타날 수 있는 속성의 여백미와도 같은 미적 공간 • 비의도성, 메시지의 예술창작성, 무대공간의 질적 변화, 심미적 코드화, 비타협적, 초현실적

3) 무용 코드화의 시공간성

무용 텍스트 내에서 코드를 인지하는 시간성의 개념은 각 코드의 계열체적 요소를 확인하는 시간으로 무대에서의 시간과 공간을 벗어나지 않는 현실적 시간의 흐름과 일치한다. 이는 코드의 엮고 풀기가 도상적-지표 또는 도상적-상징의 개념과 밀접해 있으므로 무용작품을 많이 접한 해석자는 미적 경험과 태도에 따라 어느 정도 텍스트의 기능을 관찰할 수가 있다. 그러나 예술작품에서는 이미 기호들로 가득 차 있는 공간에 비교적 현실과 관련된 시간성은 약해지는 반면, 역동적 이미지들이 그려내는 공간에서 예술작품으로의 창조적 생명력을 인지할 수 있다. 그것은 매우 추상화된 관념을 지시하며 과거와 현재를 넘어서 탈코드화된 기호들의 제작과 관련하여 나타나는 비약적 시간과 공간을 의미한다. 즉 무용 코드들의 형태적 현상으로, 표층적 층위를 넘어 질적 표상으로서 정서적이고 심미적인 심층의 층위에서 일어나는 현상 전반을 가리킨다. 이를 구조적으로 분석하는 것은 어렵지만 코드화가 메시지를 소통할 때 마지막으로 일어나는 예술적 현상의 속성은 앞페이지의 표 4-7과 같은 원리와 기능으로 작동한다.

탈커뮤니케이션

하야카와 요시오早川良宏住의 말처럼 "예술이 하는 일이란 우리의 경험을 상징하는 것"(M. 듀프렌, 1979: 32)이고, 그렇다면 무용가인 테드 숀Ted Shawn의 말처럼 "신과 그에 속한 천사들의 활동 중 가장 완벽한 상징"(Buck, 1987: 2)을 표현하는 예술가를 늘 무엇인가를 전달하기 위해 노력하는 존재로 본다면, 무용에서의 상징은 언어이자 결국 소통을 전제로 함을 알 수 있다.

따라서 최근 무용의 언어적 고찰에 대한 연구 동향에서는 메시지가 커뮤니케이션의 순환 과정을 거치기 위해서는 신체를 통한 춤 언어화에 초점을 두어, 무용이 지닌 모호성·불명확성으로 추상적이고 관념적인 몸짓에 지나지 않는 무의미한 몸동작을 보다 객관적인 시각으로 이해할 필요가 대두되고 있다(최경란, 1991: 4). 이러한 관점에서 춤 소통 언어가 추상적이고 다의적인 의미를 생산함으로써 예술의 의미를 명쾌하게 전하지 못하거나 수많은 의미의 표상에 난해해져 버리는 것은 소통의 문제다.

커뮤니케이션은 코드를 필요로 한다. 의미작용과 코드화는 동시에 탈코드화 현상을 일으킨다. 예술에서의 커뮤니케이션은 일반적 의미작용과는 다른 종류의 탈커뮤니케이션에 속한다. 기호들은 탈코드화가 진행되면서 발신자와 수신자 사이에서 전해진다. 그러나 의미작용은 탈코드화가 진행된 뒤에도 수준 높은 코드화가 진행된다. 일반적 소통과는 차원이 다르다. 한마디로 조작되는 듯한 관습적 동기도 내재할 뿐만 아니라 추상적 형태에서 예술을 바라보게 한다.

무용 텍스트의 추상적 형태는 현실과 타협되지 않은 심오한 세계를 연결해 준다. 살풀이춤 또한 한국의 가면극과 종교무용, 궁중정재무가 아닌 한국의 민속춤이 예술로서 무엇을 나타내는가 하는 소통의 문제는 단순하지만 꽤 난해하다.

대부분 발레나 탈춤과 같이 스토리텔링이 있는 무용 텍스트, 플롯과 우화를 통해 어느 정도 비자율 속의 정형화된 기본적 개념이 깔려 있는 경우, 대개는 하나의 형식과 하나의 의미생성이 이미 약속된 기호로 자리잡은 신체언어를 보여 준다.

그러나 살풀이춤과 같은(물론 전통적 방법과 형식적 순서가 시간에 의해 진행되기는 하지만) 언어적 소통에 관해서는 일반적 유래와 샤머니즘적 특성 등으로 전달의미를 유추할 뿐 일대일의 형식과 의미는 모호하다. 그런데 그 모호성과 현실을 초월하는 가상성이 미적 의미를 전달하면서 예술적 언어로 치환되는 과정에서 뭔가 새로운 의미를 창출하고 있다는 점에 주목해야 한다. 이때 언어로의 치환과 다양한 의미로의 소통은 전달자의 의도와 맞건 안 맞건 간에 시간을 뛰어넘은 예술로 여전히 새롭게 존재하고 있다는 의미와 같다.

앞서 상징에 관해 얘기했듯이, 예술적 기호가 갖는 이 같은 탈커뮤니케이션은 '미적 언어'를 어떻게 분석할 것인가에 대한 무용기호학을 절실히 요청한다고 본다. 과학과 심리적 상징의 융합으로 기호학과 예술분석공학은 미학적 이론을 해명할 방법론에 커다란 열쇠가 된다. 이를 통해 무용이 지닌 동작 코드는 무엇이 단순한 형식과 의미를 넘어 탈커뮤니케이션을 진행하는가를 엿볼 수 있다.

결국 무용기호의 치환에서 일어나는 코드와 탈코드화의 문제, 언어로 소통하는 방법과 자유로운 미적 사유는 관객에게 여전히 난해한 채로 남아 있는 무용의 미적 개념을 미비하게나마 통찰하게 해 준다. 이러한 점은 무용 텍스트가 동작학과 비구두 커뮤니케이션의 영역으로부터 분리되는 차별화에 대한 논지로 중요한 핵심이기도 하다.

1) 소통의 원리 : 비구두의 몸짓 매체

신체언어의 차이는 기호sign와 상징symbol에서 일어나는 코드 현상에 있다. 단순한 제스처와는 다른 소통의 의미는 일종의 몸을 코드화해서 나타내는 미적 코드에 관여된다. 춤은 마음의 심미적 상태를 신체라는 채널(여기서의 채널은 송신과 수신을 이루어야 하는 광범위한 단위개념)을 통해 의미를 발산하는 소통이다. 즉 동작과 그 밖의 것에 관여되는 기호의 현상으로 의미를 소통한다. 이러한 의미에서 신체는 반드시 커뮤니케이션이 일어나기 위한 전달매체로서 심리적 메시지를 전달하는 기능을 한다. 그렇다면 의미를 전달하는 춤의 경로와 언어적 기능에 대해서 상세히 다루기로 하고 춤에서의 신체 코드는 무엇을 말하고 있는지 먼저 살펴보기로 한다.

비구두 커뮤니케이션에 대해 도드Carley H. Dodd는 몸짓이나 시간 또는 공간을 상징으로 하여 의사를 표현하는 것이라 정의하고 있다(강여주, 2006: 11). 춤의 커뮤니케이션 또한 움직임만을 갖는 동작적 개념에서 출발하고 있지만, 신체를 매개로 하는 시간과 공간, 신체 움직임에 관련된 지표까지를 모두 지칭한다. 시선, 몸의 움직임, 공간에서의 자세, 신체접촉과 반응 등 움직임을 유발하는 모든 행위는 무수한 메시지를 지닌다.

언어의 음절과 음절이 만나 의미의 단위를 이루듯, 춤이 동작으로 실현되는 형상적인 면 외에 신체와 관련된 구성단위들은 셀 수 없이 많은 의미를 운반하는 기호다. 그러한 상황 속에서 코드엮기는 진행되고 생성된 코드의 메시지들은 코드풀이를 요한다.

말하자면 무대에서 이루어지는 모든 것은 신체와 관련하여 온갖 소통의 메시지를 만들기 위해 바쁘게 움직이고 있다. 예를 들어, 손등에 키스하는 장면은 단순히 사랑을 얻기 위해 아름다움을 표현하는 춤 동작으로서 의미는 뻔하다. 반면 1차적 소통에서 끝나 버려 더 이상 메시지의 의미작용은 불가능할 수도 있다.

단지 춤이 단순한 의미를 전달하는 기능뿐이라면 그러한 동작은 제스처에 가깝다. 춤은 모든 신체적 행위와 상응되는 구성요소의 작용을 포괄한다. 〈결혼〉이라는 작품은 결혼이 축복이라는 통념적인 생각을 벗어던지고 피의 결혼으로 파멸을 예견하는 복선이 되기도 한다. 따라서 춤에서 몸짓언어의 기능은 단순한 신체행동의 드러남이 아니라 아주 반대로 변화할 수도 있는 일탈적 행동을 포함한다.

춤의 언어적 의미기능을 위해 신체가 어떻게 코드화하여 의미소통을 이루는가 묻기 전에, 표 4-8은 위에서 언급한 무용의 언어적 기호의 단위들에 관하여 (그것이 구체적이든 추상적이든 간에) 탈코드화의 여러 가능성에 대해 나열해 본다. 신체와 관련한 비구두 커뮤니케이션 행위인 위의 요소들은 춤에 일어나는 일련의 현상들이자 코드를 형성하여 의미작용을 일으킨다. 그것을 기호라고 본다면 신체 행위의 기표들은 소통을 이루기 위해 분명한 메시지를 전하려 노력한다. 그러나 안무가와 관객 사이에는 서로 의미의 공유를 이루는 소통 외에도, 기표와 수많은 기의들이 관계에 의해 관객의 입장에서는 더 많은 예술적 코드를 엮거나 풀어내기도 한다.

무용에서의 비구두적 표현은 기표로서 신체 코드 외에도 많은 기호들이 형성된다. 살풀이춤에서 사용하는 긴 수건 역시 떠나간 임을 대상으로 인접성에 의해

표 4-8. 비구두 몸짓의 탈코드화 가능성

요소	기호 단위	탈코드화 가능성
신체동작	• 신체의 움직임, 눈의 움직임 또는 행위, 자세, 그리고 표정에 대한 직접적 동작기호	• 커뮤니케이션 단계인 근원과 메시지적 의미 • 움직임과 사회적 맥락 : 혁명성, 사회적 사건과 역사성 • 움직임과 문화적 상징 : 형이상학적, 종교적 철학, 민족성 • 움직임의 상징적 비약 : 주제의 이탈, 주관적 인상, 심리적 발현 현상의 강조된 이미지
신체적 외양	• 신체동작을 포함한 신체의 형태, 징후 등 간접적이며 비언어적 지시행위가 갖는 시각적 기호	• 커뮤니케이션 단계인 신호의 의미 : 움직임과 관련된 징후, 움직임의 소리와 관계된 현상, 후각적·촉각적인 심리와 관계된 충격반응
신체적 접촉행위	• 접촉의 유무로 보는 의사전달 간의 표현적 기호	• 커뮤니케이션 단계인 메시지적 의미 : 움직임의 심미적 표현행위-감각적, 메시지적, 대화적
부차언어	• 음성의 변동 또는 영상과 구두적 언어 등 몸짓언어에 의미를 더하거나 새로운 의미를 만들고 조절해 주는 지표적 기호의 의미	• 커뮤니케이션 단계인 송신기의 의미 : 움직임과 관련된 몸, 분장, 음성, 소도구, 무대장치, 조명 등
공간의 사용	• 다양한 공간기호, 미적 코드로서 작용하는 공간적 언어소통	• 커뮤니케이션 단계인 신호적 의미 : 공간을 확장할 수 있는 모든 신호, 움직임, 무대 환경 등 추상적 계열체로서 집합된 기호체계
시간의 사용	• 시간에 따른 의사전달 간의 가치와 메시지를 알리는 기호	• 커뮤니케이션 단계인 신호적 의미 : 현실시간의 확장 및 지연모드, 음악적 흐름, 현실공간의 이탈과 관련된 추상적 계열체로서 집합된 기호체계
물체와 환경	그 밖의 메시지나 예술적 언어로서 모든 맥락과 관련된 기호	• 위의 모든 매체 외에 매체와 매체 사이의 추상적 코드화를 형성하는 기호들의 관계망-비구상적-추상적, 추상적-추상적

감정을 대입하는 부차언어다. 수건은 바로 신체 동작과 결합하여 생성된 지표기호가 된다. 특히 춤에서 시간의 흐름이란 메시지를 전달하고 전달받게 하는 수많은 의미작용의 진행을 의미한다. 동작의 흐름과 음악의 효과, 공간상 나타나는 시각의 이미지 등 무수한 기호들의 관계망이 존재한다. 살풀이춤의 경우도 반복된 동작을 통해 신체 코드가 주는 메시지는 시간의 흐름에 따라 의미하는 바가 한층 더 새로운 기호로 변모된다. 무용에서 탈커뮤니케이션은 이러한 신체 코드와 관

련된 춤 언어로서 의미작용에 관한 탈기호적 현상을 의미한다.

2) 의미전달 기능

일찍이 헤겔Georg Wilhelm Friedrich Hegel이 예술에 대해 "작가, 작품, 그리고 대중과 관계선상에 놓여 있는 사회적 관련과 의사소통작용"이라고 표현했듯이(토마스 메춰·페터 스쫀디, 1984: 44), 무용도 안무가와 관객 사이의 상호작용에 의해 전개되는 담론이다. 커뮤니케이션의 매체는 담화성을 기반으로 해야 하며 문맥적 환경과 결부되어야 한다는 의미에서 볼 때(김영순, 2001: 15), 무용 텍스트는 무대라는 소통의 현장에서 끊임없이 발신하여 수신자에게 메시지를 건넨다. 이런 의미에서 무용담론이 발신자와 수신자 사이에서 소통되기까지 의미의 전달기능에 대해 살펴보겠다.

그림 4-1은 표 3-12에서 제시한 바 있는 춤언어의 소통 기능과 관련하여 탈커뮤니케이션 단계의 소통 모형을 재구성한 것이다. 즉 정보의 근원을 창작과 안무 의도로 본다면, 그것이 무용수에게 전달될 때는 무용수 또한 해석자이기 때문에 무용수 나름대로의 해석할 여지가 있으며, 이는 커뮤니케이션 과정의 방해요소로 작용할 수 있다. 또한 이렇게 가동된 송신기로서의 몸은 비로소 코드를 엮어 메시지를 전달하게 되는데, 이때 무대라는 공간에서 갖게 되는 온갖 신호와 채널 등은 다양한 의미의 창출로 수신자에게 전달된다. 따라서 코드는 수신자에게 어떤 의미로 전달되기까지 끊임없이 일을 하게 된다. 탈코드화와 탈기호화의 현상은 단순한 의미작용을 넘어 예술의 탈커뮤니케이션이 진행되는 피드백 기능을 지속적으로 실행하고 있음을 보여 준다.

무용에서 신체 코드는 몸짓언어로 작동한다. 그것이 발신자의 자의적 약호이든 이미 기존에 사회적 약호가 되었던 것이든, 발신자는 커뮤니케이션을 위해 동작 코드를 만든다. 춤의 커뮤니케이션은 발신자가 매우 능동적이고 적극적인 반면, 수신자로서 관객은 발신자에 비해 소극적일 수밖에는 없는 것이 특징이다.

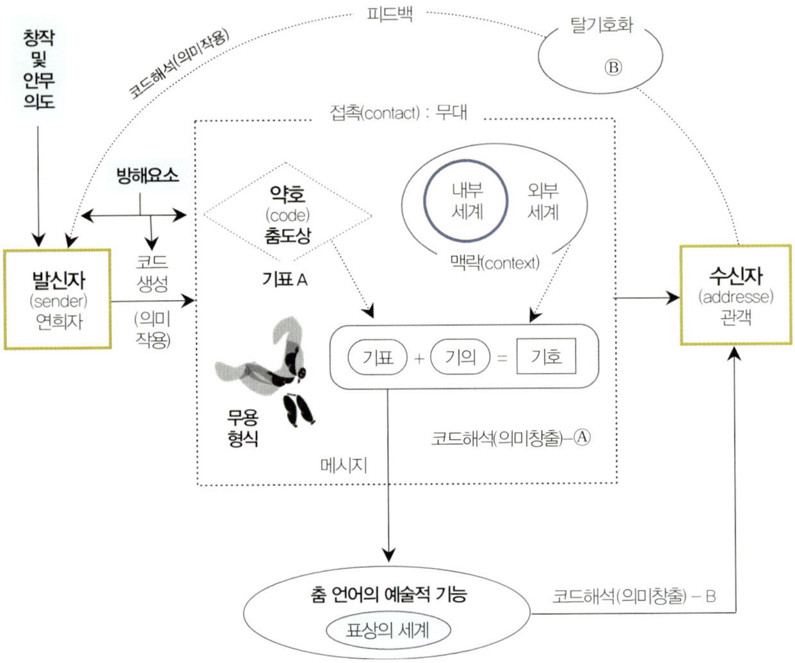

그림 4-1. 탈커뮤니케이션 단계로서 무용의 소통 모형

특히 몸짓언어는 확연히 드러나 버리는 구두적 언어와 같이 확정된 약호로서 기능을 다하지 않는다. 살풀이춤에서 수건을 뿌리는 동작은 사회적 규약처럼 자의적 의미의 규정이 없으므로 개인마다 그 의미를 다르게 받아들일 수 있다. 춤 코드는 그림 4-1과 같이 도상이 이룬 약호와 내부세계, 외부세계의 맥락에 따라 코드를 엮어내고 무대에서 또 다른 가상의 시간과 공간을 만들어 낸다. 그것을 우리는 '표상의 세계'라고 하고, 역동적 이미지의 춤기호들은 시간과 공간의 이동 속에 많은 의미작용을 낳는다.

살풀이춤에서 수건을 뿌리는 도상은 호흡과 관련되어 발산된 코드로 무언가 메시지를 보내고 있는 활동적 의미로서 1차적 의미일 뿐이다. 그러나 여러 가지 맥락 가운데 또 다른 기의들 간의 엮임으로 형성된 수건뿌림의 내연기적內演技的 약호는, 맺고 푸는 호흡 안에서 또 다른 기호가 가져다주는 심미안을 통해, 1차적 메시지와는 확연히 다른 미적 감동을 전달해 준다. 그것은 2차적 의미의 작용이자 바르트가 말한 2차적 의미 생성인 신화적 의미로도 통한다.

무용현상의 경우 텍스트를 주관적으로 해독하여 심층적 의미를 분석하는 관객은 능동적 생산자가 된다. 외시의미를 기표화하고 함축의미의 메시지를 찾아가며 자유로운 의미작용이 오가는 소통은 똑같은 기호라 할지라도 어떠한 예술적 요소에 따라서는 매우 새롭게 변환시킬 수 있다.

이처럼 예술의 미적 기능은 가상세계에서 생성되는 의미창출의 단위 Ⓑ라고 볼 수 있다. 즉 신체의 몸짓 코드와 그에 상응하는 모든 접촉행위라든가 시공간 등의 의미 또는 그 밖의 맥락과 관련한 의미창출이 Ⓐ라면, 그러한 코드까지도 벗어 버리고 구성요소를 하나하나 해체하기도 하고 다시 조립하는 탈코드화 de-codification의 단계가 바로 예술적 기능을 수행하는 Ⓑ에 나타난다. 이러한 현상은 발신자도 수신자도 생각하지 못했던 것이며, 수신자가 애매모호한 예술의 판타지를 경험할 수 있게 한다. 또한 이렇게 형성된 기호는 다시 발신자에게 귀환하여 어느 순간 새롭게 조립되어 버리는데, 이 같은 현상이 바로 탈코드화다.

일반적 커뮤니케이션은 당연히 정보의 소통이라든가 공유까지를 포함한다. 그러나 예술의 커뮤니케이션은 발신자와 수신자 간의 불일치된 전이현상을 포함해 넓은 의미작용을 광범위하게 수용한다. 이는 이미 협의의 커뮤니케이션 단계를 이탈하고 있다고 봐야 한다. 즉 탈커뮤니케이션의 단계로 발신자의 의도와는 전혀 관계없는 가상세계의 탈기호화를 의미한다. 발신자가 전하는 소통의 핵심을 벗어나 그저 경이로운 역동적 기호에 관해 수신자는 어떻게든 해석할 수 있다. 이러한 혼란을 질서로 만드는 요소 하나하나가 코드화이긴 하지만, 이러한 진행을 허용하는 것도 예술에서는 탈코드화 현상의 하나다.

그렇다면 예술창작의 기능은 해체와 이탈, 그리고 공존이 함께 하는 가상적 힘의 세계로부터 무엇을 소통하고 있는가? 그리고 그것을 소통이라 말할 수 있는가? 발신자도 수신자도 존재하지만 탈커뮤니케이션의 기능은 늘 불완전한 메시지 속에 보이지 않은 영역을 남겨 놓는, 한국 춤의 여백미와도 같다.

살풀이춤의 샤머니즘적 신화의 의미는 춤 동작과 외부 맥락의 결합에 의해 이데올로기를 형성하며 매우 관습적인 코드화가 진행된다. 신체현상을 통해 극대의 신비감을 나타내며 예술적 소통을 한다. 무엇이 살풀이춤을 아름다운 소통으로 말하고 있는가에 대해서는, 하나하나의 약호의 기능에 대해 코드엮기와 코드풀기를 통한 다양한 방식으로 말해야만 한다. 즉 세계의 실체는 알 수 없어도 거기에 다가가기 위해서는 가상세계의 언어들을 분석해야 한다.

탈코드화는 이처럼 코드의 작용기능이 정지한 상태가 아닌 늘 새롭게 이탈할 수 있는 새로운 개념에서의 기호생산(탈기호화)을 포함한다. 탈코드화(코드가 아니라는 의미의 개념이 아닌 기존 개념에서 이탈한 새로운 코드를 의미)된 예술적 현상들이라도 개개의 의미단위들을 놓고 언어적 의미를 분석할 때 소통을 위한 소통의 형식을 발견할 수 있으리라. 그렇다고 하더라도 탈커뮤니케이션은 이미 커뮤니케이션의 범주에 있는 소통을 넘어선다. 탈커뮤니케이션은 예술에서 일어나는 현상이며, 예술의 소통은 신화의 개념을 넘어선 여러 가지 의미작용을 가능하게 하는 것이다.

무용 텍스트는 다양한 맥락과 방식, 대상에 따라 기호가 매우 유동적이어서 고정된 형식을 취하지 않는다. 그렇다면 가상세계로의 춤의 탈커뮤니케이션에 대해 의미론적으로 근접해 갈 수 있는 분석 모형에 대해 알아보자.

이 소통 모형은 야콥슨의 커뮤니케이션 모형에 제시된 여섯 가지 기본요소를 토대로 하여 작성한 것이다. 무용 텍스트는 하나의 이야기이자 서술인 동시에 커뮤니케이션 행위다. 발신자와 수신자의 커뮤니케이션 의미망은 코드엮기와 코드풀기를 통해 메시지를 전달한다. 이때 발신자가 전하려는 메시지가 수신자에게 도달하기까지 탈코드화가 진행되면서 다양한 외부의 맥락이 포함된다.

협의의 개념에서 무용은 우선 안무가의 표현전달 의미를 지니며 그것은 창조적 영감에 의해 동작 코드로 엮어진다. 안무가에 의해 드러난 동작의미는 개별적 기호처럼 어느 정도는 수신자에게 의미가 공유되며 해석된다. 그러나 무대라는 공간에서 일어난 사건은 비단 동작 코드가 전부가 아니다. 시선 등을 포함한 움직임 외에도 조명, 의상, 분상 또는 해석자에 의한 시각 이미지, 공간 이미지 등 셀 수 없는 코드화로 기호는 마구 엉켜 있다. 무용기호는 독립적으로 존재하지 않기 때문에 일대일로 대응되는 기호도 거의 없다. 엄밀히 말해 무용의 기호는 텅 빈 기호다. 기표들의 과다와 더불어 의미는 광범위하게 이 기호와 저 기호를 동시다발적으로 엮어내며 인지되는 순간 기호는 사라져 버린다. 그것은 무용의 시간성과도 관계한다.

발신자로 볼 수 있는 안무가와 무용수 사이에도, 연극에서 대본과 배우의 관계처럼 안무가의 의도대로 무용수가 메시지를 완벽히 전달하기란 힘들뿐더러, 매번 의도하는 메시지를 동일하게 읽어 내기도 힘들다. 이것은 연극과 무용의 특성 중 하나다. 동일한 캐릭터도 배우에 따라 전하는 기호가 다르듯이, 무대에서 실연되는 메시지는 다른 모든 접촉 유무에 따라 매 시간 무용수의 표현에 따라 다르게 나타난다. 이러한 현상은 하나의 기표에 수많은 기의의 조합, 기호의 해체와 기표로의 전환에 의해 기호는 늘 변화하고 또 생성된다.

해석자의 시각으로 보면 이러한 이미지들의 관계는 매우 중요하다. 결국 무용기호는 기호들의 망이 존재하는 공간에서 상황에 따라 낱말의 의미가 달라지는 또 하나의 낱말일 뿐이며, 문맥에 따라 그것을 해석하는 이가 바로 수신자가 된다. 문맥을 살펴보고 해석하는 몫은 결국 관객에게 있다. 안무가와 무용수가 '뛰어오르는 동작'을 '희열의 자극에 대해 분출하는 상승적 표현'으로 코드화했다 하더라도, 해석자의 입장에서 '닿지 못하는 안타까운 현실, 망연자실함, 더러운 욕구, 마지막 희망' 등으로 해석된다 해서 작품의 메시지가 전달되지 못한 것은 아니다. 기호의 현상은 구두적 표현이 없으므로 더더욱 기표는 다른 의도의 운반체로 변모되는 자율성을 확보한다. 대체로 관객은 무용관람을 통해 끊임없는 해석을 하게 되고, 발신자의 의도와는 무관한 해석을 무용 텍스트에 던짐으로써 무수히 많은 기호는 기표로서 피드백을 지속한다.

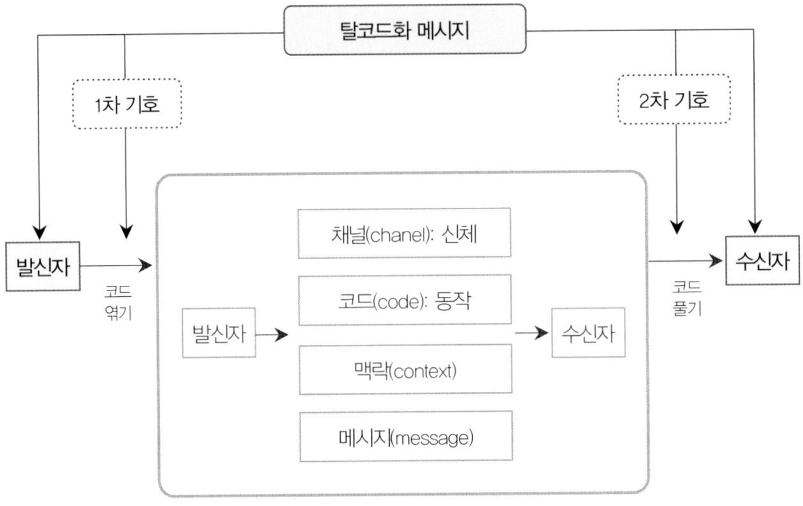

그림 4-2.
광의의
무용 커뮤니케이션

이러한 형식은 구조적이다. 발신자는 여러 각도로 창조적 작업을 하며 코드를 만든다. 다시 협의의 소통구조로 본다면 무용은 현실세계의 경로를 통해 인식된 경험으로 외부와 접촉을 하고, 안무가나 무용수 자신의 내면으로 침입해 메시지를 준다. 곧 춤을 추는 이는 동작을 통해 계속적인 코드를 엮어 나가며 미리 생각해 두었던 코드들을 풀어 나간다. 어느 정도 만족스런 코드를 풀어 나갔다고 생각하면 1차적 커뮤니케이션을 이룬 것이다. 그것은 안무의 의도된 형식과 어느 정도 일치하는 메시지다.

발신자는 현실 세계와 관련되면서 어떠한 1차적 요인(현실세계와 관련된 선험적·미적·충격적·감정적 요인)에 의해 현실에서 엮게 되는 논리적 코드에 의해 제약을 받는다. 즉 형식적이고 계산된 안무형식은 의미와 메시지를 제한한다. 그러나 이러한 코드화는 무용수 자신이 발화하는 기호에 따라 탈코드화를 진행하고, 협의적인 커뮤니케이션의 장을 넘어 또 다른 표상의 세계로 전환되면서 커뮤니케이션을 넘어선 커뮤니케이션이 진행된다.

광의의 커뮤니케이션 구조에서 무용은 무용수와 무용수 자신의 소통 이외에도 세계와 해석자인 관객과의 소통을 더 넓은 의미작용으로 이룬다. 무대를 통해 세계가 또 다른 세계를 연결해 주는, 즉 동작 외의 코드를 넘어 여러 장치들과 함께 엮인 코드는 탈코드화된 메시지를 전달받게 된다. 그리고 그러한 탈코드화는 순전히 해석자의 것이며, 문화적이고도 관습적인 경험과 미적 태도에 의해 뒤바뀐다. 이는 소통을 넘어선 소위 '예술세계'라 명명하는 다른 영역에서 일어나는 현상이다. 협의의 개념에서 커뮤니케이션이 발신자의 의도가 어느 정도 예측될 수 있는 기호라 한다면, 광의의 개념에서는 탈코드화 현상이 많아지면서 기호는 탈커뮤니케이션을 진행하는 것이다. 이와 같은 현상은 안무 의도에서 드러난 커뮤니케이션과 작품으로 나타나는 커뮤니케이션이 마치 변증법적인 상호작용을 통해 만들어 내는 한 차원 지향된 의미를 드러낸다. 이처럼 춤의 커뮤니케이션은 몸짓 코드를 넘어서 세계의 유기적 구조를 탈코드화한 또 다른 예술적 탈커뮤니케이션에서 비롯된다.

3) 무용 커뮤니케이션 모형 정립

우리는 무용의 탈코드화, 탈기호화를 전제로 커뮤니케이션이 이루어지는 모형을 통해 다양한 의미를 가지는 계열체들의 기능을 파악할 수 있었다. 무용은 안무가와 무용수, 무용수와 관객, 관객과 작품이라는 다양한 구조에서 서로 복합적 소통을 이루며 광의의 커뮤니케이션을 이루는 의미작용을 한다. 결국 발신자와 수신자가 이루는 소통의 메시지는 코드화 현상에 의한 것이며, 무용수뿐만 아니라 관객의 능동적 참여를 포괄하는 커뮤니케이션 모형을 형성한다.

무용의 코드화는 개별적 대상과 그들 간의 관계로 단언하기에는 관계의 망이 너무 유동적이며 복합적이다. 즉 무용 코드화 현상은 기호체계의 체계들을 구성하는 원리를 나열해야 한다. 각 체계의 내적 통사론 외에도 체계들 사이의 상호관계, 작품 현상과 관객의 인식 사이에서 일어나는 예술작품으로서의 현상, 변증법

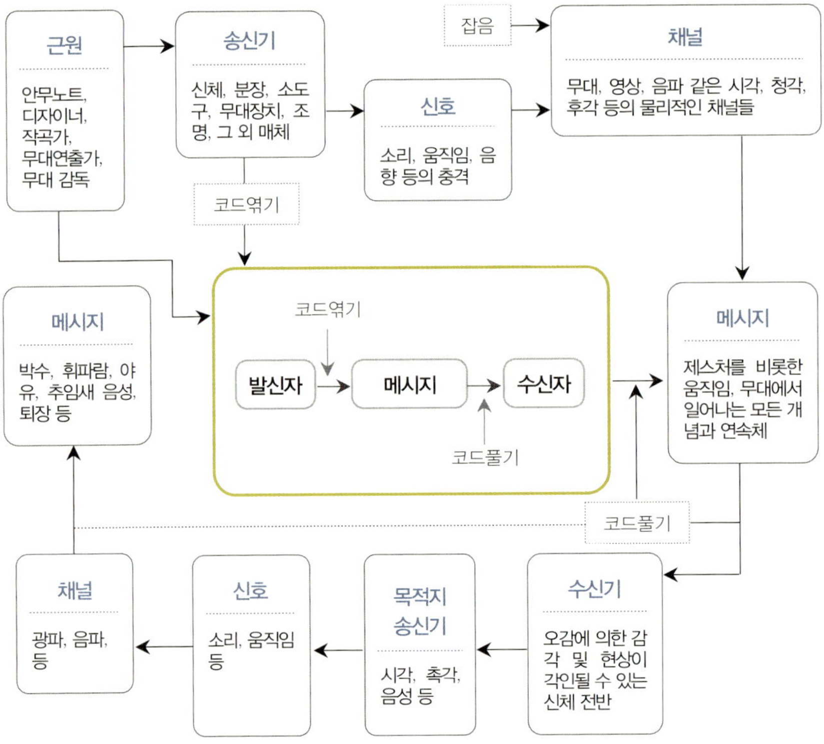

그림 4-3. 무용의 커뮤니케이션 모형

적 관계 양상을 포함한 모든 현상을 구조적으로 검토해야 한다. 따라서 연극기호학의 모형과 함께 무용 커뮤니케이션이 그러한 규칙들에 관해 설명하고 사회문화적 현상까지 전체를 아우르는 이론을 정립하는 것은 그리 쉽지만은 않다. 다만 무용의 언어적 기능과 관련한 협의적이며 광의적인 의사소통의 모형을 통해 의미작용 원리에 대한 이해를 돕고 있을 뿐이다. 따라서 이를 전제로 그림 4-3은 에코Umberto Eco[2]의 기초적 커뮤니케이션의 전송 과정 요소들과 관련해 무용체계를 총

2. 에코의 기초적 커뮤니케이션의 전송 과정은 화자의 머릿속에 존재하는 하나의 생각이나 충동의 근원에서 적합한 송신기를 통해 신호를 발화하게 된다. 일단 발화된 신호는 전선, 빛과 같은 물리적 채널을 통해 전달되며 잡음의 방해를 포함해 신호는 수신기에 의해 포착되고 최종 목적지에서 이해될 수 있는 메시지로 전환되는 과정을 보여 준다(Eco, 1977).

괄하는 규칙들을 다음과 같이 개괄한다.

그림 4-3의 체계가 보여 주듯, 무용 텍스트의 커뮤니케이션에 대한 분석을 위해서는 그와 관련한 지식을 늘 겸비하고 있어야 한다. 무용작품의 근원인 안무노트의 구성, 의상을 포함한 디자이너 등에 관해서만 해도 미적 회화성과 구성으로의 원리에 대한 지식적 배경을 필요로 한다. 또한 위의 모든 요소들의 관계는 서로 복합적이며 총체적인 무궁무진한 각각의 체계들이 밀집된 상태로, 어떠한 현상이 무엇을 의미하며 작용을 일으키게 되는가에 대해 관객 입장에서는 일일이 헤아리기 어렵다. 즉 신호가 되어 모든 물리적 채널에 들어오는 현상들은 우리의 오감에 전해질 수도 있고 간과되어 잔상으로 이미지화될 수 있다.

또한 무용의 대표적 감각인 시각과 청각적 기호들은 코드화의 강약에 따라 작품의 이미지를 결정하게 된다. 이는 내적 표상활동을 미리 개념화할 수 있는 고정된 관념으로 이끌며 작품의 이해에 상당한 영향력을 미칠 수도 있다.

커뮤니케이션의 의미로서 관객은 작품과 관련된 메시지와 인상이 깊이 각인되는 선택적 요소들을 제외하고는 나머지 것들에 대해서는 제외시킬 수 있는 무용 기호의 휘발적 속성을 기억해야 한다. 그것 또한 탈기호화의 현상에 포함될 것이다. 따라서 무용작품은 한 가지 동일한 관념의 대상과 연결된 추상적 이미지로서 소통의 의미를 모두 대변하기도 한다. 이는 무용작품이 매우 추상화된 주제로부터 창조적 활동을 시작할 수밖에 없는 순리적 관성慣性과도 같다.

05

기호학으로 읽어낸 한국 춤 텍스트

기표와 기의에 관한 소쉬르의 기호학 적용: 설장구놀이로부터 춤 변용으로의 텍스트 읽기

현대 기호학은 소쉬르가 언어는 기호이며 2개의 기본적 구조를 지니고 있다고 한 것에서 출발한다. 소쉬르의 기호 모형은 이분법과 변증법적 합성의 대립되는 두 가지 조작을 포함하고 있는데, 그것이 바로 '기표'와 '기의' 개념이다. 앞서 말한 것처럼 기표는 언어기호에서 청각 이미지의 면, 의미의 전달체 또는 운반체, 무의식이 표출된 증상을 의미한다. 반면에 기의는 기호에서 개념의 면, 기호 속에 담겨 있는 추상적 개념, 의미의 운반체에 담겨 있는 내용, 메시지, 무의식적 사고 내용을 가리킨다.

춤은 우리에게 보이는 기호의 한 단면이자 소통의 메시지다. 현대 기호학의 개념은 춤을 기호로 보고 그것을 분석하는 길을 열었다. 하나의 구조 속에 공존하면서 서로 상쇄될 수 없는 두 가지 실체나 개념을 이항대립쌍binary opposite 또는 이원항이라고 부르는데, 춤을 기호로 보고 한 번 더 쪼갠 것이 기표와 기의다. 춤에서 기표는 춤 동작의 형식을 뜻하고 기의는 춤의 숨은 의미라고 보면 된다. 따라서

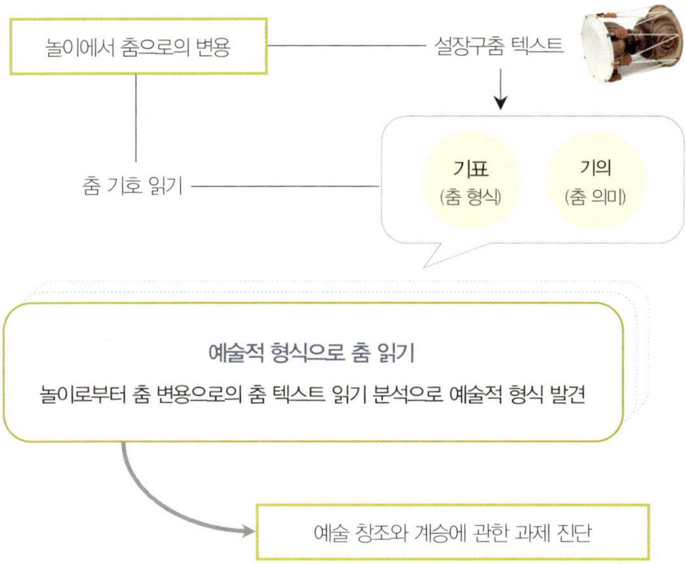

그림 5-1.
춤 텍스트를 읽어 내는 방법과 절차

기표를 시각적 이미지라 했을 때 춤 형식에 나타난 텍스트는 때론 규정된 의미로, 때론 많은 기의들에 관해 추론하여 읽을 수 있게 된다. 기호학은 이러한 춤의 의미 분석을 용이하게 한다. 여기서는 춤 텍스트를 읽는 방법과 절차를 분석함으로써 그 의미를 분석하는 예술적 형태의 읽기와 더 많은 의미의 파생에 관해 살펴보기로 한다. 예술적 형식으로 변용된 춤의 의미를 분석해 냄으로써 설장구춤의 독자적 영역을 살펴보고, 한 개인의 춤 영역이 아닌 예술적 변용에 대한 과제를 춤 읽기를 통해 분석하려는 것이다.

1) 왜 설장구춤인가?

민속예술인 춤은 놀이문화에서 분리되어 독자적인 춤 예술이 되었다. 예술적 의미로 규정되는 춤을 어떻게 분석할 수 있을까. 한국의 민속예술인 춤은 두레와 같은 공동체적 성격이 강해 독자적 개인예술이라기보다는 함께 아우르는 예술이기에 당연히 형식과 리듬이 반복되는 양식을 택할 수밖에 없었을 것이다. 따라서 독자적 형식의 춤은 근대화가 될 무렵 무대화의 영향으로 더욱 섬세해지고 예술적 면모를 갖추어 갔다. 그러나 이렇게 단언하기에 앞서 민속춤의 기저에는 독자성을 추구하기에 충분한 예술적 소재가 많이 내포되어 있었다고 볼 수 있다.

그중 설장구놀이에서 설장구춤으로의 예술적 변용은 현재 한국을 대표할 만한 독자적 예술로서, 우리 민족의 흥과 신명을 여실히 드러낸다. 특히 호남 우도(정읍, 부안, 김제, 영광 등 전라도 서부지역으로 서울을 중심으로 볼 때 우측에 해당하므로 '우도'라 칭함)를 중심으로 한 설장구는 여러 명인에 의해 다양하게 계승·발전하였다. 그중에서 설장구는 정읍 지방을 본고장으로 당시 젊은 세 사람(김병섭, 이정범, 전사섭)을 중심으로 향토적 가락을 발전시켰는데, 그 내용과 형식은 대동소이하다(최정임, 1997: 2).

호남 우도농악에서 생겨난 설장구춤은 놀이가 춤으로 변용되는 과정에서 어떤 예술보다도 여성적이고 섬세하면서도 밑놀이가 발달하여 장구의 기교적인 면이 단연 돋보이는 것이 지역적 특색으로 손꼽히고 있다. 또한 춤사위에서 가락을 치는 방법과 춤추는 기법, 법고놀이의 진법 등이 다양한 특징을 들 수 있다.

놀이에서 발달한 설장구춤은 호남 지방에서 개발된 것이지만 충청도와 경남 일부 지역에서도 흔히 볼 수 있게 되었다고 전해진다(박은영, 1999: 15). 지금까지 설장구춤의 구조분석은 호남 우도의 3대 인물, 광주·전남 지방의 무형문화재 3인인 김오채, 김희열, 김동언을 대상으로 한 것이 주를 이룬다.[1] 여기에서는 이들의 맥을 이어 호남에서 활발히 독자적 영역을 추구해 온 전수자인 이경화의 설장구춤을 대상으로 텍스트 읽기를 하고자 한다. 이경화 설장구춤의 독자적 춤의 실연 등을 분석함으로써 설장구 놀이에서 독자적 예술성을 갖춘 춤으로 변형되는 과정을 현대적으로 조명해 볼 수 있을 것이다.

---

1. 이에 관한 선행 연구로는 박은영(1999), 이대휴(2005) 등이 있다.

2) 설장구춤 개괄과 춤으로의 예술적 변이

조선시대에 이미 장구를 무구舞具로 하는 장구춤이 존재했는데, 이는 조선시대 건립된 백련암 벽화에 새겨진 동적인 장구춤 그림으로 알 수 있다. 복식으로 보면 장구춤은 여성보다는 남성들에 의해 먼저 추어졌을 것으로 추정되기도 한다. 이것은 후에 농악 같은 풍물굿과 남사당패 같은 풍물놀이의 형태로 발전한다. 즉 꽹과리, 장구, 북, 소고 등의 타악기를 연주하며 농사의 풍요로움과 마을의 협동, 안녕을 도모하는 기능을 하면서 점차 대동놀이적 형식으로 발전한다.

농악의 발달은 두레농악을 비롯하여, 정초에 마을의 시조신을 모신 서낭당에서 굿을 하고 지신밟기로 이어지는 당굿농악, 공동체의 기금을 마련하거나 특별한 경비를 모금할 목적으로 하는 걸립농악乞粒農樂 등으로 다양화된다. 그리고 이들 농악놀이에는 마을 주민들을 위해 판놀음을 벌이면서 다양한 예능을 집약하여 선보이게 되는 판굿이라는 것이 있는데, 이때 장구를 메고 장단과 함께 춤을 춘다. 맨 앞 설장구에 선 사람을 수장구(상장구), 부장구, 종장구 등으로 칭하였다. 장구잡이는 무엇보다 주된 리듬을 연주하며 다채로운 가락과 발림을 구사하는 고도의 기예를 바탕으로 놀이를 선도해 나갔기 때문에 농악에서는 절대적 위치를 차지하고 있었다. 따라서 억눌린 사회상에 해학과 유머로 민중의 시름을 달래 주었던 탈춤, 마을 단위의 주민에 의해 자생적으로 발달한 두레패적인 마을 탈놀이, 유랑예인들의 다분히 전문적이고 연희적이며 직업화된 사당패적 탈놀음에서도 장구의 역할은 매우 중요했다.

장구놀이 가운데 혼자서 하는 장구놀이를 '설장구' 또는 '수장구'라고 한다. 다시 말해 '설장구'란 농악의 판굿에서 장구잡이가 혼자 나와 멋진 발림을 하며 여러 가지 장구가락으로 솜씨를 보이는 일종의 놀이형식이다. 설장구의 '설'은 정월 초하루를 '설'이라고 하듯이 때 묻지 아니하고 새롭게 시작한다는 의미와 함께(박은영, 1999: 9), 농악에서는 장구잡이의 우두머리를 뜻하는 말로, 농악의 판굿에서 우두

머리인 설장구가 나와 재주를 부린다 하여 '설장구놀이'라 하던 것을 줄여 '설장구'라 부르고 있다. 본래는 상쇠와 둘이 놀이판 한가운데에서 노는 형태를 보였으나, 정읍을 중심으로 하는 호남 우도농악에서는 장구수 혼자 나와 노닐며 장구놀음으로 발전시켰고 이를 설장구라 이르게 되었다고 전한다. 흔히 다스름, 구정놀이, 동살풀이, 굿거리, 자진모리, 휘모리로 구성된다. 연주자의 즉흥성이 요구되고 중간에 자유 리듬이 포함되기도 한다.

이런 정읍 설장구의 전통을 이은 명인 중 하나는 이영상이다. 이영상은 설장구의 본고장인 정읍에서 태어나 일찍이 설장구 명인 김병섭 문하에 들어가 설장구를 배웠다. 이 외에도 서울에서 활동하던 이정범, 전사섭 등이 있었다(오승희, 1984: 20). 이영상의 설장구는 허튼 가락으로 다스름 서두를 내고, 휘모리 가락으로 흥을 돋운 다음, 오방진 가락으로 몰아가고 다시 휘모리로 흥을 돋아 느긋느긋한 굿거리로 흐늘거리는 것이 특징이다. 특히 흥청흥청하는 양산도 가락의 멋과 동살풀이, 자진모리 가락을 맺고 풀며 한껏 기량을 자랑하고 나면, 좌우치기로 양옆 걸음의 춤을 추고 연풍대로 활달하게 돌아가며 설장구를 마친다.

설장구놀이는 한마디로 다채로운 가락에 맵시 있는 발디딤과 가뿐하고 구성진 춤을 곁들이는 것이 특징이다. 가락과 춤이 어우러진 기예로 한판을 벌임으로써 독자적인 놀이의 한 형태를 구축하기에 이른다.

설장구는 본래 농민들의 생활감정이 그대로 반영되면서 마을의 액을 쫓고 복을 들이는 벽사진경의 기능과, 풍요를 기원하고 마을의 안녕을 위한 공동체적 놀이로 시작되었다고 봐야 한다. 따라서 처음에는 기교가 단조롭고 주로 가락 위주였다가, 점차 기예적 요소가 가미되면서 풍물굿 형태에서 행렬식 음악연주와 즉흥적 동작들이 주를 이루며 장구의 기교가 돋보이게 발전한다. 즉 설장구의 리듬 변화에 따라 동작의 표현에 변화를 주는 형태로 바뀌게 된다. 특히 호남 지역에서 개발된 설장구춤은 발동작이 많은 것이 특징이다.

이러한 풍물굿의 설장구춤은 동적 기교와 음률을 동시에 보여 주는 약동적이며 섬세한 특유의 멋을 보이며 예술성을 추구해 나간다. 우선 자연적 미의식과 민중의 승화된 멋이 예술적 형태를 이룬다. 즉 가락 위주의 장구놀이에서 음과 율동의 조화가 멋스럽게 일치되면서 특색 있는 춤의 영역으로 보다 세련되게 발전한다. 설장구춤은 외형적 기교에서 벗어나 서로 화합할 수 있는 장을 통해 소박한 멋을 정감 있게 표출하고, 공감할 수 있는 신명나는 가락과 예술적 멋을 추구한다. 즉 설장구춤으로 변용된 형태는 보다 예술적인 세련미를 형성하게 된 것이다. 이후 서구적 기법과 한국 전통춤의 조화로운 예술미에 대한 추구로 장구춤의 창조적 변형과 다양한 시도에 대해 반향을 일으킴으로써 다양한 장구춤의 발전에도 기여한 바가 큰 원형이라는 점에서 의의가 크다.

3) 춤 텍스트 읽기

(1) 춤 기호로 읽기

춤을 기호로 읽는다는 것은 춤 형식인 기표를 통해 어떠한 의미를 결합하여 비구두 메시지가 예술적 형식을 띠고 있는지 분석하는 것이기도 하다. 물론 춤을 꼭 기호로 의식하지 않는다고 하더라도, 춤을 보며 의미를 충분히 파악하는 것을 분석이라고 말할 수도 있다. 이처럼 굳이 '기호'라는 용어로 춤 텍스트를 읽는 것은 자칫 1차적 분석의 시각에 그칠 의미의 단위들에 대해 계속적 의미파생을 유도하여 어떠한 시각적 관점(기표)으로부터 어떠한 결과(기의)를 도출하는지 한눈에 파악된다는 장점 때문이기도 하다. 다시 말해 단순한 동작적 성향에서의 형식과 의미뿐 아니라 뒤에서 다루게 될 예술적 형식으로 춤이 정립되기까지 숨은 의미를 함축하는 기표들의 단위까지도 파악할 수 있기 때문이다.

표 5-1과 같은 텍스트 읽기에서 본다면, 굳이 기호로서 의미가 아니더라도 '다스름'의 의미를 설명해 주면서 자의적 의미를 분석할 수 있다. 그러나 '다스름'의 의미를 알고 난 후 다시 기표와 기의가 더해진 기호('다스름'은 동작이나 음을 체크한다는 뜻의

표 5-1. 이경화 설장구춤의 텍스트 읽기

기표(동작의 형식)		기의(동작의 의미)
다스름		• '다스름'이란 동작이나 음을 먼저 체크하는 것을 의미한다. • 다스름은 진행의 흐름을 알리는 준비동작에 따라 1~3으로 나뉜다. • 다스름 1은 무대에 원을 그리며 도는 것이 특징이고, 다스름 2와 3은 가락과 무대 방향을 마무리하며 체크를 다했음을 알린다. 즉 발동작과 몸동작 등을 모두 살피는 시작을 의미한다.
구정놀이		• 다스름이 끝난 후 정식 가락을 선보이며 춤을 추겠다는 의미를 내포하고 있다. • 춤사위를 잇는 양념적 동작으로, 밀었다 당겼다 하는 독창적이고도 어려운 기교가 가미된 '좌우걸이'라든가, 정면을 보며 춤사위를 잇는 동작인 '앞선'이 가장 많이 나오는 부분이다. **좌우걸이**: 말 그대로 좌우로 움직이는 형태의 걸음걸이를 의미한다. 몸의 정면을 중심으로 좌우로 진행되는 듯한 발디딤새의 형식이다. 호흡의 숨돌림에 의해 엇박으로 발을 딛게 되는 엇박디딤, 뒤에 나타나는 자진걸음 등에서 좌우걸이가 나타난다. **앞선**: 발동작이 전진하는 무대 방향에 따라 '앞선'은 정면을, '옆선'은 옆으로 진행되는 동작선을 의미하고, '차선'은 사선으로 나아가는 형태, '뒷선'은 뒤로 후퇴하는 무대진행 보법을 말한다.
연풍대		• '연풍대'는 제비가 날면서 빙빙 도는 듯한 춤사위를 말한다. • 이때부터 본격적 춤사위를 선보인다. • 수없이 많은 회전과 가락이 조화를 이루며 무대를 휘어잡을 정도의 도량과 넓은 회전이 등장한다. • 회전한 다음에는 정확하게 멈추어 다음 동작을 이어가야 하는 매우 기교적인 부분이다.
동살풀이		• '동살풀이'는 보통 정박보다는 엇박으로, 독창적이고 뛰어난 기교를 요하는 부분이다. • 엇박의 가락은 춤사위와 맵시 있게 이어지는 부분이 중요하므로, 한배와 함께 대삼, 중삼, 소삼이 춤사위와 함께 멋을 자아내고 있는 중요한 부분이다. **엇박**: 장단 사이에서 노는 고무줄과 같은 시간적 리듬을 의미한다. 정박과 같은 시간의 공간 안에서 박을 자유자재로 조율하면서 기막힌 호흡을 조절하는 박의 기교다. 예를 들어, 설장구를 칠 때 한 소절에 가락이 두 번 들어가는 접가락은 '궁-궁'의 합이 아닌 '구궁-구궁'을 의미한다. 호흡 역시 엇호흡을 따를 때가 있다. 엇가락, 엇호흡의 춤사위를 면밀히 관찰해 보면, 뛰었다 머무르고 한 번 호흡을 참았다가 발을 내딛는 삼위일체의 형태를 띤다.

표 5-1. (계속)

	기표(동작의 형식)	기의(동작의 의미)
굿거리		• 굿거리는 '세삼쫓기'라고 해서 발뒤꿈치와 중간, 앞코롤 새가 부리로 모이를 쉴 새 없이 쪼는 듯한 잦은 발걸음을 묘사한 용어다. • 장구와 몸이 혼연일체가 되어 혼신을 다해 표현의 결정으로 치닫는 춤사위가 돋보인다. • 45도의 어깨 각선을 가장 많이 내보이고 유독 뒤태를 보이는 '뒷선'이 많다. • 굿거리에서는 가락을 위주로 하는 동작보다는 설장구춤 사위가 가장 많이 선보인다.
자진 굿거리		• '세삼쫓기'가 흥에 겨운 가락과 함께 유독 눈에 띄게 돋보이는 부분이다. • 휘모리로 넘어가기 전에 또 한 번 선보이는 연풍대는 관객의 흥을 돋우고 개인적 기량을 맘껏 펼칠 수가 있다.
휘모리		• 신명과 화합의 결정체로 가락을 가장 빠르게 몰아가는 부분으로, 맺음을 알리기 전에 혼신의 힘을 다해 가락의 진수를 보여 준다.

기호)로써 텍스트를 한 번 더 읽게 된다면, 예술적 의미의 파생을 돕는 기표의 단위는 무엇이며, 또 거기에서 파생되는 기의(함축적 의미)의 2차적 의미가 무엇인지까지도 구조적 시각으로 파악할 수 있기 때문이다.

이처럼 표 5-1은 1차적 동작의 의미망을 기표와 기의의 구조로 파악하고 있다. 즉 동작의 의미에서 형식을 부르는 의미의 단위들을 추려내어 함께 분석함으로써, 2차적 의미를 캐는 예술적 형식을 읽어내려 하는 것이다.

(2) 예술적 형식으로 읽기

① 형식미적 특성

선사시대에는 수렵을 위한 '수렵춤', 풍농을 기원하는 '농경춤', 의식을 위한 '의식춤' 등 다양한 종교적 의미와 치료를 목적으로 춤을 추었다. 그 이러한 유형으로 보았을 때 농악을 비롯한 춤이 농경과 마을의 안녕을 위하는 농경춤이라면, 이경화의 설장구춤은 그와는 의식적인 면에서 다른 전투춤과 의식춤의 양상을 띠고 있다. 현재 설장구춤이 '설장구놀이'라는 개념으로 강하게 자리매김하고 있는 반면, 이경화의 설장구춤은 독특한 전승 형태를 보이는 한국적 양상의 춤이다.

놀이로부터 변용된 설장구춤은 우선 삼색 띠를 매는 기존의 농악 복식과는 차이가 있다. 민중의 흰색 의상은 농악 의상과 비슷하나 머리에 태머리를 두르고 허리띠를 맨다. 이는 전투를 준비하기 위해 만반의 태세를 갖춘다는 의미를 지닌다. 설장구춤의 유래를 보아도 장구는 조선시대의 군사훈련에서 군악으로 사용할 때 서양의 드럼 박자와 행진 구령을 표현하기 위해 생겼다는 설이 있기도 하다(박은영, 1999: 9). 즉 임금이 채비를 하고 전쟁의 승리를 기원하기 위해 나가실 때 북을 울리고 장구를 두드리는 일종의 '전투춤'의 한 영역으로 볼 수 있다. 특히 이러한 군나軍儺의 형태는 요고가 각角과 함께 군대의 신호용으로 사용한 것이라는 학설(송방송, 1985: 167)처럼 신호용 농악의 진법이라는 의미이기도 하다.

전통적인 삼색 띠 복장을 하고 소고춤을 추는 필자

한편 이경화의 춤은 이미 24가락의 장구가락을 전수받은 후에, 가락 특유의 강약을 논하는 우도와 좌도에는 큰 영향을 받지 않고 독자적인 48개의 가락을 재구성하고 있다. 즉 24가락에 접가락을 붙여 응용한 변화된 가락을 의미하는데, 엇박의 사이사이 노는 접가락의 몰이는 가락과 가락 사이를 넘나들며 요소요소마다 새로운 시도로 잔 기교와 변용이 돋보인다.

'접가락'이란 한 소절에 가락이 두 번 들어가는 것으로 '궁궁'의 합이 아닌 '구궁-구궁'을 의미한다. 특이한 점은 가락에 접가락이 있듯이 호흡 또한 엇호흡을 쉬는 것이 매우 인상적이다. 춤사위를 보면 뛰었다 머무르고 다시 그 자리에 놓는 매우 어려운 호흡의 기교가 한껏 멋을 자아낸다.

'세삼쫓기' 같은 발디딤의 형식은 동작과 정확하게 맞아떨어지는 호흡처럼 박수가 절로 나올 만큼 '짝짝' 소리가 묻어난다는 의미로 매우 잦으면서도 세밀한 발사위를 보여 준다. 쉽게 일어서지도 않고 쉽게 내딛어 버리지도 않는 발디딤은 가락과 몸, 호흡이 삼위일체가 된 형식을 보여 준다. 몸짓뿐만 아니라 가락과 시선 등 정교한 치밀함마저 엿볼 수 있는데, 이를 '뒷선', '옆선', '차선', '앞선'이라 하여 몸의 움직이는 방향과 발디딤의 획으로 구분하여 정의하고 있다.

바로 이 점이 일반적으로 농악에서 보는 설장구놀이 동작과는 다르다고 볼 수 있다. 민중의 놀이로서 앞뒤가 없는 원형의 방향성에서 자유자재로 흥을 돋우고 추임새를 넣는 춤사위는 무대화의 소산인 춤의 예술적 형태로 관객의 시각을 의식하며 방향성을 염두에 둔 형식으로 변용되었다는 것이다. 이는 당연히 미학적 요소를 두루 갖추며 변용되는 과정에서 조직적 발전과 다채로움을 함께 엮었음을 알 수 있다.

② 미학적 의식과 예술적 특성

이경화의 설장구춤은 예술적으로 세련된 기법을 선보이며 특징적인 춤사위를 다채롭게 이끌고 있다. 농악에서 발달한 설장구춤의 놀이적 차원에서 춤의 미학적 요소를 두루 갖춘 춤사위로 내용에 비중을 두고 독창적으로 발전한 형태다. 장구가락의 형식미에 동작과 정확히 맞아떨어지는 호흡은 맺고 끊는 전통 춤사위의 양식적 기교를 넘나들며 독특한 예술적 미로 승화하고 있다. 비록 전통 춤사위가 갖는 즉흥성에 토대를 두고 있지만, 즉흥성과 결부된 호흡은 대삼, 중삼, 소삼이라는 세 가지 춤사위 형태를 정확히 드러낸다. 이 점은 한국 춤의 특징이라 할 수 있는 정중동靜中動의 의식세계가 정확하게 드러나면서도, 자칫 흥을 위주로 한 사물을 악기로 드는 춤사위에서 간과될 수 있는 중中의 역할이 부각되고 있다. 즉 중의 세계는 멋을 음미하며 멋을 전하고자 아우르며 다스리는 시간으로 특유의 예술적 공간상을 형성하고 있다.

이경화의 설장구춤 텍스트에 담겨 있는 미적 사상과 예술세계를 살펴보면 다음과 같다.

첫째, 다스름은 마음의 자세를 본연으로 하고 자신을 다스리며 춤에 혼을 싣는 과정으로 여긴다. 다스름 1 부분에서는 무대를 원으로 돌게 되는데, 이는 원융圓融의 세상을 의미하며 회귀와 인연의 흐름으로 볼 수 있다. 이러한 사상은 농악에서 보는 풍물굿처럼 주술적 의미로도 해석될 수 있다. 즉 오방지신五方地神에게 자신을 고하고 마음의 자세를 한껏 낮추는 의식예술의 한 장으로 해석된다.

둘째, 이경화의 설장구 춤사위는 호흡과 동작하나하나가 정확한 각도를 이루며 시원함과 경쾌감을 자아낸다. 즉 앞선, 옆선, 차선, 사선 등 정확한 움직임의 구도로 발동작·몸동작·장구가 삼위일체를 이루며 한 치의 어긋남도 보이지 않는다. 이는 무대화된 양식을 인위적으로 접근하여 세련된 기술로 관객과 소통하며 함께 호흡하고 있다는 것을 의미한다.

셋째, 이경화의 48가락은 접가락과 엇박을 자유자재로 넘나들며 독창적 기교를 예술적으로 승화하고 있다. 특히 가락에서 느껴지는 좌도 농악의 강한 힘이 큰 에너지의 기운으로 넘쳐난다면, 춤사위와 맞물려 우도 가락이 자아내는 애수는 아름답게 배어난다.

형식적 미의식의 발로에서 본다면 동살풀이가 엇박의 호흡으로 멋을 표현하고, 굿거리의 흥청거리는 춤사위에서는 유독 삶의 애환과 향수, 그리움이 묻어난다. 특히 이때는 많은 뒷선을 보이며 춤사위를 이끈다는 점 또한 회한과 한恨이 멋스러움을 자아낸다. 그러나 곧 자진모리와 휘모리의 춤사위는 관객과 소통하고 모두를 아우르는 흥興과 신명神明의 춤이라는 점에서 볼 때, 설장구 춤사위가 지닌 원형적 전통의 미의식 또한 갖춘 춤으로 평가된다.

넷째, 이경화의 춤사위는 호흡과 일치되어 모든 춤이 아우러진다. 장구와 몸동작, 발동작 하나하나가 춤사위를 이어가며 멋을 자아내는데, 함부로 내딛지 않고 마지막까지 공들여 호흡을 절제하는 가뿐한 발디딤은 춤 호흡의 기교를 더하지 않으면 매우 어려운 동작들이다. 특히 정박에 내딛지 않고 엇박에 맞물려 발사위를 바꾸며, 숨을 멈추듯 호흡을 절제하여 들어가는 대삼과 소삼의 기교는 독창적이며, 신비로운 세계에 다가가는 예술적 경이로움마저 자아낸다.

(3) 놀이로부터 춤으로의 변용 읽기

위의 분석은 비록 호남 우도 농악의 맥을 잇고 독자적인 중심으로 활동하는 이경화 설장구춤에 관한 것으로 제한하고 있지만, 놀이에서 춤으로의 변용 과정을 어떻게 예술적 양식으로 이끌고 있는가 하는 것은 매우 중요한 전통예술의 핵심을 보여 주는 대목이기도 하다. 즉 세계 각국의 민속춤 형식이 그들만의 독자적 형태로 안착되어 계승·발전해 온 것은 샤머니즘을 포함한 놀이문화의 형태에서 점차 예술성의 기반으로 치중되어 온 것이 사실이기 때문이다.

그렇다면 놀이문화의 형식에서 춤 예술로의 치환은 아직 문화재로 지정되지 않은 장구라는 놀이가 가진 유구한 역사성을 헤아려 볼 때 무한한 예술적 춤 형식의 발전을 위해 간과해서는 안 될 문제이기도 하다. 이처럼 변용의 문제를 어떻게 택하고 있고, 어떤 점이 예술로서 독자적으로 발전할 가능성이 있으며, 어떻게 승화해 나갈 것인가 하는 문제의 시각에서 텍스트를 읽기로 한다. 표 5-2는 이경화 설장구춤의 기호가 의미하는 예술적 양식을 통해 본 해석의 결과로부터 변용된 형태를 논하고 있다.

표 5-2. 설장구놀이에서 설장구춤으로 변용된 형태의 특징

구분	놀이문화적 형태	춤 형식으로 변용된 형태
기능	• 두레적 농경춤 • 의식적 전투춤	• 의식적 성향의 문화 → 예술적 성향의 문화(여성성의 섬세함과 우아함, 기교적인 면 강조) • 악기를 위한 악기 → 춤을 위한 소품으로서의 악기(기량 위주의 흥보다는 악기와의 조화로운 신체의 멋과 선의 아름다움을 보다 중시) • 아우름과 공동체적 운명을 다지기 위해 미리 준비된 소통놀이의 단계 → 예술로서 접근한 소통적 시간행위를 무대라는 공간 안에서 형식적으로 진행하는 단계
역할	• 마을의 당굿 또는 공동체적 놀이에서 빠질 수 없는 장구는 음악 반주에서도 빠져서는 안 될 장단잡이의 역할을 함(맨 앞 설장구에 선 사람을 수장구, 상장구라 함). • 조선시대 군사훈련에서 행진을 위해 쓰였다는 설은 북과 함께 승리를 기원하기 위한 의식적 악기로 전투적 기능을 함.	• 주술이나 풍농, 공동체 기금 마련을 위한 걸립농악처럼 이미 목적이 같은 의식적 형태에서, 전통적인 몇 가지 핵심적 사상만을 미적으로 보여 주는 예술적 추구 형태가 나타남. [오방지신에게 고하는 대동적 놀이문화에서 개인적인 춤 형태인 자신을 다스리는 자아극면적인 미의식: 수피교도들의 사마(Samä)는 황홀경에서 춤을 춘다는 의미로, 이 상태가 되면 몸과 마음이 완전히 행위에 빠져들고 뇌파는 강렬한 리듬을 타게 되어 평소의 자아가 뒤로 물러난 채 인식이 고양된다고 믿는 예술적 의미(스티븐 나흐마노비치, 2008: 75)의 변용된 형태로 해석되는 경우다. 또한 태머리를 두르는 것 등은 전통적 의식을 남겨두고 있는 형태로 해석될 수도 있다.] • 당굿, 농악, 군사적 행진에서 가장 기본적인 장단을 두드리던 핵심적 악기로 현대적 조명에서 역사적으로 수장 격인 장구라는 악기에 대한 해석이 중요하다. • 장구는 한국을 대표하는 고유의 상징이자 전통과 계승, 발전의 의미를 담은 핵심적 기표다. 이렇듯 가장 원초적 놀이인 춤에서 악기는 예술적 변용으로 이미지적 역할을 수행하고 있다고 볼 수 있다.
용어의 특징	• 구정놀이: 구정에 노는 놀이로 음력 정월 초사흘부터 대보름까지 노는 지신밟기에서 나옴. 농악대가 정초에 잡귀를 쫓고 복을 들이며 독경 형식으로 굿을 하는데, 설장구가 구정놀이로 한바탕 춤추고 놀면 큰 구경거리였다고 전함.[2]	• 구정놀이란 대개는 굿거리, 자진모리, 동살풀이가 들어 있는 개인의 농악놀이며, 설장구춤에서는 행진곡풍의 경쾌한 오방진 가락(동살풀이)의 조금 빠른 4분의 4박자로 쓰인다. • 원래는 의식적 행사가 끝난 후 여흥으로 놀았던 놀이에서 다양한 재주를 보여 주던 것이 오늘날 연예농악으로 발전했고, 무대종목의 개인무로까지 발전했다. 그러므로 설장구춤은 농악 그대로의 장구놀이는 아니며, 춤 양식으로 변용된 개인종목으로서의 구정놀이로 해석될 수 있다.

2. 이영상 설장구 전수소 담화내용(김원화·유진, 2007: 379 재인용).

표 5-2. (계속)

구분	놀이문화적 형태	춤 형식으로 변용된 형태
춤의 특징	• 집단적 형식의 농악, 판놀음의 오락적 형태(익살과 해학적인 면 강조). • 원형무대의 특성상 정확한 형태의 각도보다는 흥과 신명적인 멋을 중시. • 대형에 따른 방향성과 놀이적 성격으로 변화하는 '소리와 움직임의 조화', 주로 하체 위주의 리듬적인 춤사위의 표현성이 돋보임(전은자, 2006: 16-21).	• 설장구잡이로 춤사위의 개인적 기량을 선보이며 점차 독립적 형태로 발전(다양한 악기들과 조화로운 반주 형태 → 춤사위의 멋을 중시한 기교 형태, 가락과 춤의 조화를 더욱 의식해 변용된 형태로 발전). 예) 48가락의 접가락 변화 속에 엇박의 사용이 두드러지는 것은 군무 중심인 민중놀이문화에서 상대와 주고받는 엇박의 기능(이윤선, 2006: 209), 즉 상대와 교차하며 겨루기 하는 기능이 독자적 춤사위의 기능으로 변용된 재창조라는 의미로 보는 견해. • 원형무대로부터 공간감을 보여 주는 예술적 형식으로의 발전은 호흡의 멎음 뒤에 오는 동작선의 멋처럼 의도된 형식으로 변모됨. 따라서 형식이 다양해지고 창의적 표현 등이 돋보임. 예) '세삼쫓기'에서 정박에 내딛지 않고 엇박에 맞물려 숨을 멈추듯 호흡을 절제하며 들어가는 대삼과 소삼의 기교. • 풍농과 건강 등을 기원하는 같은 일념과 아우름을 전제로 하는 형태에서, 의미의 공유를 위한 소통이라기보다는 예술적 공감대를 형성하기 위한 준비된 형식을 선보이는 형태로 변용. • 우도 가락의 미의식이 돋보이는 자유자재의 기교가 현실의 시공간에서 늘 억압되어 있는 자아를 잃어버리게 함으로써, 더 큰 에너지의 기운을 형성하게 하는 예술적 현상을 말함. 즉 공동체적 놀이보다도 더 인간 본연의 원초적 놀이라는 최대의 장점을 그대로 수용한 형태임. 따라서 이를 위해 동작선의 극대화와 표현의 정확성을 의식해 보다 큰 역동성을 강조하기도 함(즉 비록 같은 형태의 놀이문화라 하더라도 공동체적 놀이가 집단적 소통에서 본 현실적·실천적 의미라면, 변용된 춤의 형태는 예술적 양상에서 탈시간적 소통을 의미함).

한국을 대표하는 전통춤이 전통놀이적 요소를 간직한 세련된 예술로 변모하는 과정에서 어떠한 변화를 수용해 나가는지를 우선 살펴보자.

첫째, 장구놀이에서 장구춤으로 변용되면서 놀이가 가진 흥과 신명을 기저로 독창적 예술의 색을 입힐 수 있었다. 비록 그 목적이 전투적인 것이냐 농경적인 것인가에 따라 춤의 색깔을 어떻게 드러낼 것인가 하는 방향을 제시함으로써 독자적 예술성을 돋보이게 할 수 있다.

둘째, 무대에서 독자적 예술성을 보이기 위해서는 한국의 놀이문화의 근원인 원형무대를 중심으로 한 공동체적 춤사위에 따른 익살과 즐거움보다는, 무대극장에서 보여지는 뚜렷한 동작선을 의식하여 더욱 세련된 형태의 변용 양식을 드러내고 있다. 즉 '차선'이나 '뒷선' 등 각도를 염두에 둠으로써 세련된 선의 미학을 추구하는 양식으로 변모되어, 때로는 절도 있는 동작이나 호흡의 정지와 같은 의도된 형식을 수용하고 있다는 것이다.

셋째, 예술적으로 세련된 기법을 선보이며 특징적인 춤사위를 다채롭게 이끌고 있다는 것은, 기존 농악에서 발달한 설장구춤의 예능놀이적 차원에서 보다 예술로서의 미학적 요소와 춤사위가 갖는 의식에 비중을 둔 독창적인 성향으로 드러난다. 즉 단순한 의미를 가진 춤 형식을 보다 함축적 의미를 파생시키는 기표로 두어 심미적 의미를 포용하는 기호로서 춤의 형식, 다시 말해 기표를 환언하고 있다. 따라서 보는 이들에게 예술적 심미안을 주고 춤의 여러 가지 의미를 재해석하면서 단순한 놀이에서 더 나아가 예술적 형식으로 미를 감상하게 해 준다.

넷째, 놀이에서 춤이 흥과 신명을 위주로 호흡을 조절하고 있다면 예술적 형식은 멋의 호흡으로 박을 조절하고 춤사위를 조절한다는 것이다. 예를 들어, 자진굿거리와 휘모리의 춤사위는 빠른 몰이를 강조한 흥과 신명이 주가 되어 놀이로써 난장을 이룬다면, 연풍대나 동살풀이 같은 대목은 장구와 몸동작, 발동작 하나하나가 춤사위를 이어가며 멋을 자아낸다. 이것은 단순한 놀이라기보다는 우리 춤의 미학인 정중동의 의미와, 멋을 중시한 춤의 기교를 한층 더 강조하여 승화하고 있다는 것이다. 따라서 놀이와 춤의 적절한 조화와 형식의 교차는 전통예술의 발전에서 아름다운 계승의 형태를 의미한다고 볼 수 있다.

요약하면, 장구가 놀이문화의 향유적 악기에서 보다 정교하게 춤사위를 선보이게 되었다는 문헌적 근거는 조선시대로 거슬러 올라간다. 예를 들어, 농악에서 선보이던 설장구는 교방예술로 자리매김하며 반주를 위한 리듬과 율동에서 춤을 위한 가락으로 변형되었다. 또한 신무용이 유입될 무렵 본격적으로 무대화 작업을 거치며 동작마다 정확한 시선처리와 자유로운 춤사위를 구사하기 위한 소품으로 장구를 활용함으로써 장구춤의 예술적 형태를 정립하기에 이른다.

바로 이러한 점은 민중의식의 발로에서 소박한 전통의 숨결이 살아 숨쉬는 문화의 창조적 원천으로 그 정서는 한을 넘어선 신명으로 면면히 흐르는 한민족의 뿌리와 같다. 그러나 춤으로서 장구춤의 문화재적 가치와 의식적 검토는 아주 더디게 진행되고 있다. 또한 장구춤을 신무용으로 보는 의식 때문에 대대로 이어진 전통의 소산으로 여겨지기보다는 현대적 형식이라는 가치에서 조명되고 있어서 아직 장구춤의 문화재적 가치에 대해 충분한 재고는 이루어지지 않고 있다.

이러한 점으로 보아 독자적 놀이문화로서 우리 춤의 영역과 전통예술의 나아가야 할 한 단면을 춤의 기호학적 의미작용을 통해 유추할 수 있었다. 춤이 독자적으로 어떻게 구성되어 형식과 내용을 이룬 기호로 예술형태를 보이면서 놀이에서 발전해 왔는가를 분석하는 것은 전통을 재조명하는 의의도 있다. 이 가운데 설장구의 놀이적 변형과 현재 무대에서 선보이는 설장구춤으로서 호남 우도농악의 멋을 고스란히 간직하고 있는 이경화 설장구춤은 전통의 중심과 변용된 형태에서 미적 형식을 독자적으로 수용하고 있다.

결과적으로 이경화의 설장구춤은 독창적 구성이 돋보이는 가락과 춤사위가 조화를 이루고 있다. 이는 개인예술의 창조적 형태로 볼 수도 있지만 그렇다고 하더라도 현대화적 장구춤과는 사뭇 다르다. 설장구춤의 유래와 전승, 그리고 변용은 우리 민족의 유구한 역사 속에 때로 주술적 의식무로, 때로 공동체적 놀이로 생활 곳곳에 묻어 있는 소중한 풍습이 되어 있다. 이러한 설장구 양식이 춤을 통해 기예를 표출하고 점차 세련된 기교로 발전하는 과정에서 이경화의 설장구춤은 전통을 향해 새로운 시도를 한 것으로 평가된다.

민속학자인 임재해는 『한국의 민속예술』(1988)에서 문화의 전승은 고유성과 가변성, 지속성을 가져야 한다고 설명한다. 따라서 민속춤은 원형 계승과 현대적 수용, 예술 창조라는 의미를 갖고 있어야 하고, 예술적 창조는 종합적 예능 형태의 종교적 축제를 총체적 예술로 재창조해야 한다고 했다.

현재의 설장구춤은 민속춤의 예술화에 있어 즉흥적인 농악의 설장구 춤사위를 미적 형식으로 승화하고 무대기법으로서도 세련된 양식을 도입하고 있다. 이는 전통과 재창조라는 예술의 계승을 현실성 있게 정립한 민속예술의 표본이라고 할 수 있다. 따라서 교육적 효과를 모색하고 한국적 정서를 기반으로 창작의 실현을 극대화할 필요가 있다.

전통춤의 원류와 우리의 민족정서가 드러나 있는 설장구춤은 장구의 원류와 가락의 의미를 전하며 예술의 수많은 다양성에 대한 창조적 모태를 보여 주는 본보기가 된다. 이를 통해 예술가가 풀어야 할 숙제와 대중과의 호흡, 전통에 대한 소중함을 일깨우며 다양한 예술세계를 위해 나아가야 할 방향을 제시하고 있다.

퍼스 기호학의 적용방법론

춤은 하나의 의미이며 메시지다. 즉 의미를 담아 표현이라는 형식을 통해 우리는 춤을 해석하며 미적 감동에 이르게 된다. 또한 동작 하나하나에 차이를 만들며 의미를 산출하면서 시공간에 그려지는 연속된 이미지와 가상의 창조적 상像의 실체를 이루게 된다. 그렇다면 춤은 우리에게 무수히 많은 것을 전달하는 기호이자 무엇을 대신하는 무엇aliquid pro aliquo(Nöth, 1990: 85)이다. 이처럼 춤은 의미와 소통의 메시지를 가지면서 동작소를 바탕으로 동작기호를 형성한다. 이런 의미에서 춤을 유형화하고 기호화하여 그 의미를 해석하는 가장 유용한 방법론은 기호학적 이론을 이끌어 사용하는 것일 수 있다.

앞에서 설명한 것처럼 현대 기호학은 크게 의미의 기호학과 소통의 기호학으로 나뉜다. 즉 의미의 기호학은 의미가 일어나고 해석되는 구조와 원리에 대해,

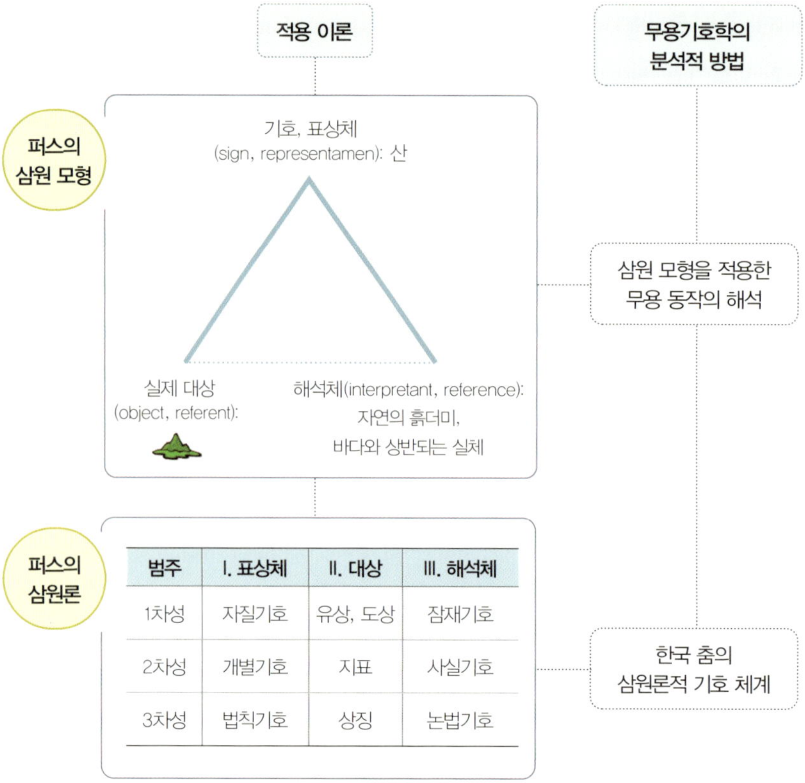

범주	I. 표상체	II. 대상	III. 해석체
1차성	자질기호	유상, 도상	잠재기호
2차성	개별기호	지표	사실기호
3차성	법칙기호	상징	논법기호

그림 5-2. 퍼스 기호학의 무용기호학적 적용방법론

소통의 기호학은 발신자와 수신자 사이의 메시지와 통로에 대해 규명하는 것이다. 현대 기호학은 실체론적 사유를 뒤엎고 소쉬르에 의해 구조적 사유의 지평을 열어 간다. 그 뒤 퍼스에 의해 기호이론은 인간의 사고와 언어의 관계를 논리적으로 분석하고 추론해 나간다. 소쉬르의 연구를 통해 언어적 논리구조를 규명할 수 있게 되었고, 그레마스 기호론은 서사적 해체와 규명에 적합하다. 이에 비해 퍼스의 이론은 춤과 동일한 기호체계까지 의미와 소통의 구조를 해체하고 좀 더 과학적으로 재단하는 데 적합하다. 퍼스의 기호삼분법과 여러 가지 기호 항들에 대한 범주론적 구상은 춤에 적용될 수 있는 범위를 선택해 객관적으로 재단할 수 있게 해 주었기 때문이다. 즉 동작학적 개념까지 포괄하는 유용한 기호적 이론으로 춤

의 실체에 다가가기 위함이다.

퍼스의 기호이론을 통해 춤 기호가 어떻게 해석되고 지시되는가를 분석해 보는 것은 의미와 소통의 영역을 통해 아직 미약한 무용기호학 이론을 정립하는 데 밑거름이 될 것이다. 연구를 수행할 방법론적 개괄은 그림 5-2와 같다.

1) 퍼스 이론의 적용 타당성

춤의 기호학적 영역에서 '동작학' 혹은 단순한 '제스처', '보디랭귀지'는 비구두 커뮤니케이션의 주요 연구과제다. 하지만 춤이 신체 움직임이라는 기호로서 언어적 표현행위가 되었을 때, 언어로는 드러낼 수 없는 감정의 인식과 의미의 공유, 이 난해한 기호의 표상체가 가져다주는 메시지를 해독하기 위해서는 더 함축적이고 은유적인 심미적 코드를 분석해야 한다는 점에서 동작학과는 다소 차이가 있다. 즉 안무가의 창조적 행위를 어떻게 해석해야 할 것인가가 난점이다.

춤의 기호학에서 비구두 커뮤니케이션이라는 동작학적 개념은 매우 기본적인 분석의 틀이 될 수는 있지만 춤 동작 기호의 변수를 포괄하지는 않는다. 가령 춤의 시선과 표정 등은 (일반 동작학의 개념과는 달리) 이념과 형식구조의 메커니즘을 비롯하여 수많은 맥락과의 연합에 의해 다양한 지시와 의미를 가질 수 있다. 따라서 춤이 가진 비언어적 메시지는 다양한 의미작용을 반복한다. 간략히 말해 춤은 제스처와는 다른 수많은 '의미소'의 해석이 무한대로 생성되며 기호의 거듭나기와 그에 따른 수많은 기의들, 3차원의 '신화'적 개념 등 춤의 사상과 문화적 배경까지도 창출할 수 있다는 점에서 단순한 문화적 약호와는 또 다른 기호작용을 의미하는 것이다. 이러한 의미에서 퍼스의 기호이론인 삼원론적 세미오시스는 다양한 해석과 기호들 간의 차이를 보여 주는 데 적합하다. 퍼스의 기호이론은 무용기호학이 의미의 기호학과 소통의 기호학을 융합한 연구이며, 나아가 춤이 예술로서 감동을 주게 되는 심층적 구조에 대해 분석하는 과학으로 유용하다.

표 3-2에서도 퍼스의 삼원론에 있어 무용 텍스트의 실례에 관해 설명했듯이, 춤 동작 또한 무한히 반복되는 기호작용의 과정 속에서 고정된 기호는 없다. 춤 동작은 연희자와 관객 사이에서, 해석과 해석 사이에서 늘 대화의 형식을 취한다. 이처럼 퍼스의 기호학과 춤 기호의 적용은 대상과 이에 대한 기호인 연희자의 춤 동작, 그리고 관객의 해석을 일관된 체계로 설명할 수 있기 때문에 곧 의미의 망을 무한히 형성하는 해석체계를 위한 방법론적 사유로서 적절하다고 할 수 있다.

2) 텍스트 이론적 적용과 무용기호학적 영역

퍼스에 따르면 "우주는 오로지 기호로만 구성된 것은 아니지만 기호로 충만하다"(Peirce, 1982: § 5. 448). 퍼스는 기호의 매개 없이는 사고가 존재하지 않는다고 보고, 인간의 사고와 세계의 형식을 논리적으로 추론하고 있다. 이러한 의미에서 퍼스의 기호이론은 인간의 내면과 대상세계, 이를 표상한 춤 동작, 이에 대한 인간의 해석을 하나의 체계로 설명하는 데 유용하다.

그림 5-3과 같이 삼원 모형을 춤에 적용하면 실제대상이 있고, 이를 연희자가 춤 동작으로 표상하면, 관객이 이를 보고 의미를 해석하는 해석체가 자리한다. 예를 들어, 실제 '용'이 있다면 연희자는 이것을 '용사위'라는 동작으로 기호화한다.

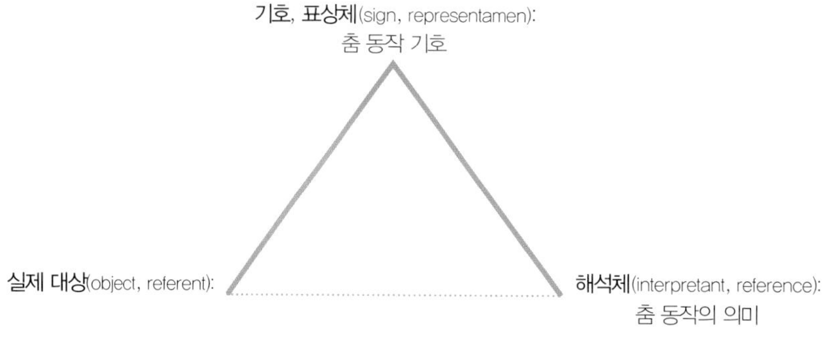

그림 5-3. 퍼스의 이론을 적용한 한국 춤의 삼원 모형

이 기호를 보고 관객은 1차적으로 '영물靈物'을 떠올리고, 여기서 끝나는 것이 아니라 다시 '인도자', '신과의 중재자'라는 의미를 파생하고, 또다시 '하늘이나 이상의 지향'의 의미를 파생한다. 이러한 춤에 대한 적용과 해석은 춤의 의미적 지시로부터 파생되는 모든 요소에 의해 가능하다. 즉 시선, 무대 방향, 호흡과의 관계, 춤 동작의 지향점 등 표현하고자 의도했던 모든 요소들을 과학적으로 판단하여 안무자와 관객 사이에 의미의 공유가 가능하게 된다. 한 가지 예로 동서양을 막론하고 무용의 방향성은 여러 가지 의미와 코드를 지니면서 의도된 다양한 내용을 표현하고 있다.

또 하나의 예를 들어보자. 퍼스의 삼원 모형에 의해 대상의 자리에는 무대 방향인 춤길이 놓이고, 이를 무대에서 동작의 방향성에 따라 코드화하면 이에 대해 '제자리좌회전'이란 해석을 하게 된다(그림 5-4 참조). 그리고 이는 다시 대상의 자리에 놓임으로써 이에 대해 한국 춤의 경우 '중中, 정靜' 등의 2차 해석을 가능하게 한다. 그리고 또다시 대상의 자리에 놓여 '억압과 부자유, 속俗, 현세'라는 제3의 해석으로 기호작용의 순환을 거듭한다.

이처럼 퍼스의 기호학과 춤 기호의 적용은 대상과 이에 대한 기호인 연희자의 춤 동작, 그리고 관객의 해석을 하나의 일관된 체계로 설명할 수 있다. 즉 대상인 춤 동작을 통해 하나의 사위를 표현하는 차이 있는 기호를 생성함으로써 무한한

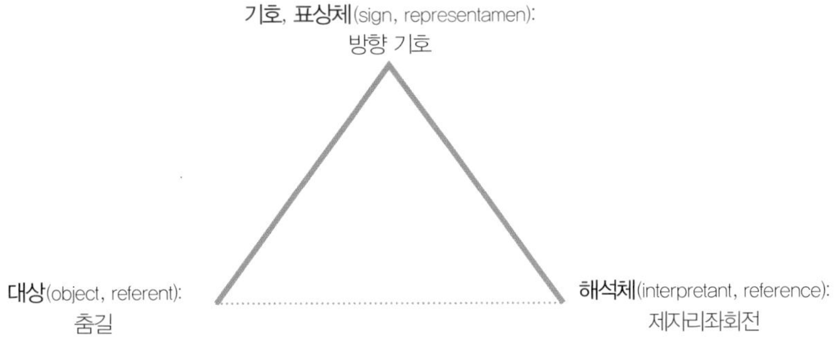

그림 5-4. 퍼스의 삼원 모형으로 본 춤길의 해석

해석을 유발하는 데 창조적 힘을 가지게 된다.

춤은 의미의 기호이자 동작 코드를 만들며 무대라는 채널을 통해 송수신한다. 즉 춤은 의미의 기호를 생성하며 무한한 해석이 가능하면서 안무자가 의도했던 의미뿐만 아니라 관객에게 전달되는 다양한 의미를 파생한다. 춤 동작의 외연은 춤사위의 의도된 형상에 의해서 단순하게 기의를 파생하기도 하지만 이것이 가지는 함의는 안무가 또는 무용수의 사상이나 창조력, 실현되는 여러 가지 맥락에 따라 다양하다. 곧 춤의 정신을 향유하게 하는 심미적 태도를 조성한다.

춤 기호학의 언어적 영역은 춤을 기호로 보고 의미를 해석하는 미적 태도를 의미한다. 이것은 춤 기호학의 영역에서 의미의 기호학을 뜻하며, 약호와 메시지를 해독하는 해석의 끊임없는 소산에 의해 이루어진다. 바로 이러한 기호적 영역은 춤의 의미체계를 범주화하고 기호를 통해 차이를 이루고 동작마다 약호를 생성함으로써 보다 창조적인 작업을 실현하는 이론적 기반이 될 것이다.

3) 범주로 본 춤의 기호작용

소쉬르와 달리 퍼스는 기호로 가득한 세계를 삼원적으로 해명하고 기호와 해석의 관계를 끊임없는 순환의 관계로 파악한다. 퍼스는 존재론적으로 1차성·2차성·3차성으로 구분하고, 인식론적으로 연역법·귀납법·가추법의 분류와, 기호학적으로는 대상·표상체·해석체로 범주를 나누고 있다. 퍼스는 기호 없이는 사고도 없다는 전제 아래 기호와 해석의 무한한 기호작용의 과정을 삼원론의 틀로 논리적으로 정리하는 한편, 기호를 매개로 인간의 사고와 행위에 내재하는 보편 원리를 규명하고자 했다.

퍼스의 삼원론은 춤 동작의 기호를 다음과 같은 원리로 범주화한다. 이는 춤 동작이 만들어 내는 미학적 기호 코드(심미적 코드)에 대해 체계적 연구의 지평을 열고, 각 동작이 기표가 되어 의미를 형성하는 과정에서 해석의 원리와 논리적 파악을 위한 열쇠가 된다.

퍼스의 삼원론에 따라 기호를 분류하면 표상체와 관련하여 자질기호, 개별기호, 법칙기호로 나뉜다. 자질기호는 구체화하기 이전의 춤 동작 자체의 가능성, 시각적 영상기호, 의미의 단위기호를 가리킨다. 이 기호는 학춤, 탈춤 등에서 대상의 이미지와 관련된 속성적 기호 또는 표정, 몸짓 등을 비구두적 언어로 대체하고 구체화하기 이전의 가능성을 의미한다. 개별기호는 동작의 현실적이고 표현화된 기호, 상象의 기호, (다른 것과 관련을 맺는) 구체적으로 구현된 춤 동작의 기호다. 법칙기호는 그 자체로 춤 동작의 법칙인 기호, 범주에 의해 코드화된 기호로 음양의 형태인 괘의 부호 '— ・ =', 또는 춤 동작소의 호흡, 장단 등을 표상한 기록의 코드, 삼재三才, 화쟁사상을 표상하는 삼태극 등을 가리킨다.

춤의 대상과 관련해서는 도상, 지표, 상징으로 분류된다. 도상은 대상과 유사성의 관계에 있는 춤 동작 기호, 상하좌우 동작 등 드러나는 구체적 외시 표현, 동물 모의적 표현, 성 모의적 표현, 전투와 농경 모의적 표현 등 유사성에 바탕을 두고 표상된 춤 동작의 기호다. 지표는 대상과 인접 관계에 있는 기호, 동작뿐만 아니라 각 의상이나 소품을 인접성의 유추작용에 의해 그와 관련된 행위, 직업이나 벼슬, 계절, 주변 환경 등과 함께 환기하거나 지시하는 춤의 기호다. 상징은 일반관념의 연상에 의해 지시하는 대상을 표상하되 추상적 개념을 표의하는 춤의 기호로, 춤 동작이 추상적 개념을 표상하는 기호다. 예를 들어, 호흡이 음양을, 청색옷이 오행五行에서 '목木'을 표상하는 경우는 상징기호다.

또한 해석체와 관련된 춤 기호는 잠재기호, 사실기호, 논법기호로 나뉜다. 잠재기호는 다른 동작과의 차이, 변별적 자질을 가져 해석될 가능성이 있는 기호로 춤동작, 호흡, 춤길, 눈길 등 그 자체다. 사실기호는 다른 동작과의 차이, 변별적 자질을 가진 것과 연관하여 해석되는 기호다. 예를 들어, '용트림' 사위가 다른 사위와 차이를 통해 삼계三界의 중개자, 우신雨神 등의 행위적 의미를 갖는 경우 사실기호다. 논법기호는 춤 동작의 해석 자체가 법칙인 기호다. 한국 춤에서 정情과

구분	표상체(춤 기호)	대상체(춤 동작소)	해석체(춤 의미소)
1차성	• **자질기호**(qualisign) 구체화하기 이전의 춤 동작 자체의 가능성, 시각적 영상기호, 의미의 단위기호로 학춤, 탈춤 등에서 이미지와 관련된 속성적 기호 또는 표정, 몸짓 등을 구체화하기 이전의 가능성	• **도상**(icon) 대상과 유사성의 관계에 있는 춤 동작 기호, 상하좌우 동작 등 드러나는 구체적 외시표현, 동물 모의적 표현, 성 모의적 표현, 전투와 농경 모의적 표현 등 유사성에 바탕을 두고 표상된 춤 동작의 기호	• **잠재기호**(rheme) 다른 동작과 차이, 변별적 자질을 가지며 해석될 가능성이 있는 기호, 춤 동작, 호흡, 춤길, 눈길 그 자체
2차성	• **개별기호**(sinsign) 동작의 현실적이고 구체화된 기호, 상(象)의 기호, 다른 것과 관련을 맺으면서 구체적으로 구현된 춤 동작의 기호	• **지표**(index) 대상과 인접성의 관계에 있는 기호, 동작뿐만 아니라 각 의상이나 소품이 인접성의 유추 작용에 의해 그와 관련된 행위, 직업이나 벼슬, 계절, 주변 환경 등을 환기하거나 지시하는 춤의 기호	• **사실기호**(dicent) 다른 동작과 차이, 변별적 자질을 가진 것과 연관시켜 해석되는 기호로, 예를 들어 용트림 사위가 다른 사위와 차이를 통해 삼계(三界)의 중개자, 우신(雨神) 등의 의미를 갖는 것
3차성	• **법칙기호**(legisign) 그 자체로 춤 동작의 법칙인 기호, 범주에 따라 코드화한 기호로 음양의 형태인 괘의 부호(- · =), 또는 춤동작소의 호흡, 장단 등을 표상한 무보의 코드, 삼재, 화쟁사상을 표상하는 삼태극 등	• **상징**(symbol) 일반관념의 연상에 의하여 지시하는 대상을 표상하되 추상적 개념을 표의하는 춤의 기호로, 춤 동작이 추상적 개념을 표상하는 것, 예를 들어 호흡이 음양을, 청색의 옷이 오행에서 '목(木)'을 표상하는 것	• **논법기호**(argument) 춤 동작의 해석 자체가 법칙인 기호. 한국 춤에서 정과 한의 화쟁 체계, 한의 승화와 해학, 심미적 여백의 공간 등 춤 동작의 의미를 해석하면 그것이 곧 바로 법칙인 기호

표 5-3. 퍼스의 삼원론에 의한 한국 춤의 삼원론적 기호체계

한恨의 화쟁체계, 한의 승화와 해학, 심미적 여백의 공간 등 춤 동작의 의미를 심층적으로 해석하면 그것이 곧 춤의 법칙기호다.

이처럼 춤 기호는 기호가 인간의 몸과 만나 의미를 만들고 해석되는 과정에서 일어나는 전반적 작용을 의미한다. 즉 인간이 대상을 기호로 파악하여 춤에 대한 기호를 형성하고 기표와 기의를 발생시키면서 의미를 산출하는 것, 또는 기호를 만드는 이러한 과정 모두가 기호작용이다. 만약 퍼스가 말한 것처럼 "도상이 오직 기호 자체의 성격에 의해서 그 지시대상에 조응되는 기호"(Peirce, 1982: § 2. 449)라

고 한다면, 지표 또는 상징적 기호에 의해 춤은 다시 예술적 기호로 거듭나면서 어떠한 인접성, 은유적 인식 또는 환유에 의해 다양한 심미적 의미를 산출한다. 그것은 대상의 실재와 관계가 있든 없든 간에 기호로서 자의성을 가지며 우리가 해석할 수 있는 약호 이상의 의미를 갖게 된다. 이러한 점은 춤의 기호학적 재단과 분석이 왜 필요하며, 춤이 기호라는 속성으로부터 무한한 창조적 실현을 가져올 잠재성을 드러낸다. 기호는 무한하며 모든 것이 기호인 것처럼, 춤의 기호 또한 많은 연구와 과제를 주고 있다.

요약하면, 춤이 기호라는 사실과 함께 춤은 계속되는 의미작용이며 소통의 메시지라는 전제하에 연역적 추론이자 하나의 방법론의 제시로서 귀결된다. 지금까지 퍼스의 기호이론을 차용하면서 보다 정립된 무용기호학의 영역을 구축하고, 춤의 의미론적 메시지와 체계에 대해 살펴보았다. 그 결과 퍼스의 삼원론적 기호원리는 춤 기호의 작용으로 무한한 해석을 유발했으며, 춤 기호에 관한 범주를 통해 언어기호 외에 비구두적 메시지를 포괄하는 다양한 기호의 가능성과 춤의 기호적 영역을 가늠하게 되었다.

춤의 아름다움을 해석하고 미학적 판단을 하는 데 있어서 이제까지의 주관적 해석과 인상주의적 비평 차원을 넘어서려면 보다 과학적인 재단과 방법론이 필요하다. 비록 이것이 실체에는 못 미치는 현상만 규명한다 할지라도, 더 나아가기 위한 방법론으로서 기호학은 유용한 학문임에 틀림없다. 앞으로 더욱 체계적인 실천과 규명을 위한 이론적 영역을 확보함으로써 무용기호학이 나아가야 할 방향을 모색해야 할 것이다.

그레마스 기호학의 무용 분석적 적용:
살풀이춤을 중심으로

지금까지 춤에 대한 연구는 주로 결과를 암시하며 행해지는 연역적 방법론을 통해 이뤄졌다는 반성에서 논의를 시작한다. 기존 연구결과는 다양한 방법론을 통해 춤을 분석할 수 있으나 새로운 해석과 의미에 관한 파생, 기존의 생성적 관점에서 벗어나기는 어렵다. 이미 퍼스의 기호방법론을 통해서도 기호학은 새로운 의미를 파생하는 데 유용한 학문이다. 춤은 발신자와 수신자 사이에 이루어지는 소통이자 기호적 차이에 의해 다양한 의미를 파생하고 있기 때문이다.

여기서는 춤의 파생이나 연원, 단순한 의미가 주는 미학적 비평 외에 춤을 재단하는 과학적 방법론을 적용하고자 하며 의미의 구조적 양태를 밝혀 보겠다. 기호학의 미덕이 객관성과 과학성에 있듯, 모호하고 복잡한 예술적 위상에 구조적 범주를 분할하고 그에 따른 의미를 창출하는 귀납적 방법론으로서 그레마스 이론을 차용하기로 한다(그림 5-5). 이 논의에 대한 귀결은 소통과 의미의 몸짓언어에 대한 춤의 구조를 명확하게 하고 춤이 언어라는 명제를 분명히 할 필요가 있다. 즉 움직임 의소들 간의 관계와 이 관계를 규정하는 문법에 관해 의미론을 펼치면서 춤 동작 기호와 의미구조를 논하려 한다. 또한 이를 근거로 그레마스 기호학적 방법론이 무용 분석적 적용에 관한 한계를 도출함으로써 무용기호학적 학문에 대한 방향성이 검토될 것이다. 소통과 의미의 춤 기호적 속성은 그레마스 의미론과 가치창조의 실행에 매우 부합되며, 의미의 구조적 틀은 이미 발생된 춤의 신화적 의미와 행동의 구조를 추론하는 연역적 방법론 외에도 그 이상의 의미의 전이와 파생을 속출하는 또 다른 신화를 가능하게 하며 탈신화까지도 포함한다.

그레마스 기호학를 무용 분석에 적용하기 위해 한국 민속춤 중 '살풀이춤'을 텍스트로 선정하였다. 살풀이춤의 배경과 연원에 관한 기존 연구결과를 토대로 하여 의미론적 요소를 선정하고, 제한된 핵심적 개념만을 모형에 적용함으로써 그

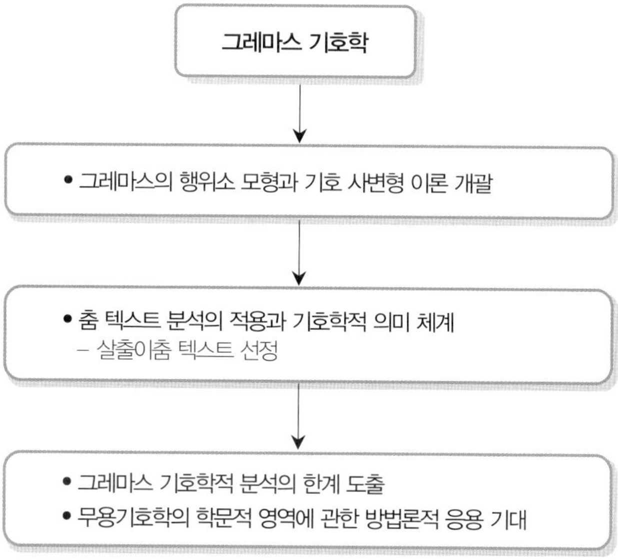

그림 5-5.
그레마스 기호학의
무용 분석적
적용 과정

레마스의 '의소'적 개념에 대입했다. 이것은 그레마스 기호학이 본래 서사적 언어 구조적 담론에 관한 것이기 때문에 춤에 적용할 경우 몸짓 행위 하나하나의 의미에 관한 분석적 적용은 어렵다는 점을 고려하였다.[3]

1) 춤 텍스트 분석의 적용과 기호학적 의미

예술로서 춤 텍스트에 관해 기호학적 재단의 한계는 분명히 있다. 기호학은 제한된 틀에서 실행하는 명료한 분석의 실현이라는 장점이 있지만, 춤 텍스트는 어떠한 구조로 접근하여 분석하는가에 따라 의미의 커뮤니케이션과 범주 자체의 명료성을 드러내기 때문이다. 즉 구조와 범주를 통해 예술을 구체화된 일반화 논리로 갈래갈래 분석한다는 것은 예술의 느낌과 신선한 창조적 원리를 잃게 한다는 점

3. 민성희(2004)의 「그레마스 기호학을 중심으로 한 한국 춤 해석」이라는 논문의 경우에도 춤에 관한 서사구조만을 분석하고 있으며 동작소에 관한 기호론적 분석은 제한되고 있다.

에서 어느 정도 손실을 가져온다. 하지만 주체가 자신의 취향과 입장, 이데올로기, 의식, 태도, 발신자와 관계 등을 종합하여 어디에 더 중요한 가치를 부여하느냐에 따라 텍스트의 존재가치 양상은 달라진다. 또한 예술을 현실의 반영에만 치중하거나 유토피아적 감성에만 젖게 하는 등 주관적이며 미학적인 견해를 비판하려면 과학적 재단과 분석을 통해 체계적 방법을 동원할 필요가 있다. 따라서 여기서는 그레마스 기호학의 구조적 범주에 의해 춤 텍스트의 의미론을 통합적인 측면에서 심층적으로 살펴보고자 한다.

(1) 살풀이춤의 개괄과 텍스트 선정의 의미

살풀이춤은 주술성과 종교적 기능에서 비롯되었으나 오늘날에는 오락적 성향으로 변모되면서 예술적 형태를 갖추게 된다. 춤의 배경이 된 굿놀이로서의 기능은 종교적으로 샤머니즘을 내재하면서 살煞을 풀어 인간의 의지를 강화하는 기능과 함께 공동체의 안녕을 도모하는 의식무에서 출발한다. 이러한 살풀이춤의 역사적 태동에서 우리는 춤에 대한 신화적 의미의 발생과 심층의 의미구조를 엿볼 수 있다. '살풀이'는 말 그대로 살을 풀어 액을 면한다는 주술적 세계관을 내포한다. 어의적 개념 외에도 이러한 종교적 굿 형태는 삶에 대한 인식과 극복의 단계를 넘어서 해소하려는 의지를 가지고 있다.

살풀이춤을 규정하는 민족적 정서는 정한론情恨論을 기저로 한다. 즉 한이란 정을 두는 대상이 자기의 범주를 떠나 타자의 범주(가장 강력한 타자는 타계, 곧 죽음의 세계)로 귀속되었다고 생각하거나 판단했을 때 정을 두었던 대상의 사라짐에서 오는 슬픔, 그 대상에 대해서 품는 대립과 적대감과 불만, 또 그로 인해서 야기된 새로운 세계와 삶에 대한 불안과 두려움을 정의 틀 속에서 내재화한 총체다(이도흠, 2003a: 53). 즉 이별, 죽음, 갈등으로 인한 원怨이 깊어지면 한恨이 되고, 그 한을 삭임과 극복을 통해 승화하고자 하는 의지가 춤을 통해 몸짓으로 형상화되는 것이다.

태곳적으로부터 동서를 막론하고 성스러운 의식에서 춤을 찾아볼 수 있다. 춤

의 신화적 행동들은 몸짓에 의미를 부여하게 되고 묵시적으로 신화적 내용을 만들어 우리에게 의미를 전달하고 있다. 이러한 점에서 춤은 제스처에 불과한 몸짓 언어라기보다는 한 차원 높은 커뮤니케이션과 기호를 의미한다. 민속춤의 소통적 위치를 살펴보면 그림 5-6과 같다.

그림 5-6은 몸짓 코드의 도움을 통해 의사소통의 가능성을 보는 시각으로(그레마스, 1997: 138-139), 의사소통의 의도가 없지만 표현된 내용들을 변형할 의도가 있는 몸짓의 실천인 '태곳적' 춤에 몸짓의 실천으로서의 춤인 발레가 대립된다. 발레는 그것이 포괄하는 내용을 소통시키는 것을 목표로 변형시키는 것을 원치 않는다. 민속춤은 그런 의미에서 중간 위치를 차지한다. 명시적으로 그것은 관객과 참여자들을 위한 하나의 의사소통이자 묵시적으로 신화적 행동이다. 바로 이런 틀 속에서 살풀이춤은 민속춤의 하나다. 그저 순수한 볼거리에 공동체적 굿놀이의 형식을 담아 신화적 행동으로 변형하며 종교성을 지닌 샤머니즘과 초월적 세계관을 형성하기에 이른다. 예술 텍스트는 언어담론의 서술구조에 견줄 만한 몸짓 담론

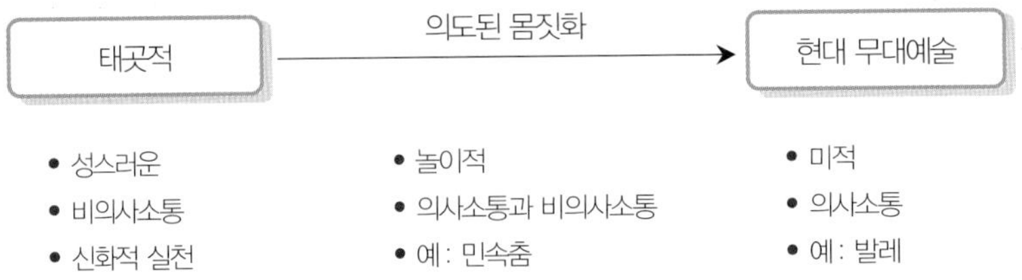

그림 5-6. 민속춤의 소통적 위치

으로 다양한 형식적 모형을 제공하기에 이르고 이는 비록 형식적이긴 하지만 의미적으로 해석이 가능하다. 춤의 몸짓 표현의 형상들과 그것의 묵시적 내용을 인지해 의미구조를 파악한다는 것은 기술적 의미의 해석이 이어져야 한다는 점에서 그레마스 기호학이 지닌 의사소통 구조는 예술 텍스트의 적용에 부합된다. 또한 인위적인 코드와 정형화된 의사소통 과정에서 미를 추구하는 형식(발레와 같은)보다는, 중간단계로 민속춤 텍스트가 가진 몸짓의 발화와 볼거리의 총체성 속에 신화의 자연스런 발생과 심층 구조를 파악할 수 있다는 점에서 기호학적 의미론 분석의 의의가 있다.

(2) 살풀이춤의 기호학적 적용과 의미

여기서는 살풀이춤의 연원과 발생학적 의미를 유추하면서 그레마스 행위소 모형으로부터 기호학적 사변형에 이르기까지 의미론적 구조를 살펴보려 한다. 다만 그레마스 기호학의 의미구조론에 대해 의미의 전이 과정과 가치의 생성에 관한 것을 중점으로 하여, 주체와 대상에 관한 춤의 동작소나 무대공간 같은 형식적 이항대립에 관한 의미구조는 간과하고 있음을 밝힌다. 이는 그레마스가 기호-서술구조라는 이야기 구조에 주력하고 있으며 형식적 이항의 대립은 분절을 위한 하나의 요소에 지나지 않기 때문이다.

그림 5-7에서 주체subject는 대상을 추구하거나 원하는 존재, 욕망을 실현하는 자로 망자에 대한 원怨과 한을 지닌 민중이다. 대상object은 주체에 의해 원해진 존

그림 5-7.
살풀이춤의
행위소 모형

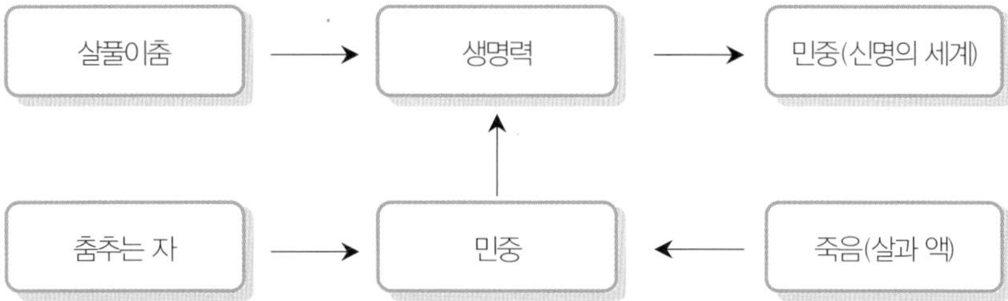

재, 욕망의 대상이니 영원한 삶을 전제로 하는 생명력이다. 발신자sender는 대상을 주체와 만나도록 임무를 주어 보내는 자, 대상을 주체와 만나도록 이끄는 자이므로 살풀이춤이 발신자가 된다. 수신자receiver는 주체가 대상을 구현함으로써 그 혜택을 받는 자이니 민중의 신명의 세계, 곧 민중 자신이다. 조력자helper는 주체가 대상을 추구하는 욕구를 강화해 소통을 용이하게 도와주는 자이니 춤추는 자이자 매개자적 입장을 지닌 자다. 적대자opponent는 주체가 욕망의 실현 행위를 방해하고 대상의 소통에 맞서 주체에게 해악을 끼치며 방해를 수행하는 자이니 죽음과 관련한 액과 살이 된다.

위의 춤 텍스트에서 서술적 행로는 능력의 축, 소통의 축을 통해 예술이 추구하는 가치론을 토대로 한다. 즉 살풀이춤은 망자에 대한 한과 슬픔에서 비롯되나 결국 신명의 세계를 통해 영원한 생명력에 대한 믿음으로 귀환하고자 하는 이념적 가치를 메시지로 전달하고 있다. 발신자에 해당하는 살풀이춤은 민중과 어우러지면서 소통의 축을 이루고, 능력의 축을 이루는 조력자(매개자)에 의해 현세의 삶에 안녕을 추구하는 민족적 정서를 획득하고 있다.

추구와 소통은 예술의 원리이자 임무다. '죽음과 한/생명과 신명'의 이항적 대립단위에서 행위소는 각기 역할을 통해 예술 텍스트의 원리를 규명해 준다. 수행자의 능력과 이러한 능력에 대한 획득과 응보는 예술의 궁극원리인 것이다. 그것이 몸을 통한 욕구이든 현상학에 기초한 환각적 가치이든 간에 몸을 통해 세계를 지각하고 행동을 통해 느끼는 것은 이미 그레마스가 메를로 퐁티Maurice Merleau-

그림 5-8.
살풀이춤의
기호학적 사변형 I

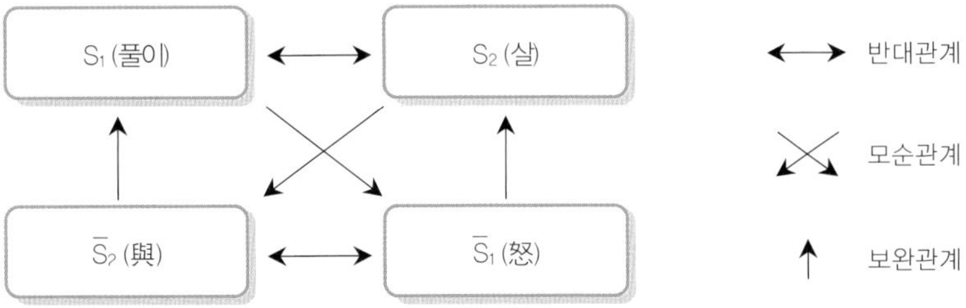

Ponty의 입장[4]을 철학적 기반으로 한 데 기인한다. 그렇다면 이처럼 겉으로 드러나 있는 살풀이춤의 세계관과 맥락을 명료하게 부각시키기 위한 생성적 경로를 심층적으로부터 분절함으로써 그림 5-8의 기호학적 사변형을 통해 의미의 전환과 행로를 알 수 있게 된다.

(그림 3-5에서 살펴보았듯이) 살풀이춤은 한恨에 맺혀 있는 원怨을 생명력을 응집해 풀어 해소하려는 데 그 목적이 있다. 이는 어원적으로도 살煞을 풀고자 하는 데 있으며 맺혀 있는 것을 푸는 행위는 곧 살을 없애는 것과 같다. 따라서 살풀이춤에서 '풀이-살', '흥-원'은 반대관계다. '살-흥興', '풀이-원怨'은 모순관계다. '흥-풀이', '살-원'은 보완관계다. 곧 살을 풀면 흥이 나고 흥이 나면 살이 풀린다. 반대로 원이 살이 되고 살이 있으면 마음에 원이 자리한다. 이는 우리 민족의 대표적 정서로 인간의 한탄을 풀어내어 정을 회복하고 흥과 신명을 이루어내고자 하는 가치관이 드러난다.

이처럼 춤 텍스트에 관한 부정과 긍정, 모순과 반대의 차원에서 의미의 논리적 구조를 해명하게 된다. 비록 살풀이춤의 연원과 파생에 관해 이론적 추론이 불가

---

4. 의미작용은 기호-존재가 신체이기 때문에 일어나는 것이다. 메를로 퐁티의 이 말은 사실은 소쉬르의 기호에 대한 정의가 몰고 온 파장과 맞먹는 혁명적 의미를 내포하고 있다. 주체와 대상 간의 관계는 몸의 중개를 거치며, 몸은 세계의 부분인 동시에 주체다. 즉 몸은 다른 대상들과 세계 사이에 위치한 대상이자 세계가 경험되는 창이다. 몸은 세계 속의 행동이며 세계를 지각하고 느낀다는 지각의 중요성을 감지한 내용들이다(장문정, 2005: 369; 김성도, 2002b: 226).

할지라도 우리는 위의 행위소 모형과의 관계에 의해 다음과 같은 서술적 이야기를 유추하며 전개할 수 있다.

> 행복한 부부가 있었다. 부부애가 돈독했던 두 사람 중 아내가 사경을 헤매다가 어느 순간 생과의 이별을 하게 되면 정情은 파탄을 맞는다. 말할 수 없는 현실에서의 슬픔은 아내를 살리기 위한 욕망이 극에 달하면서 한恨 또한 극에 다다른다. 하지만 아내의 죽음을 거부하고 인정하고 싶지 않은 맘이 이미 존재하고 있었고 이는 아내와의 이별이 아닌 영생을 믿음으로써 승화하여 현세에서 영원한 삶의 평형을 되찾게 된다.

위의 서술을 통해 인간이라면 누구나 겪는 생과 죽음에 관한 이항대립의 요소가 의미의 구조적 경로를 통해 고통을 승화하기 위한 욕망(의지) 속에서 획득하는 가치가 무엇인가를 탐색할 수 있다. 이처럼 알 수 없는 세계에 대한 불안은 예술의 태동을 불러일으키며 살풀이춤 또한 샤머니즘에 기초한 예술적 임무를 실행하고 있음에 틀림없다. 살풀이춤 자체가 어떠한 행위에 대한 서술구조의 담론이 아니라 하더라도 의미의 최소단위로부터 출발해(생을 출발로 하여) 화살표 방향을 따라가게 되면 그림 5-9와 같은 도식으로 귀결되는 결합체적 가치를 창출할 수 있다.

그림 5-9는 여섯 개의 차원 — 상반성의 관계(생 ↔ 사, 비생 ↔ 비사), 모순적 관계(생 → 비생, 사 → 비사)의 초현실적 관계, 함의의 관계(생 ⊃ 비사, 사 ⊃ 비생) — 과정의 도식으로 하는, 곧 원이 아닌 신

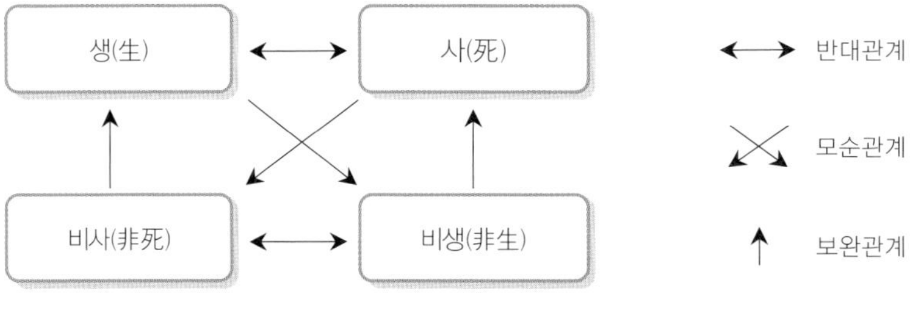

그림 5-9.
살풀이춤의
기호학적 사변형 II

명으로 귀결되는 이중부정에 대한 긍정적 의미를 드러낸다. 이러한 과정은 의미의 범주를 분리하고 새로운 의미의 창출을 도와주는 기호작용 역할을 한다. 차이와 대립에 대한 정태적 의미의 범주를 넘어 순환적으로 전환하는 의미방식을 채택하고 가치생성뿐 아니라 예술의 미학적 정의까지도 유도하는 데 기여한 셈이다.

2) 그레마스 기호학적 분석의 한계

그레마스 기호학은 단순한 분류적·구성적 모형인 심층구조의 층위로부터 텍스트의 송수신자 모형의 의미전달 작용을 끌어들이면서 담화라는 것, 즉 의미의 전달과 받아들이는 층위를 고려하며 텍스트를 드러내기 위한 구조의미론을 펼치고 있다. 이러한 담화층위는 예술 텍스트를 포함하면서 예술이 지향하는 구조(욕망의 축)와 커뮤니케이션을 분석하고, 결국 예술이 목적으로 하는 가치창조 내지 신화적 발생에 관해 추론할 수 있다.

그레마스가 보여 주는 이원적 관계의 대립에서 다소 추상적 의미의 전환과 분절의 무한한 과정은, 관계라는 개념과 더불어 분절을 통해 의미망을 구속하고 구조주의적 세미오시스 추구를 의미한다. 이는 예술 텍스트에서도 발화체가 역동적 생명력을 통해 의미를 창출하는 커뮤니케이션의 항로가 분절구조에 있음을 의미한다.

그레마스 기호학에 철학적 토대가 되는 몸에 관한 의미(몸은 세계 속에서의 행동이자 경험되는 주체라는)는 앞서 설명했듯, 몸짓언어에 대한 춤의 기호적 개념을 이미 포괄하고 있다(그레마스, 1997: 98-153). 춤이 성스러운 자연적 언어든 놀이적 규범을 가장한 것이든, 아니면 굉장히 고도화된 의미를 가진 추상적인 언어든 간에 순수한 볼거리를 지닌 몸짓의 기표들은 이미 신화를 창조하거나 미적 가치를 창조하고 있다는 것이다. 이러한 의미에서 춤 언어는 정신적 지각현상과 세계의 매개인 경험의 창으로서 현상학적 본질을 드러내며 가치창조라는 신화적 의미를 형성한다. 중요한 점은 그것이 형식적이든 아니든 간에 의사소통에 사용되며 신화적 기원이 된다는 것이다.

이처럼 그레마스 기호학은 춤 언어가 지닌 커뮤니케이션의 의미전달 과정에서 매우 유용하다. 춤이 지닌 의소의 구분은 춤 의미망의 기본적 대립구조인 생성적 관점을 이원의 항에서 출발한다. 즉 '생生-사死', '살-풀이'라는 이항대립의 쌍을 통해 기호학적 사변형의 의미분절과 관계의 역동적 개념은 살풀이춤의 가치구조를 모색하고 있다. 결국 살풀이춤 텍스트는 흥과 신명으로 이어지는 욕망을 근거로 민족적 세계관과 함께 태곳적 신화의 형성을 드러낸다. 즉 행위소 모형에서와 같이 수신자가 획득한 가치는 '신명'으로, 이러한 신명은 공동체의 안녕과 함께 우리 민족적 정서인 정情의 회복을 의미한다. 살풀이춤의 발화는 죽음에 대한 정의 파탄과 한을 흥興으로 승화하고 정으로 다시 귀환하는 아우름의 구조를 형성하고 있음을 알 수 있다.

여기서 우리는 그레마스 기호학이 의미를 구조적으로 해명하는 데 초점을 맞추고는 있으나 모든 텍스트에 적용될 만한 사회문화의 구조와 현상까지 주목하는가 하는 의문을 가지게 된다. 이러한 의미의 구조를 통해 춤 언어에 대한 그레마스 기호학적 의미론에 관한 몇 가지 한계를 지적하고자 한다.

첫째로 이분법적 도식이라는 점을 들 수 있다. 그레마스 기호학은 이항적 대립을 항으로 두고 서로 모순된 의소의 항들을 분절해 심층과 표층, 텍스트의 의미를 구조적으로 파악하고 있다. 하지만 위의 범주의 논리에서 결국 얻어지는 것은 우리의 예술 텍스트가 결코 이원구조적 대립의 양상을 띠고 있지는 않다는 점이다. 이러한 문제는 기호학적 사변형 모형에서 살과 풀이에 대한 이원적 대립을 통해 함의의 층(풀이/흥, 살/원(한))에 관한 추상적 모호성에서 시작된다. '살'이란 사람을 해치는 독기로서 자아를 해치게 하는 파탄의 의미를 내포하며 원한의 맺힘과 풀림 사이의 촉진제로, 정의 파탄과 회복을 마음의 정체로 두어 원한과 신명을 맞세우는 것과 동일하다(김열규·채희완, 1982: 16-23). 이러한 함의의 층위에서 맺힘-풀림의 이

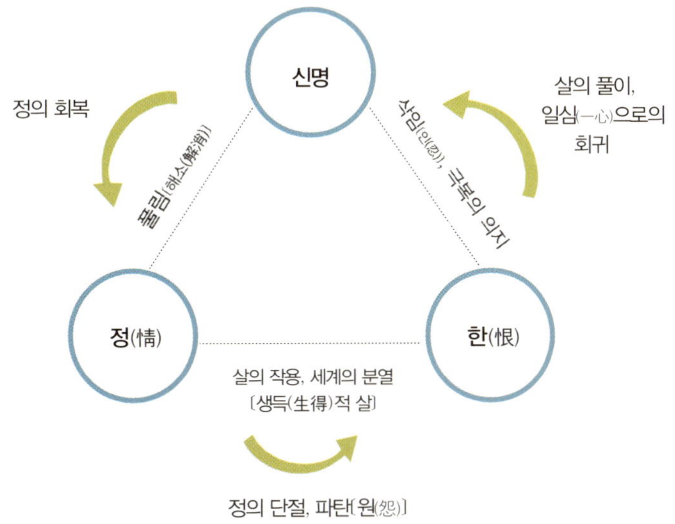

그림 5-10. 살풀이춤에서 정, 한, 신명의 유기적 구조

원구조는 사각형의 도식이 지닌 대립과 모순, 함의의 관계규정보다는 그림 5-10과 같은 도식이 더욱 부합된다. 즉 살풀이춤의 의미소에 관한 범주는 분명 이원론적 구별로 보이나 결국 추구하는 가치는 차이를 통한 조화와 상생으로 정반합의 3원구조의 양상을 띠고 있음을 알 수 있다.

그레마스 의미의 구조는 분명 유기적 역동성과 의미의 전환이 지닌 정태적 구조는 아니라는 점에서 단순한 이원대립은 넘어서고 있다. 그러나 예술 텍스트의 의미분석에서 행위소 모형이 지향하는 가치의 획득과 사변형의 의미관계는 이분법적 대립의 자리가 획득하는 관계의 사유로부터 우리 춤 언어가 지닌 세계관을 배제하는 성향을 지닌다. 즉 한의 어둡고 부정적인 속성과 이를 통해 욕망하는 긍정적 속성은 결코 이원구조가 아닌 하나의 일원적 연속성으로 살을 풀어 조화를 상생하는 아우름의 총체를 드러낸다. 즉 성/속, 삶/죽음, 만남/이별, 자아/타자를 하나로 묶는 '합合의 통합적 경지'를 의미한다.

둘째로 몸의 언어적 형식과 관련된 의미론적 체계에 관한 문제를 들 수 있다.

이것은 몸짓언어의 형식에 관한 것으로, 형식이 되는 기표와 내용의 함의에 관한 기의적 관계가 과연 그레마스 기호학적 의미구조에 대입할 수 있는가다. 위의 언급대로, 그레마스는 기호-서술구조에서 새로운 방법론을 시도하고 있다. 예술텍스트에서 소통의 축은 예술의 의미전달과 가치를 획득하는 데 매우 유용하다. 선행연구[5]를 보아도 그레마스 기호학적 분석은 극무용과 같은 서술구조의 의미론 외에는, 몸짓의 커뮤니케이션과 동작학적 관점을 포함한 예술의 언어적 의미에 관해 규명한 바는 없다. 실제 춤에서의 몸짓은 단순한 심층구조의 의도 외에도 표출되는 형식에 따라 커뮤니케이션의 의도와 방향이 달라지는 경우가 많고 그것은 예술의 표층구조를 형성하며 예술 텍스트로 성립한다. 물론 그레마스도 그의 이론에서 몸짓언어가 가진 의사소통에 의한 문제가 신화적 행동을 한다는 것을 지적한 바 있다. 형식과 의미의 관계를 산출하는 기호의 표상은 텍스트의 숨은 의미를 인식론적으로 주목하고 대상과 관련되어 연상적 의미, 부가적 의미를 창출하는 외연denotation과 함의connotation에 대한 바르트의 신화론에서 심화된 것으로 보인다. 즉 춤에서 몸짓언어의 기호는 예술의 경우 발화가 가지는 언어적 서술의 실체를 해부하는 것도 중요하지만, 예술적 행동에서 드러나는 기표 간의 차이와 형식에서 표상되는 개념의 전이 절차도 커뮤니케이션에서 중요한 요소다. 이러한 점에도 불구하고 그레마스 기호학은 춤의 형식적 기호에 관한 의미창출과 언어적 특성에서는 매우 제한되어 있다고 볼 수 있다.

셋째로 춤 언어에 관한 시간성의 부재를 들 수 있다. 이의 설명 또한 형식적 문제와의 결부로부터 비롯된다. 심층적 구조와 몸의 유기적 형식과의 관계에서 살풀이춤은 한의 맺힘과 풀림 사이에서 인고하는 '삭임'이라는 기능이 있다. 이러한 삭임의 기능은 춤의 시간과도 점층적으로 부합되어 호흡의 맺고 푸는 대립적 양상을 계속하며 극복의 시간을 소요한다. 춤 텍스트가 가진 시간의 미학적 효과를

---

5. 춤에 관한 그레마스 이론의 적용은 민성희(2004)를 참조하기 바란다.

고려해 볼 때, 그레마스 기호학은 전달자가 의도한 가치만을 이야기의 처음에서 끝으로 귀결시킴으로써 표층구조에서 드러나는 형식의 전달 과정을 배제하고 있다. 즉 춤 텍스트에서 시간적 구조와 양상은 동작형식과 미학적 태도를 분명히 함으로써 사상과 의미를 유도하기 위한 관계망을 형성하고 있기 마련인데, 그레마스의 탈시간화 모형은 의미의 가치에 치중하는 듯해, 몸짓의 변형과 언어적 차이에서 기인하는 기호적 관계의 망들을 설명하기에 부족하다. 특히 한국 춤은 손가락 하나하나의 미세한 동작에도 정신적 기氣를 표상하여 무한한 발산과 여백의 의미를 드러내고 있다. 예술 텍스트가 가진 이러한 특수성에도 불구하고 그레마스 기호학적 적용은 담론에 관한 포용성과 수용에 관한 한계로부터 예술을 논리와 비시간적 잣대로 구조화될 가능성을 시사해 준다.

넷째로 추상적 분절과 의미의 관계들에 대한 검증 문제를 들 수 있다. 그레마스 기호학에서 가장 특이할 만한 것은 '관계'인데, 이러한 관계의 핵심은 바로 '분절'이다. 그런데 이러한 분절은 의미의 차이에 의한 전환이고 기호학적 사변형은 순수하게 형식적 존재다. 위의 살풀이춤의 분석처럼 삶/비삶, 죽음/비죽음에서 '비삶, 비죽음'은 우리말에는 없는 다분히 추상적 개념이다. 그레마스에게 의미의 실질적 분절은 언어의 세계를 떠나서 의미를 산출하고 파악하기 위해 반드시 필요하다. 이러한 의미의 관계망은 예술 텍스트에서 무한한 세미오시스를 창출하기 위한 역동적 관계를 의미하기도 하지만, 모순과 함의에 관여하는 의소의 추상적 규정은 과연 논리적으로 설명될 수 있는가에 대해 검토해 봐야 한다. 의미의 관계망에 의해 예술 텍스트가 드러나고 가치와 민족적 이데올로기를 창출하기 위해서는 반드시 사회적 맥락과 세계관, 역사적 가치들과 함께 추론되어야 할 것이다. 즉 텍스트에 관한 기본의미가 제공하는 것과 생산하는 주체의 관점을 명확히 함으로써, 심층에서 실현된 의미를 제대로 파악하게 되고 동시에 예술구조를 명확히 분석할 수 있다.

그레마스 의미구조론을 통한 예술 텍스트 분석에 관해 이 글에서는 선행 연구되었던 극무용에 관한 서사해석에 관해서는 언급하지 않았다. 극무용이 탄생하기 전 춤의 신화적 내용이 갖는 의미는 태곳적 춤에서와 같이 이야기의 전개라기보다는 어떤 이념에서 출발한 형식적 언어들이었기 때문이다. 따라서 춤의 태동과 깊은 연관이 있고 원시종교적 성향에서 비롯된 살풀이춤 텍스트 분석은 동서양의 패러다임을 초월하여 그레마스가 지닌 의미구조론을 적용하기 위한 것이었다. 그러나 그레마스 기호학적 서사구조는 결국 처음과 끝이 귀결되는 가치의 논리적 구조에 전념하여 한국 춤의 적용에서 ① 이분법적 도식의 가치관 문제, ② 몸의 언어적 형식에 관한 의미론적 체계에 관한 문제, ③ 춤 언어에 관한 시간성의 부재, ④ 추상적 분절과 의미의 관계들에 대한 검증 같은 몇 가지 한계를 드러내고 있었다. 이는 무용의 형식과 부합되는 심층구조와의 유기적 체제를 간과할 소지가 있으며, 이항대립적 분절에 대한 결과는 세계관과 민족적 가치를 다양한 맥락과 함께 분석해야 함을 시사해 준다. 이러한 이항적 대립의 의소들을 잘못 분석했을 때는 한국 예술의 의미를 음/양, 성/속, 자연/인간 등의 대립에서 파생되는 모순적 의미들의 조합으로 통시적 가치를 볼 수 있는 위험이 있다.

하지만 그레마스 이론이 주는 역동적 의미의 전환과 파생은 그것이 추상적이든 반추상적이든 간에 예술의 신화적 창조에서 구조적 탐색이 가능했다는 점이다. 주지하듯, 무용분석에서 기호학적 방법론은 과학적 검증을 위한 재단이다. 즉 이러한 재단이 가져올 위험성을 미리 통찰하여 무용기호학의 학문적 영역에 관한 요소와 방법론을 선별적으로 채택함으로써 춤에 관한 기호학적 응용과 발전을 기대할 수 있다.

바르트 기호학을 통한 춤의 신화적 의미 분석: 지전춤을 중심으로

한국 무용예술의 종교성, 즉 종교적 제의에서 기원한 시원 사상과 관련된 모든 연구들에서 과연 몸짓언어가 갖는 메시지와 의미체계는 무엇인가? 한국 무용의 하부구조를 형성하는 개념이 풍류도에서 기인하며 불교, 유교, 도교의 영향을 받아 고도의 승화된 예술이라는 데에는 의문의 여지가 없다. 이처럼 고도의 정신과 사상이 함축된 예술의 전승 과정에서 한국 무용예술에 관여한 주동적 세계관과 부동적 세계관은 어떠한 의미를 춤에 형성하게 되었으며, 한국 예술을 대변하는 상징적 관념에 관여하는 신화는 어떠한 의미를 제한하고 형식을 일관화하며 한국적 예술이 지닌 미의식을 갖게 되었는가에 초점이 맞추어진다.

이러한 관점은 한국 춤의 몸짓 언어와 기호에서 나타난 의미작용을 바르트의 신화론을 통해 기호학적으로 분석하면서 구조적으로 엮어 나가고자 한다. 물론 바르트의 신화적 개념이 이데올로기적·사회구조적 개념이긴 하지만 춤 예술 텍스트도 분명 이러한 사회문화적 영향과 함께 신화적 기원을 형성하고 있다. 따라서 춤은 신화이자 종교와 문화를 대변한다.

이 글의 취지에 맞는 춤 텍스트로는 한국의 종교무용 가운데 고대 샤먼으로부터 비롯되어 우리 춤의 남상濫觴을 형성하며 현재까지 원형이 가장 잘 보존되어 있고 춤사위의 분절이 명확한 진도씻김굿의 지전춤을 선정하였다. 지전춤이 샤머니즘의 세계관을 주동적으로 드러내며 종교무용의 성향이 짙다면 그런 의미의 개념을 결정짓는 기표, 춤사위 형식과의 의미작용에 관한 고찰이 필요할 것이다.

한국 춤의 시원사상인 샤머니즘의 세계관이 제한하는 의미의 동작언어들에 관해 현재 한국 춤의 사상을 대표할 만한 근원이 무엇인가에 대해서도 역으로 추론하게 될 것이다. 이러한 의미작용의 결과는 한국 춤에 관한 기호학적 분석방법론의 영역을 확대하고 무속 춤사위 언어와 의미에 대해 종교적 이데올로기의 영향이 어떠한 춤 언어의 상징적 의미를 더하게 되었는가를 추론할 수 있다.

이 글은 한국 무용이 지닌 사상적 맥과 이를 이루는 신화적 의미에서 한국 예술의 기조 사상을 심층적으로 이해하고자 하는 데 의미가 있다. 따라서 춤사위의 구조적 형식을 통해 의미를 유추하는 방법론을 샤머니즘을 기저로 한 무속 춤사위의 한 영역으로 택하고 있다. 신화적 의미가 춤사위의 기호로 표상되는 예술의 세계에 어떠한 의미로 결합되어 있는가를 분석해 보고자 한다.

1) 춤 텍스트에서 의미작용

예술작품의 경우 안무자의 자리에 관객을 배치하고 텍스트를 주관적으로 해독, 심층적 의미분석을 하는 관객은 능동적 생산자로 변한다. 춤의 기호도 이러한 동작을 통한 외시언어를 의미화하고 함축의미의 메시지를 찾아가며 자유로운 해석을 필요로 하는데, 같은 기호라 할지라도 사회문화적 배경에 따라 새롭게 변환될 수 있다. 함축언어보다 더 상위적인 개념으로 기호학에서의 '메타언어'는 언어를 의미 있고 체계적으로 사용하기 위한 언어로 대상언어를 넘어서는 상위적 개념의 언어다. 춤에서 기호화는 외시와 함축의미를 드러내고 다시 그 속의 잠재적 언어인 메타언어를 드러내고자 하는 작업으로 바르트가 말한 또 다른 기호를 창출하는 신화의 단계로 파악된다.

바르트의 신화적 기호가 신비화와 상징적 이야기라는 것은 언어 외에도 예술 텍스트의 의미작용을 유추하는 과정에서 드러난다. 기표와 기의 간의 끊임없는 숨바꼭질의 결과, 한 개념에 대한 수많은 기의의 가능성에도 불구하고 자의적 형식 간의 의도를 파악하는 데 있어서 유용한 분석법이다. 몸짓언어에 의한 하나의 약호가 수많은 기호작용의 개념을 창출하는 데 있어서 춤이라는 언어가 이미 자의적으로 동기화된 어떠한 이데올로기를 형성하고 있는가를 분석하다 보면 자연히 몸짓언어에 관한 신화적 개념이 정의하는 역사적·철학적·자연적 의미를 알

그림 5-11.
춤에 관한 신화 모형

<table>
<tr><td rowspan="2">랑그(langue)</td><td>1. 기표 : 춤 형식</td><td>2. 기의 : 춤의 1차적 의미</td><td></td></tr>
<tr><td colspan="2">3. 기호
I. 기표(sens/form) : 기호 형식</td><td>II. 기의(concept) :
춤의 2차적 의미</td></tr>
<tr><td>신화(mythe)</td><td colspan="3">III. 기호</td></tr>
</table>

수 있다(이 점은 앞서 언급한 그림 3-9의 신화적 속성이다).[6]

따라서 바르트 기호학에서 춤의 기호학적 분석은 춤 동작의 의미작용에 따라 진정한 신화를 분석하고 비평한다. 예술 텍스트의 분석에서 소쉬르의 기호가 가져오는 '표상의 세계'에 바르트의 기호 이미지에 관한 변증법적 종합은 동작의 기표가 전하는 의미체계뿐 아니라 춤의 시원과 예술의 주동적 세계관까지도 엿볼 수 있게 한다. 물론 예술에 관한 이러한 의미의 유추는 담론 안에서 작동 시 주어진 세계관과 문화적 환경 안에서 지배적인 개념이 자리한다.

2) 텍스트 분석

삼라만상이 기호로 충만한 것처럼 춤은 모두가 기호다. 춤은 동작이라는 기호를 통해 발신자와 수신자 사이가 의미로 충만하며 서로 소통하게 된다. 따라서 춤은

6. 춤에 대해서도 신화는 형성된다. 안무자가 만들어 낸 몸짓언어가 기표들 간의 차이에 의해 의미를 형성하여 구조 자체가 만들어 낸 의미의 기호(3)를 형성하게 된다. 이는 또다시 텅 빈 형식으로서 기표(I)에 의해 함축된 의미의 망(II)을 가지게 되며, 의미의 해석되는 구조와 원리에 의해 또 다른 기호가 창출되면서 춤에 관한 예술적 신화(III)가 형성된다. 전자의 기호적 단계를 단순한 기표마다 차이에 의한 의미의 기호라면, 후자의 기호는 주로 소통에 의한 기호학적 영역이다. 곧 해석하는 원리와 체계에서 주관성과 보이지 않는 세계관이 부합되면서 흔히 말하는 예술로서 가상의 세계에 부합되는 형식과 이미지를 보여 준다. 단순한 춤사위의 형식에 관한 의미를 넘어 외연이 가지는 함축적 함의는 신화적 메시지가 가져오는 정신과 사상, 문화적 맥락에 따라 다양한 의미망을 형성한다.

소통의 구조에서 광범위하고 다양한 해석을 담고 있다. 그러나 춤이라는 예술의 시간성과 복합성으로 동작의 단소單素(의미의 최소단위)를 도그마로 재단하여 의미체계를 분석한다는 것은 다소 무리가 따른다. 하지만 즉흥성과 중층적 의미를 감안하여 구조와 범주를 통해 예술을 구체화하고 일반화된 논리로 분석한다는 것은 예술의 느낌과 신선한 창조적 원리를 잃게 한다는 손실에도 불구하고 예술의 체體, 곧 세계의 실체로 다가가기 위한 예술공학적 구조분석이자 학문적 효용을 갖기 위한 것이다.

다음의 텍스트 분석은 지전춤의 대표적 춤사위 8개를 모형으로 바르트의 신화모형에 따라 예술의 형식과 개념을 통해 역동적 의미작용을 유추한 결과다. 1과 2가 춤의 형상만을 가진 의미의 유추라면, 이를 기호로 형상화한 (I)은 다시 사상적 코드로 형식화한다. 즉 한국 춤에서 간과해서는 안 될 숨의 형식과 시선 등을 고려하여 함축적 함의를 도출하고 신화적 의미를 분석하고 있다.

(1) 신화적 기원에서의 지전춤

춤은 동서를 막론하고 태곳적으로부터 이미 성스러움을 넘어서 의미의 행위이자 관계들의 망인 기호다. 몸짓의 행위 자체가 그것이 자연적 언어든 이미 특정한 문화적 맥락에서 구속된 체제에 의한 문화적 지시 언어든 간에 춤은 의사를 전달하는 조작된 코드라는 것이다. 자연적 코드로서 그저 순수한 비구두적 언어일 뿐인(단순한 행동이나 제스처 등을 포함한) 성스러운 실천에서 비롯되었다 하더라도, 조작된 코드로서의 춤은 몸짓 코드의 자의적 내용의 결합과 도움을 통해 의사소통이라는 형태로부터 출발한다. 그렇다고 해서 발신자와 수신자 사이의 소통의 축으로만 의미를 부여하는 것은 옳지 않은데, 이는 춤의 자연언어가 가진 의미론적 태동과 춤기호가 가진 신화적 기원에서 비롯된다. 즉 춤의 신화적 행동에 관한 문제다. 몸짓이 가져오는 행위는 의미를 만들게 됨으로써 묵시적으로 신화적 내용을 만들어 우리에게 의미를 전달한다. 이러한 점에서 춤은 그저 제스처에 불과한 몸짓언어

진도씻김굿의 지전춤 고대 샤먼에서 비롯되어 현재까지 원형이 가장 잘 보존되어 있고 춤사위의 분절이 명확하다. 이 사진처럼 무대예술화된 지전춤은 고도로 양식화된 한국적 미의식의 결정을 보여 준다.

지전춤의 바람막이 사위 독수리가 날개를 벌리고 나는 형상에서 불어 닥치는 바람을 막듯이 사람들에게 다가오는 나쁜 액을 막는다는 뜻이 담겨 있다(동국예술기획 제공).

가 아니라 한 차원 높은 의미의 커뮤니케이션 기호를 생산한다.

텍스트 분석의 표본이 될 진도씻김굿 중 지전춤은 무속의 의례인 민속춤의 하나로 이미 샤머니즘적 신화의 속성을 드러낸다. 샤머니즘을 신화적 의미로 한 무속의 몸짓행위는 곧 공동체의 소망을 담아 더욱 양식화하여 예능적 예술로 격상시키며, 이러한 예능적 행위 이전에 놀이가 곧 제의적 의식에서 기호의 자의적 의미를 연출하고 있다는 것이다. 지전춤은 우리 춤의 남상을 형성하며, 비교적 변화가 적어 원형을 잘 간직하고 있고, 단소가 명확하다는 점에서 한국 춤의 전형을 미루어 보기에 충분하다. 또한 굿의 특성상 신을 청하고請神 오신娛神하며 송신送神하는 절차에서, 춤의 형식은 가상의 공간을 분할하여 인간중심으로 천과 지의 조화를 엮어 내고자 하는 미덕이 삼재론의 결과로서 나타난다. 어떠한 의미를 시간적·공간적 리듬으로 표현하면서 감각적이고 직관적인 의식을 전달하며 전체적 생명력을 지향하고 있다고 볼 수 있다. 그저 순수한 볼거리에 공동체적 굿놀이의 형식을 입혀 신화적 행동으로 변형하여 종교성을 지닌 샤머니즘과 초월적 세계관을 형성하기에 이른다. 물론 바르트가 말한 랑그는 언어적 속성이긴 하다. 그러나 춤이라는 예술 텍스트는 언어담론의 서술구조에 견줄 만한 몸짓 담론으로 다양한 형식적 모형을 제공하기에 이르고 이는 비록 형식적이지만 의미적으로 해석이 가능하다.

춤이 성스러운 자연적 언어든, 놀이적 규범을 가장한 것이든, 아니면 굉장히 고도화된 의미를 가진 추상적 언어든 간에 순수한 볼거리를 지닌 몸짓의 기표들은 이미 신화를 창조하거나 미적 가치를 창조하고 있다. 이러한 의미에서 춤 언어는 정신적 지각 현상과 세계의 매개인 경험의 창으로서 현상학적 본질을 드러내며 가치창조라는 신화적 의미를 형성한다. 중요한 점은 그것이 형식적이든 아니든 간에 의사소통에 사용되며 신화적 기원이 된다는 것이다.

(2) 춤사위 분석

① 바람막이

'바람막이'의 기표(1)는 독수리가 날고 있는 형상이며, 기의(2)는 '앞바람을 막음'이다. 기표(1)와 기의(2)가 합쳐져 기표 I을 형성하며, '바람을 막듯 사람에게 닥쳐올 액을 막는다'는 것이 이 기표의 기의(II)가 된다. 이러한 함의는 기표의 형식으로 보아 멎숨[7]의 정지 형태, 천상을 지향하는 시선으로 신의 세계에 대한 지향을 내포하며 신에 대한 믿음과 기원을 갖는다.

<table>
<tr><td>1. 기표(춤사위)</td><td>2. 기의</td><td></td></tr>
<tr><td>• 독수리가 공중에서 일정한 자세를 유지하여 날고 있는 형상</td><td>• 바람막이
(앞바람을 막음)</td><td></td></tr>
<tr><td colspan="2">3. 기호
I. 기표(sens/form)</td><td>II. 기의(concept)</td></tr>
<tr><td colspan="2"> [8]
• 멎숨의 형태
• 하늘을 향한 시선 – 上
천상의 지향점
• 무게중심은 下</td><td>• 사람들에게 닥쳐오는 액을 막음
• 현실에서 성(聖), 신(神), 천(天), 이상향 지향
• 사후세계에 대한 평안, 신의 보호</td></tr>
<tr><td colspan="3">III. 기호</td></tr>
<tr><td colspan="3">• 제재초복의 샤머니즘, 현실에서 삶의 평화와 조화</td></tr>
</table>

그림 5-12. 바람막이 사위의 분석

② 태극무늬

'태극무늬'의 기표(1)는 양팔을 휘저어 태극의 원을 그리는 형상이며, 기의(2)는 '맺고 풀어 주는 태극의 무늬'다. 1의 기표와 2의 기의가 합쳐져 기표 I을 형성하며,

---

7. '멎숨'은 들이마신 숨을 응축하는 의미로 에너지가 모이는 시간성을 의미한다.
8. 위의 모형은 춤 동작의 이해를 위해 형상화한 것으로, 2의 1차적 의미가 가진 기호가 다시 코드화된 기표로 형식화된 것이다. 샤머니즘적 신화의 의미를 유추하는 데 필요한 춤의 상징적 코드에 관한 이미지 기호를 부연한 것으로, 김지원(2006e)의 책을 통해 코드와 형식에 대한 해석을 참조하기 바란다.

그림 5-13.
태극무늬 사위의 분석

<table>
<tr><th>1. 기표(춤사위)</th><th>2. 기의</th><th></th></tr>
<tr><td>• 양팔을 휘저어 태극의 문양을 그리는 형상</td><td>• 태극무늬</td><td></td></tr>
<tr><th colspan="2">3. 기호
I. 기표(sens/form)</th><th>II. 기의(concept)</th></tr>
<tr><td colspan="2">
• 중앙중심적 시선 – 中
• 맺음과 풀음의 반복 형태</td><td>• 음과 양, 천과 지, 이상과 현실, 맺음과 풀림, 신과 인간, 정과 한, 성과 속을 하나로 아우름</td></tr>
<tr><th colspan="3">III. 기호</th></tr>
<tr><td colspan="3">• 현세주의, 천지인의 조화, 음양의 화합</td></tr>
</table>

기표의 형식이 맺고 푸는 숨의 구조와 중앙의 시선으로 보아 '음양의 조화로운 아우름'이 기의(II)가 된다. 즉 중앙의 방위를 맡는 구진과 등사, 더 나아가 인간, 현실, 생의 상생을 지향하는 것이다.

③ 가위질

'가위질'의 기표(1)는 가위질 모양의 X자로 흔드는 형상이며, 기의(2)는 '가위가 모든 것을 찢어 버림'이다. 1의 기표와 2의 기의가 합쳐져 다시 I의 기표를 형성하며, 이 기표의 기의(II)는 '귀신이 가위질을 두려워한다는 생각으로 양손을 X자로 뿌려 가며 오방치기를 함으로써 액을 물리치고 막아낼 수 있다'가 된다. 이는 제재초복의 샤머니즘의 신화(III)를 형성한다. 실제 현실이 변하는 것은 아니지만 사람들은 가위질을 함으로써 액을 물리치고 복을 불러올 수 있다는 믿음을 갖게 되는 것이다.

④ 회오리바람

'회오리바람'의 기표(1)는 사막에 바람이 불어 오르는 듯한 형상이며, 기의(2)는

그림 5-14.
가위질 사위의 분석

1. 기표(춤사위)	2. 기의
• 가위질 모양의 X자로 흔드는 형상	• 가위질(모두 찢어 버림)

3. 기호 I. 기표(sens/form)	II. 기의(concept)
 • 동적 구조 – 陽 • 중앙중심적 시선 – 中	• 우주에 존재하는 모든 액을 가위표로 쪼개어 막음 • 귀신이 가위질을 두려워한다는 생각으로 양손을 X자로 뿌려가며 오방치기를 함으로써 액을 물리치고 막아냄

III. 기호
제재초복의 샤머니즘, 우주의 부활, 현세주의 신화

그림 5-15.
회오리바람 사위의 분석

1. 기표(춤사위)	2. 기의
• 사막에 바람이 불어 모래가 위로 솟아오르는 듯한 형상 • 팔은 한쪽으로 모았다 뒤집는 동작으로 움직임의 반동을 이용하여 곡선을 이루고 회전하면서 상하좌우로 쳐올리는 형상	• 회오리바람을 일으킴

3. 기호 I. 기표(sens/form)	II. 기의(concept)
 • 중앙중심적 시선 • 멋숨의 형태와 태극구조	• 회오리를 일으켜 잡귀를 붙지 못하게 하여 극적으로 상승함 • 맺음과 풀림, 정과 한, 신과 인간, 성과 속의 조화 내지 화합, 액막이 성역(聖域)의 공간성과 비상을 의미

III. 기호
제재초복의 액막이, 성역의 공간 확보, 태극의 우주적 신화

'회오리바람을 일으킴'이다. 1의 기표와 2의 기의가 합쳐져 I의 기표를 형성하며, 이 기표의 형식은 다시 멎숨과 정지의 형태에서 태극의 형상을 가지며 기의(II)는 '잡귀를 쫓고 조화와 상생을 지향하는 현세에서의 믿음'이다. 이러한 믿음은 곧 성역을 확보하여 안정과 화합을 꾀하게 되는 것을 의미한다.

⑤ 꽃봉오리

'꽃봉오리'의 기표(1)는 꽃봉오리를 이루며 둥글게 원을 그리는 형상이이며, 기의(2)는 '하늘을 향해 꽃봉오리를 이루며 아름다운 꽃을 피움'이다. 1의 기표와 2의 기의가 합쳐져 I의 기표를 형성하며, 이 기표의 형식은 다시 멎숨과 정지형태에서 기의(II)는 '기와 에너지로 충만한 하늘을 향한 헌화'다. 이러한 기원은 공덕의 매개물인 꽃을 통해 흥을 고조시키고 신에 대한 즐거움을 선사한다는 의식적 행위에 대한 믿음이다.

그림 5-16. 꽃봉오리 사위의 분석

<table>
<tr><th>1. 기표(춤사위)</th><th>2. 기의</th><th></th></tr>
<tr><td>• 꽃봉오리 모양으로 팔을 머리 위에서 둥글게 원을 그려 정지한 다음 손등을 모으고 양손을 엎었다 뒤집었다 하는 형상</td><td>• 꽃봉오리를 이룸
• 하늘 향해 아름다운 꽃을 피움</td><td></td></tr>
<tr><th colspan="2">3. 기호
I. 기표(sens/form)</th><th>II. 기의(concept)</th></tr>
<tr><td colspan="2">
• 하늘을 향한 시선 – 上
• 멎숨에서의 정지형태</td><td>• 식물이 모든 에너지를 모아 개화하듯 충만한 기(氣)와 흥(興)의 고조
• 하늘, 신에게 공덕의 매개물로 헌화함</td></tr>
<tr><th colspan="3">III. 기호</th></tr>
<tr><td colspan="3">• 흥이 고조된 상태에서 오신(娛神)하는 행위, 신의 세계</td></tr>
</table>

⑥ 다듬이질

'다듬이질'의 기표(1)는 한국 여인의 일상처럼 다듬이질을 하는 형상이며, 기의(2)는 '한국 여인의 바쁜 일상의 환유'다. 1의 기표와 2의 기의가 합쳐져 I의 기표를 형성하며, 이 기표의 형식은 전진적이며 순환적 회전성에 따라 기의(II)는 '망자의 가는 길에 액막이와 빠른 천도'이다. 이러한 다듬이질은 한국인의 심성과 연결되어 쓸쓸함으로도 비유되며 깨끗하고 고결한 정신적 의미를 지니며 자기 정화에 대한 암시를 갖게 한다. 곧 송신의 절차가 되며 빠른 체념과 안정에 대한 믿음을 갖게 한다.

<table>
<tr><th>1. 기표(춤사위)</th><th>2. 기의</th><th></th></tr>
<tr><td>• 수족상응을 원칙
• 양손에 방망이를 들고 다듬이질을 하는 모습을 본떠 만든 형상</td><td>• 규칙적으로 양손을 빠르게 움직이며 다듬이질을 함
• 한국 여인의 일상의 환유</td><td></td></tr>
<tr><th colspan="2">3. 기호
I. 기표(sens/form)</th><th>II. 기의(concept)</th></tr>
<tr><td colspan="2">
• 전진성의 동작
• 순환적 회전성 – 左방향
• 양과 동적 춤사위</td><td>• 망자의 넋을 위로하고 빠른 천도를 도움
• 좌방향은 저승을 의미
• 양손을 빠르게 움직이고 쳐내서 가는 길에 액이 붙지 못하도록 함</td></tr>
<tr><th colspan="3">III. 기호</th></tr>
<tr><td colspan="3">• 송신하는 행위
• 깨끗하고 고우며 정돈된 미를 즐기는 한국인의 심성과 연결
• 다듬이질 소리는 한문 시가의 소재로도 많이 사용되는데, 이때 다듬이질 소리는 쓸쓸함을 함의</td></tr>
</table>

그림 5-17. 다듬이질 사위의 분석

⑦ 쳐올리기

'쳐올리기'는 손을 쳐올리는 형상이다. 이것은 기표(1)다. 이의 기의(2)는 '하늘을 향해 손을 움직여 올림'이다. 1의 기표와 2의 기의가 합쳐져 I의 기표를 형성하며,

그림 5-18. 쳐올리기 사위의 분석

<table>
<tr><th>1. 기표(춤사위)</th><th>2. 기의</th><th></th></tr>
<tr><td>• 가위질 사위와 반대로 손을 쳐올리는 형상</td><td>• 하늘을 향해 쳐올리기</td><td></td></tr>
<tr><th colspan="2">3. 기호
I. 기표(sens/form)</th><th>II. 기의(concept)</th></tr>
<tr><td colspan="2">
• 하늘을 향한 시선 – 上
• 들숨의 형태 – 陰</td><td>• 하늘을 향해 손을 움직어 의사전달
• 신을 청함
• 상호 의사소통을 함</td></tr>
<tr><th colspan="3">III. 기호</th></tr>
<tr><td colspan="3">• 샤머니즘–청신하는 행위, 경건함, 신과의 매개자</td></tr>
</table>

이 기표의 형식은 상승의 지향적 시선과 들숨[9]의 형태로 기의(II)는 '신을 청하고 의사소통을 함'을 내포한다. 이는 곧 신을 부르는 청신請神과 신과의 교접을 위한 매개자의 움직임을 의미하는 의식적 행위로 경건함을 일으킨다.

⑧ 상모놀음

'상모놀음'의 기표(1)는 상모의 윗놀음과 유사한 형상이다. 이의 기의(2)는 '머리 위 원형의 공간을 가름'이다. 1의 기표와 2의 기의가 합쳐져 I의 기표를 형성하며, 이 기표의 형식은 날숨[10]의 형태로 양의 상승된 기운을 띠면서 기의(II)는 '우주를 분할해 액을 막고 천상에 인도함'을 의미한다. 이는 곧 신을 부르는 청신請神과 신과의 교접을 위한 매개자의 움직임을 의미하는 의식적 행위로 경건함을 일으킨다. 머리 위 공간에 그려지는 지전의 X자 형상은 은유화하여 망자에게 노자를 주어

9. '들숨'은 천천히 들이마시는 숨으로 외부의 에너지를 몸에 끌어들이는 시간성을 의미한다.
10. '날숨'은 숨을 쉬며 모았던 내부 에너지를 발산하는 시간성을 의미한다.

<table>
<tr><th>1. 기표(춤사위)</th><th>2. 기의</th><th></th></tr>
<tr><td>• 상모의 윗놀음과 유사한 형상</td><td>• 머리 위 원의 공간을 곡선의 x자로 가름</td><td></td></tr>
<tr><th colspan="2">3. 기호
I. 기표(sens/form)</th><th>II. 기의(concept)</th></tr>
<tr><td colspan="2">
• 중앙중심적 시선 – 中
• 날숨의 형태 – 陽
• 무게중심은 上</td><td>• 천상 또는 우주공간을 분할해 액을 막음
• 망자에게 노자를 주어 천도함</td></tr>
<tr><th colspan="3">III. 기호</th></tr>
<tr><td colspan="3">• 샤머니즘–송신하는 행위, 경건함과 깨끗함, 윤회에 대한 믿음</td></tr>
</table>

그림 5-19. 상모놀음 사위의 분석

천도한다는 의미를 갖는다. 또한 상모놀이가 그리는 원圓의 형상은 우주공간을 나타내며 순환동작은 삶이 그처럼 윤회함을 의미한다.

3) 춤사위의 신화적 의미

원시신앙인 무속의 축제적 기능은 신화에서 찾을 수 있는데, 태초에 혼돈의 어둠이 있었고 그 어둠 가운데 빛이 생겨나서 질서가 어둠과 카오스를 지배하기 시작한다(이상일, 1998: 35). 질서에 의한 억압으로 생명력과 창조적 힘이 떨어지고 죽음과 이변에 대한 두려움이 지배할 때 제의와 굿은 활력을 돋우는 원초적 신화의 시공으로 돌아가게 한다. 이렇게 가상의 신화적 이미지와 놀이는 천지창조의 에너지와 만나 세속적 시간을 정화시키며 안도와 즐거움을 주어 영혼을 해소시키는 정화력을 지니고 있다.

무속에서 가무는 일종의 주술행위이자 이미지 놀이다. 인위적 극놀이가 의식적으로 행해지면 극도의 불안과 혼돈은 사라지고 소망과 기원을 품으며, 이미 그곳에서 실현된 현실을 만나게 되는 것이다. 위의 텍스트 분석을 통해 무속의 샤머니즘적 신화론에 담긴 몸짓언어가 가져오는 의미전달 과정을 유추함으로써 춤사위의 신화적 의미를 분석해 보겠다.

(1) 속계의 성소로의 전환과 지향

춤을 추는 순간 그 공간은 속계에서 신과 교접하는 성소로 전환한다. 무대에서 춤을 춘다는 것은 신과 교접하는 의례를 행하는 것이자 관객과 더불어 신을 체험하고 신과 소통한다는 의미를 갖는다. 때문에 춤 동작은 속계와 성소를 잇는 매개이자, 성스런 세계를 지향하는 몸짓이다.

지전춤의 '바람막이'는 독수리가 나는 형상을 모방한 동작을 하면서 시선은 위로 향하는 사위다. 이는 '바람을 막듯 사람에게 닥쳐올 액을 막는다'는 의미를 형성하는 동시에 신의 세계에 대한 이상향의 지향을 내포한다. '꽃봉오리'는 '하늘을 향하여 가장 아름다운 것을 피워 올린다'는 뜻으로 이는 공덕의 매개물인 꽃을 통해 신께 즐거움을 선사하고 신과 소통한다는 의미를 갖는다. '쳐올리기'는 손을 쳐올리는 형상으로 '신을 청하고 의사소통을 하다'라는 의미를 담고 있다. 상모놀음이 그리는 둥그런 원은 우주공간을 나타내며 순환동작은 삶이 그처럼 윤회함을 의미한다.

이처럼 지전춤의 대표적인 춤사위는 우주만물을 내 안의 공간에 확보하고 커다란 원의 공간을 분할하고 쪼개면서 음양의 조화를 꾀한다. 즉 직선의 막음형태(X)와 곡선의 막음형태(☯)를 통해 액을 막고 혼란스런 정신을 융화하고 조화를 지향한다. 한국 예술의 형상은 곡선을 통해 나타나는데,[11] 이는 절대적 환원으로의 귀의가 아니라 현실과의 조화 속에서 상생하는 삶의 철학을 나타낸다고 볼 수 있

11. 한국의 전통춤에서도 흔히 보이는 곡선의 춤인 고리체는 원형의 고리를 만드는 사위를 일컫는다. 원은 표층적으로 둥근 하늘을 형상하면서 추상적으로는 조화와 원융, 정한의 아우름을 의미한다.

다. 삶의 풍요로움과 죽음에 대한 초월을 무속적 몸짓행위를 통해 새롭게 인식하는 것이다. 신화론적 감성은 현세로의 복귀, 생성력, 재획득 등 무無에서 유有를 얻는 창조력을 의미한다. 이러한 신화론의 바탕은 유학에서 무극이 바로 태극이라는 것과 불교에서 공空을 의미하는 것이며, 도가의 입장에서는 무위無爲의 실현이다.

샤머니즘을 기반으로 하는 신화의 의미로 무속의 몸짓행위는 공동체의 소망을 담아 더욱 체계화하여 예능적 예술로 격상시킨다. 예능적 행위 이전의 놀이는 곧 제의적 의식에서 기호의 자의적 의미를 연출한다. 신을 청하고 오신하며 송신하는 절차에서 춤의 형식은 가상의 공간을 분할하여 천간과 지간의 조화를 인간중심으로 엮어 내고자 하는 미덕이자 삼재론의 결과다. 춤사위가 가진 어떠한 의미가 시간적이고 공간적인 리듬으로 표현되면서 감각적이고 직관적인 의식을 전달하는 전체적인 생명적 형식을 드러낸다. 이는 성소로서의 지향에 대한 신화다.

(2) 허구로서 신화성

춤이 표현하고자 하는 세상, 춤을 통해 체험한 세계는 실제가 아니라 허구다. 축제가 끝나면 일상으로 돌아가듯, 춤판에 모인 이들은 춤을 추고 춤에 빠져 성스런 체험을 하고 신과 소통한 후 춤판이 끝나면 현실로 회귀한다. 성스러운 신의 말씀이든, 유희 이상의 의미를 갖지 않는 기표든, 아니면 심층적인 의미를 가진 추상적 언어든 간에 춤은 몸짓의 기표들을 통해 신화를 창조한다.

'바람막이'는 '바람을 막듯 사람에게 닥쳐올 액을 막는다'는 은유를 형성하며 이는 제재초복의 신화를 형성한다. '가위질'은 가위와 은유관계이며, 이는 '귀신이 가위질을 두려워한다는 생각으로 양손을 X자로 뿌려가며 오방치기를 함으로써 액을 물리치고 막아낼 수 있다'라는 의미를 드러낸다. 이 또한 제재초복의 샤머니즘 신화를 형성한다. '회오리바람'은 사막에 바람이 불어 오르는 듯한 형상으로 '바람을 일으켜 잡귀를 붙지 못하게 한다'는 의미를 형성한다. '다듬이질'은 다듬이질을 하는 형상으로 이는 '망자가 가는 길에 액을 막고 천도를 빠르게 한다' 라는 의미를 드러낸다. '상모놀음'은 상모의 윗놀음과 유사한 형상으로 '우주를 분할해 액을 막고 천상에 인도함'을 의미한다. 이들은 모두 동작의 은유가 형성한 신화다. 춤판에 모인 사람들은 이 동작을 통해 액을 없애고 현실의 복을 되찾았다고 생각하면서 제재초복의 샤머니즘 신화를 공유한다.

신화는 신비화mystification의 서사다. 신비화란 '헛되고 속이는 것'이다. 신화를 내포하는 춤 동작은 모두 은유다. 은유는 유사성을 바탕으로 동일성의 추상적 의미를 형성하는 것으로 일종의 허구다. 춤 동작의 은유놀이가 만든 신화 속에서 신을 경험하고 신화적 체험을 하는 것이다.

(3) 화해와 조화로서 신화성

신화는 인간과 세계가 조화를 이루고 일치를 이룬 시대의 서사다. 샤먼의 춤은 이 조화가 깨진 시대에서 샤먼을 통해 다시 조화를 이루고자 하는 집단적 매개행위다. 샤먼의 춤에 기원을 둔 지전춤은 춤을 통해 신을 맞이하여 불행과 재앙을 없애고 질서와 조화를 지향하는 굿놀이의 한 행위다.

'태극무늬'는 양팔을 휘저어 태극의 원을 그리는 형상으로 '맺고 풀어주는 조화로운 상생', '음양의 조화로운 아우름'이란 의미를 내포한다. '회오리바람'은 멎숨과 정지형태에서 태극의 형상을 가지며 이는 '조화와 상생을 지향하는 현세에서의 믿음', 곧 성역을 확보하여 안정과 화합을 꾀하게 되는 것을 의미한다. '쳐올리기'는 '신을 청하고 의사소통을 함', 곧 신을 부르는 청신請神과 신과의 교접을 위한 매개자의 움직임을 의미한다.

지전춤의 춤사위는 예술적 춤사위로 승화된 미적 형상을 고려하지는 않지만, 단순화된 구조와 형식 사이에는 반복적으로 순환되는 이중의 모순된 형상이 보인다. 이것이 바로 음양의 원리와 조화의 구조다. 하늘을 향한 양陽의 요소와 엎고 뿌리며 둥글려 감는 땅을 향한 음陰의 요소는 제한된 공간에서 상하의 반복적 순환으로 이루어진다. 성과 속, 내세와 현세, 희극과 비극의 이중의 갈등이 표출되면서 한과 풀이로 이어지는 음양의 조화는 궁극적으로는 희극적 결말로 인도하는 몸짓의 극劇이다. 언어로 설명할 수 없는 믿음과 신앙이 공동체적 관심으로 자리하게 되면서 기호의 개념 확대에 대한 의미망의 억압이 신화로부터 비롯되고 있다. 곧 하나의 개념에 무수히 많은 기호를 창출할 수 있는 자의성을 어느 정도 제한하고 있다. 순환의 춤사위는 한국 예술의 근원인 맺힘과 풀림, 한의 승화라는 정서적 공감대에 기인하고 있음을 시사한다.

춤사위에서 볼 수 있는 끊임없는 맺음과 풀음의 이중구조는 씻김굿에서 망자의 넋을 기리며 슬픔과 역경을 풀어나가는 시간의 지속선상에 있다. 이는 민중의 애환과 다원적 삶을 포괄하면서 신명을 이루기 위한 사회적 의지가 내포된 이데올로기를 형성하는 것이다. 이념은 세속적 시간을 폐기하고 창조적 시간과 태초의 공간을 지향하는 조화와 반복을 통한 실천행위다. 무巫에서 본 무舞의 절대적 경지는 죽음을 삶으로 바꾸어 놓으려는 순환적 형태로 인간의 몸짓행위가 영원한 상象을 그리는 최초의 신화적 의미를 부여하고 있다.

이러한 점에서 신화는 신비성을 더하게 되고 예술이라는 허위를 드러내고 있는지도 모른다. 그러나 예술적 신화는 민족을 정화하고 삶을 값지게 하며 영원한 생명력으로 도약한다. 종교적 · 사회적 이데올로기가 민중의 춤판을 통해 약호를 형성하듯이 춤추는 이와 보는 이 모두는 신화적 기호인 예술, 즉 문화를 창조하면서 한의 정서와 공동체의 힘을 다졌다.

요약하면, 이 글의 핵심은 예술 텍스트에서 신화적 의미가 어떤 형식의 몸짓행위와 의미망을 갖고 문화 텍스트로서 형성되는가를 살펴보는 데 있다. 이러한 방법론으로 바르트의 신화론은 춤 언어의 기호성과 기호학적 예술 텍스트를 좀 더 체계적인 의미로 분석하는 데 유용했다.

샤먼에 기원을 둔 지전춤은 춤을 통해 신을 부르고 비극과 불행, 재앙을 없애고 다시 질서와 조화를 이루려는 굿놀이로서 신화다. 춤 동작은 속계와 성소를 잇는 매개자이자 성스런 세계를 지향하는 몸짓이다. '바람막이', '꽃봉오리', '쳐올리기', '상모놀이' 등은 속계에서 성스런 세계, 지상에서 천상을 향하는 지난한 몸짓이다. 즉 신과 인간, 천상과 지상, 성과 속의 매개행위인 것이다. '바람막이'는 '바람을 막듯 사람에게 닥쳐올 액을 막는다'는 은유를 형성하며 제재초복의 신화를 형성하는 것처럼 '가위질', '회오리바람', '상모놀음' 등은 모두 동작의 은유가 형성한 신화다. 춤판에 모인 사람들은 이 동작을 통해 액을 없애고 현실의 복을 되찾았다고 생각하면서 제재초복의 샤머니즘 신화를 공유한다.

신화는 인간과 세계가 조화와 일치를 이룬 시대의 서사다. 샤먼의 춤은 조화가 깨진 이 시대에 샤먼을 매개로 다시 조화를 이루고자 하는 집단적 매개행위다. 이처럼 신화에서 유래한 지전춤은 21세기에도 춤판에 모인 관객에게 신화적 세계와 체험을 공유하게 한다. 하지만 이를 미신으로 간주하거나 춤에 몰입하지 않는 자는 체험하지 못한다. 신화는 먼 고대시대의 서사가 아니라 '지금 여기에서' 이를 공감하는 자에게는 언제든 경험할 수 있는 은유의 유희이자 체험인 것이다.

소통언어로의 치환, 춤의 탈커뮤니이션:
살풀이춤을 중심으로

춤의 커뮤니케이션은 탈커뮤니케이션을 허용함으로써 예술현상을 전하고, 의미의 공유를 위해 더 많은 감동과 환희를 공감하는 데 목적을 두고 있다고 봐야 한다. 그렇다면 탈커뮤니케이션의 자연스런 유도는 무엇을 의미할까? 다른 신체언어도 맥락에 따라 변화하는 의미를 가지고 있지만 예술에서는 더더욱 가변성을 요구하고 있다. 파도라는 유기체가 역동적으로 움직이기 전에는 그저 바다일 뿐이지만, 질적 변화를 거듭할 때면 우리네 인생에 대한 시적 은유이기도 하다. 그리고 그런 역동적 이미지들을 끌어들여 비유적 어법과 모사模寫 속에 다시 깊은 의미를 지닌 단위들을 파생하고 나름대로 의미를 정의해 버린다. 그러므로 춤에서의 탈커뮤니케이션은 (앞 장의 그림 4-1처럼) 발신자에게도 관객에게도 다시 피드백되는 의미의 갱신을 이룬다. 이제 이러한 춤 예술 가운데 한국적 아름다움의 표상으로 손꼽히는 살풀이춤을 텍스트로 하여 소통언어로의 탈커뮤니케이션 문제를 중점적으로 살펴보기로 한다.

1) 예술적 소통

(1) 신체 코드 : 1차적 의미로의 기호적 소통

표 5-4는 춤에서 신체 코드가 기호가 되어 의미의 단위를 이루는 요소 가운데 특히 반복되는 수건을 뿌리거나 어르는 형태를 4개의 단위(고리체, 여며채기, 수건뿌리기, 어깨걸이와 어르기)로 묶어 일반적 소통의 의미를 분석한 것이다.

춤이 예술적 언어로서 기능하는 것을 살펴보기 위해서는 신체 코드에 관한 일정한 규약과 체계를 이해할 필요가 있다. 춤이 동작으로 실현되는 형상적인 면 외에도 표기체계를 이루는 구성단위들은 예술의 상징과 관련하여 많은 맥락을 규정짓는다. 즉 춤을 하나의 작품으로 이해하고자 할 때는 작품의 상징체계로부터 다른 구성요소들 간의 관계가 무엇보다 중요하다. 이때 1차적 상징과 관련한 의미 파생은 어느 정도 자의적이다. 예를 들어, 수건을 뿌리는 사위는 맺어서 풀어 버리는 호흡과 함께 음의 기운을 양으로 발산해 버리는 것이기 때문에 긍정적 속성을 지향하는 의미가 있다. 같은 맥락에서 수건을 여며 채는 사위는 발산하다가도 다시 끌어안거나 움켜쥐는 동작으로, 대개는 한을 승화하려는 의지에서 비롯된 발산이라 하더라도 현실에 대한 애착과 불안한 의미를 담고 있는 도상적 기호로 간주한다. 표 5-4에서처럼 기호는(구체적이든 추상적이든 간에) 몸짓 언어인 춤 언어가 자의적 공식에 의해 의미를 함축함으로써 객관적 담화성을 실현해 보이기도 한다.

표 5-4. 살풀이춤 동작과 관련한 소통의 의미 분석

요소	기표	동작 형태	기의(외연과 함의)
신체 동작		**고리체** 한 발을 들거나 옆으로 내어 딛고, 수건을 어깨에 걸었다가 밑으로 내리면서 원형의 고리를 만드는 사위	원형의 고리는 원융(圓融), 정한(情恨)의 아우름
		**여며채기** 수건을 공중에 휘감아 뿌리며 힘을 응축해 한 손으로 잡아 여며 채는 사위	한의 승화, 돌파하려는 역동적 에너지, 현실에 대한 애착, 두려움과 근심에 대한 불안한 의지의 표출
		**수건뿌리기** 수건을 양손으로 모아 앞으로 뿌리고 다시 당기는 사위, 기의 응축된 힘으로 최대 에너지 발산	내세의 삶 지향, 한의 승화, 흥, 미래 지향, 발전, 희망, 극복, 긍정적 속성 지향
		**어깨걸이와 어르기** 한손을 옆으로 펴서 수건을 우측 어깨에 걸고 발짓움새를 하며 어르는 사위	삶에 대한 애환과 냉정함, 안정과 정신의 고양
신체적 외양	맺음	호흡을 들숨으로 끌어들이는 상태	기가 최대 응축되어 동적으로 발산되기 전 에너지의 힘을 빌리는 순간
	삭임	들숨으로 끌어들인 호흡이 정지된 상태	한의 승화를 위한 에너지 비축, 삭임의 단계
	풀음	응축된 숨을 발산하는 상태	에너지의 발산, 푸념어린 멋의 표출

(2) 탈커뮤니케이션의 언어화

춤이 행해지는 장소에서 발신자와 수신자의 공감대란 어느 정도까지는 기본적인 미적 경험이나 이론에 의해 형성된다. 살풀이춤의 부차언어로서 가장 중요한 지표로 쓰이는 수건은 신체적 외양으로 표현되는 호흡과 함께 의미를 부여한다. 서구에서 중시하는 힘과 속도, 무게 지지 유형 등은 한국 춤의 경우 호흡을 통해 자연스레 표현된다. 즉 수건에 실린 힘은 인위적 형식이 아니라 이미 형성된 관념이 현상으로 나타난 의미론적으로 신체와 종從의 관계에 놓여 있는 것이다.

고리체 경우를 보면 살풀이춤은 수건을 크게 뿌리는 경우를 제외하고는 수직으로 위를 향하거나 수평으로 펴는 경우가 거의 없다. 대부분 두 팔을 이용하거나 수건을 한쪽 손에 살짝 실어서 원형의 고를 만드는 사위가 주를 이룬다. 이처럼 한국 춤 가운데는 원형을 이루는 춤들이 대부분이다. 강강술래는 물론이고 처용무와 같이 형식이 깃든 의식춤 가운데는 오방의 형태를 가진 원의 대열이 유독 눈에 띈다. 여기에는 원을 좋아하는 민족성, 둥근 마음과 조화를 꾀하는 덕의 다스림마저 드러난다.

어떤 이는 이를 두고 기표보다는 기의를 중시하는 유교적 커뮤니케이션의 사상 때문에 춤의 매체기술인 기교를 중시하는 서양과 달리 통합체로서 춤추는 몸

영암 삼호 강강술래(동국예술기획 제공).

우리 춤에 많은 오방 형태와 원의 대열에는 둥근 마음과 조화를 꾀하는 덕의 다스림이 담겨 있다.

살풀이춤을 추는 필자.

살풀이춤에서는 수건을 크게 뿌리는 경우를 제외하고는 수직으로 위를 향하거나 수평으로 펴는 경우가 거의 없다. 대부분 수건을 한쪽 손에 살짝 실어서 원형의 고를 만드는 사위가 주를 이룬다.

에 주목하기 때문이라고 해석한다(김말복, 2006: 14). 여기서 한국 춤은 하나의 동작이 일정하게 고정된 의미로도 해석될 수 있다. 고리체에서 원은 신체 코드가 조화와 통일을 꾀하는 기의로 해석되며 또 다른 의미가 기표와 관계를 맺는 것처럼 보이다가도, 살풀이춤이 끝나갈 때까지 고를 찾는 몸짓은 모두 거의 같은 기표처럼 보이기 때문이다.

이때 우리는 한국 춤의 소통에 주목해야 한다. 고리체가 끝나면 어김없이 어르는 동작이 나오고, 어르다가 수건을 멀리 뿌리거나 채는 동작이 이어진다. 어르는 동작은 무게중심이 땅을 향하고 시선은 아래를 향해 자연스럽고 아주 단순한 방식으로 신체적 코드는 같은 형식을 취하고 있다. 형식이 고정되어 있다는 것은 단순한 코드를 통해 발신자와 수신자의 소통을 원활하게 도울 수도 있다. 예를 들어, 살풀이의 살을 푸는 행위는 수건의 뿌리는 형태를 통해 표출된 것이고, 수건을 가지고 어르는 행위는 한을 삭이고 마음을 다스리는 의미로 생각될 수 있기 때문이다.

마치 그러한 맥락에서 끝나 버리는 것으로 단순한 소통처럼 보이지만 이처럼 단순하고 정형화된 동작과 지금까지의 자의적 의미규정은 춤을 추는 이에게서 새롭게 조립되고 현상을 해체해 버린다. 음악과 함께 시공을 넘나들며 춤이 진행되는 동안, 수신자는 전체적 맥락을 통해 그 이상의 의미를 전달받고 감동할 수 있다는 데 주목해야 한다. 이러한 의미는 이제 시간의 흐름에 따른 신체의 외형, 바로 호흡의 반복 과정에서 공간을 넘는 역동적 힘을 주시해야 한다.

우리 춤의 호흡에 관해 흔히 '정중동精中動'이라 얘기하듯, 살풀이춤의 호흡은 춤과 함께 맺고, 삭이고, 푸는 삼원체 구조의 순환이다. 서양 춤은 각 제스처의 언어적 의미가 분절되어 유기체적 지각으로 총제적 인식이 가능하다면 우리 전통춤의 의사소통은 상황에 적합한 동작기호가 이루어진다고 할 수 있다(김말복, 2006: 15). 따라서 커뮤니케이션하는 과정에서 가상적 힘의 유형으로 바뀌어 버린 탈커뮤니케이션 형태의 코드들은 시간의 흐름에 따라 공간에 해체되어 난무한다. 각자 추는 사람에 따라 살풀이춤은 다른 실제의 대상으로 비춰지는 것이다. 마치 '원래의 대상'(살풀이춤이라는 원형)을 해체한 듯 보인다. 이는 유독 한국 전통춤에서 일어나는 현상이다.

예를 들어, 승무만 해도 같은 한성준 선생에게 배운 두 사람의 춤은 실제로 다른 모습이다. 그래서 한 개인의 고유영역과 예술적 실현은 독특한 양상으로 나타나 각기 다른 유파의 문화재 지정을 받게 된다. 그러나 그것은 전혀 다른 차원의 춤으로 존재하는 것이 아니라, 바로 원대상(살풀이춤)으로 존재하며 고유한 성질의 것은 그대로 지닌다. 즉 이러한 현상은 예술의 독자적 형태가 아니라 개인마다 다른 특성이 집단적 형태로 조합[12]되는 과정에서 춤의 탈커뮤니케이션을 유도하고

12. 집단적 형태의 조화와 합의에 관하여 동서양의 커뮤니케이션 형태를 비교하고 있다. 즉 개인주의적 사회에서 커뮤니케이션은 메시지의 명료함이 강조되는 반면, 집단주의적 사회에서는 커뮤니케이션이 비언어적이고 모호한 표현적 특성을 지닌다고 주장한다. 이런 현상은 바로 춤에서 더욱 두드러진다고 볼 수 있다(김우룡·장소원, 2004: 118).

있는 것이다.

만약 시간적 흐름에 따라 동작 하나하나의 구조와 체계적 기교를 통해 살풀이춤을 보고자 한다면 의미의 애매모호함과 반복적 형태로 지루하게 느껴질 수도 있다. 하지만 맺고 삭이고 푸는 과정에서 살풀이춤은 보편화된 방법론 속에서도 또 다른 묘미를 더한다. 바로 1차적 소통의 의미를 넘어서 호흡과 춤사위의 결합에 따른 즉흥적 해석과 그에 의한 멋이 춤꾼마다 다른 개성으로 나타나는 것이다.

한국 춤은 신체라는 매개를 통해 메시지를 소통한다. 즉 신체 코드 자체가 1차적 의미에 멈추지 않고 손가락 하나까지도 기氣의 생동감과 운동이 살아있는 소통을 한다. 의미들은 의미를 넘어 조합된 하나의 상징으로 또 다른 의미를 형성하면서 순차적으로 진행한다. 따라서 춤에서의 탈코드화는 또 다른 코드의 생성과 예술적 언어로서 발신자에게 미적 메시지를 다시 안겨 준다. 그러므로 살풀이춤은 내면으로 바라보고 춰야 하며 마음의 삭임과 아우름의 승화를 호흡의 반복적 정화를 통해 춤사위에 실어 보내야 한다. 그 끊임없는 순환이 비로소 하나의 소통을 이루기에 아름다운 시각에서 공감대를 형성하며, 춤을 추는 이와 보는 이의 감정을 하나로 묶어 내기에 충분한 것이다.

따라서 한국 춤은 서사와 긴장적 요소 없이도 예술적인 심미적 코드를 수도 없이 생산하고 예와 악으로 덕을 다스리는 몸의 발현으로 실천될 수 있었다. 살이라는 나쁜 원인을 제거하기 위해 마음을 다스리고 추스르며 또 함께 위안할 수 있었던 소통은 외연에서 머무는 멋을 초월해 지금을 잠시 잊게 하는 세계와의 통로에서 삶과 죽음을 초월하였던 원리로 승화하고 있는 것이다. 이는 춤 예술에서 탈커뮤니케이션이 가져오는 무궁무진한 의미작용을 말해 준다.

춤에서의 탈커뮤니케이션은 원대상을 가시화하는 소통임에 틀림없지만 소통을 넘어서 예술적으로 진보할 수 있는 다른 창의적 정의를 의미한다. 원대상을 향해 일보 전진된 의미에서의 예술적 양식은 공간과 시간 등 그 밖의 요소, 다른 맥락과 관련해 가상세계에서의 탈코드화의 구체적 양식과 의미를 이룬다.

2) 가상공간에서의 탈코드화와 커뮤니케이션 분석

가상의 공간은 이미 예술적 언어로 치환된 상태이자 2차적 함축의미를 기표가 더해 기호가 형성된 공간을 뜻한다. 표상의 세계, 예술적 세계로의 전환을 의미하는 것이다. 또한 그때 기호들은 모두 심미적 코드들을 엮어 현실에서는 생각할 수 없는 은유와 상징, 환유의 코드로 가득해 역동적 에너지가 끊임없이 작용함으로써 의미와 의미망들을 조합하려 한다.

(1) 3원의 유기적 구조 속의 탈커뮤니케이션

앞서 설명했듯이, 살풀이춤은 정正-반反-합合의 삼원 구조로 정情-한恨-신명神明의 아우름을 지향한다. 죽음에 이르러 이승에서의 못다 푼 한의 부정적 원怨이 정情과 원願으로 질적인 변화를 이루면서 내재적 기능인 '삭임'을 강조하고 있는데, 이는 슬픔, 비애, 탄식과 애달픔, 덧없음, 울분 같은 허무적 에너지를 분출하기 전에 긍정적으로 해소하려는 것이다. 한恨의 어둡고 부정적인 속성과 이를 통해 얻고자 원하는 바람願의 긍정적 속성은 결코 이원 구조가 아니라 하나의 일원적 연속성을 갖고 있다고 할 수 있다.

정情-한恨-신명神明 사이의 삼원의 유기적 구조관계(앞의 그림 5-9)에서 정情의 파탄은 살풀이춤의 유래와 관계하여 망자의 한과 나의 관계를 의미한다. 즉 살풀이춤은 인간의 힘으로 어쩔 수 없는 파탄에 의한 원과 한을 춤으로 표현한 것이다. 춤을 추는 이는 이미 발생한 액을 체념하고 스스로 삭이는 단계를 통해 심신을 정화함으로써 다시 내면의 자신을 회복하고 있다.

굳이 자신의 상황이 아니더라도 살풀이춤의 근원인 무당의 샤머니즘의 굿[13]에

13. 이규동은 주술적인 측면에서 백색 의상은 살을 예방하기 위한 굿과 관련된 무속의 미를 지니고 있으며 살풀이의 내재미라 할 수 있는 한(恨)과 은밀히 조응된다고 하였다(이규동, 1978: 45-48). 또한 정병호는 살풀이춤이 수건을 가지고 시나위에 맞추어 추는 것으로 보아 남도 무

그림 5-20.
광의의
무용 커뮤니케이션

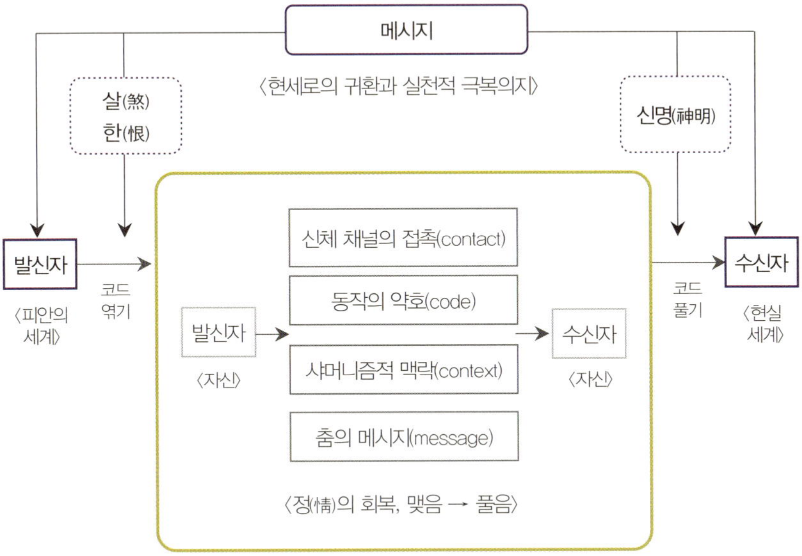

서도 맥락은 같다. 제의적 굿 가운데 살풀이하는 과정을 현실인식으로부터 현실쟁투와 현실해소의 과정으로 보는 사람도 있다(채희완, 1983: 109-121). '살풀이'는 말 그대로 살을 풀어 액막이를 한다는 예방과 투쟁의 의지를 보인다는 것을 알 수 있다. 춤은 스스로에게 묻고 스스로에게 답하는 것이다. 발신자와 수신자 사이에서 자기 자신의 정화를 목적으로 맺음에서 풀림으로 가는 구조는 협의의 소통구조를 보여 준다.

맺음과 풀림으로 가는 단계를 통해 발신자와 수신자의 커뮤니케이션 의미망을 확대해 볼 수 있다. 광의의 의미로 발신자는 보이지 않는 세계의 힘, 곧 살煞이다. 그리고 살은 이 현실세계의 경로를 통해 외부적 접촉을 하고, 내면으로 침입해 우리에게 메시지를 전한다. 그리고 다시 그 메시지는 춤을 통해 정화되며 자신을 추

속 '씻김굿'에서 파생된 것이 아닌가 하였는데, 이는 남도의 굿에서 망자의 넋을 상징하여 창호지를 여러 갈래로 찢어 만든 '지전(紙錢)'이 지금의 수건을 들고 춤을 추는 미의식적 발로라고 본다(정병호, 1982: 187).

스르게 한다. 하나의 세계를 아우르며 결국 받아들이는 수신자는 이 세계의 모든 것이며, 이 세계로의 귀환과 극복의 실천윤리를 전해 준다.

보이지 않는 힘의 발신자는 피안의 세계이며 이 땅의 현실에게 메시지를 주는데, 그것의 수신자는 결국 우리 자신의 집단의지라는 것이다. 원한과 신명을 엮고 푸는 살풀이춤의 코드는 정의 회복을 통해 개인과 집단의 카타르시스로 귀의되는 현상적 체험을 전한다.

이처럼 광의의 살풀이춤 소통은 몸짓 코드를 넘어서 세계의 유기적 구조를 탈코드화한 또 다른 예술적 탈커뮤니케이션에서 비롯된다고 보는 것으로 그림 5-20과 같은 형식을 의미한다.

(2) 시공의 소통으로서의 예술현상

지금까지 살풀이춤의 신체와 외양, 그 밖의 맥락 등 환경에 대한 탈커뮤니케이션의 의미를 논하였다면, 이제는 예술적 언어가 탈코드의 세계로 치환되고 난 후 시간과 공간의 예술현상에 대해 논하고자 한다.

춤에서 시간과 공간을 언급할 때는 서사적 스토리, 음악과의 조화로운 흐름, 공간에서의 물체적 환경 등으로 구조를 분석하게 된다. 그런데 이러한 1차적 요소들에 관해 살풀이춤의 소품은 음악과 무대라는 공간에서 사용하는 수건이 전부라고 해도 과언이 아니다. 다만 이러한 시간과 공간이 주어진 무대에서 신체 코드로서 드러내는 외연뿐만 아니라 더욱 함축적 의미를 생산하는 다양한 미적 코드가 무엇이며, 의미작용을 함으로써 언어적 소통은 어떻게 하여 메시지의 전달가치를 높이고 있는가가 문제다. 이러한 해석은 우리의 전통춤에 관해 기술적인 미적 감상 훈련법인 '미적 태도'를 함양하는 일이기도 하다.

우선 살풀이춤의 시간과 공간의 쓰임에 관해서는 1차적 무대에서 호흡의 시공간과 가상으로서 호흡의 시공간을 들 수 있다. 주지하듯, 살풀이춤에서 호흡은 내면과 외부가 소통하는 하나의 매개적 통로다. 신체적 동작은 심미적 표현을 위한 도구일 뿐이며 호흡을 통한 절제와 응축, 발산의 동작은 몸을 움직이는 기氣의 에너지원이다.

응축된 시간은 단순한 호흡과 동작의 정지가 아니다. 감정을 발산하고 아직 못다 푼 한을 좀 더 승화하기 위한 시간이자 여유로운 내면의 공간을 키우는 형태다. 하지만 자칫하면 맺고 푸는 이원적 구조에서 삭임이라는 하나의 구조만을 더해 삼원론의 반복적 형태만을 이야기하는 셈이다. 따라서 단순히 맺고 삭이고 푸는 삼원적 관계의 반복에서 가상의 공간에 드러나는 내면적 시간성, 그리고 마음의 공간과 수건과 몸이 작용하는 공간 사이의 결합을 보아야 한다. 가상의 시간은 다시 맺으며 이어나간 동작을 응축시켜 공간을 정지시켜 버린다. 때로 잦은걸음 뒤의 정지라든가, 하늘을 향해 수건을 내던져 뿌리더라도 다시 감아 버리게 된다. 바로 이러한 점이 늘 시간의 복귀를 염두에 두는 마음의 표현이자 다 차지해 버리고 싶은 마음의 욕구를 해소하는 의미다. 즉 다시 한 점의 공간으로 돌아와 여백을 두어 내어 버리는 푸념을 의미한다.

이처럼 호흡은 맺고 풀고 다시 맺는 순환 과정에서 춤 동작의 발산을 반복하고 정지한다. 미적 코드가 작용하는 공간의 언어적 소통은 살풀이춤을 회귀와 융통성을 알리는 메시지로 정의해 준다. 가상의 공간에서 보여지는 동작들은 1차적 응축과 발산을 떠나서 원융의 의미와 회귀의 이론을 몸소 실천하는 것이다.

살풀이춤의 예술적 시공간의 의미는 많은 미학적 이론을 낳고 있다. 그윽한 유연미라든가 힘의 조절에 의해 농염의 의미를 더해 가는 수건의 미학은 동양 예술의 커뮤니케이션과 담론의 의사표현 방식이자, 나아가 전체를 소통시키고 아우르는 힘을 의미하기도 하다. 즉 예술이 기본적으로 지니는 소통의 의미를 이탈하여 보다 한 차원 높은 예술적 힘을 보이는 것은 실제 현상과 예술적 현상이 변증법적으로 융합되어 나타나는 예술작품으로서의 기능이다.

지금까지 춤 예술이 예술언어로서 소통하는 과정은 비구두적 다른 메시지와는 차별을 분명히 둠으로써 가능하다고 생각하여, 하나의 춤 텍스트를 통해 춤 코드화 과정을 엿보고 코드들의 엮임과 풀기의 의미 단위에 대해 알아보았다. 그 결과 한국 춤의 분절되지 않는 모호성과 기교가 아닌 소통을 중점적으로 하는 양상은 바로 신체의 내부에 있었다. 호흡의 의미는 맺고 푸는 과정을 되풀이하는 단순한 시간의 흐름이 아니라 자신과 외부에 대한 투쟁이며, 한 개인의 의미를 넘어서 광의의 소통 양상이 눈에 띄었다. 이는 춤 언어에 대해 분석적 데이터로서 알 수 있는 고정된 형태의 기표와 기의를 넘어선 탈커뮤니케이션을 의미한다. 코드의 이탈에서 새로운 변화로의 코드 생성은 춤 예술을 가상세계로 인도하는 핵심적 역할을 수행하는 요소다. 춤의 탈커뮤니케이션이라는 의미는 개개의 움직임이 분절된 의미의 조합을 넘어선 소통, 우주의 메시지를 전하며 집단적이면서도 이념적인 신화 형성에도 기여하고 있었다. 이는 무대와 관객, 그리고 나아가 자신과 세계에 대한 소통이 어떠한 형식과 예술적 이념으로 승화하는지를 알 수 있게 해준 결과라 할 수 있다.

한국 춤의 의미체계에 관한 화쟁기호학적 접근: 살풀이춤을 중심으로

앞서 설명했듯이, 한국 춤은 서양 춤과 다른 문화적 맥락과 패러다임에서 창작되고 전승되어 서양 춤과 다른 구조와 형식을 가지며 사상적 배경, 춤의 표현양식 또한 다르다. 한국 춤은 조화와 상생相生, 흥이나 아우름의 미학을 지향한다.[14] 무

14. 예를 들어, 한국 춤의 백미로 꼽히는 살풀이춤은 수건을 통해 여백을 만들고, 이 여백의 빈틈을 통해 기를 발산하고 살을 풀고 신명을 낸다. 살풀이춤의 동작소를 통해 인식되는 상(相)이 곧 색(色)의 허상이라면, 보이지 않는 실상을 해석하고 공(空)을 인식해 죽음 뒤의 소멸을 다시 원환의 시간으로 돌려 보이지 않는 생을 이루고 또 다른 실상의 공간(空間)을 창조하는 것이다(김지원, 2006b).

용기록법인 서양의 라반Laban 표기법은 움직임에 대한 모든 분야와 여러 연구자들 사이에 상호 의사소통을 가능하게 만드는 공통 언어로서 기능한다. 그러므로 이 체계는 모든 형태의 움직임과 무용 스타일을 이해할 수 있게 하는 일종의 '로제타석Rosetta Stone'이라고 할 수 있다. 이러한 라반의 체계가 기호적이기는 하지만 한국 춤에 적용할 경우 한국 춤의 특수성으로 인해 많은 문제를 야기할 수 있다. 따라서 한국 춤은 화쟁 혹은 화쟁철학이 아니더라도 화쟁과 유사한 패러다임을 바탕으로 한 철학이나 이론으로 분석해야 할 필요성이 있다.

춤은 미적 대상인 동시에 의미의 대상이다. 우리는 춤을 보고 미적 감동을 할 뿐만 아니라 그에 담긴 의미나 메시지를 읽는다. 따라서 춤을 예술의 대상으로 보기 위해서는 미적 구조와 체계를 분석해야 함을 전제한다. 한국 춤에 담긴 의미와 메시지를 읽기 위해서는 한국 춤이 어떤 의미체계를 형성하는가를 분석하고 해석해야 하는 것이다.

위의 두 조건을 충족하며 결합한 이론이 바로 화쟁기호학이다. 앞서 밝혔듯이 화쟁기호학은 원효의 화쟁철학에 서양의 형식주의와 마르크스주의를 결합한 이론이다. 화쟁의 체계를 바탕으로 예술 텍스트를 분석한다는 것은 일원론과 퍼지fuzzy, 관계의 사유를 바탕으로 한 우리 춤을 분석하는 데 적절할 것이다. 또 춤 기호학적 방법론에 관한 이론의 차용은 춤 텍스트, 춤 동작소에 대해 체계적 분석의 틀을 제공하고 우리 춤의 의미체계를 밝히는 데도 유용한 측면이 있다. 따라서 화쟁기호학을 적용하여 한국 춤에 담긴 의미체계를 체용상體用相의 화쟁체계에 따라 분석하고자 한다.[15]

한국 춤은 서양 춤은 물론이고 동양의 다른 나라의 춤과도 상이한 형식과 내용으로 이루어져 있다. 서양 춤과 통하는 세계적 보편성, 동양 춤과 유사성을 갖는

---

15. 이도흠(1999a)은 이 이론으로 향가와 시조, 현대시와 현대소설을 분석했다. 역사학계의 조지형(2000)은 이 이론을 통해 모던역사학과 포스트모던 역사학의 종합을 시도했다. 무용계에서는 이찬주(2005)가 이 이론으로 범부춤을 분석하여 범부춤의 심층구조와 의미를 새롭게 해석했다.

아시아적 보편성도 분명히 있지만, 한국 춤은 영향을 받은 서역·중국의 춤과도 엄연히 다른 미적 특질을 갖는다. 그렇다면 과연 한국 춤의 미학적 특성은 무엇인가.

이에 대한 접근은 그리 단순하지 않다. 한국 춤이 복합적이고 중층적이기 때문이다. 한국 춤은 고도의 정신이 여러 동작으로 표상되는 행위다. 호흡을 통해 우주의 기를 몸 안에 들여 몸 전체에 전이된 하나의 흐름으로 동작선을 이루며 실연한다. 춤을 실연하는 순간 우주와 연희자의 몸이 소통하며, 연희자와 공간과 관객이 하나로 어우러지면서 '미적 감동'을 이루어 낸다. 따라서 한국 춤의 미적 특질에 대한 연구는 표층적으로 동작이 자아내는 아름다움을 탐구하는 작업을 넘어 정신이 담겨 있는 심층구조를 해명해야 한다.

한국 춤에는 샤머니즘과 삼재三才사상에서 유불선儒佛仙에 이르기까지 여러 정신과 사상이 투영되어 있다. 그러므로 한국 춤의 미적 특성이나 의미를 밝히려면 단순히 동작의 도상과 표현형식을 드러내는 작업을 넘어서야 한다. 한국 춤의 의미체계를 해명하기 위해서는 춤 동작의 이면에 숨어 있는 정신과 사상에 대한 심도 있는 연구가 이루어져야 한다. 살풀이춤을 비롯한 기존의 한국 춤의 의미체계에 관한 연구는 춤의 연원, 한국적 사상 등 맥락을 중심으로 한 미학적 논의가 대부분이다. 따라서 앞에서 일관된 이론으로 어느 정도 의미가 드러나 있는 살풀이춤에 대해, 화쟁기호학을 적용하여 미적 구조를 심층적으로 분석하고 춤사위가 갖는 의미체계를 밝혀보도록 한다.[16]

16. 이는 춤의 의미체계를 화쟁기호학적 적용에 의의를 둔 것으로 한국 춤 전반에 관한 텍스트 분석과 의미체계에 관한 일반화에 관하여는 검증하지 않고 있다. 다만 화쟁기호학적 해석의 원리(체용상 체계에 따른 은유와 환유적 인식의 의미작용)에 따른 한국 춤 의미체계에 관한 방법론을 체계화한다.

1) 화쟁기호학과 한국 춤에의 적용

(1) 한국 춤과 화쟁의 원리

한국 춤은 풍류도, 불교와 유교, 도교 등 한국의 사상과 정신이 강하게 반영되어 있으며, 앞서 화쟁의 원리인 불일불이不一不二처럼 우열이 아니라 차이를 통하여 자신을 드러내고, 투쟁과 모순이 아니라 자신을 소멸시켜 타인에서 자연과 우주에 이르기까지 서로 공존하게 하는 상생의 예술행위다. 따라서 춤사위에서 드러나는 선과 형태뿐만 아니라 숨과 기의 흐름을 간과해서는 안 된다. 호흡을 통해 순환하는 기가 바로 한국 춤의 깊은 사상을 함축하고 있기 때문이다. 그림 5-13의 화쟁체계는 한국 춤의 숨겨진 의미와 독특한 미학을 드러낼 구조적 사유를 보여준다.

원래 마음자리는 하나라는 화쟁의 원리처럼, 춤의 내적 표상은 헤아릴 수가 없다. 그러나 영원히 알 수 없는 것을 춤으로 표현하는 것이 용用의 기능이다. 이러한 용이 차이를 만들고 춤 동작의 사위가 상相을 만든다. 각각의 춤 동작은 각기 다른 특질을 지니게 되고 춤 동작의 상은 마음자리로서 실체의 한 자락을 드러내며, 이는 다시 춤으로 표현되어 영겁순환에 놓인다. 체體는 춤의 용을 통해 드러나고 용은 춤 동작의 상을 만들며 다른 춤 동작과 다른 특질을 담는다. 다시 이것은 체로 돌아가 춤을 이루며 춤에 담긴 정신과 진실을 드러낸다. 이로써 한국 춤의 체용상은 영겁의 순환관계에 놓이게 된다.

한국 춤은 '정情과 한恨의 아우름'으로 이루어져 있다. '정'이란 한 주체가 자아와 타자, 인간 주체와 세계, 개인과 집단, 문명과 자연 사이에서 일정한 타자와 특별한 관계를 맺고서 대상을 '자기의 범주'에 넣어 다른 대상과 자기를 구별하며 차별하고 대립시키면서 자기를 확장하는 실존양식이자 다른 타자와 자기의 타자를 다르게 느끼고 생각하며 사랑하는 마음의 상태다. 정이 깨지면 한이 된다. '한'이란 정을 둔 대상이 '자기의 범주'를 떠나 타자의 범주로 귀속되었다고 판단하였

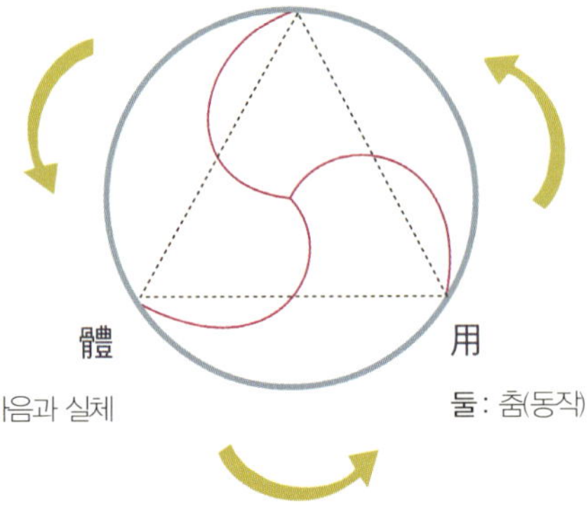

그림 5-21.
체용상 체계를 통한 한국 춤의 삼원 모형

을 때 정을 두었던 대상의 사라짐에서 오는 슬픔, 그 대상에 대해서 품는 대립과 적대감과 불만, 또 그로 야기된 새로운 세계와 삶에 대한 불안과 두려움을 정의 틀 속에서 내재화한 마음의 총체다.

'아우름'은 신명 속에서 하늘과 땅, 신이나 자연과 인간, 성聖과 속俗, 나와 타자를 즉각적으로 하나로 화쟁을 시키거나, 정이 한으로 변한 세계의 부조리에 대응하여 정을 두었던 대상에 대한 더 큰 사랑으로 한을 승화시켜 맺힌 것을 풀고 하늘과 땅, 신이나 자연과 인간, 성과 속, 나와 타자를 하나로 아울러 삶의 평형을 이루는 경지다. 이는 간단히 말해 불일불이의 화쟁원리에 따라 이 모두를 하나로 통합한 경지다. 이 경지를 주와 객, 자연과 나의 하나됨을 공동체의 일원으로서 집단적 신명으로 표출하면 흥이 되고, 이를 (풍류, 도교, 불교, 성리학 등의 영향을 받아) 개인의 성찰로 내면화하여 긍정과 부정, 선과 악, 희와 비의 이분법적 분별작용을 넘어서는 초월과 해탈의 미감으로 나타나면 바로 무심無心이다.

한국인의 미적 체계를 정과 한, 아우름의 세 범주로 나누는 것이 중요한 것이 아니다. 삼자 사이의 구조적이고 역동적인 관계와 원리가 무엇이냐 하는 데 한국 예술의 미학을 해명하는 열쇠가 있다. 정과 한은 이원적·대립적·모순적 관계가 아니라 원효의 화쟁원리 가운데 하나인 불일불이의 관계를 이루고 있다. 정이 없으면 한도 없다. 한국 문화는 한의 문화가 아니다. 이를 승화하고 조화시켜 아우름(화쟁)을 이루는 문화다. 한도 패배적 · 체념적 · 비극적 한이 없는 것이 아니나 그렇게 두어서는 삶의 평형을 이룰 수 없기에 한국인은 '지금 여기에서' 맺힌 것을 풀어 이를 해소하고 조화를 이루려 하는 것이다(이도흠, 2003a: 53-57).

정과 한은 하나가 아니면서 동시에 둘도 아니고, 상반되는 것이면서 같다. 우리말의 '다정다한多情多恨'에서 보듯 정이 많으면 한도 많아진다. 정이란 선악 이전의 정서이며 작게는 사물과 자연에 대한 풍부한 자기 감수성(희로애락을 포함한 따뜻한 포용의 감정)을 뜻하지만, 오히려 타자와의 관계에서 열리게 되는 풍부한 정감과 우호적 관계의 감성을 뜻한다.

정이 깨지면 한이 된다. 그러나 '한'이 곧 원怨은 아니다. '원한론怨恨論'의 개념에서 보면 원한은 타자와 외부세계에 대한 원망과 증오를 의미한다. 그러나 한은 자신이 세계를 대상으로 소망하는 현실에 대해 쌓여 가는 내재적 감정으로, 맺힘과 응어리진 덩어리다. 그래서 원한은 분노로 발산되지만 한은 슬픔으로 쌓인다. 한의 긍정적 속성은 이를 해소하려 하고, 타자와의 융합을 도모하며, 다시 정情으로 귀환한다는 것이다. 이 같은 '정한론情恨論'은 춤을 비롯하여 한국 예술의 바탕을 이룬다.

정이 많으면 한이 많다. 달리 말하면 정이 없으면 한도 없다. 그러나 정에는 미움과 고움이 모두 공존한다. 미운 정도 끊지 못하는 한국인의 속성은 맺힌 한을 삭이고 주체와 세계가 하나가 되어 상생하고, 모두 화해하고 함께 공존하려는 실천의지다. 자연히 이런 심성은 언어기호를 통하여 표출되고 해소되면서 예술 텍스트를 형성하였다.

주지하듯 한국 문화는 한의 문화가 아니다. 야나기 무네요시柳宗悅[17]를 비롯하

17. 야나기 무네요시는 『조선과 예술』 중 「조선을 회상한다」에서 "조선의 역사가 받은 운명은 슬픈 것이었다. 그들은 억압당하면서 3천 년의 세월을 보냈다. … 나는 조선의 예술, 특히 그 요소라고 볼 수 있는 선의 미는 실로 그들의 사랑에 굶주린 마음이 상징이라고 생각한다. 아름답

여 많은 이들이 한국 문화예술의 특성을 한의 문화라고 착각하는데, 우리 춤은 한을 해학으로 승화하고 조화를 꾀하려는 데 예술의 근본이 자리한다. 그래서 한국 춤은 체용상의 화쟁체계를 형성한다. 화쟁은 한국 춤의 기저에 있는 패러다임 구조를 논리적으로 규명하고 있으며, 한국 춤의 숨겨진 의미와 독특한 미학을 분석하는 의미체계의 바탕이 된다.

(2) 화쟁기호학과 춤기호학적 방법론

앞서 서술하였듯이 이도흠의 화쟁기호학은 원효元曉(617–686)의 화쟁和諍철학을 바탕으로 텍스트의 내적 구조를 분석하는 형식주의 비평과 이를 사회적 맥락과 관련시켜 해석하는 마르크시즘 비평을 종합하여 텍스트의 내적 구조를 분석하면서도 이를 텍스트 바깥의 사회문화적 맥락과 연관시켜 해석하는 길, 더 나아가 기표와 기의, 현실의 반영과 굴절, 텍스트와 이데올로기, 작자와 독자 등에 대해 이분법을 넘어서서 화쟁의 원리인 하나로 원융圓融시켜 비평하는 방법론이다. 또한 인간이 세계를 인식하고 이를 표명하는 방식은 '유사성'을 근거로 하는 은유metaphor와 '인접성'을 근거로 하는 환유metonymy로 나뉜다. 이 글은 춤 텍스트 전체에 대해 분석하려는 것이 아니므로 화쟁기호학 중 의미의 기호학에 한하여 한국 춤의 의미작용을 유추해 볼 것이다.

표 5-5는 화쟁의 체용상 체계에 따라 유사성을 바탕으로 춤 동작의 은유적 인식에 따른 의미작용을 분석하고 있다. 예를 들어, '용트림' 사위의 상相은 용이 승

게 길게 길게 끄는 조선의 선은 확실히 연연하게 호소하는 마음 그것이다. 그들의 원한도 그들의 기원도 그들의 욕구도 그들의 눈물도, 그 선을 따라 흐르듯이 느껴진다. 하나의 불상을 생각하더라도 또 하나의 도기를 선택하더라도 우리들은 이 조선의 선에 닿지 않는 경우가 없다. 눈물에 넘치는 여러 가지 하소연이 이 선에 위탁되어 있다. 그들은 그 쓸쓸한 마음과 무엇엔가 끌리는 괴로운 정을 아름답고도 잘 어울리게 길고 우아한 선에다 함유시킨 것이다. 강대하고 태연한 중국의 형태의 미 앞에 그 선의 미는 참으로 좋은 대비일 것이다. 그들은 아름다움에서 쓸쓸함을 이야기하고, 쓸쓸함에다 아름다움을 포함시킨 것이다"라고 하며 우리 문화를 '비애의 미'라는 논지로 요약하고 있다(야나기 무네요시, 1989: 145-146).

표 5-5.
체용상 체계에 따른 한국 춤의 은유적 인식과 의미작용

체용상(體用相)	춤 텍스트	유사성의 근거와 함의
상(相) 형(形)	춤 동작소 모양(춤사위 유형별 분석)	
	• 배치기, 끄덕이, 배김새	• 상대방에게 고갯짓과 표정으로 대화하는 행위: 긍정, 수용
	• 부채놀이	• 잡귀가 범접하지 못하도록 부채 노는 행위: 벽사진경, 신성함, 성(聖)의 세계로 수용함
	• 용트림	• 용이 승천하기 전 세상에 나와 기지개를 켜며 포효하는 모습: 삼계(三界)의 중개자, 우신(雨神)과 강우(降雨), 신과 인간, 성(聖)과 속(俗)의 매개자, 왕, 호법신, 호국신
	• 베김사위	• 역신 또는 사신을 베어 버리는 행위: 땅을 힘차게 밟아 몰아낸다는 의미, 벽사진경과 신성함
상(相) 색(色)	춤의 시각적 · 청각적 요소 그 외	
	• 소품(탈, 무구 등)	• 시각적 유사성에 의한 유추: 동물 모의적 형태, 오방(五方)의 색상
	• 의상 경기 해서 지방: 화려한 색깔 옷 남부 지방: 흰색을 바탕으로 투명하고 자극적이지 않은 의상	• 경기 해서 지방: 산악지대의 활동성, 종교의식적 성향이 짙고 농악이 덜 발달함, 종교의식적, 벽사적, 신앙적, 쾌(快)와 동(動) • 남부 지방: 평야적 지역성으로 유순하고 차분한 기질, 오락적, 풍농적, 농경 모의적, 숭고, 유(柔)와 정(精)
	• 무대(춤을 추는 장소), 민속춤의 춤터(판굿)	• 신역(神域)으로 청결과 신성함의 터, 이원적 대립(남성/여성, 선신/악신, 지옥/극락, 기쁨/슬픔, 대립/화합, 신성/세속이 함께 교차하는 장(場): 일원성, 이원성, 천지인(天地人) 사상의 합일, 오방(동서남북과 중앙)적 놀이판, 기원적 · 축제적 · 합리적 세계관
	• 무대장치: 민속춤에서의 여성들의 강강술래와 보름달의 장치	• 둥근 모습을 한 한국인의 원(圓)지향성, 천상계에 바라는 소원, 어둠 속에서의 밝음, 여성성, 성(聖)의 영역, 음(陰), 원융(圓融)사상, 공동체적
체(體)	**춤의 본질적 성향과 실체적 의미** • 춤의 순환구조 • 강강술래의 원무, 진주농악의 오방	• 정중동(靜中動)의 시간적 흐름, 객체 속성이라기보다는 통합적 구조(정 가운데의 동, 동 가운데의 정) • 음(陰)과 양(陽)의 대립구조에서 나타나는 동일한 지향성, 서양 세계관의 이원적 구조가 아닌 내세의 현세주의 지향, 망자천도굿이나 씻김굿의 관(觀)

표 5-5. (계속)

체용상(體用相)	춤 텍스트	유사성의 근거와 함의
		• 생(生)과 소(消): 소멸한 듯하지만 다시 생하는 자연주의 관념과의 일치, '생 → 소 → 생'의 순환적 삶 • 한(恨)과 풀이적 해소: 갈등, 억압, 부조리에서 벗어나고자 하는 욕망을 해소, 정한론(情恨論)의 아우름, 곧 '한(恨)→ 살풀이 → 신명 → 돌아오는 생득적 삶'을 대비 – 영원성, 회귀성, 곡선 지향, 삶의 순리, 자연 순응적
용(用)	**춤 동작의 속성으로 나타난 짓**	
	• **밟음의 성격**: 지신밟기, 강강술래, 안동 지역의 논두밟기춤, 팔먹중춤	• 잡귀에 대한 벽사(辟邪)와 안택(安宅), 초복(招福), 음(陰)의 속성, 해학, 기원, 여성성이나 남성성
	• **성 모의적 성격**: 강강술래의 '남생아 놀아라', '비늘귀끼기', 모방춤인 두꺼비춤, 용두춤, 농악의 상모놀이와 쇠꾼의 부포놀이	• 다산(多産), 풍요, 성(聖)과 속(俗), 풍요, 해학, 오락, 흥(興), 욕구와 해소
	• **전투적 성격**: 탈춤의 깨끼춤, 농악의 진풀이(마지기굿, 박음질춤), 소고잡이의 상모놀이, 소리춤의 강강술래와 월월이청청	• 남성성, 풍요, 공동체, 갈등해소
	• **동물 모의적 성격**: 기러기춤, 학춤, 개구리춤, 사자춤, 나비춤	• 토템, 성(聖)과 속(俗), 성(性), 수명, 고고함, 용맹, 오락, 골계미
	• **원형춤적 성격**: 강강술래의 원무, 진주농악의 오방진	• 영원성, 회귀성, 곡선 지향, 삶의 생리와 순환, 자연미

천하기 전에 세상에 나와 기지개를 켜며 포효하는 모습을 유사성의 유추 원리에 따라 그대로 모방하며 나타난다.

용[18]은 우신雨神으로 비를 관장하는 신격이며 기우제祈雨祭의 대상이다. 용이

18. 용은 신화적 차원에서 천상계·지상계·해양계의 중개자, 즉 삼계(三界)의 중계자라는 의미를

트림을 한다는 것은 용이 곧 승천할 것임을 의미하고 용의 승천은 비가 내릴 것을 의미한다. 농경사회에서 가장 중요한 소망인 강우를 용트림 사위로 형상화한 것이다. 또 용은 지상계·천상계·해양계를 중개하는 매개자다. 유일하게 용이 땅과 물과 하늘을 모두 오고 갈 수 있다. 신라에서 용 신앙이 발달한 것은 바로 이 때문이다. 현세·천상계·해양계, 즉 삼계三界를 모두 오갈 수 있는 용은 인간의 소망을 천상계와 해양계에 두루 전달할 수 있는 자이자, 인간의 죽은 영혼을 어디든 실어다 줄 수 있는 자이며, 하늘과 물과 바다와 땅을 관장하는 존재이며, 농경사회에서 가장 중요한 비를 내리게 하는 신이다. 불교 수용 이후의 용 신앙은 재래의 신앙상이 훼손되지 않은 채 불교와 습합習合하여 호법룡護法龍(불교를 수호하는 용)으로 변하고 이는 다시 호국룡護國龍으로 변한다. 이것은 정치·사회적으로 용궁이란 곳을 중심으로 용 신앙을 숭배하는 토착세력이 불교를 받아들였음을 의미하며, 사상적으로는 재래의 용 신앙이 불교사상과 결합했음을 뜻한다(이도흠, 1999b: 71–72).

용은 실재하지 않는 영물靈物이다. 그러나 사람들은 끊임없이 용에 대해 생각하고 그 형상을 그려 왔다. 용은 왕을 의미하기도 하고[19] 불교이념에서 용은 호법

지닌다. 용은 온 세계를 아우르는 수호신으로서 초복(招福)의 대상자가 되었다. 『용비어천가(龍飛御天歌)』 제1장 주(註)의 "용의 됨됨이를 말할 것 같으면 신령스런 변화가 헤아릴 수 없는 까닭에 성인의 진퇴를 여기에 비긴다(龍之爲物 靈變不測 故以象聖人進退也)"라는 언급에서 바로 용의 신령스런 이미지를 볼 수 있다. 또한 용은 농신(農神)으로 비를 관장한다. 비를 통해 농사를 주관하니 풍요를 소망한다는 의미도 담고 있다. 삼국시대 이후로 화룡(畵龍)이나 토룡(土龍), 용소(龍沼)에게 빌어 물을 기원한 것을 볼 수 있는데 이 모든 것들이 용을 수신(水神)으로 인식한다는 것을 보여 준다. 때문에 각 왕조의 수도를 중심으로 농신인 용신에게 기우제를 지낸 기록이 많다.

"큰 가뭄이 있어 시장을 옮기고 용을 그려 빌었다." 『삼국사기』 권 4, 진평왕 50년.

"남성 뜰 가운데 흙으로 용을 만들어 놓고 무당들을 모아 비를 빌었다." 『고려사』 현종 12년.

"5방 용신에게 기우제를 드렸다." 『조선왕조실록』 명종 3년.

이와 같은 기록으로만 봐도 용은 농경민족에게 가장 중요한 신이자 가장 친숙한 신이었음을 알 수 있다. 관개시설이 거의 없었던 시절에 강우는 풍흉을 결정짓는 열쇠였기 때문이다.

19. 유교이념에서 용은 곧 왕을 상징한다. 태조 이성계의 조선 창업을 정당화하며 칭송하기 위해 지은 『용비어천가』에서는 '해동(海東) 육룡(六龍)이 나라샤'라고 표현하고 있다. 우리나라의 모든 건국신화에 용을 등장시켜 건국주와 연계시키는 것도 같은 맥락이다. 농경국가의 왕으로

신, 혹은 호국신을 의미한다.[20] 황룡사의 용은 불교와 황룡사를 지키는 수호신이고, 신라 문무왕의 대왕암은 실제적 증거가 된다. 이로 볼 때 용트림은 이제 용이 깨어나 삼계, 즉 신과 인간, 성聖과 속俗의 세계를 매개함을 의미한다.

이 밖에 의상이나 소품의 색깔도 상相으로서 은유의 원리에 따라 의미작용을 한다. 예를 들어, 흰색 의상은 보통 밝음, 순결, 빛을 의미하며 오행의 의미로 보면, 금金, 가을, 서西, 오른쪽, 의義를 뜻한다. 붉은색 의상이라면 보통 벽사辟邪, 곧 악귀를 물리침을 의미하고 오행의 의미체계로 보면 이는 화火, 여름, 남南, 위쪽, 예禮를 뜻한다.

한국 춤의 동작은 앞서 말했듯이 일심一心의 근원에서 이루어진다. 춤의 체體 또한 본질적으로 알 수 없다. 따라서 한국 춤의 실체를 소小와 대大의 우주적 순환으로 보아 시간과 공간으로 나누어 해석할 수밖에 없다. 이러한 나눔의 일시적 현상으로 보이는 체의 실체는 삶과 죽음, 생과 소消를 하나로 아울러 삶이 곧 죽

서 용을 통해 우순풍조를 할 수 있는 능력을 보여 준다는 것은 정치적 입지를 매우 공고히 해 준다. 백성들의 입장에서는 그런 능력을 가진 사람을 왕으로 모시고 싶어 했으며, 또한 왕에게 그러한 능력을 발휘하기를 기대했던 것이다. 예컨대 주몽신화에서 해모수가 타고 오는 것도 오룡거요, 나중에 주몽이 묻히는 곳도 용산이고, 또 황룡을 타고 승천한다. 수신(水神)은 용으로 인식되는 경우가 많은데, 주몽의 어머니 유화가 물의 신 하백의 딸이라고 하였으니, 주몽 역시 용의 이미지를 갖고 있는 것이다. 박혁거세 신화에서는 혁거세의 아내 알영이 사양리(沙梁里) 알영정(閼英井)가에 계룡(鷄龍)의 옆구리를 통해 탄생한 인물이라고 하여 용과의 연관성을 드러내었다. 이 밖에 왕건 신화나 김수로왕 신화, 태조 이성계 신화에 이르기까지 용과의 연관성은 공통적으로 드러난다.

20. 대왕이 재위 12년 영융 12년 신사에 죽으면서 동해 가운데 큰 바위에 장사하라고 유언하였다. 왕이 평상시에 지의법사에게 말하기를 "내가 죽은 뒤에는 나라를 수호하는 큰 용이 되어 불교를 떠받들고 국가를 보위하라" 하였다. 이에 지의법사가 "용은 축생인데 무엇을 보답하리오" 하였다. 왕이 말하기를 "내가 세상 영화를 싫어한 지가 오래되었다. 만약 내가 나쁘게 태어나 짐승으로 된다면 나의 소망에 꼭 맞을 것이다[大王御國二十一年 以永隆二年辛巳崩 遺詔葬於東海中大巖上 王平時常謂智義法師曰 朕身後願爲護國大龍 崇奉佛法 守護邦家 法師曰 龍爲畜報何 王曰 我厭世間榮華久矣 若麤報爲畜 則雅合朕懷矣(『三國遺事』 2권, 紀異2 文虎王法敏)]"라고 하였다. 『삼국유사』 중 만파식적(卷第二, 紀異第二), 처용랑 망해사(卷第二, 紀異第二), 원성대왕(卷第二, 紀異第二) 등에 나오는 용은 대개 호국룡의 모습을 지니고 있다.

음이고 죽음이 곧 삶이며, 나타남이 사라짐이고 사라짐이 곧 나타남임을 의미하며 다시 일심으로 귀환한다. 즉 한국 춤에 나타난 영겁의 회귀성은 정중동靜中動의 호흡을 반복하는 가운데 우주적 시공에서 순환을 모방하며 삶에 대한 실존적 의미를 부여한다. 이런 까닭에 한국인에게는 삶과 죽음, 생과 소消가 이분법적으로 대립하는 것이 아니라 불일불이의 관계를 형성하는 것이다.

한국 춤에서 시간은 일직선의 궤도에서 삶과 죽음의 대립이 아니라 내세의 시간이 다시 현세로 맞닿게 되어 만나며 이로써 공간은 원형의 모습을 띤다. 공간적으로 볼 때 이는 천상과 지상, 신과 인간, 성스런 세계와 속된 현실을 하나로 아우름을 의미한다. 즉 삼재三才사상에서 보면 절대와 당위의 세계이자 신神, 혹은 성스런 공간인 천天과 상대와 존재의 세계이자 속한 현실의 지地를 인간을 중심으로 하여 하나로 아우름을 의미한다. 한국 춤에서 신神과 천天의 의미는 서양과는 다소 대조적이다. 신은 곧 내가 될 수도 있고 나와 신을 통해 세계를 실천하는 현상학적 의미로 다가선다. 또한 한국 예술의 사상적 기저로 자리하는 정한론情恨論의 견해만 보더라도 아우름은 현세에서 겪는 갈등, 억압, 부조리에서 벗어나 한을 풀고 신명을 통해 다시 돌아오는 생득적 삶을 지향하고 있다. 곧 한국 춤의 체는 오묘하고 헤아리기 어려워서 그것의 참은 알지 못하나 우주의 실체를 조금이나마 깨닫기 위해서는 다음의 용을 통해 한 자락을 엿보게 된다.

용用은 작용하고 기능하며 운동하는 측면이다. 한국 춤에서 밟음, 성 모의적 행위, 전투 모의적 행위, 동물 모의적 행위, 원형圓形적 성격으로 드러나는 행위는 용의 기능을 의미한다. 예를 들어, 지신밟기에서 땅을 밟는 행위는 땅에는 부정한 일이 생기거나 잡귀의 침범이 쉬우므로 땅을 밟아 잡귀를 쫓아내고 집안의 평안함을 도모하자는 뜻에서 행해진다. 성행위를 모방한 동작에는 이를 통해 다산과 풍요를 이루고 욕망을 해소하며 해학과 흥을 돋우자는 뜻이 내포되어 있다. 전투 장면을 모방한 춤에는 이를 통해 남성성을 드러내고 남성성의 노동을 바탕으로 풍요를 누리고 공동체의 갈등을 해소하고자 하는 의도가 담겨 있다. 또한 기러기

체용상(體用相)	인접성의 관계		내포적 의미
상(相)	부분-전체	• 탈춤의 갓이나 벙거지 등 • 춤 소품(삼지창, 꿩털, 갓발 등)	• 신분, 그 신분의 모순과 부조리 • 주술과 전투적 의미
	공간적	• 민속춤의 춤터	• 신과 교접하는 공간, 성(聖)과 속(俗), 신과 인간의 매개 내지 아우름
	시간적	• 강강술래의 달밤	• 한가위, 대보름, 밤, 부활, 풍요, 음(陰) 속성, 공동체적, 순환과 영원성
체(體)	형식-내용	• 원무: 진주농악의 오방진, 강강술래와 처용무의 오방대열	• 회귀성, 영원성, 우주의 원리, 원융(圓融)사상
용(用)	원인-결과	• 지신밟기, 전라도 농악의 매굿	• 벽사적, 주술성, 기원과 소망, 갈등해소
		• 동제굿, 탈춤의 상좌춤	• 신맞이, 성(聖), 숭배성, 공동체적, 신과 인간, 천상과 지상
	도구-행위	• 농악의 상모 · 쇠꾼의 부포 • 소고잡이의 상모 · 삼지 · 꿩털 · 갓발	• 주술성, 전투성, 남성성, 갈등해소
		• 성행위	• 성(性), 풍요, 해학, 오락, 흥(興), 욕망과 해소
	경험적	• 무속춤, 북청사자놀음의 중춤	• 권선징악, 제재초복의 현세주의, 종교적 제의성, 풍습
		• 합장재배	• 천신께 고하는 인사의 춤으로 합장하고 절을 하는데 관객 등에게 판붙임을 의미, 오락, 해학, 정(情)

표 5-6.
체용상 체계에 따른 한국 춤의 환유적 인식과 의미작용

나 학춤 등의 동물 모의적 춤 동작은 각각의 동물이 가지고 있는 부부애, 장수 등의 고유한 의미를 가진다.

표 5-6은 한국 춤의 환유적 인식에 관한 의미작용을 화쟁기호학의 인접성의 유추에 대입하고 있다. 춤에서의 환유란 동작이 인접성의 유추에 따라 의미작용을 일으키는 것을 뜻한다. 상, 체, 용의 범주로 더욱 세분하여 부분-전체, 공간적 인접성, 시간적 인접성, 형식-내용, 원인-결과, 도구-행위, 경험적 인접성으로 나눌 수 있다.

상相의 부분과 전체의 관계를 보면 위에서 언급한 바와 같이, 탈춤에서 양반과 말뚝이 등이 착용하는 갓이나 벙거지 등이 신분을 나타내는 징표가 된다. 이는 신분의 암시, 더 깊은 의미로 '찌그러진 갓'은 그 신분이 가지고 있는 모순과 부조리 등의 의미로 확장된다. 또한 다양한 소품으로 삼지창, 꿩털, 깃발 등은 부분이 전체 내용을 유추하게 되면서 잡귀를 물리쳐 없애는 벽사辟邪, 혹은 전투 등을 의미한다. 공간적 인접성에서 보면 민속춤이 연행되는 터는 단순한 공간이 아니라 신과 교접하는 성소다. 이는 성과 속, 신과 인간의 매개 내지 아우름의 공간을 의미한다. 강강술래는 달밤과 시간적으로 인접한 관계에 있다. 이는 다시 한가위, 대보름 등으로 2차적으로 확대되며, 대보름과 한가위는 다시 '부활, 풍요, 음陰의 속성, 공동체적 순환과 영원성' 등의 의미를 갖는다.

춤의 체體는 '형식-내용'의 관계로 보아 예를 들어, 원무圓舞는 진주농악의 오방진, 강강술래의 원무, 처용무의 오방대열에 등에 나타나고, 한국 민속춤의 백미로 꼽히는 승무와 '살풀이춤'의 동작구조에서 원형의 형태를 살펴볼 수 있다. 이는 모두 음양과 오행설, 우주의 원리, 윤회사상, 원융圓融사상 등 현세주의의 실천에서 인간의 극복 의지를 담고 있는 회귀성의 이론으로 상징적 의미를 부여한다. 특히 이러한 상징적 의미가 드러나는 한국 춤의 원무 형태는 부드러운 곡선이 이루는 조화로운 선에서 생동감이 묻어나고, 여백이 지닌 여유로운 풀이는 미의 극치를 보여 준다. 한국 춤은 자연의 이치와 같이 생과 소를 반복하며 다시 생성되는 순환구조(형식)를 나타냄으로써, 영원한 우주의 생성원리를 함축(내용)한다는 체의 원리로 이해할 수 있다.

춤의 용用은 우선 '원인-결과' 관계의 유추에서 보아, 지신밟기나 전라도 농악의 매굿은 땅을 밟는 행위가 벽사진경의 결과를, 동제굿은 신맞이의 결과를 야기한다. '도구-행위'의 인접성으로 유추하면 소고잡이의 상모·삼지, 꿩털, 깃발 등의 도구는 전투적 행위를 표방하고, 농악의 상모와 꾼의 부포는 성행위를 나타낸다. 이는 다시 주술성, 전투성, 남성성, 갈등해소 등의 의미를 형성한다. 경험적 인접성에서 보면, 무속춤이나 북청사자놀음의 중춤은 승려 혹은 불교의식과 경험적 인접성 관계에 있으며, 이는 권선징악, 제재초복의 현세주의를 뜻한다. 민속춤에서 합장은 불가佛家의 합장과 경험적 인접성 관계에 있으며, 이는 관객에게 판붙임을 의미하는 경험적 언어다.

2) 한국 춤의 화쟁기호학적 의미체계

인간은 자기 앞의 사물을 보며 의미를 부여하며, 이는 춤 동작에도 그대로 적용된다. '상相'은 정신과 사상, 우주와 몸의 기가 동작의 형상으로 드러난 경지로, 우주삼라만상과 인간 개인이 범아일여梵我一如를 이루는 춤 동작을 형성한다. 실제 동작으로 형상화할 경우 양자 가운데 어느 한쪽으로 기울어지거나 양자의 융합으로 나타난다. 용트림, 학사위 등이 자연을 본뜬 형상이라면 좌우치기, 배치기 등은 인간의 동작을 본뜬 것이며 다듬이질, 바람막이 등은 인간과 대상을 융합한 것이다.

'체體'는 상相 뒤에 숨겨진 일심一心, 곧 인간의 정신과 사상, 기가 작용하는 바탕이다. 인간 주체가 파악할 수 없는 영원불멸한 것이며, 늘지도 줄지도 않고 시작도 끝도 없는 세계의 진정한 실체다. 이 체가 기를 통해 작용하여 춤 동작의 상을 이룬다.

'용用'은 세계가 관계에 따라 작용하고 기능하며 운동하는 바다. 이는 연희자가 행하는 실제 춤 동작이 관객과 만나 의미작용을 일으키는 장이다. 다시 말하여, 연희자는 눈길을 따라 정신을 지향하고 춤 방향을 통해 오행을 드러내고 호흡을 통하여 음양을 발산한다.

북방의 샤머니즘에 기초한 동양의 삼수분화三數分化의 세계관은 이후에 다른 사상들을 습합褶合하면서 삼재론三才論, 삼신사상三神思想, 풍류도, 도가사상 등으로 발전한다. 세계를 음과 양을 중심으로 설명하고 우주를 둘로 보는 이수분화二數分化의 세계관은 음양론, 역사상 선진유학과 성리학으로 전개된다(우실하, 2005: 213-215).

한국 춤의 원형은 삼재이지만 중국 문화를 수용하면서 음양오행론이 결합된다. 즉『역경易經』에서 태극太極은 이 우주 안에 있는 음양의 힘을 만들어 내고 융화시키는 우주의 궁극적인 원리의 상징이다. 남과 여, 하늘과 땅, 정신과 육체, 선과 악, 생과 사 등의 만남과 합일이라는 음양의 원리에 의해 근본적으로는 변화의 규칙성과 균일성에 의해서 공급되는 불변의 항상성으로 이해되며, 이 고정된 전통의 개념은 음양의 두 극이 서로 대립되는 균형이 잡힌 원리에서 활기가 주어지고, 그것들의 상호작용은 통일된 이중성, 불가분의 "지고至高의 하나"를 구성하게 된다(서동주, 1985: 8). 천부경天符經[21]을 통해 밝혀진 바에 의하면 태극사상은 고대부터 우리의 기저 철학으로, 우주 운행의 질서와 운용원리를 삶에 반영해 왔다.

태극의 원리는 우주의 본질이 양陽과 음陰의 절대적이고도 본질적인 작용원리에 의해 만물의 생성원리를 설명하고 있다. 이러한 근원성은 영원성과도 일치한다. 태극의 교응交應 행태는 만물을 생성하고 다시 흩어지게 되면 그 자체는 생기지도 않고 없어지지도 않는 불생불멸不生不滅의 하나의 힘으로 규정한다. 따라서 영원히 소멸하지 않는 우주의 원칙과 신의 섭리가 운용되는 마법적 순환의 연속을 그린 형태에 동의한다.

우주 안에는 결코 똑같은 사물이 하나도 없다는 것은 역易에서나 과학에서나 다 같이 인정하는 것으로서, 이와 같이 천차만별한 일이나 물질들이 태극이라는 하나의 기로 이루어져, 생겼다 없어지고 없어졌다 생기면서 처음도 끝도 없이 순환을 되풀이한다는 것은 역의 가장 중요한 이론의 하나다(백광하, 1967: 58).

이처럼 태극은 조화의 원리가 회오리 형태를 일으키며 영원히 생동하는 만물

---

21. 천부경은 BC 6000년경 환웅시대부터 구전으로 내려온 것으로, 단군조선시대에는 신지전문(神誌篆文)으로 비석에 새겨놓아, 당시의 군주와 백성을 하나로 결속시킨 천부사상이 탄생하였다. 그 후 단군조선시대의 멸망으로 잊혀졌다가 통일신라시대 최치원(857-?)이 단군조선시대의 비석을 발견하여 지금의 한자로 묘향산 비석에 새기고 첩(帖)을 만들어 지금에 전해지게 된다. 문자나 숫자가 전해지지 않을 무렵 구전으로 전해진 경전에 나타난 아라비아 숫자와 천지인(天地人) 사상, 윤회사상 등과의 밀접한 관련은 실로 놀라와 의문으로 여겨지고 있다.

의 진리를 일컫는다. 일반적으로 태극도는 도교적인 발상으로 '태극도설'이 복희伏羲가 그린 하도河圖(약 5600년 전 용마의 등에 그려진 율동상의 계시를 받아 정리한 것)·낙서落書(4600년 전 하(夏)의 우왕(禹王)이 신구(神龜)의 등에 그려진 율동상을 계시받아 정리한 것)에서 연유한다고 했고, 실제로 주자 이전에 태극의 원리를 말한 도가의 경전들을 존재한다. 그런 시각에서 보면 태극도가 중국의 고유한 도상이라고 보는 견해를 일방적으로 틀린 것이라고 말할 수는 없을 것이다(박용숙, 1981: 185–186).

하지만 보다 확실한 기록에 의하면 복희가 그렸다는 하도는 결코 중국의 것이 아니라 중국 문명이 존재하기 이전의 인류가 가졌던 공동의 종교문명에서 기원된 것이다. 실제로 우리 쪽의 기록에는 반고의 설화에 나타나는 현상이 분명히 천문 현상을 관측하는 원리이고 그것이 곧 삼재三才라고 밝히고 있다. 그 삼재를 복희가 중국으로 가져가서 팔괘八卦로 표현했다고 쓰고 있다. 태극도가 우리나라의 깃발로 공인되었던 사정에도 역사적으로 이러한 원리가 우리 쪽에 있었기 때문이 아닌가 생각된다.[22]

어쨌든 동서양을 막론하고 우리 춤에 나타난 원의 형태는 율동성을 가진 태극도의 원리와 함께 우주의 생성을 설명하고 있다. 과학적으로는 양핵과 음전자로 구성되는 원자의 원리이자, 철학적으로는 음양설을 뒷받침해 주는 이론으로 생과 소를 넘나들며 끊임없이 순환하는 운동구조의 모습을 보인다. 수직운동과 수평운동은 어디로 향해 가는 것인지 알 수 없을 뿐만 아니라 항상 불안하게 느껴진다. 그러나 원은 부드럽고 화평스럽게 보인다. 옛사람들이 원을 우주 법칙의 근원으로 보았던 것도 이와 같은 화평함에 근거를 둔 것이었다(박용숙, 1981: 244). 지구

---

22. 역사적으로 우리나라가 중국보다 먼저 태극도형을 사용했음을 알리는 역사적인 유물이 있다. 1959년 12월에 발굴한 신라시대의 감은사(感恩寺) 석각(石刻)에 새겨진 태극도형은 감은사 준공이 당나라 개요(開耀) 2년인 만큼 서기 682년으로서 주렴계가 태극도설을 처음 발표기보다도 388년이 앞서 있는 것이다. 또한 정주학(程朱學, 이름은 돈이)이 들어온 서기 1314년보다 170년을 앞선 1144년 고려 인종 갑자년에 죽은 호부상서(戶部尙書) 검교태위(檢校太尉) 허재의 석관 천판(天板) 무늬 한복판에 태극도형이 새겨져 있음을 발견했다(백광하, 1967: 25).

의 완전한 형태, 자전과 공전의 선회旋回운동, 그 안에서 모든 만물과 상생하는 인간의 정신적 축까지도 원의 형태는 완전한 상징이론을 구축하고 있는 셈이다.

한편, 고대 한국인들은 세계를 천지인天地人을 중심으로 셋으로 나누어 보되 이를 하나에 통합되는 셋으로 보았다. 그러기에 하나가 셋으로 갈리는 것은 용用이요, 셋에서 하나로 돌아가는 것은 체體다. 원형의 하나인 나선을 천지인의 조화로 본 견해(유동식, 1975: 319–320)에 따르면 우리 춤의 원형 춤사위 형태에는 고대의 신앙으로부터 현대의 무속에 이르는 일관된 춤의 정신이 내재되어 있다. 천天은 궁극의 실체이자 무無, 도道와 통한다. 이는 신이자 성스런 세계이며 당위와 이상의 세계와 은유관계를 형성한다. 지地는 천이 구현된 것, 무無에서 형성된 유有다. 궁극적 실체가 형상을 가지고 존재하는 현실의 세계이자 갈등과 대립이 일어나는 장場인 것이다. 인人은 천과 지 사이에서 양자를 통합하고 조화로 이끄는 주재자다. 그러므로 인은 이상과 현실, 존재와 당위 사이에서 갈등하고 대립하나 결국 이에 대응하여 양자를 조화로 이끄는 주체다. 즉 천과 지의 결합, 또는 신과 인간의 조화에서 새로운 생명의 시조들이 탄생했다고 보아 천지인의 삼계를 나선도식太極形으로 상징하고 있는 것이다.

한국 춤에서 삼재三才[23]는 눈길, 몸과 사지의 방향, 무게의 중심으로 구현된다. 하늘을 향하는 것은 천天이며, 땅을 지향하는 것은 지地요, 수평 또는 자신을 향하는 것은 인人이다. 무게중심 또한 눈길과 함께 춤 동작의 지향성을 의미하기에 삼재와 상응한다. 무게중심이 위를 향하는 것은 천天이며, 가운데에 있는 것은 인人이요, 아래에 놓이는 것은 지地다.

오행五行[24]은 춤길로 나타난다. 무대를 중심으로 어느 방향을 향하느냐에 따라

---

23. 삼재(天, 地, 人)를 통해 눈길, 몸과 사지의 방향, 무게중심으로 의미를 분석할 수 있다. 하늘을 향한 것은 천(天), 땅을 지향하는 것은 지(地), 수평 또는 자신을 향하는 것은 인(人)으로 보고 마음과 몸이 다스려져 합일된 정신의 드러남이 바로 한국 춤이 형성하는 삼태극이다. 즉 세 가지 요소 중 각각의 차이가 드러내는 동작소의 순환을 통해 합일에 이르는 정신이 드러남을 엿볼 수 있다.

이는 다양한 철학적이고 문화적인 의미를 형성한다. 앞에서 말한 대로, 무대는 단순히 지상의 한 부분을 말하는 것이 아니라 신과 교접하는 성소이자 관객과 소통하는 장이다.

한국 춤에 오행을 대입하면, 연희자가 푸른 옷을 입거나 동쪽으로 향하는 것, 왼쪽으로 도는 것은 목木이며 이는 봄, 청룡靑龍과 통한다. 연희자가 붉은 옷을 입거나 남쪽 또는 위를 향하는 것은 화火인데 이는 여름, 주작朱雀과 통한다. 연희자가 노란 옷을 입거나 중앙에 임하는 것은 토土이며 이는 한여름, 중앙의 방위를 맡는 신인 구진句陳과 등사螣蛇와 통한다. 특히 중앙에는 무덤으로 치면 피장자, 현실의 삶에선 인간 자신이 자리하는 것이므로 중앙은 인간 자신과 현실을 의미한다. 연희자가 흰 옷을 입거나 서쪽으로 향하는 것, 오른쪽으로 도는 것은 금金이며, 이는 가을, 백호白虎와 통한다. 연희자가 검은 옷을 입거나 북쪽으로 향하는 것, 아래쪽을 향하는 것은 수水이며 이는 겨울, 현무玄武와 통한다.

숨[25]은 들숨, 멎숨, 날숨의 삼합三合으로 나뉜다. 앞에서 말한 대로 연희자의 호흡은 단순히 숨을 쉬는 것이 아니라 우주의 기를 끌어들여 안과 밖, 우주의 중심인 소우주로서 개인의 몸과 대우주가 하나로 되는 순간이자 이 기를 몸으로 퍼트려 동작을 이루는 바탕이다. "음의 춤사위는 대부분 양에 속하는 날숨에서 이루어지며 양의 춤사위는 대부분 음에 속하는 들숨에서 이루어진다. 이는 음과 양이 만나, 즉 몸과 숨이 하나로 합일되어 움직여지는 예술이 한국 춤임을 뜻하는 것이다"(허순선, 2004: 21-22). 멎숨은 태극이며 삼합은 삼태극이다. 들숨은 음이자 정靜, 움츠린 동작, 휴식을 의미하며, 날숨은 동動, 움직임이다. 들숨은 음이며 날숨은

---

24. 오행은 물, 불, 나무, 쇠, 흙을 말하며 한국 춤에 오행을 대입하여 춤길이 지향하는 바로 감정과 오방색상 등을 유추할 수 있다. 오행체계에 대한 해석은 장파(1999: 61)를 참고하였다.

25. 한국 춤의 호흡은 들숨, 멎숨, 날숨의 순환구조를 통해 삼합(三合)을 이룬다. 음양론(陰陽論)의 이분화는 태극의 원리에는 맞지 않다. 즉 태극은 음 속에 양이 있고 양 속에 음이 있는 것이다. 모든 춤사위가 그렇듯이 이러한 반복된 순환을 통해 타자와 나의 경계가 무너지고 하나를 이루는 화쟁의 원리를 이루게 된다. 호흡의 의미체계는 동작소가 드러내는 정중동(精中動)의 정신세계를 의미한다.

표 5-7. 용춤 동작소의 기호체계와 의미

체용상	은유와 환유의 동인			의미
상(相)	로고	부호	동인	용이 움직이는 형상
			상상 속 용의 형상	
체(體)	오래 삶			長壽
	지킴			불법, 국가의 수호자
	뭍과 땅과 하늘을 오고 감			천상계, 지상계, 해양계의 중개자
	비를 내림			農神, 雨神
	왕의 환유			왕
용(用)	三才 (시선이나 무게중심)	↗(天)	용의 비상	聖, 神, 天, 이상향의 지향
		↙(地)	용의 하강	聖, 神, 天, 이상향의 좌절, 또는 인간계, 속계로 귀환
		→(人)	지상계에서 용의 움직임	신과 인간, 성과 속, 이상과 현실의 갈등
		아우름	연속동작	신과 인간, 성과 속, 이상과 현실의 조화 내지 화합
	五行 (춤길 혹은 무복의 색)	靑/左	木	東, 春의 龍
		赤/上	火	南, 夏의 龍
		黃/中	土	中, 盛夏의 龍
		白/右	金	西, 秋의 龍
		黑/下	水	北, 冬의 龍
	숨	들숨	음	靜, 움츠림의 龍, 움직이려는 龍
		멎숨	태극	中, 대기중인 龍
		날숨	양	動, 움직이는 龍, 움츠리려는 龍
		삼합	삼태극	物我一體, 우주와 소통하는 龍

양이다. 그러나 음에 양이 내재하고 양에 음이 내재한 한국 춤 동작에 담긴 마음이 일심으로 하나다. 이것을 종합한 틀을 다양한 시선과 춤길, 호흡을 모두 행하는 가상의 용춤을 상정하여 예시하면 표 5-7과 같다.

다음의 의미체계는 살풀이춤의 춤사위로 비교적 단소가 정확하고 매듭이 확실한 춤 용어를 선택하여 의미를 체계화한 것이다. 물론 한국 춤은 연속적 시간의 흐름에서 행해지며 단소를 정확히 끊을 수 없는 흐름으로 구성되지만, 박에 따른 움직임과 대표적 사위가 갖는 체계적 특성을 통해 기록적 체계가 가능하다.

춤은 예술이라는 특성으로 학문적 틀과 재단을 거부하지만, 이러한 기록적 체계는 예술공학으로서의 미학을 과학답게 만드는 기초다. 춤 예술은 오로지 자신의 눈에만 의존하여 예술을 바라본다는 점에서 과학으로서 약점이 있기 때문에, 예술을 바라보는 자신의 눈 자체를 분석미학에 의해 끊임없이 뒷받침해야 한다. 미의 명제는 의미론적 규칙을 가진 유의미한 언어표현이며, 이렇게 성립한 미에 관한 과학은 예술현상에 대한 객관적 진술인 자연과학의 성격을 갖는 동시에, 미에 대한 가치태도를 사회적 맥락에 의해 근거 짓고, 특정한 맥락 속에서 예술에 대해 어떠한 태도를 취해야 하는지를 처방하는 화용론적 실천과학의 성격을 함께 지닌다. 따라서 춤의 동작소 분석은 춤이 대표하는 철학성과 미학을 규명하는 잣대가 될 것이며, 컴퓨터공학으로서 모션캡처motion capture나 디지털 작업이 드러낼 수 없는 한국 춤의 표상에 있어 의미체계가 될 것이다.

(1) 살풀이춤의 의미체계

살풀이춤의 의미체계 분석은 화쟁기호학에 따라 각 춤 동작소의 은유와 환유 원리를 결합하여 춤 동작이 지닌 의미를 체계적으로 제시하고자 한다. 한국 춤의 동작은 우주적 순환을 시공간적으로 유사성의 유추원리에 따라 모방한 것이다.

살풀이춤에서 삶과 죽음, 생生과 소消는 이분법적으로 대립하는 것이 아니라 불일불이의 관계를 이룬다. 그러므로 춤 동작이 보여 주는 상相은 시간적으로는 호흡의 반복을 통해 우주의 순환을 모방하고, 공간적으로는 성과 속의 현실을 하나로 아우른다. 이러한 매개자적 역할을 하는 흰색 수건은 현실에서 나의 갈등과 억압적 한을 상대의 존재를 통해 대화하는 형식을 취하며 메시지를 소통하는 것

표 5-8. 고리체 사위의 의미체계

<table>
<tr><th>체용상</th><th colspan="4">은유와 환유</th><th>의미</th></tr>
<tr><td rowspan="2">상(相): 품</td><td colspan="3">도상</td><td>표층구조(고리체)</td><td>정적 원형성과 소극적 한</td></tr>
<tr><td colspan="3"></td><td>한 발을 들거나
옆으로 내어딛고
수건을 어깨에 걸었다가
밑으로 내리면서
원형의 고리를 만드는
사위</td><td>• 기의 발산
• 삭임과 돌파
• 무한한 고요
• 침묵, 숭고, 인내</td></tr>
<tr><td>체(體): 몸</td><td colspan="4">• 수건으로 원형의 고를 형성
• 좌하향(左下向)의 고</td><td>• 하늘, 조화와 원융(圓融), 정한(情恨)의 아우름
• 죽음의 한, 혹은 승화의 가능성</td></tr>
<tr><td rowspan="4">용(用): 짓</td><td rowspan="2">三才</td><td>시선</td><td>人</td><td rowspan="2">하강(地)</td><td rowspan="2">현실에 대한 애착, 죽음의 승화</td></tr>
<tr><td>무게중심</td><td>下</td></tr>
<tr><td>五行</td><td>제자리길</td><td>土</td><td>黃</td><td>인간, 삶의 복락 추구</td></tr>
<tr><td>陰陽</td><td>날숨</td><td>陽</td><td>動, 中</td><td>정적인 상태, 기의 발산, 들숨으로 바뀔 가능성의 중(中)</td></tr>
</table>

이다. 따라서 이 글의 의미체계에서 다룰 상相은 동작소의 형식적 표층구조에서 드러난 의미의 반영을 체계적으로 분석하고 있다. 또한 용用은 작용하고 기능하며 운동하는 측면에서 수용자적 입장에서 코드의 범주를 지정하고 이에 드러난 메시지를 체계적으로 분석하고 있다. 즉 한국 춤의 사상을 삼재, 오행, 음양론으로 범주화하고 춤에 나타난 기능과 성격이 어떻게 드러나는가에 의해 다음과 같이 의미를 해석한다.[26]

① 고리체

고리체는 한 발을 들거나 옆으로 내어딛고 수건을 어깨에 걸었다가 밑으로 내리

26. 살풀이춤 동작과 관련한 의미 분석에 관해서는 표 5-4에 밝히고 있다. 화쟁기호학적 분석의 틀은 춤의 의미를 유추하고 체계화하기 위해 세밀하고 객관적인 검증방법론으로 유용하다.

면서 원형의 고리를 만드는 사위다. 원은 둥근 하늘을 상징하는데, 추상적으로는 조화와 원융, 정한의 아우름을 의미한다. 정情의 파탄으로 생긴 한을 극복하고 일체一體에 귀환하고자 하는 원융회귀의 정신을 담고 있다.

동작을 잘 보면 왼쪽 아래左下를 향해 원을 형성하고 있다. 위가 하늘, 이상, 성聖, 천상계를 의미한다면 아래는 땅이나 지옥, 현실, 속俗, 지하계를 뜻한다. 아래를 지향하고 있으니 죽음의 한을 뜻하는데, 약하게나마 원융을 의미하는 원을 그리고 있으니 죽음에서 오는 한을 승화시키려는 의미도 담겨 있음을 알 수 있다.

시선과 춤길은 가운데로 삼재 가운데 인人을 의미한다. 아래를 향하는 무게중심은 사람의 의지로 죽음의 한을 승화한다는 의미를 담고 있다. 호흡은 푸념어린 날숨으로 체념과 깨달음의 시간성을 의미한다. 날숨의 동적 상태지만 수건의 고는 아직 발산 전의 고요한 우주공간에 떠도는 넋을 상징한다.

② 여며채기

여며채기는 수건을 공중에 휘감아 뿌리며 힘을 응축해 한 손으로 잡아 여며채는 사위다. 공간에 그려지는 수건은 곡선과 사선의 형태로 우주적 기의 운동성을 에너지화하고 있다. 호흡이 들숨에서 멎숨으로 바뀌며 기를 최대한 응축하려는 의지로 춤의 역동적 에너지가 무대공간을 넘어 초월적 세계, 즉 천상을 향한 승화적 욕구에서 오는 긍정적 의지라고 볼 수 있다. 즉 곡선의 자연스러움은 조화와 타협을 의미하고, 멎숨으로 잡아채는 수건은 응축된 에너지와 급진적인 시간과 변화의 힘, 아직 체념하지 못한 적극적 한의 표출, 자아의 발견 등을 의미한다. 시선은 위로 천상을 지향하고, 왼쪽 아래를 향한 춤길은 아직 버리지 못한 이승과의 갈등으로 살풀이춤의 오행상 흰색 의상과도 조응되는 멋이 깃들어 있다.

③ 수건뿌리기

수건뿌리기는 수건을 양손으로 모아 앞으로 뿌리고 다시 당기는 사위로 천상에

표 5-9. 여며채기 사위의 의미체계

<table>
<tr><th>체용상</th><th colspan="4">은유 및 환유</th><th>의미</th></tr>
<tr><td rowspan="2">상(相):
품</td><td colspan="2">도상</td><td colspan="2">표층구조(여며채기)</td><td>동적 사선과 적극적 한</td></tr>
<tr><td colspan="2"></td><td colspan="2">수건을 공중에 휘감아
뿌리며 힘을 응축해
한 손으로 잡아
여며채는 사위</td><td>• 기의 응축과 최대의 에너지
• 돌파하려는 역동적 에너지
• 무한한 삭임의 의지</td></tr>
<tr><td>체(體):
몸</td><td colspan="4">• 좌후(左後) 방향으로 회전하여 뿌림
• 수건에 실은 삶의 고리에 대한 욕구 승화</td><td>• 천상 지향, 죽음의 한의 승화</td></tr>
<tr><td rowspan="4">용(用):
짓</td><td rowspan="2">三才</td><td>시선</td><td>上</td><td rowspan="2">상승(天)</td><td rowspan="2">한의 승화</td></tr>
<tr><td>무게중심</td><td>上</td></tr>
<tr><td>五行</td><td>좌후진</td><td>金, 水</td><td>白, 黑</td><td>두려움과 근심에 대한 의지와 지혜로움</td></tr>
<tr><td>陰陽</td><td>들숨 → 멎숨</td><td>陰中</td><td>中</td><td>음의 기가 최대로 응축되어 동적으로 발산되기 전의 찰나</td></tr>
</table>

표 5-10. 수건뿌리기 사위의 의미체계

<table>
<tr><th>체용상</th><th colspan="4">은유 및 환유</th><th>의미</th></tr>
<tr><td rowspan="2">상(相):
품</td><td colspan="2">도상</td><td colspan="2">표층구조
(수건뿌리기)</td><td>역동적 원형성과 끌어당김</td></tr>
<tr><td colspan="2"></td><td colspan="2">수건을 양손으로 모아
앞으로 뿌리고 다시
당기는 사위</td><td>기의 응축된 힘으로 최대 에너지 발산 돌파와 쾌조, 신명적 힘, 시간의 복귀와 소망, 흥, 미래지향, 발전, 희망, 극복, 긍정적 속성으로의 지향</td></tr>
<tr><td>체(體):
몸</td><td colspan="4">우전진(右前進) 비상, 수건의 천상(天上) 지향</td><td>• 의지에 대한 희망적 표출
• 내세에 대한 승화를 지향
• 시간의 복귀성</td></tr>
<tr><td rowspan="4">용(用):
짓</td><td rowspan="2">三才</td><td>시선</td><td>上</td><td rowspan="2">상승(天), 人</td><td rowspan="2">현실에 대한 애착, 죽음의 승화</td></tr>
<tr><td>무게중심</td><td>中</td></tr>
<tr><td>五行</td><td>앞전진</td><td>木</td><td>靑</td><td>인간 삶의 복락(福樂) 추구, 인(仁)</td></tr>
<tr><td>陰陽</td><td>들숨 → 날숨</td><td>陰陽</td><td>動</td><td>음의 기가 최대로 응축되어 동적으로 발산</td></tr>
</table>

표 5-11. 어깨걸이와 어르기 사위의 의미체계

체용상	은유 및 환유의 동인				의미
상(相): 품	도상		표층구조 (어깨 걸쳐 어르는 사위)		점 찍는 사위, 시간의 동화
			한 손을 옆으로 펴서 수건을 우측 어깨에 걸고 발짓움새를 하며 어르는 사위		• 한의 동화와 인내의 시점 • 푸념어린 멋의 표출 • 중정(中靜)의 시간 • 삶에 대한 애환과 냉정함 • 안정과 정신의 고양
체(體): 몸	수건에 한을 실어 무거운 내면을 어르고 달램				• 인내와 체념 • 여백의 미 • 시간의 지체
용(用): 짓	三才	시선	下	하향(地), 人	내세의 삶, 한의 삭임
		무게중심	中		
	五行	우전진	木	白, 黑	두려움과 근심에 대한 의지와 지혜로움
	陰陽	날숨 → 들숨	陰陽	靜中	음의 기운 발산과 한의 승화를 위한 에너지 비축

대한 지향과 내세에 대한 생득적生得的 삶을 가져오는 행위의 표출이다. 이러한 표출은 천상과 지상이라는 이분화된 세계관이 아니며 한을 희석시켜 다시 생하는 우리 민족의 현세 중심의 회귀적 성향을 반영하며 이상과 현실이 대립이 아닌 한의 승화와 내세에 대한 희망적 메시지다. 춤 동작 짓用의 시선은 천상을 향하나 무게중심은 중심을 지탱하고 있어 삶의 의지를 표명하고 있고, 앞전진의 비상하는 듯한 춤길은 오행으로 볼 때 소생하는 푸름靑을 뜻한다. 수건뿌리기 사위는 음의 기가 최대한으로 응축되어 동적으로 발산하는 사위다.

④ 어깨걸이와 어르기

어깨에 걸쳐 어르는 사위는 한 손을 옆으로 펴서 수건을 우측 어깨에 걸고 발짓움새를 하며 어르는 동작이다. 이는 수평의 미학으로 정신을 고양하고 신성한 자아

를 드러내며 삶에 대한 애환을 나타낸다. 수건을 어깨에 걸쳐 무거운 한을 실어 살을 어르고 인내와 체념으로 극복하려는 긍정적인 면도 있다. 무거운 내면을 어르고 달래는 이 동작은 공간적으로는 여백의 미를 창조하고 시간적으로는 시간의 지체를 의미한다. 시선은 아래를 향해 어두운 지하세계를 보지만 가운데에 놓인 무게중심은 우주의 중심인 자아를 합일시키려는 의지를 표명하고 있다. 춤길 또한 우전진의 형태로 내세에 대한 적극적 의지와 기운의 충전을 의미하고, 내쉬고 들이쉬는 숨의 형태는 아직 승화하지 못한 현실을 반영한 것으로, 많은 갈등을 함축하고 있다.

(2) 살풀이춤의 미적 특질

살풀이춤의 동작을 종합하여 분석하면 회귀적 시공간을 형성하는 것이 이 춤의 미적 특질임을 알 수 있다. 먼저 팔사위를 보면, 수건을 뿌리고 들어 올려 완만한 곡선의 형태인 원을 지향하는 공간으로 호흡을 이용해 수건을 휘어잡고 팔을 구부려 고를 만든다. 이를 시간적으로 분석하면, 수건을 뿌린 다음에는 늘 제자리에 다시 끌어오는 동작으로 맺힌 호흡의 탄력을 이용하여 원점으로 복귀하고 있다. 시간의 복귀를 의미하는 것이다. 음양철학으로 해석하면, 하늘을 향해 내던지는 것을 양, 땅을 향해 떨어뜨리는 것을 음이라 보는데, 손바닥은 하향하고 전체적 팔 사위는 다소 떨어뜨린 형태가 음의 기운으로 의식의 정화와 악의 추방을 의미한다. 수건의 움직임은 내면의 맺힘을 먼 공간으로 확산시키는 양의 기운으로 빛의 광명과 자유를 의미한다.

몸통 방향을 보면, 수건을 뿌릴 때는 주로 왼쪽에서 오른쪽을 향하여 오른쪽에서 뒤로 허리를 틀어 반 회전의 공간상을 연출하고 있다. 춤이 좌左 공간의 내면적 억압과 부자유성을 동기로 하고 있고 지향하는 곳은 우右로서 자유를 뜻하지만, 결국 후면부로 귀속되면서 부자유의 삶으로 다시 돌아가는 회귀적 형태미를 나타내고 있다. 시간적으로 볼 때 우左전진의 안정적이고 자유로움을 지향한 비상의 표현 동작 후에는 다시금 왼쪽으로 방향을 전환하고 뒤쪽으로 퇴보하는 형태를 보이고 있다. 전반적으로 해방과 행복을 지향하지만 춤의 모티브가 되는 어둠과 부자유의 절망으로 다시 돌아옴을 암시하는 형태로, 죽음과 해소의 자유 뒤에 다시 세속으로 복귀하는 영원한 시간을 의미한다. 음양철학으로 해석하면, 몸통의 방향이 우右전진보다는 좌左전진이 많고 후後면이 두드러지는 것은 곧 음陰을 지향하는 구조를 의미한다. 이는 죽은 후엔 생명의 모태인 땅으로 다시 돌아감을 의미하는 한국적 토속사상과 관련된 것으로 하부 방향의 지저地底가 나타내는 내면의 깊이와 어두움의 표출로 보인다.

발사위와 춤길을 보면, 호흡의 맺힘을 푸는 과정에서 첫 장단을 위한 준비사위로, 발코를 끌어올려 둥글리며 뒤꿈치를 당겨 놓아 태극의 곡선을 창조하고 있다. 나선형으로 발코를 틀어 돌리며 지그재그 사선으로 된 춤길 진행은 태극의 원형공간을 형성한다. 시간적으로 보면, 발사위의 동선인 춤길이 나아가면 반드시 돌아오고 회전한 후에는 다시 반대로 감아 어느새 제자리의 중심에 복귀하는 형태로, 정적 고요를 지향하는 구심적 시점을 의미한다. 음양철학으로 해석하면, 잦은 걸음 뒤엔 정지의 맺음이, 맺음 뒤엔 풀이하는 움직임이 동動을 지향하는 정靜을 의미한다. 정적 동작의 응축된 에너지는 동적 운동에너지를 형성하여 움직임을 갖게 되고, 그 발산된 에너지는 고요를 유지하는 정이 되어 되풀이되는 동작은 회귀적 지향을 의미한다. 내면의 응축과 발산으로서 정동은 음양의 조화로운 형태미를 이루는 구조적 소재다.

화쟁의 조화는 정과 한의 이항구조적 대립을 하나로 이루는 경지다. 이러한 의미에서 살풀이춤의 시간은 영원한 현재로 귀의되는 비非시간성을 지닌다. 순환의 궤도, 즉 생과 멸, 재생의 단계를 무대공간에서 끊임없이 지속하며 수건이라는 매개체를 통해 우주공간과 끊임없이 소통을 추구한다. 돌아올 시간과 공간인 천재天才와 지재地才는 사람人才이 본질적 세 요소를 합일시켜 움직임으로써 무한한 자유 속에서 몸과 마음을 다스리고 삼태극의 합일체로서의 역할을 하는 것이며, 이

표 5-12. 살풀이춤 동작의 회귀적 시공간성

구조 \ 성질	구형의 공간(곡선)	시간의 복귀(점)	음양(陰陽): 조화
팔사위	• 수건을 뿌리고 들어 올려 완만한 곡선의 형태인 원을 지향하는 공간 • 호흡을 이용해 수건을 휘어잡고 팔을 구부려 고를 만드는 공간	• 수건을 뿌린 다음에는 늘 제자리에 다시 끌어오는 동작으로 맺힌 호흡의 탄력을 이용한 원점으로의 복귀 형태	• 하늘을 향해 내던지는 것은 양이며 땅을 향해 떨어뜨리는 것은 음이라 봄 • 손바닥은 하향하고 전체적인 팔사위는 다소 떨어뜨린 형태가 음의 기운으로 의식의 정화와 악의 추방을 의미 • 수건의 움직임은 내면의 맺힘을 먼 공간으로 확산시키는 양의 기운으로 빛의 광명과 자유를 의미
몸통 방향	• 수건을 뿌릴 때 몸통의 방향은 주로 좌(左)에서 우(右) 방향이 되며 우(右)에서 후(後) 방향으로 허리를 틀어 반 회전의 공간상을 연출 • 춤이 좌(左)공간의 내면적 억압과 부자유성을 동기로 하고 있고, 지향하는 곳은 우(右)로서 자유를 뜻하지만, 결국 후면부로 귀속되면서 부자유의 삶으로 다시 돌아가는 회귀적 형태미를 그림	• 우(左)전진의 안정적이고 자유로움을 지향한 비상의 표현 동작 후에는 다시금 좌(左) 방향으로의 전환과 후(後) 방향으로의 퇴보 형태 • 해방과 행복을 지향하지만 춤의 모티브가 되는 어둠과 부자유의 절망으로 다시 돌아옴을 암시하는 형태 • 죽음과 해소의 자유 뒤에 다시 세속으로 복귀하는 영원한 시간을 의미	• 몸통의 방향이 우(右)전진보다는 좌(左)전진이 많고 후(後)면이 두드러지는 것은 곧 음(陰)으로의 지향구조를 의미 • 죽은 후에 생명의 모태인 땅으로 다시 돌아감을 의미하는 한국적 토속사상과 관련된 것으로 하부 방향의 지저(地底)가 나타내는 내면의 깊이와 어두움의 표출로 보임
발사위와 춤길	• 호흡의 맺힘을 푸는 과정에서 첫 장단을 위한 준비사위로, 발코를 끌어올려 둥글리며 뒤꿈치를 당겨 놓아 태극의 곡선을 그리는 형태 • 나선형으로 발코를 틀어 돌리며 지그재그 사선의 춤길 진행은 태극의 원형 공간.	• 발사위의 동선인 춤길이 나아가면 반드시 제자리로 돌아오고 회전한 후에는 다시 반대로 감아 어느새 제자리의 중심에 복귀하는 형태로, 정적 고요를 지향하는 구심적 시점	• 잦은걸음 뒤엔 정지의 맺음이, 맺음 뒤엔 풀이하는 움직임이 동(動)을 지향하는 정(靜)을 의미 • 정적 동작의 응축된 에너지는 동적 운동에너지를 형성하여 움직임을 갖게 되고, 그 발산된 에너지는 고요를 유지하는 정이 되어 되풀이되는 동작이 회귀적 지향을 의미 • 내면의 응축과 발산으로서 정동은 음양의 조화로운 형태미를 이루는 구조적 소재.

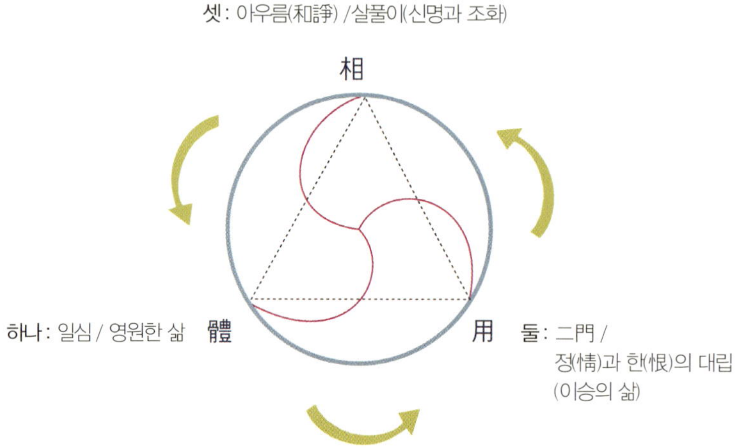

그림 15-22.
살풀이춤의
체용상 삼원구조

것이 바로 살풀이춤의 미를 결정짓는 바탕인 것이다.

이러한 시공간의 우주 개념은 '공간'이라는 어휘의 뜻이 그러하듯 '빈 사이', '빈 틈'을 뜻한다(전창선·어윤형, 1999). 비워둠이 있어야 채워진다. 살풀이춤은 수건을 통해 여백을 만들고 이 여백의 빈틈을 통해 기를 발산하고 살을 풀고 신명을 낸다. 살풀이춤 동작소를 통해 인식되는 상相이 곧 색色의 허상이라면, 보이지 않는 실상을 해석하고 공空을 인식해 죽음 뒤의 소멸을 다시 원환의 시간으로 돌려 보이지 않은 생을 이루고 또 다른 실상의 공간을 창조한다. 살풀이춤은 화쟁의 원리대로 공空이 생멸변화生滅變化의 전제가 되는 것이다. 이처럼 화쟁은 우열이 아니라 차이를 통해 자신을 드러내고, 투쟁과 모순이 아니라 자신을 소멸시켜 타자를 이루게 하는 상생의 사유체계이자 살풀이춤의 미적 구조를 형성한다.

이상의 논의로 살펴본 살풀이춤의 화쟁기호학적 분석은 동작소가 드러내는 다양한 흐름을 통해 대립과 투쟁을 하나로 모색하고자 하는 미적 구조를 드러낸다. 즉 정한情恨의 이항대립은 정과 동, 음과 양, 천과 지 사이에서 갈등하는 인人 등 춤의 구조적 순환을 통해 다음과 같은 아우름을 형성하고 있다. 살풀이춤의 미적 구조를 체용상體用相의 삼원구조로 분석하면 그림 5-22와 같은 모형으로 설명된다. 이는 화쟁의 패러다임과 구조적으로 상동성을 갖는다.

빛이 원래 하나이듯, 세계는 하나이며 인간의 삶 또한 마찬가지다. 그러나 빛이 명과 암으로 나뉘듯, 이승에서의 삶은 나와 타자, 만남과 이별, 삶과 죽음이 대립한다. 이는 본래 그런 것이 아니라 인간이 삶을 영위하기 위하여 그리 세계를 둘로 갈라 분별하고 대립하는 것이니 용用이다. 여기서 정이 생기고 한을 낳는다. 이 대립을 지속하고 세계의 분열상태에 있는 한 인간의 삶은 비극일 수밖에 없다. 따라서 인간은 삶의 평형을 이루기 위하여 비극을 극복하고 세계의 분열을 통합해야 하는데, 이 대응행위의 하나로 살풀이춤을 춘다. 이렇게 살풀이춤의 신명을 통해 다시 하나로 돌아가는 것, 영원한 삶으로 회귀하는 것은 체體다.

지금까지 살펴본 것처럼 살풀이춤은 한국인의 삶과 죽음에 대한 사유가 심오하게 반영된 텍스트이자 동작과 여백이 자아내는 예술미가 지극의 경지에 이른 한국 춤의 백미다. 이 춤은 굿에서 기원하여 샤머니즘의 제재초복의 원리대로 살을 풀고 현재의 복락을 추구하려는 주술적 요소에 교방춤으로 전환하면서 탁월한 예술미를 결합한 춤이다. 이 춤의 아름다움이 구체적으로 무엇인가에 관한 미적 특질을 규명하기 위하여 화쟁기호학을 적용하고 미적 구조를 심층적으로 분석함으로써 각 춤사위가 갖는 의미체계를 살펴보았다. 즉 원효의 화쟁철학과 은유 및 환유이론을 통하여 각각의 춤 동작이 함유하는 의미를 체계적이고 종합적으로 해석하였다. 각 춤 동작의 상相이 작용하는 기능과 심층구조를 읽어 내고, 이에 대해 체용상의 화쟁체계에 따라 의미를 해석하고 있다. 해석 과정에서 동작뿐만 아니라 눈길, 호흡, 춤길 등에 대한 정밀한 분석을 통해 세부 동작과 형상에 담긴 삼재, 음양, 오행사상까지도 추출이 가능하였다.

살풀이춤은 정情의 파탄에서 오는 한恨을 신명과 흥의 아우름으로 승화하는 내적 구조를 지니고 있다. 정이 이별, 죽음, 갈등으로 한이 되고 이 한을 풀지 못하고 내재되고 축적되어 타자를 향한 원怨이 깊어지면서 자아를 해체하는 독기가 될 때 살이 된다. 그러나 자아가 다시 타자와 조화를 모색하고 영원한 삶을 지향하려는 원願을 품어 살을 풀고자 하면 이 순간 신명에 이른다. 신명에 이르는 순간 모든 대립과 갈등은 사라진다. 에너지는 해소, 발산되고 무한한 고요에 이르며 개인은 흥을 아우르는 단계에 이른다.

살풀이춤의 시간은 영원한 현재로 귀의되는 비시간성非時間性을 지닌다. 사람이 움직임과 소통을 통해 돌아올 시간과 공간인 천재天才와 지재地才를 합일시켜 무한한 자유 속에서 몸과 마음을 정화하여 일심一心에 이르는 것이 살풀이춤의 미를 형성하는 바탕이다. 살풀이춤은 정과 한, 이승과 저승, 삶과 죽음 등 모든 대립과 갈등을, 정靜과 동動, 음陰과 양陽, 천天과 지地를 하나로 아우르는 인人의 춤을 통한 구조적 순환을 통해 신명, 곧 일심과 흥의 아우름에 이르는 미적 구조를 형성하고 있다.

살풀이춤에는 여러 맥락에서 비롯된 한국적 사상이 투영되어 있으며, 유사성의 은유와 인접성의 환유라는 두 축을 중심으로 다양한 의미의 망을 형성하며 무한한 의미작용을 가능하게 하였다. 화쟁이 세계를 아우르듯, 한국 춤은 삼태극의 기운이 조화를 꾀하며 대립과 분열 속에서도 조화와 원융을 이루는 예술의 실체로서 춤의 미적 구조와 사상적 맥을 엿볼 수 있었다.

춤의 원류는 동서고금을 막론하고 같다. 그러나 전승되어 온 역사의 춤을 학문적 틀로 분석하며 의미와 구조를 찾는 것은 그것을 통해 예술의 본질을 알고 시대사적 맥락을 찾아가며, 우리만의 독특한 사유와 예술의 특징을 찾아내기 위해서 꼭 필요한 일이다.

예술기호로서 춤 텍스트 읽기:
송파산대놀이를 중심으로

춤의 언어적 의미기능에 관한 해석에 대해 춤이 비구두적 언어로서 기능하는 몸짓의 의미를 기호의미론을 통해 텍스트 읽기 방법론을 제시한 바 있다. 즉 춤이 언어로서 의미를 전달한다는 것과, 그것들을 파악함으로써 의미가 무엇인지 생각하는 사유 과정을 기호학적 관점으로 살펴본 것이다. 따라서 몸짓언어와 기호의 단위들에 대해 기호학적 요소들을 명시하였으며, 비구두가 예술적 언어가 되는 상징과 표상에 대한 개념을 예술적 코드로써 해석하는 방법론에 관한 것이었다. 이러한 기호학적 이해에 대한 연장으로 실제 텍스트를 통해 방법론이 분석 · 적용되는 원리에 대해 구체적 논의 과정을 거쳐야 할 필요성이 있다.

송파산대놀이 텍스트는 언어적 구조로 볼 때 이미 의미해석이 표층으로 드러나 있다.[27] 하지만 춤 텍스트를 기호학적 분석으로 볼 때는, 기호학의 출발이 언어구조에서 비롯되었듯이 자칫 대화나 등장인물 등의 구조에 치우쳐 몸짓언어에 대한 의미파생을 구조적으로 살펴보는 것이 어려울 때가 있다. 이러한 점에서 양주별산대 등과 같은 산대 계열의 춤인 송파산대놀이는 비교적 매듭이 확실한 춤동작으로 약속된 규정의 커뮤니케이션이 많다.[28] 따라서 전승되고 복원되는 과정에서 한국 가면극 중 비교적 다양하고 섬세한 춤사위를 형성함에 있어 보다 보편화된 객관적 의미를 가지고 있다는 점은 몸짓의 심층구조를 읽는 텍스트로서 우선 분석해야 할 기호학적 한 과제다.

이렇듯 예술기호의 코드를 가진 다양한 신체 동작의 비구두적 언어 단위를 통해 의미가 몸의 기호와 어떻게 접촉하여 파생되는지에 대한 기호 읽기는, 기호학

---

27. 이병옥(1982)과 박미진(2005)도 산대놀이가 탈춤의 한 장르로, 해학적 유희 등 메시지를 전달한다고 보고 있으며, 이에 따라 다른 탈춤에 비해 비교적 매듭이 확실한 편이라고 말한다.
28. 깨끼춤의 한 예로 동작 하나하나의 의미가 체계적으로 정형화되어 있다.

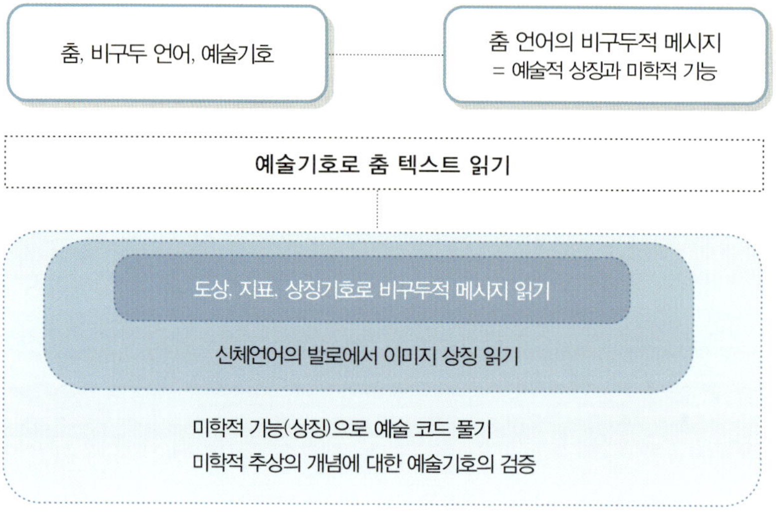

그림 5-23.
춤의 미학적 기능에 대한 기호학적 검증

의 구조적 연구 장점을 통해 텍스트에서 기능하는 의미전달 과정을 심층적으로 분석하는 데 있다. 비구두적 춤에 드러나 있는 서사적 텍스트를 보면서 예술적 기능을 하는 동작기호의 의미분석이 바로 몸짓언어의 기호 읽기다. 이는 송파산대놀이의 기호학적 분석 중에서도 예술기호인 춤 동작 언어의 상징에 관한 것을 의미한다. 따라서 다음과 같은 선행된 전제로부터 분석절차는, 미학적 개념에 대한 추상적 개념을 기호라는 분석적 사유 과정을 통해 구조적으로 살펴보려는 연구의도를 나타낸다.

춤은 상징언어라는 점에서 굳이 기호학이 아니더라도 파악될 수 있는 예술적 소통을 의미한다. 그렇다 하더라도 춤이 어떻게 의미를 파생하여 전달하는가 하는 구체적인 의미전달 구조를 파악하는 것은 많은 의미의 심층구조를 다루는 한 방법이 될 수 있다. 즉 기호학의 유용성을 통해 춤 텍스트 읽기 가운데 다양한 접근태도에 관한 지평을 확인하려는 것이다.

춤을 비구두언어로서 기호라는 관점에서 분석한 많은 선행연구를 바탕으로,[29] 춤의 비구두적 메시지가 바로 예술적 기능을 유도하고 있다는 데 대해, 상징과 미학적 의미의 발생을 다음과 같은 기호학적 절차를 통해 객관적 구조를 살펴보고자 한다.

첫째, 춤이 비구두 언어라는 점에서 기호학적 개념으로 예술기호의 요소가 가진 메시지를 읽어 내려 한다.

둘째, 이렇듯 기호적 개념에 대한 의미의 단위들은 퍼스의 도상, 지표, 상징의 기호로써 비구두적 예술기호를 살펴본다. 언어구조에서 볼 수 있는 서사적 스토리나 문화적 배경 외에 몸짓의 의미단위가 지닌 이미지 기호에서 드러나는 텍스트 읽기를 의미한다.

셋째, 춤의 기호와 기호 읽기는 동작언어가 지닌 '코드만들기'와 그 코드를 해석하는 '코드풀기'로, 예술기호가 가진 상징성과 추상화된 의미파생을 메시지 전달이라는 의미 과정을 통해 추론하는 분석이 될 것이다.

1) 예술기호의 기능

예술기호의 기능에 관해 우선 가장 주목할 문제는 '상징'이다. 무엇이 예술의 이미지를 극대화하며 창의적 의미의 기능을 파생하며 전달하는가에 기호는 상징을 주목하고 있다. 주지하듯, 소쉬르의 기호구조가 본래 기표와 기의의 관계에서 세상의 모든 것을 의미화하고 있다면, 기호의 계속적 의미파생작용인 세미오시스를 삼원적 체계, 즉 세계인 대상과 표상, 해석체의 순환구조로 설명한 이가 바로 퍼스다. 소쉬르의 언어구조 외에 예술의 이미지를 결정하는 갖가지 의미들의 결합과 그 의미망들의 소통을 위해 퍼스의 구조적 사유체계는 예술적 의도에 한층 더 가까울 수 있다.

---

29. 춤기호의 의미구조에 대해 이은주(1998), 민성희(2004), 이찬주 등(2005)이 분석한 바 있고, 이에 대해 필자 역시 그레마스와 퍼스 등의 기호이론을 통해 춤 기호가 의미를 발생하는 텍스트를 구조적으로 분석하고 있다.

대상이 기호라는 관점으로 세계의 모든 것에 대해 의미를 열람하게 하는 장점이 있다면, 인간이 감성을 인지하고 코드를 만드는 예술작품의 이미지에는 기호 외에도 심미적 변이와 외부 또는 내부의 영향을 받는다는 사실이 바로 예술기호의 기능을 관장한다. 말하자면 기호는 단순한 자의적 의미와의 결합(곧 '빨간 신호등은 건너지 말라'의 의미처럼)도 있지만, 예술기호처럼 발신자와 수신자의 매개체인 하나의 오브제는 실제적 의미전달이 갖는 의도된 의미 외에도 수도 없는 관계들을 형성하며 많은 상상을 포괄하기에 이른다. 마치 환영에 의해 투시된 세상과 같아 보인다.

그렇다면 우리는 이 문제를 해결하기 위해서 예술기호가 의미의 기호망을 형성하는 원리를 보아야만 하고, 그로부터 보이는 가장 1차적인 기호 자체의 이미지 도상과 상징의 두 요소 때문이라도 퍼스의 기호학적 이해를 다시 한번 상기시킬 필요가 있다. 즉 대상체와 표상체 사이에 관계에 의한 기호로 '도상', '지표', '상징'을 읽어내려 한다.

2) 송파산대놀이 텍스트의 분석

(1) 비구두적 메시지 읽기

퍼스의 기호이론 가운데 다음의 도상, 지표, 상징에 관한 기호는 춤 텍스트에서 비구두적 메시지인 춤사위 가운데 춤 동작을 중심으로 1차적 도상기호를 분석하고 2차적 지표와 상징의 메시지를 읽고 있다. 즉 단순한 외시적 의미에서 대상과 유사성을 가지고 있는 춤의 동작기호를 통해 대상체의 성질에 대해 파악하는 것을 우선으로 한다. 다음은 동작 외에 의상이나 소품 등 주변의 인접된 환경에 관련한 유추작용으로 의미를 읽고자 하는데, 이는 지표기호를 통해서 가능하다. 그렇다면 이러한 은유적 인접성 외에 대상을 표상하는 관습적이고 규칙적인 추상화된 모든 관념에 대한 연상된 기호의미는 상징기호의 해석으로 볼 수 있는 것이다.

이러한 텍스트 읽기의 기호학적 방법론은 이미 이론적 방법론만을 제시한 바 있으며(표 3-1 참조), 또 한 번 퍼스의 기호이론을 바탕으로 한 의미론의 구조를 통해 춤의 면밀한 텍스트 분석을 시도하고자 한다. 다만 이러한 텍스트 분석에 관해서는 탈춤의 구두적 대사와 관련된 것이 아니라 비구두적 기호가 언어기능을 수행하게 되는 춤의 도상에 국한된 것이기에 곧 기호의 이미지와 관련된 분석임을 앞서 설명한다. 또한 춤사위 용어 자체는 춤에 대해 추상적이고도 심미적 대상을 나타내는 세계의 실체를 대변하는 하나의 설정 자체로 대신하고 있음을 밝힌다. 따라서 춤사위 용어에 따른 동작의 외시적 형상에 관해서는 표 5-14의 춤사위 특성에서 기술하기로 하고, 코드와 코드풀기 과정에 대해 도상, 지표, 상징기호의 의미 전이 양상과 예술기호로써 춤의 미학적 개념을 살펴보고자 한다.

춤의 의미작용은 여러 가지 상황 코드를 찾아 기표를 읽게 됨으로써 예술의 언어가 되는 나머지 2차적 요소를 통해 상징언어기호의 기능을 수행하게 된다. 이를 통해 예술 코드가 기능하는 의미와 언어학적 의미전달 과정을 알 수 있으며, 자의적 약속을 찾아냄으로써 상징과 관련한 예술기호 읽기를 수행할 수 있다는 내용이었다. 곧 이러한 이론적 방법론을 적용하여 표 5-13과 같은 주요 춤사위를 중심으로 춤 텍스트의 비구두적 메시지를 읽어 내고자 한다.

(2) 신체와 공간에 관한 상징기호 읽기

앞서 표 3-1의 예술기호 읽기는 대상체와 표상체 사이의 기호이론에 관해 퍼스의 도상, 지표, 상징기호들이 어떠한 요소들에 의해 어떤 의미들을 파생하는가 하는 춤 텍스트 읽기였다. 이제는 예술의 언어기능을 수행하는 2차적 요소들과 관련된 지표기호라든가 시선, 호흡 등의 메시지가 주는 상징적 관념 외에도, 신체와 무대라는 공간상에 펼쳐지는 표현의 이미지에 관해 구체적으로 논의할 차례다. 즉 춤 동작에서 표현하는 신체적 행위와 공간의 접촉행위와 관련된 논의로, 춤 동작의 발로가 어떠한 의미로 이미지를 형성하여 신체표현의 주의미가 되는가에 대한 분

표 5-13. 춤 텍스트의 예술기호 읽기

구분	도상, 지표, 상징에 관한 비구두적 메시지
건드렁, 여닫이, 깨끼리	〈예술적 언어기능을 수행하게 되는 2차원적 요소들〉 도상기호 → 지표기호 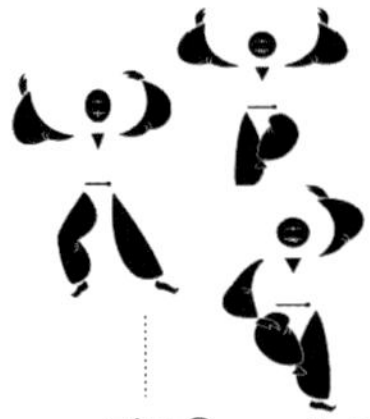 건드렁, 여닫이, 깨끼리 동작 / 흥과 멋의 리듬동작, 활기찬 동선 …… 자연 및 타자와의 소통 기표 Ⓐ → 기의 Ⓐ' / 기표 Ⓑ → 기의 Ⓑ' 시선 : 중간(中) …… 인간 중심 호흡 : 靜中動 …… 응축과 발산의 에너지 상징기호 (자의적) – 생의 환희, 삶의 활력, 여유와 멋
화장무	〈예술적 언어기능을 수행하게 되는 2차원적 요소들〉 도상기호 → 지표기호 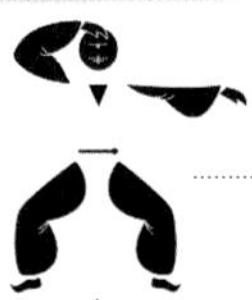  팔먹중계의 화장무 동작 / 먹중(도끼) 탈, 반장삼(녹, 청, 황, 적), 흰 고깔, 색띠 …… 희로애락, 흥 기표 Ⓐ → 기의 Ⓐ' / 기표 Ⓑ → 기의 Ⓑ' 시선 : 위(上) …… 이상 호흡 : 맺음 → 풀음 …… 陰→陽(지향적 세계) 상징기호 (자의적) – 먹중 : 인간 감정의 표출 멋과 흥이 어우러진 우리네 삶, 성과 속의 조화

표 5-13. (계속)

구분	도상, 지표, 상징에 관한 비구두적 메시지
곱사위, 멍석말이	〈예술적 언어기능을 수행하게 되는 2차원적 요소들〉 도상기호 → 지표기호  '곱사위', '멍석말이' 동작 / 도리깨질, 멍석 마는 형상 ······ 농촌 삶을 대변 기표 Ⓐ → 기의 Ⓐ' / 기표 Ⓑ → 기의 Ⓑ' 시선 : 上 → 下 ······ 上 : 삶의 활력, 下 : 푸념과 애환 호흡 : 들숨과 날숨 ······ 陽 : 지향적 세계 상징기호 (자의적) – 삶의 노고에 대한 풍요와 활력의 환유적 춤사위
배치기, 어깨치기	〈예술적 언어기능을 수행하게 되는 2차원적 요소들〉 도상기호 → 지표기호  '배치기', '어깨치기' 동작 / 고갯짓, 배와 어깨를 들썩이며 치는 형상 ······ 민중과의 소통 기표 Ⓐ → 기의 Ⓐ' / 기표 Ⓑ → 기의 Ⓑ' 시선 : 중간(中) ······ 中 : 삶 중심 호흡 : 날숨 ······ 陽 : 지향적 세계 상징기호 (자의적) – 수화적 신체부호를 사용하여 세속 풍자와 공동체의 일체감 형성

표 5-13.
(계속)

구분	도상, 지표, 상징에 관한 비구두적 메시지
거울보기	〈예술적 언어기능을 수행하게 되는 2차원적 요소들〉 도상기호 → 지표기호  '거울보기' 동작 / · 거울보기, 거울은 수호신을 대변 · 허위풍자, 자아성찰을 위한 거울 기표 Ⓐ → 기의 Ⓐ' / 기표 Ⓑ → 기의 Ⓑ' 시선 : 下 → 中 ······ 下 → 中 : 속세 호흡 : 날숨 → 들숨 ······ 陽 → 陰 : 지향적 세계 상징기호 (자의적) – 삶과 현실의 갈등과 대립의 승화, 사랑의 신표, 반성
자라춤 (좀춤)	〈예술적 언어기능을 수행하게 되는 2차원적 요소들〉 도상기호 → 지표기호  소무의 '자라춤' 동작 / · 소무의 탈(붉은 연지곤지), 노란저고리, 붉은 치마  · 젊음과 유혹, 자라의 성적 상징 기표 Ⓐ → 기의 Ⓐ' / 기표 Ⓑ → 기의 Ⓑ' 시선 : 중간(中) ······ 中 : 속세 호흡 : 날숨 → 멎숨 ······ 陽 → 中 : 지향적 세계 상징기호 (자의적) – 소무 : 삶, 사랑의 유혹과 환희, 속(俗), 부정과 타락, 타협

표 5-14.
신체와 공간에 관한 상징기호 읽기

구분	춤사위 특성	신체와 공간에 관한 상징기호 읽기
건드렁	'장단먹기', '건드렁먹기'라 하여 장단에 맞춰 활개를 펴고 어깨춤을 추며, 체중을 오른쪽, 왼쪽 또는 가운데로 옮겨 힘없이 양 무릎을 굽히면서 근드렁거리는 형상	• 제자리에서 큰 움직임이 없이 대체로 몸의 기를 발디딤에 전하고 무겁게 떨어뜨리는 춤사위이므로 시선도 대체적으로 아래로 떨어뜨리는 하(下)지향의 형태를 취하고 있다. 이는 이 춤 동작이 지(地), 현실에서의 복락(福樂), 풍류와 흥을 추구함을 뜻한다. 안분지족(安分知足)의 소극적 춤사위의 표출로 볼 수도 있다.
화장무	깨끼춤의 대표적 춤사위로 무게중심 이동에 따른 손목을 떨어뜨려 가며 어깨 들썩거림이 돋보이는 형상	• 고정 자세에서 어깨를 들썩이며 어르는 듯하고 무게중심을 이동하여 몸의 흥을 돋우는 춤사위다. 신체의 좌우이동에 따라 몸의 무게중심을 이동하고 다리를 굴신하며 힘차게 땅을 향한다. • 견부(肩部)의 자연스러움과 손목을 떨어뜨리는 멋의 미학은 휴식, 살과 한의 풀이, 현실에서 빚어지는 애환에 대한 체념으로 볼 수 있다.
여닫이	깨끼춤에서 가장 활달한 춤사위, 양손을 들었다 내렸다 하면서 오른발과 왼발을 번갈아가며 마치 꽃이 개화하는 동작과 비슷한 형상	• 가장 활발한 동작선으로 자유자재의 팔동작과 시원한 형상의 발동작이 돋보인다. • 견부(肩部)의 욕구는 상생과 삶의 의지를 지향하면서도 다시 내리는 동작을 반복하면서 이완과 긴장을 늦추려는 의지로 볼 수 있다. • 흉부(胸部)의 양적 요소의 대소와 강약에 의한 공간상 활약은 감정의 깊이와 의지를 더욱 강하게 표출하여 안과 밖을 소통하는 동작을 상징한다.
곱사위	농사에서 괭이질 혹은 도리깨질을 닮았다 하여 팔과 발을 모두 들어 손바닥을 머리 뒤로 제치는 형상	• 농경적 행위의 묘사로 풍요와 활력을 상징한다. • 응축된 기를 바탕으로 손바닥을 머리 뒤로 제치는 형상은 속(俗)에서의 삶의 애환을 제치고 다시 활력을 응축하려는 에너지의 휴식이라고도 볼 수 있다. • 두부(頭部)를 넘어선 공간상 에너지는 긴장감과 운동감을 연출하기 때문이다.
배치기	온몸을 한쪽 방향으로 찍어 눌렀다가 고개를 끄덕이며 멋을 풀어내는 형상	• 배치기의 멋은 춤사위가 온몸을 한 방향으로 찍어 눌렀다가 두부(頭部)를 많이 움직이며 고개 끄덕거림이 특징이다. 이는 상대에 대한 지적 의식의 형태를 나타내며, 상대를 희롱하는 의미를 보인다. • 배는 욕망을 상징하며 세속을 풍자하는 내용을 빗대어 현실과 타협하지 않는 의지, 진보와 생장 등을 내포한다.
어깨치기	양팔을 벌렸다 응축된 기를 어깨로 모아 얹는 형상	• 응축된 기를 어깨 위로 한데 모아 어깨에 짐을 지는 것은 세상사의 짐을 짊어진다는 환유다. • 고갯짓의 끄덕거림과 함께 좌우로 변화되는 사위는 세상사의 고뇌를 어깨에 짊어진 삶의 애환을 흥으로 승화하는 것을 내포한다.

표 5-14. (계속)

구분	춤사위 특성	신체와 공간에 관한 상징기호 읽기
거울 보기	한손에 거울을 들고 다른 손은 뒷거울을 보듯 머리 뒤에서 비추어 보며 걸어 도는 선회형	• 거울은 화장(化粧)행위의 환유로 아름다운 얼굴, 미(美)를 추구한다는 의미를 갖는다. • 선회하며 배회하는 동작은 반성과 갈등해소를 의미하며, 제자리를 선회하는 동작은 반성의 의지와 성념의 지향으로 반성과 회환의 의지를 나타낸다고 볼 수 있다.
자라춤 (죔춤)	손바닥을 제쳤다 엎었다 하면서 제자리에 서 있거나 걸으면서 추는 춤사위로, 손바닥을 쥐었다 폈다 하기도 해서 '죔춤'이라고도 함	• 신체동작 중 손바닥을 드러내 쥐었다 폈다 하는 손동작은 성적 흥분 상태에 있는 여성 성기와 유사하므로 이는 여성의 성기에 관한 은유로 해석, 자라춤은 남성과 여성 모두를 은유화할 수 있는 성(性)적 유혹의 상징행위다. • 송파산대놀이에서 소무가 춤을 추는 유혹적 동작은 자라가 헤엄치듯 상대방에게 다가서는 세상사의 유혹과 환희를 대변하고 있다.
용트림	옴중의 거드름 춤사위로 용이 세상에 나와 여기저기 세상 물성을 돌아보며 꿈틀거리며 트림과 하품을 하는 동물모의적 형상	• 용이 속세에 나와 승천하기 위해 온몸을 아래에서 위로 훑으며 매우 큰 동작선을 나타낸다. • 용이 세상에 나와 내다봄은 사람이 큰일을 하기 위하여 세상 물정을 엿보게 되는 것을 의미한다고 볼 수 있다. • 용으로 신의 모습을 형상화해 움직임이 매우 대범함을 알 수 있다.
멍석 말이	농사일에 쓰이는 짚자리를 말듯이 팔을 머리 뒤에서 앞으로 감아 내리는 형상	• 팔과 손목을 사용하여 멍석을 원선으로 말고 있는 형태는 원환(圓環)적 삶의 은유로 '농민=농촌의 삶'을 대변하는 환유적 상징의 춤사위다. • 두부(頭部)를 쓸어내리는 팔동작의 사용이 자유로운 점은 팔이 사물을 조종함으로써 세상의 이치를 상징하고 있다고 볼 수 있다.
깨끼리	깨끼리는 한 발을 'ㄱ' 자로 들고 한 발로만 딛고서 깨금발로 무릎을 치기도 하고 팔뚝을 잡기도 하는 손목놀림이 아기자기한 춤사위 형상	• 손목놀림의 자유로움은 상대방과의 수화적 대화와 화합의 장을 의미한다. • 상생과 조화로운 삶에 타자와의 공감대를 형성하고자 하는 공동체의 소망이 함의되었다고 볼 수 있다. • 이미 손목동작의 다양한 놀림과 방향성에 따라서는 정형화된 비구두적 메시지나 문화적 약호로 많은 기능을 담당하고 있다.

석적 방법을 의미한다. 그것은 신체적 언어라고 부를 수도 있고, 신체적 접촉행위라든가 수화, 몸짓언어 등 부차언어를 포괄하는 모든 다양한 표상적 소통으로의 예술기호를 뜻한다.

따라서 표 5-14의 춤 텍스트 읽기는 신체의 사용, 공간과의 접촉행위로써 언어적 해석과 함께, 몸짓 과정에 대한 정형적인 미학적 표현과 의미전달방식을 결합하여 춤사위가 예술기호로써 표상하는 의미를 고찰한 것이다. 곧 비구두적 메시지의 해석이 단순히 기호적 해석에 불과하다면, 다음 표 5-15의 해석은 미학적 표현과 의미전달방식에 대한 예술 코드와 코드풀기를 보여 준다.

(3) 미학적 기능으로 예술기호 읽기

위의 분석들은 춤 텍스트에 나타나는 상징기호가 어떠한 방식에서 읽기를 방법적으로 재단하여 예술기호를 만드는가에 집중하고 있다고 볼 수 있다. 왜냐하면 예술기호의 기능이라 하면, 비구두적 메시지의 하나인 제스처가 가져다주는 단순한 의미해석이 아니라 상징기호의 해석체가 가져다주는 수많은 의미전달에 의해 이미지를 만든다는 이해의 관점에서 봐야 하기 때문이다. 즉 앞서 설명했던 논리적 코드에 관한 것도 아니고, 심미적 코드에 관해 예술기호의 성질을 추론해야 할 성향의 것이기 때문이다.

춤 텍스트 읽기는 춤 기호가 가진 특수한 예술적 언어로서 개별적이고도 은유적인 상징의 메시지도 중요하지만, 이 밖에 통사적이면서도 공시적인 접근 또한 중요하다. 그것은 매우 조직적인, 당시의 문화적 개념이라든가, 신화와 이데올로기와 같은 사상적이고도 역사적인 맥락과 함께 미학적 상징을 추론해야 할 필요성을 지닌다. 어쩌면 이 글과 같은 텍스트 읽기를 하지 않아도 누구나 탈춤이 인과응보의 메시지나 해학적인 면을 통해 한국의 예술미를 대변하는 것을 인지하고 있다고 가정한다면, 한국의 미를 넘나드는 코드풀기의 숙제는 추상적인 차원의 예술 코드를 '기호읽기'로 모색하면서 객관적 검증으로 추론하기 쉽다는 점에 있어 기호론은 예술공학과 같다.

따라서 표 5-15는 미학적 기능을 하는 미적 소재들을 추론하여 심미적 코드와 코드풀기를 통해 춤 텍스트를 읽고 있다.

표 5-15. 미학적 기능으로 예술기호 읽기

구분	춤사위 특성	신체와 공간에 관한 상징기호 읽기
건드렁	• 건들거리는 발동작 • 어깨춤 사위 • 제자리걸음	• 남성적인 건들거림, 여유와 멋, 성의 향락과 오락 • 흥을 돋움, 멋을 부리고 시간의 여유를 만끽 • 인간세상에 대한 욕구지향적, 삶의 복락과 안정
화장무	• 활개걸음(之자 걸음) • 제자리의 중심의 이동성	• 씩씩함과 감정 표출의 복합적 힘 • 動 → 靜의 興, 현실과 생의 유연성과 아우름
여닫이	• 개폐(開閉)의 팔동작 • 중심에서 도약	• 꽃의 개화의 원리, 자연과 타자와의 소통, 생의 환희, 움츠림과 이완 사이에서 완충적 삶의 의지 • 승리의 기쁨, 신과의 대화
곱사위	• '곱'의 용어 • 괭이질의 모의	• '두배'라는 기쁨으로 수확과 풍요에 대한 의지 • 농경의 은유적 행위모사로 풍농과 생산적 소망
배치기	• 배에 모으는 손동작 • 고개 끄덕임	• 해학의 멋을 풀어냄, 허위·허식·모순 등을 모음 • 상대에 대한 희롱과 탈춤의 풍자적 이미지, 정화작용에 대한 기대심리의 표출
어깨치기	• 어깨에 손을 기대고 고개 끄덕임	• 세상사의 짊을 짊어진 삶의 애환 ↔ 흥과 신명으로 승화하기 위한 기대 • 모순과 극복 속의 갈등, 특유의 한국적 승화의 미덕과 여유로운 기대의 멋
거울보기	• 거울 • 거울과 화장함의 환유	• 거울은 통치자이자 수호신의 상징, 마법과 주술의 수호신을 맞음, 양반세계의 부도덕과 부조리에 대한 비판적 가책의 상징물 • 아름다운 얼굴을 들여다보기 위한 반성과 자책 혹은 예술적 동경, 신분세계의 모순에서 보다 내면적인 성찰을 알리는 권선징악
자라춤(좜춤)	• 자라 • 여성 성기의 은유 (소무 등장의 '좜춤')	• 자라의 들쭉날쭉 머리로 남성 성기 은유, 유혹과 성적 문란에 대한 해학과 풍자, 유머적 해프닝 • 속(俗)의 상징으로 양반사회의 비리와 부조리에 대한 타락과 횡포에 대한 불만족을 표현하기 위한 수단적 상징
용트림	• 용=옴중 • 시선의 하강과 중재 상승	• 신적 신성물 ↔ 더러운 파계중 = 수호신, 벽사신의 영물 ↔ 俗에서 聖으로 귀환이 가능한 자 • 성찰의 의미와 수행의 중요성, 불교적 의미, 모두를 아우르는 지혜
멍석말이	• 멍석 마는 모의 • 민중 삶의 환유방식	• 농경적 삶 자체는 현세에 대한 인간의 삶, 풍요기원 • 원융회귀(圓融回歸)와 이 땅의 윤회적 사상의 실천의지에 대한 철학적 권고
깨끼리	• 손목놀림의 수화적 행동양식	• 오락과 흥의 놀이문화, 타자와의 소통과 화합의 메시지, 공동체적 놀이마당의 극적 대화로써 신명의 기능, 신분탈피와 아우름의 소망

이상에서 예술기호를 통해 춤 텍스트를 살펴보면서 기호의 이미지를 나타내는 미학적 상징의 기능에 치중하여 분석해 보았다. 세상의 모든 것들이 기호로 충만하듯 예술기호로의 국면과 의미파생은 늘 신선한 충격을 가져다주는 예술세계의 창조를 위해 거듭 변화하는 기호로 다시 생성된다. 하지만 늘 걱정해 왔듯, 기호학이 가져다주는 진실은 어디까지 실험적 방법으로 객관적 검증을 획득하느냐에 달려 있다. 그런 의미에서 이 글은 연구자의 이론적 방법론을 적용하기 위한 실제 텍스트 분석에 의의를 두고 있다. 물론 이와 같은 방법적 읽기로 한국 춤, 그것도 송파산대놀이 춤사위의 기호와 이미지에 중점을 둔 것 또한 과연 한국 춤의 상징적 의미가 춤사위에 따라 내면을 드러낼 수 있는가의 궁금증에 있었다 해도 과언이 아니다. 이 작업을 통해 기호학은 다음과 같은 유용한 결과를 가져다주었다.

첫째, 도상과 지표, 상징의 개념은 동작과 표상을 연결해 주는 기호의 삼위관계에서 은유와 인접을 통해 사고의 유연성 및 의미의 전달 과정에서 구조적 이론 체계를 제시해 주었다. 물론 이 글의 분석 텍스트는 한정된 춤사위 하나하나의 대상을 용어에 국한시키며 읽기를 진행시키고 있지만, 이러한 방법적 기호에 대한 이해는 미학적 상징 개념을 파악하는 사고의 확장을 요구하고 있어서 많은 2차원적 기호들(제2의 기표+제2의 기의)을 파생시켰다.

둘째, 지표와 상징의 표상체적 개념으로써 기호는 예술의 특수성인 상징 코드를 어떻게 다시 기호화하여 표출하였는가에 대해 역으로 추론할 수 있었다. 이러한 결과는 동작의 신체적 개념과 그 밖의 외향과 모든 물체와의 접촉행위 등으로 계속되는 수많은 미학적 코드를 가려낼 수가 있다. 또한 발신자 수신자 사이의 소통을 어느 정도에서 객관화할 수 있는 예술의 추상적 개념에 대한 정의를 가능하게 한다고 본다.

셋째, 예술기호의 개념을 막연히 불분명하게 여겼을 때도, 단순한 미적 상징과 예술적 관념 및 사상에 대해 추정할 수 있었던 원리는 이미 오래전에도 기호의 이미지들에 의해 가능한 것들이 많다. 가령, 한복과 기와의 곡선이 한국적 미를 결정하는 것들처럼 모두가 기호적 의미기능의 결과다.

이 글 또한 한국 춤의 미적 소재들을 추출하여 그것을 '심미적 코드'라 명명해 놓고 코드풀기를 함으로써 기호학적 이해로 사유하는 방법론을 택하고 있다. 분명한 결과는 코드와 코드풀기의 인과적 사유형태가 미적 결론에 도달되는 자연스런 검증 과정을 보여 준다는 것이다. 즉 송파산대놀이의 춤사위가 우리네 탈춤의 풍자와 해학적인 면, 그리고 공동체적 심리를 왜 반영하는가에 대한 귀납적 결과를 보여 주고 있다.

이상의 결과를 통해 세상의 모든 기호, 예술기호를 명명하기에 앞서 기호학적 영역과 이론적 방법론에 대한 방향설정이 매우 중요함을 알게 되었다. 예를 들어, 탈춤 대사의 플롯이나 우화 등의 구조에서 감정과 심리를 분석함으로써, 예술기호가 무엇을 언어화하여 말하고 있고 신체기호들과 어떤 원리로 화합하는지를 알 수 있는 것이다. 기호학적 이해를 통해 예술의 소통의미를 알고 예술을 분석할 수 있다는 것은, 예술이란 과업이 가진 창조적 작업을 위해서 보다 나은 미적 개념의 차이를 알고 좀 더 구체적으로 이해할 수 있기 때문이다.

06

한국 무용기호학의 방향에 대하여

또 하나의 무용대본, 기록법을 향하여

무용예술은 3차원 속에 진행되는 움직임과 힘의 역동적 에너지가 만들어 내는 현상으로 복합적 유기체와 같다. 따라서 역동적 요소와 구조적 움직임을 어떠한 기록방법으로도 완벽하게 기록해 낼 수 없다는 것에 동의한다. 무용대본은 안무가의 무용예술과 관련된 가상의 창의적 실천 과정에 불과하며, 작품이 다 상연된 후에 남겨진 작품의 기록만이 가장 완벽한 대본으로 기능한다. 다시 말해 완성된 작품은 또 다른 창조물을 위한 실용적 측면에서 기록되기도 하고, 한편으로는 작품의 보존과 예술적 개념을 이해하기 위해 기록적 실천이 행해진다. 즉 기록과 안무의 재현을 위한 연구와 분석 또는 예술적 가치와 보존이라는 목적에서 무보舞譜의 형태로 존재하게 된다.

무보는 춤이라는 3차원의 연속동작을 2차원의 평면에 기호나 그림으로 표시하여 기록하여 언제든 재현이 가능하게 하는 춤 동작의 정전이다. 무보란 실제의 움직임을 부호와 같은 것으로 대신하는 것이므로 무보에 쓰인 부호나 코드가 바로 기호다. 이처럼 무보에는 기호의 원리가 작용한다. 움직임을 코드화하기 위해서는 기호가 작용하는 원리를 알아야 하며 기록과 재현의 입장에 서면 그것은 읽기 쉽게 상세하고 단순해야 한다.

서양 무용의 기록은 언어묘사, 막대그림, 시각적 그림의 도상화, 음악보의 이용, 추상적 상징기호로 점차 발전해 왔다. 반면 한국의 무보는 기록자가 염두에 두는 기록적 의의에 따라 강조되는 요소들로 여러 가지 혼용된 형태를 보인다. 무보는 안무노트에서 나타나는 기록단위들을 상징적 체계로 일관성 있게 조합한다. 따라서 무보의 기록은 움직임의 미묘한 부분들을 생략하기도 하고 즉흥적인 부분에 대해서는 의도적으로 배제하기도 한다. 즉 어떤 주제에 대해 상징적 개념들로 움직임의 의도적 본성을 드러내기도 하고, 개념적 이론을 강조한 코드로서 예술적 현상을 나타내기도 한다.

기록법에 관한 세계적 추세는 하나의 기록법으로 통일하자는 것이 아니다. 기록이 언어를 대신하는 대본 같은 역할을 하면서도 어떠한 기록방법도 유기적 움직임을 완벽히 서술할 수 없다는 전제 아래 무용예술을 바라보는 각기 다른 시각의 다양성을 이해하는 단계에 와 있다. 즉 기록적 체계에 관한 보편적이며 논리적 개념에 대한 코드의 다양성과 상징적 개념의 확장으로 무용기록에 대해 흥미를 보이는 것이다.

무용 동작의 기록과 관련하여 15세기 후반 스페인 세르베라 시市의 공문서보관소에서 문자기호의 형태를 찾아볼 수 있다. 같은 시기 오스트리아의 마르가레테 도서관에서 발견된 문서인 「무용의 기초Livre des basses danses」(1460년경)와 「훌륭한 무용수의 기술과 가르침L'Art et instruction de bien danser」(1488년경)에서도 무용을 기록하는 약호가 사용된다. 이후 무용을 기록하는 방법은 점차 정교해졌는데 『무용표기법 *Orchésographie*』(투아노 아르보, 1588), 『안무법, 또는 무용표기법 *Chorégraphie, ou l'art de décrire la danse*』(라울 푀이예, 1700), 『속기 무용표기법 *La Sténochorégraphie*』(아르튀르 생 레옹, 1852)은 그중에서도 뛰어난 예다. 1892년에는 러시아의 블라디미르 스테파노프가 특별한 보표를 이용하여 리듬을 표기함으로써 무용기록법 분야에서 커다란 진전을 가져왔다. 그러나 당시에는 기본적 리듬만을 표기할 수 있었고 무용 스텝은 기록되지 못했다. 헝가리의 루돌프 라반Rudolf von Laban은 『무용기록법*Choreographie*』(1926)과 『동작기보법*Kinetographie*』(1928)을 통해 인체 동력학과 보상-푀이에 무보법을 참조한 라바노테이션의 기초를 체계화했다. 마거릿 모리스Margaret Morris도 역시 이 무렵에 독자적 이론을 개발하고 『동작기록법*Notation of Movement*』(1928)을 출판했는데, 모리스의 표기법은 무용 스태프staff뿐만 아니라 일반적 동작을 표기하는 수단으로 라바노테이션 못지않게 유용했으나 리듬과 동작을 따로 표시하는 것이 커다란 결점이었다. 라반의 이론은 음악과 악보와 완벽하게 분리되어 움직임을 분석한다. 그의 표기법은 몸의 왼쪽·오른쪽·중심부를 나타내는 3개의 수직선 속에 배열된 기호체계를 바탕으로 하며, 음악의 보표와 대응되었다(장인주, 2001: 48-58). 이처럼 서양의 무용기록 발달사를 통해 무보법의 중요성과 가치에 대한 끊임없는 시대적 변천은 좀 더 다양하고 상징적인 기록법을 향해 오늘날에 이르고 있다.

일시적이고 순간적인 무용예술을 기록한다는 것, 특히 역동적 요소들을 되도록 간과하지 않고 움직임에 관계된 모든 현상을 상징적 기호체계로 집합시키는 여건에는 분명 한계가 있다. 하지만 신체 움직임을 기록해 낸 다양한 사례는 점진적으로 증가하고 있다. 움직임에 관한 언어묘사 외에도 과학적 접근을 혼용하고, 다른 상징적 체계들을 차용함으로써 무용 움직임을 위한 약어 또는 기호는 점차 상징적 언어로 통용된다.

어떠한 의미에서 음악은 체계화된 오선지 악보의 기록으로 무용보다 훨씬 세련된 체계를 보인다. 악보 창안의 성과는 기록과 보존, 나아가 음악의 기초구성을 구조적으로 탄탄하게 유지하며 창의적 질서와 예술적 실현에 매우 중대한 역할을 해오고 있다. 기록이 보존을 넘어서 작업의 보편적 질서와 그에 대한 해석과 평가, 더 나은 예술성의 발현에 기여한 셈이다. 누구나 오선지 악보를 보고 음악을 연주할 수 있다는 것은 연주에 앞서 개념적 이해와 전제를 우선으로 하는 악보의 역할에 있다. 악보는 연주에 앞서 이미 만들어진 예술작품과도 같다. 연주는 악보를 통해 실행되는 예술로서, 악보라는 틀 안에 구성요소 하나하나의 구조적 질서가 완성된 형태로 자리한다. 그렇다고 하더라도 실행된 연주의 즉흥성은 악보의 정형적 틀에서 제외되고 악보는 원작품으로의 동일화를 위해 존재한다.

이런 의미로 볼 때 무용기록법은 이미 안무노트를 통해 실행한 여러 가지 복합적 예술의 형태를 다시 새롭게 기록하는 것이다. 안무노트에 의해 원작품과의 동일성을 위해 노력한 결과들은 실제로 많은 변화를 야기한다. 따라서 무용의 기록은 실행되었던 작품의 창조적 산물들에 대해 뛰어난 결과를 다시 재검토하여 기록한다는 점에서 안무노트와 기록은 동일시되기는 어렵다. 그것은 무용의 즉흥성뿐만 아니라 움직임이 보이는 시각차에 의해 해석방식이 자유롭기 때문이기도 하다. 어느 정도 음악의 악보가 구성요소들의 정형적 구조로서 보다 완벽한 실행을 기대한다면, 무용의 기록은 실행된 뒤에 나타난 해석적 현상에 대해 본질적이고도 개념적인 이해를 요구한다.

우리는 무용기록을 통해 무용이란 무엇인가에 대한 개념을 전제로 무보를 통해 인지할 수 있어야 한다. 단순한 움직임에 대한 기재가 아니라 현상에 대한 개념과 특성이 드러나야 한다. 악보를 보고 연주하듯, 움직임에 대한 원리로 시간의 흐름에 따른 공간적 개념까지도 확보해야 한다. 움직임의 상징적 코드들을 통해 무용의 스타일을 인지하고 서로 다른 개념의 지식을 제공하여 일련의 창조적 사건들을 분석할 수 있어야 한다. 비록 언어적 묘사를 통해 보완하거나 음악, 무용과 관련된 여러 가지 맥락을 통해 비춰진 개념을 동원할지라도 그것은 무용보로서 최대한 활용가치를 지녀야 한다. 그러기 위해서는 기록을 위한 보편적 무용 언어를 사용해야 하며, 비교적 모호하지 않은 상징체계들을 서로 보완해 가며 특수한 무용현상을 심도 있게 연구할 인력을 양성하는 것이 시급하다. 특히 무용의 현상과 본질에 대한 문제, 움직임의 구조적 측면, 미학적 인식까지도 보완할 수 있는 새로운 기록법을 향해 나아가야 한다.

표 6-1. 서양 무용기록 발달사

시기	인물	내용
Mid 15th c.	세르베라(Cervera)	단어 약어법으로 추상적 기호를 사용
1588년	투아노 아르보 (Thoinot Arbeau)	단어 약어법으로 축약된 이름을 써내려 가는 안무기보법. 무용수를 그린 크로키와 글로 설명된 도표.
1671년	보샹 (Pierre Beauchamp)	최초로 자세뿐 아니라 신체의 움직임을 중점적으로 설명. 체중 이동까지 표시한 발동작(pas)을 기록한 무보.
1700년	푀이예 (Raoul Auger Feuillet)	잘 요약된 기호들과 동작분석을 용이하게 해 주는 요소, 음악과의 관계를 잘 표시한 무보.
1852년	생-레옹 (Arthure Saint-Léon)	발레의 동작을 분석하여 여섯 줄로 된 악보 위에 표시. 악센트, 음조 등 음악기호를 이용하여 이해를 돕고자 함.
1928년	라반 (Rodolf von Laban)	추상기호법의 체계로 운동기보법을 통해 인체동력, 즉 체중과 함 그리고 에포트(effort)를 각 움직임마다 설명함. 공간과 시간에 대한 탁월한 분석 방법인 라바노테이션을 발표함.
1931년	콩테 (Pierre Conté)	음표법으로 움직임 기록법에서 무용수를 타악기 연주자에 비교함.
1956년	베네쉬 (Rodolf Benesh)	막대기 모양의 시스템으로 시간과 함께 움직임의 자취를 공간 안에 표시하여 악보에 안무보를 작성.
1958년	에쉬콜-바크만 (Eshkol-Wachman)	추상기호법의 체계로 총 20개의 칸에 18개 부분으로 구분된 인체를 기입하고, 나머지 두 칸에는 체중과 공간 내에서의 방향을 설명한 새로운 시스템 발표.

총체적 대본으로서 무용기록법의 실현은 무용의 현장성과 일시성, 다차원의 예술적 현상에 대한 기록을 과학적이고 체계적으로 분석하고 이해할 수 있다는 데 의의가 있다. 대본은 무용의 역사적 증거와 문화예술로서의 보존가치, 재창조하고자 하는 모방의 중요한 가치물로 존재한다. 20세기에 들어와서는 모든 무용을 더욱 광범위하게 기록하기 위해 보다 심도 있는 추상적 개념들을 질적으로 모색하고 있다. 또 하나의 무용대본인 기록법의 발전은 무용예술의 철저한 분석과 움직임 자체에 대한 이해를 전제로 한다.

따라서 무용기호학이라는 학문적 시야는 다양한 움직임이 의미를 발생하고 송신하는 구조, 동작과 동작 사이의 구조, 이야기를 갖는 무용의 서사구조, 무대 등 공간의 미학적 구조에 대해 분석할 수 있게 되고 무용기호들 사이에 내재하는 차이와 체계가 무엇인지를 알 수 있게 한다. 이처럼 무용을 기호학으로 보는 분석적 시각에 의해 기록법은 발전할 수 있다. 질서와 보편타당한 원리를 마주하면서 창조적 원천으로서 무용예술을 정의하고 이해를 도울 수 있기 때문이다.

한국 무용기록법에서 기호학의 부재와 전망

1) 한국 무용의 기록 현황

무용을 그림으로 기록하기 시작한 역사를 살펴보면 6~7세기경 고구려의 무용총舞踊塚 고분벽화를 현재로서는 가장 오래된 기록화로 간주된다. 고분벽화의 무용기록은 무용의 재현작업뿐 아니라 당대의 문화와 사상에 대해서도 많은 연구가 이루어지고 있다. 이후로도 수많은 민화와 궁중기록화를 통해 무용은 세부적 묘사와 함께 기록된다. 예를 들어, 『기로사연도耆老私宴圖』에 나타나는 처용무, 『평양감사향연도平安監司饗宴圖』에서 북춤, 사자춤, 학춤 등은 악단과 무용수의 대형, 무복 등 연희된 풍경과 당신의 상황을 미루어 짐작할 수 있다. 또한 조선 후기의 풍속도인 〈무동舞童〉과 〈쌍검기무雙劍器舞〉의 기록화는 당시의 시대적 맥락과 문화적 기류까지도 엿볼 수가 있다(김효심, 2004: 10-12).

이후 기록화적 양식에서 벗어나 문자의 기록이 활발해진 시대로 들어서면서 무용은 악가무樂歌舞 일체의 방식으로 악樂의 개념에서 기록된다. 특히 악서樂書에서는 무용 기록의 비중이 높아진다. 악서의 기록에는 『삼국사기三國史記』 〈악지樂志〉, 『고려사高麗史』 〈악지〉, 『악학궤범樂學軌範』, 『증보문헌비고增補文獻備考』 〈악고樂考〉, 『홍재전서弘濟全書』 〈악통樂通〉의 기록에 의해 전한다. 또한 『궁중정재무도

표 6-2.
20세기 이전의 한국 무용 기록

구분		내용
기록화		• 그림을 통해 악기연주, 복식, 공연 상황을 총체적으로 조감할 수 있으나, 공연에 관계된 이미지가 중심이 되어 기록화가의 주관성을 배제하기 어렵다.
악서	『삼국사기(三國史記)』〈악지(樂志)〉	• 권 32인 〈악지〉는 삼국시대의 악기, 무용수, 악사에 대해 언급하고 있다. • 특히 신라악에 대한 기록에서 최지원의 〈향악잡영오가(鄕樂雜詠五歌)〉에는 당시 탈춤의 특징과 유래가 심도 있게 기록되어 있다.
	『고려사(高麗史)』〈악지(樂志)〉	• 세종 31년(1449년)에 정인지와 김종서가 편찬한 『고려사』의 한 부분에 등재된 〈악지〉는 권 70과 71에 해당, 고려의 악무를 아악(雅樂), 당악(唐樂), 속악(俗樂)의 세 부분으로 나누어서 수록하고 있다. • 당악의 목록에는 헌선도, 포구락, 오양선, 수연장, 연화대 등을 볼 수 있고, 속악의 목록에는 무고, 아악고(동동), 무애 등을 찾아볼 수 있다. • 무보는 춤의 복식, 무구, 등장 인원, 창사의 명칭, 연주 음악의 명칭, 춤사위, 춤의 진행 과정 등을 글로 기록하여 설명하고 있다.
	『악학궤범(樂學軌範)』	• 무보는 초립배열도(初立排列圖)가 있어서 춤이 시작될 때의 의장대(儀仗隊)와 죽간자(竹竿子), 무용수의 배치를 한눈에 알아볼 수 있다. 또한 무용수 대열에 대한 배치와 이동을 쉽게 파악할 수 있다. • 춤사위의 변화와 방향전환을 격박(擊拍)으로 표시하고 각종 의물, 관복, 복식을 그림과 함께 상세하게 설명하고 있다.
	『증보문헌비고(增補文獻備考)』〈악고(樂考)〉	• 무용 기록에 관한 부분은 악무편(악고 15권 104)에서의 일무에 대한 여러 상소문과 논의들, 속부악 1편(악고 17권 106)에서 간략하게 소개하는 고려시대의 무용종목 이름, 그리고 속부악 2편(악고 18권 107)에 기록된 무보다. 그러나 이 무보는 『고려사』 악지와 『악학궤범』의 무보를 열거한 것에 지나지 않는다.
	『홍재전서(弘濟全書)』〈악통(樂通)〉	• 내용은 악률(樂律), 악조(樂調), 악기(樂器), 악보(樂譜), 악현(樂懸), 악무(樂舞)의 6편으로 구성되어 있다. • 무용에 관한 기록인 악무에는 춤과 음악의 관계, 춤의 유래 등을 설명한다. 뒷부분에는 문무와 무무에 대한 상세한 설명과 무보를 수록하고 있다.

구분		내용
무보	『시용무보(詩用舞譜)』	• 무용기록 가운데 최초로 완성도가 높은 무보로 독창적이다. • 각 장에 음률을 표기한 후 일무의 동작을 그림으로 정리하고 춤사위 명칭을 수록하여 음악, 춤, 박자 등의 관계를 일목요연하게 파악할 수 있는 체계를 갖추고 있다. • 도상을 통해 춤사위의 모습을 쉽게 인지할 수 있으나, 방향성과 공간성에 관해서는 아쉬운 점이 있다.
	『궁중정재무도홀기(宮中呈才舞圖笏記)』	• 무보의 기록방법은 『악학궤범』의 방법이나, 춤사위의 명칭이 기록되어 있다. • 정재의 이름과 배열도 및 여령(女伶)이나 무동의 소속과 이름, 춤의 진퇴(進退)와 반주음악, 창사(唱詞)나 구호(口號) 등의 내용을 기록한다.
의궤	『진연의궤(進宴儀軌)』 『진찬의궤(進饌儀軌)』 『진작의궤(進爵儀軌)』	• 의궤에는 특정 잔치에서 사용된 무용수의 복식, 의장, 무구, 음악인 계보, 악장(樂章), 창사와 개별 정재 종목에 대한 도식과 행사의 전모를 그린 도식, 음식 및 탁자의 배치, 소요비용까지 광범위한 내용을 담고 있다. • 춤사위의 순서와 대형 변화에 대한 설명적 기록은 없으나 춤의 유래나 무구에 대한 도식과 설명이 수록되어 있다.

표 6-2. (계속)

홀기宮中呈才舞圖笏記』, 『시용무보詩用舞譜』 등의 무보는 모두 궁중무용을 그림과 문자로 기록하고 있다. 이 외에 조선시대의 『진연의궤進宴儀軌』, 『진찬의궤進饌儀軌』, 『진작의궤進爵儀軌』에는 춤사위의 순서와 대형 변화에 대한 설명적 기록은 없으나 정재의 중요한 장면에 대한 도식과 의복, 무구 등에 관한 설명이 수록되어 있고 창사唱詞와 개별 정재 종목에 대한 도식이 기록되어 있다.

20세기 이전의 기록은 기록화가 보여 주는 도상학적 연구나 악서樂書의 원문을 해석한 무용과 관련한 상세한 부연설명으로 문자와 함께 기록의 가치를 지닌다고 할 수 있다. 특히 악가무의 집합적 기록은 춤에 관한 양식이나 통합적으로 조직화된 무보로서 상징적 기록에는 못 미치는 기록보존에 훨씬 가깝다. 아마도 가장 독창적인 한국 무보의 형태는 시용무보로서 도상의 이미지와 춤사위의 명칭, 음악과의 관계를 보다 진보적 개념으로 엮어내고 있다. 이는 무용의 독자적인 예술적

표 6-3. 20세기 이후의 한국 무용 기록

시기	내용
1930년대	**김영제 :** 처용무에 대한 무보
1950년대	**김기수·성경린 :** 일무에 대한 무보
1968년	**김천흥 :** 레오타드를 입은 무용수를 그림으로 나타내며 춤 동작을 장구 장단 악보와 나열하여 『악학궤범』과 『시용부모』, 『궁중정재무도홀기』의 장점을 보완하여 만든 것이다. 국립국악원에서 이 방법을 채택하여 사용하였다.
1971년	**김정연 :** 『한국무용도감(韓國舞踊圖鑑)』 동작을 상징하는 기호로 한글의 자음과 모음을 사용한다. 언어적 설명이라는 점에서 김천흥의 무보와 비슷한 방식이다. 무보의 가장 윗부분에는 오선보가 제시되며 해당 박자 부분에 움직이는 무용수가 막대형으로 표시되어 춤 순서를 나타내고, 막대형 무용수의 아래에는 팔동작에 대한 자음과 발동작에 대한 모음이 조합되어 있다.
1975년	**김백봉 :** 봉산탈춤 무보. 동작 분석적 무보의 개념이다. 장구장단의 악보에 맞춘 동작의 배열과 동작의 부연설명 및 동작의 방향이나 구도, 특징적 동작을 도식화하였다.
1977년	**이용희 :** 인체를 해부학적으로 구조분석한 후 추상적 기호로 지시하고, 오선보의 칸을 사용해 악보를 이용하여 동작과 신체부위를 추상적으로 표기하였다.
1985년	**정병호 :** 『한국의 춤』에서는 궁중춤의 경우 한자로 표기된 문헌이 있어 옛것의 재현이 가능하지만, 민속춤의 경우 보존할 수 있는 기록이 거의 없으므로 생존하는 예능인에 의해 보편화한 동작을 우리 춤사위의 표준형으로 보아야 한다고 생각하였다. 그는 살풀이춤의 경우 한영숙·김숙자·이매방, 승무의 경우 한영숙, 이매방, 일무는 김천흥, 처용무의 경우 김천흥·성경린·김기수의 고증으로, 불교춤인 범무의 경우 박송암이 추천한 제자들로 선정하여 주축이 되는 춤사위만을 사진으로 찍어 구분하였다. 그는 이에 그치지 않고 춤동작을 손동작과 발동작으로 나눈 후 사위별로 코드화하였다. 이는 한국 춤에 대하여 최초로 동작소의 기호체계를 정립한 시도이자 무보로서 기록할 수 있는 초석을 놓은 연구다. 각 유형의 구분을 단순명료하게 행한 것도 장점이다. 그러나 춤 순서의 배열과 춤 동작의 연결이 표기되지 않아 무보로서 기록적 체계가 아쉽다.
1986년–	**국립국악원 :** 1986년부터 〈처용무〉를 시작으로 모두 12집의 궁중무용 무보를 간행하였다. 제1호: 1986년 처용무 제2호: 1987년 춘앵전, 학무 제3호: 1988년 무고, 포구락 제4호: 1989년 제수창, 봉래의, 성택 제5호: 1990년 수연장, 최화무, 육화대 제6호: 1992년 아악무, 향발무, 보상무 제7호: 1994년 경풍도, 문덕곡, 사선무, 헌선도 제8호: 1994년 연화대목, 첩승무, 하황은, 수명명 제9호: 1999년 오양선, 하성명, 수보록, 헌천화 제10호: 2003년 가인전목단, 몽금척 제11호: 2004년 만수무, 무애무 제12호: 2005년 연백복지무, 향령무

표 6-3. (계속)

시기	내용
1986년	**북한의 자모식 무용표기법 :** 북한 학계에서는 평양음악대학의 우창섭 교수를 중심으로 약 15년간의 연구 끝에 자모식 표기법을 완성하였다. 춤 표기의 기호를 자음과 모음의 언어학적 근간에서 찾고 있으며, 움직임 기록을 상형화한 문자로 간결하고 명확하게 표시하였다. 자리문자를 자음으로, 형태문자를 모음으로 결합하여 놀림과 가짐을 나타낸다. 즉 4개의 형태, 11개의 놀림, 12개의 자리, 7개의 방향 모두 34개의 기본문자를 독립적으로 쓰거나 자음과 결합하여 다양한 춤 동작을 표현한다. 기록법이 동작 코드를 문자와 대응되는 언어적 기호로 결합하고 있어 체계적이면서도 일반화하기 쉽다. 자리문자가 공간 속에서 몸의 부위들이 놓이거나 무대에서 춤꾼이 차지하는 위치를 표시하고, 방향문자가 임의의 자리에서 몸의 부위들이 어느 쪽으로 움직이는가를 표시한다. 하지만 춤동작에 대해 다소 기호체계가 많은 단점이 있다. 또한 자리문자와 방향문자는 픽토그램(pictogram)이나 사진으로 도식화할 수 있는 부분까지 기록적 체계로 부호화하고 있다. 그 결과 무보가 다소 복잡하여 한눈에 파악하기 어렵다. 한국 춤의 특성상 동작의 내면에 함의되어 있는 고도의 정신과 사상을 드러내지 못한 점도 한계다. 한국 춤에서 동작선의 흐름은 호흡을 통한 기의 교류로서 우주와 소통하는 특성을 지닌다. 즉 춤 동작의 내면에 내포된 정신과 사상의 맥이 드러나야 한다. 북한의 무보는 이를 표상하기 어렵다.

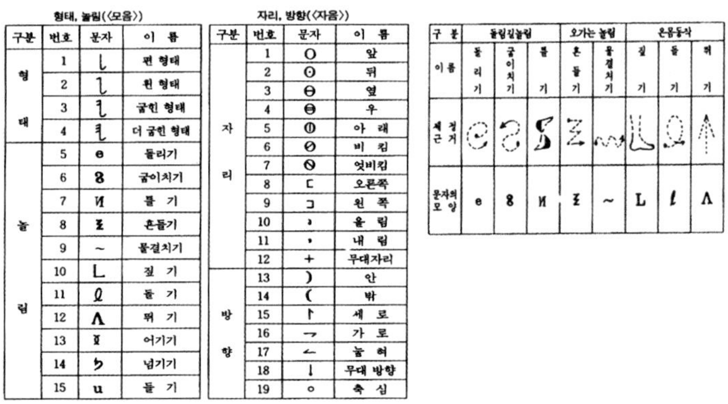

시기	내용
1989년	**김진걸 :** 『산조춤 무보』의 산조춤 무보는 사진, 음악, 시선, 수법, 보법, 진행 방향을 한눈에 알아볼 수 있도록 수록된 무보로 오선보를 함께 실어 장단의 흐름이 체계적이다. 그럼에도 불구하고 수법과 보법의 기호가 모호하여 사진과 기호의 객관적 연계성이 부족한 편이다.

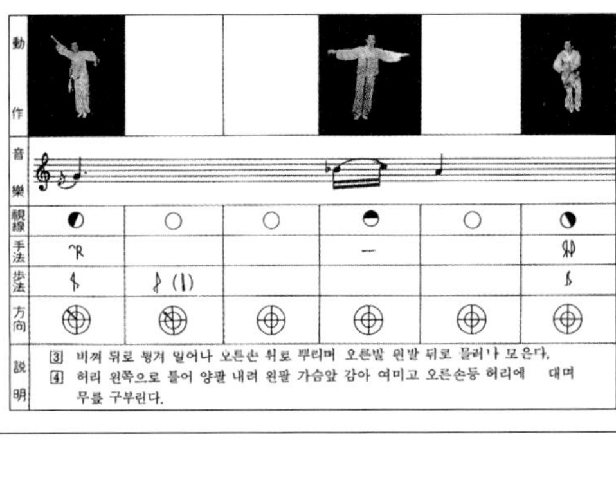

표 6-3. (계속)

<table>
<tr><th>시기</th><th>내용</th></tr>
<tr><td>1992년</td><td>

윤미라 : 『이동안 진쇠춤』의 진쇠춤 무보는 장단수, 사진, 꽹과리와 장구의 서양식 기보, 구음보, 춤가락의 팔과 발의 동작 설명, 시선, 몸 방향, 춤길 등 춤에 관련된 다양한 요소를 총괄하였다.

서양식 기보와 정간보와 구음보까지 비교하여 동작의 장단을 서양 음악과 우리 음악으로 한눈에 파악할 수 있게 하였다.

시선과 몸 방향, 춤길 도해까지 간단한 부호로 표기한 점도 중요한 공적이다.

아쉽다면 각 시선, 몸 방향, 춤길 도형의 코드는 객관적 기준에 관한 범주의 구분이 다소 모호하다.

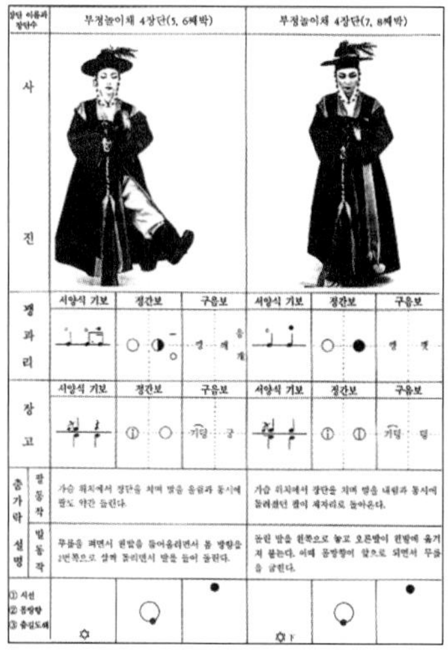

</td></tr>
<tr><td>1994년</td><td>

최창덕 : 이매방 살풀이춤에 대한 무보는 이은주(1992)의 사진무보에서 발전하여 춤의 기호 체계에 관한 정립을 시도한다. 기존의 기호들과는 달리 춤사위의 현상학적 형상에 근원을 두어 기호를 좀 더 변별력 있고 명확하게 하려는 의도가 돋보인다.

기호의 도식과 상형화의 체계는 구체성을 띠고 춤을 표상할 수 있으나, 많은 기호의 도출에도 불구하고 살풀이춤에만 적용될 수 있는 한계를 지닌다. 한국 춤 전반에 적용하기 위해서는 몸의 관절과 움직임에 관한 세부적 코드를 정립해야 할 필요가 있다. 더불어 수건의 형상과 이미지에 대한 코드화가 모형 과정에 대한 부연설명이 없어 다소 난해하다. 북한의 무보처럼 코드가 그려내는 상징성에 사상과 철학이 결여되었다는 점 또한 아쉽다.

〈이은주의 사진무보〉

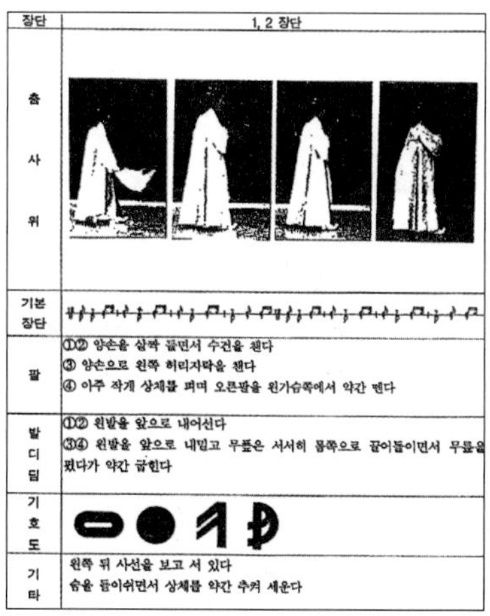

〈최창덕의 살풀이춤 무보〉

</td></tr>
</table>

표 6-3. (계속)

<table>
<tr><th>시기</th><th>내용</th></tr>
<tr><td>1995년</td><td>유시현 : 한영숙류 살풀이춤에 대한 무보를 라바노테이션으로 한국 무용기록을 처음으로 시도하였다. 작성된 보표는 '지지대', '다리동작', '몸통동작', '고개동작', '팔동작', '무대평면도'의 여섯 부분으로 나누어 각 부분에서 어떤 특정 기호와 패턴이 자주 사용되었는지에 대해 집중적으로 검토하였다. 또한 보표화 과정에서 라바노테이션의 한국 춤 적용에 대한 문제점을 도출하여 기록할 때 고려해야 될 사항에 대해 서술하고 있다.</td></tr>
<tr><td>1996년</td><td>김희숙 : 『경북지방의 무보연구 Ⅰ』의 하회탈춤 무보는 장단마다 대형과 전체를 설명하고 부분설명을 곁들여 동작을 세부적으로 묘사하기 위해 노력하였다. 춤 전체를 조감하면서 각 동작에 대한 부연설명과 대형과 동작을 유기적 연관관계에서 파악하게 하는 장점이 있다.

그러나 각 동작 코드의 체계적 분류 없이 운동의 방향성만을 화살표로 처리하여 각각의 춤 동작의 흐름과 특징을 표면적으로 드러내지 못한 점이 아쉽다. 손가락처럼 미세한 세부동작은 물론 시선과 호흡 등 한국 춤 동작의 특징을 표상하기에는 다소 무리가 있다.

<table>
<tr><td>장단</td><td>파계승 마당 자진모리 54</td></tr>
<tr><td>대형</td><td>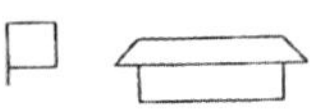</td></tr>
<tr><td>전체 설명</td><td>초랭이 제자리에서 앞 · 뒤 여미며 춤춘다.
보법은 제자리에서 오른발 · 왼발을 든다.</td></tr>
<tr><td>동작</td><td>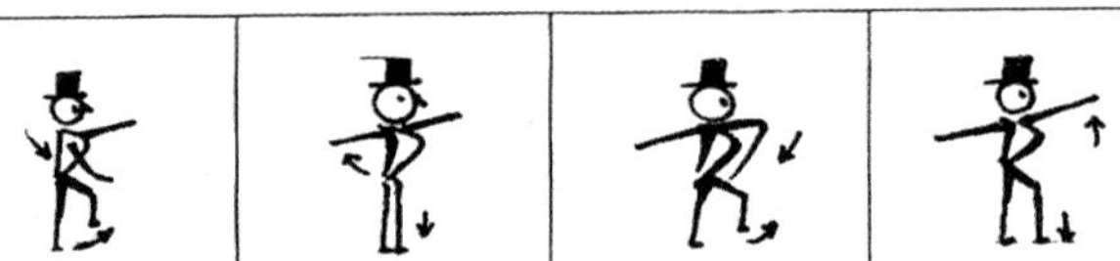</td></tr>
<tr><td>부분 설명</td><td>수법: 1박 오른팔 가슴앞으로 내리고 2박에 오른팔 옆으로 사선 만든다.
3박 왼팔 가슴앞으로 내리고 4박에 왼팔 옆으로 사선 만든다.
보법: 1박 왼쪽다리 들고, 3박 오른쪽 다리들고, 2 · 4박 제자리에 놓는다.</td></tr>
<tr><td>장단</td><td>파계승 마당 자진모리 55-61</td></tr>
<tr><td>대형</td><td>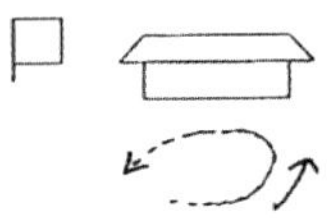</td></tr>
<tr><td>전체 설명</td><td>초랭이 왼팔 허리에 뒷짐지고 오른팔 흔들며 원을 만들며 걷는다.
보법은 1각4보로 한다.</td></tr>
<tr><td>동작</td><td>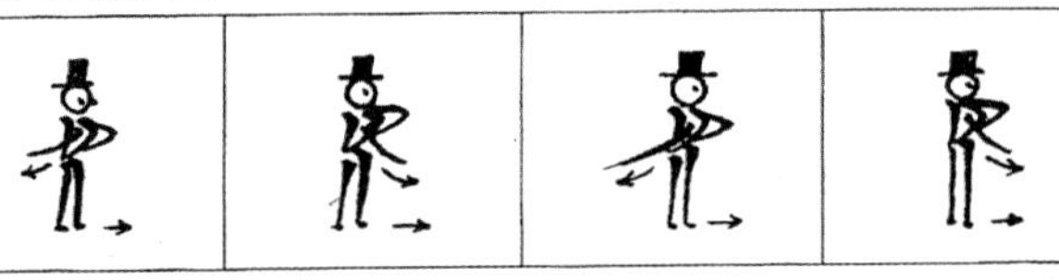</td></tr>
<tr><td>부분 설명</td><td>수법: 1 · 3박은 왼팔 허리에 뒷짐지고 오른팔 뒤로 보내고, 2 · 4박에 오른팔 앞으로 보낸다.
보법: 1 · 3박 오른발 앞으로 딛고, 2 · 4박 왼발 앞으로 딛는다.</td></tr>
</table>
</td></tr>
</table>

표 6-3. (계속)

시기	내용
1998년	**송경희 :** 북청사자놀음을 3D그래픽으로 처음으로 시도하였다. 북청사자놀음의 중요 춤사위를 3차원적 인체모델링으로 그래픽 처리해서 나열하며 언어적 부연설명으로 나열. 하지만 3D그래픽 무보화의 과정에 대한 설명이 없어 무보로 실용화되기 위한 체계 있는 이론이 요구된다.
1999년	**임학선 :** 임학선의 호흡표기법은 호흡구조의 기본원리를 점 · 선 · 원에 두고 들숨, 날숨, 정지를 바탕으로 호흡구조를 체계화하고 있다. 호흡의 표기로 춤의 내적 흐름을 분석할 수 있도록 세로 3선보표를 싣고 방향 개념과 박자의 구분도 표시해 춤의 호흡 과정에서 나타난 시간성을 일목요연하면서도 체계적으로 살필 수 있다. 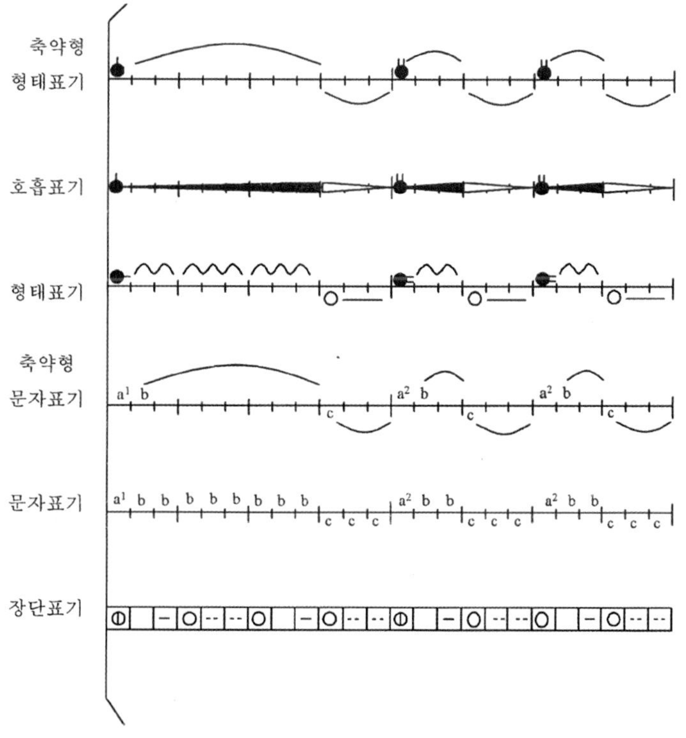
2005년	**허순선 :** 『한국의 춤사위와 무보틀』은 지금까지 다소 주관적이거나 자의적인 무보 틀을 지양하고 객관적 보편타당성을 갖는 무보를 고안하려는 시도로 춤사위 용어를 춤 동작에 최대한 가깝게 확정하고 다양한 구성요소들을 기록하고 있다. 춤사위의 외형적 형태뿐 아니라 방향, 음악적 흐름, 사상성, 정서적 표현형식, 문화적 맥락을 고려하고 있다. 신체의 부위가 어느 시점에 움직이는가에 대해 세부적으로 표기하였으며, 춤사위의 용어에 따른 무보를 만들어 한국 춤의 난해한 용어와 개념정립에도 일익을 한다.

표 6-3. (계속)

시기	내용
	음양론이나 오행과 같은 우리 춤의 사상에 근원을 두고 희로애락의 감정요소, 숨(길이, 깊이, 기), 숨의 모양새(멎숨, 들숨, 날숨, 들멎숨, 밀고 당김) 등 춤사위의 내면적 범주를 구분하고 있다. 단순한 네 가지 감정요소로 충분한 춤사상을 논하기 어렵다는 점에도 불구하고 춤사위의 기호(인체 부위, 손)가 세분화되어 상세하다. 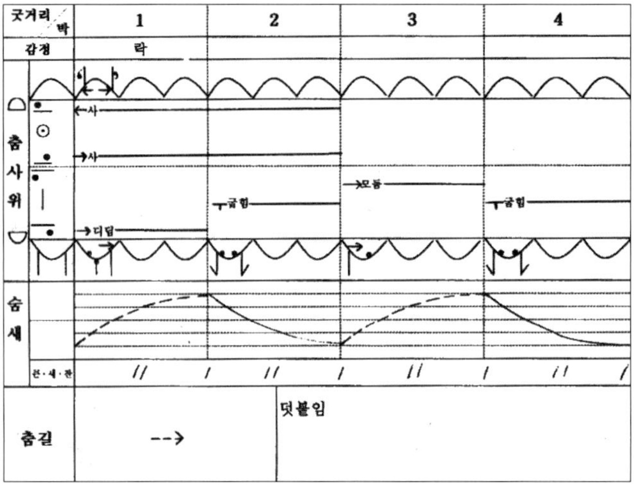
2006년	**김지원 :** 한국 춤을 눈길, 호흡, 인체 부위별 움직임, 춤길을 코드화하고 부호표기법에 의해 기록하고 도상화했으며, 정통 기호학 이론을 도입하여 체계적인 의미체계를 정립하였다. 특히 한국춤 사상과 관련한 화쟁기호학의 방법론을 적용하여 다양한 무보의 가능성을 짚어보고 있다. 더욱 체계적인 텍스트의 실현을 위해서는 추미사위와 관련한 공학적 시스템, 음악과의 결합을 시도해 나가야 한다.
2008년	**엄옥자 :** 승전무를 라바노테이션과 함께 북한의 자모식 기록을 함께 엮어 각각의 장점으로 두 가지 기록법을 활용해 무보를 기록하였다. 특히 여러 가지 기록법에 관한 소개와 발전을 덧붙임으로써 기록법에 대한 중요성을 강조하고 한국 무용기록에 관한 체계적인 정립을 기대하고 있다.

형태에 대해 보다 진보적인 기록법의 양태를 묵시하는 셈이다.

이러한 노력에서 무용기록에 대한 독창적 개발은 나름대로 꾸준히 시도되고 있다. 즉 개인적 춤사위의 정리 차원에서라든가 좀 더 나은 방식으로의 무용보에 대한 보완적 형식을 취하면서 문자와 그림, 그리고 추상적 기호들의 쓰임은 주로 강조하고자 하는 방향으로 진행되면서 표 6-3과 같이 혼합되어 나타나고 있음을 알 수 있다.

2) 한국 전통무용에 관한 라바노테이션 기록의 문제점

무용이 본격적 예술로서 완성되던 조선조에서부터 현대에 이르기까지 무보라는 틀을 통해 한국 춤의 형태나 술어, 음악과 의상 등을 기록하고 동작의 표현미와 사상 등을 분석하며 기록과 재현을 동시에 거듭해 왔다. 현대의 무보는 특히 과학의 발달과 함께 디지털 영상, 그래픽 등에 의해 무용예술의 가치적 개념을 미적으로 확대시키며 보존과 재창조를 위한 작업을 그려 나간다.

그러나 지금까지의 무보는 상당한 유효성과 실효성에도 불구하고 유형화하고 의미를 고찰하는 데 있어서 주관성이 강하거나 너무 특수하여 보편적 무용을 대신할 언어로서 실현되기 어렵다는 한계가 있다. 더불어 한국적 춤사위에 담긴 의미와 정신을 일목요연하게 파악할 수 있는 명료한 체계에는 아직 이르지 못하였다. 즉 움직임의 원리에 초점을 둘 것인가, 맥락과 사상을 함께한 개념까지도 기록해야 할 것인가에 관해, 특히 한국 전통춤에 관한 기록법은 고려해야 할 대상이다. 이러한 문제제기는 한국 무용에서 동작마다 체계적이면서도 일관성을 갖는 무보를 만들어야 할 필요성과 함께, 세계적 무용기록에 보편성을 실현하는 라바노테이션Labanotation의 기록법이 과연 무엇을 배제하는가를 살펴볼 필요가 있다.

현재 무용동작에 대한 기록 중 라바노테이션이야말로 기호학에 부합하는 작업이다. 라바노테이션은 신체를 상징하는 수직보표를 사용하여 신체 오른편과 왼편의 동작을 명확하게 보여 줄 뿐만 아니라 그 연속성을 나타내고, 신축성 있는 기호들을 사용하여 그 길이로 정확한 동작 지속 기간을 표시하고 있다.

라바노테이션은 모든 움직임을 상세하게 묘사할 필요는 없다고 보고 모티프 라이팅Motif Writing Description, 에포트 쉐입Effort-Shape Description, 구조기록법Structural Description 중 하나를 선택하여 기록한다. 모티프 라이팅은 어떤 움직임의 주제나 가장 두드러진 특색에 대해 진술하는 양식이다. 에포트-쉐입 기록법은 신체 움직임의 역동성, 곧 질적 관점을 관찰·분석·기록하는 방법으로서, 이를 통해 무게, 시간, 공간, 흐름의 네 요소로 나누어 내적 충동의 결과로 이루어진 움직임의 질적 측면과 역동적 측면을 분석할 수 있다. 구조기록법은 신체, 공간(방향, 높낮이, 거리, 움직임의 정도), 시간(박자, 지속시간 등), 역동성(움직임의 특질 또는 질감, 곧 강한, 무거운, 탄력 있는, 강세의, 강조된 등)에 명확하게 정의되고 측정 가능한 용어를 이용해서 움직임을 묘사한다(앤 허친슨, 2004: 11-12).

제스처는 말을 사용하지 않는 전달수단이며 무용은 이런 제스처에 의해서 표현되는 일종의 언어라고 할 수 있다. 언어와 마찬가지로 무용은 기본 '품사들'을 가지고 있으며, 움직임이라는 '단어들' 서로서로의 관계와 전체 '문장' 안에서의 이 관계들을 규정하는 문법을 가지고 있다는 것이 라반의 생각이다. 움직임 언어에서 이들 기본요소들은 명사, 동사, 부사라는 범주로 나눌 수 있다. 동작들은 동사에, 움직이는 신체 부위는 명사에, 움직임이 일어나는 방식, 변화의 정도, 수행 방법 등은 부사에 해당된다. 단어가 문법에 따라 문장을 이루고 문장은 어떤 의미와 메시지를 가지고 해석되듯, 라바노테이션은 문장처럼 신체부위와 동작과 움직임의 상태와 방식을 문법에 따라 체계화했으며 이를 이해하는 이들은 표기법을 보고 춤동작을 해석하고 그대로 재현할 수 있다.

라바노테이션은 춤 동작의 모양뿐만 아니라 무게지지의 유형, 수준의 변화, 공간에서의 방향, 움직임의 경과시간, 접촉 유형, 방위, 춤길 등을 묘사하며 춤의 움직임과 스타일의 모든 형태와 운동감각적 내용을 이해하고 이를 국제적 의사전달의 수단이 될 수 있도록 만든 체계다. 공간적·해부학적·역학적 원리에 근거한 그의 움직임 분석은 체계적이고 신축성이 있기 때문에 모든 형태의 동작분석에 적용할 수 있다.

가장 단순한 형태로부터 가장 복잡한 형태에 이르는 모든 종류의 움직임들이 과학적 방법에 의하여 정확하게 기록되어 있다. 때문에 이 체계는 무용수에게 유용한 것만이 아니라 인간 신체의 움직임을 기록할 필요가 있는 제반 분야, 인류학, 육상, 신체요법 등에서도 효과적으로 이용되었다.

앞서 이러한 라반의 체계가 기호적이기는 하지만 한국 전통무용에 적용할 경우 한국 춤의 특수성으로 인한 문제들을 언급했었다(유시현, 2002: 182–185; 유시현, 2005: 176의 분석에서도 한계를 지적하고 있다). 즉 한국 전통춤의 경우 삼재사상에 따라 셋, 삼진박의 구성으로 아우름의 구조를 이룬다. 이분법과 2분박에 바탕을 둔 라반기록법은 양자의 대립을 승화시킨 한국 춤의 미적 특질을 규명할 수 없을뿐더러, 자칫하면 한국적 미美마저 이분법으로 재단할 위험이 있다.

더불어 춤은 동작의 외적 형상은 물론 내적 요소를 함께 표상할 수 있는 도상으로 코드화되어야만 동작과 코드 사이에 직접적 연접direct association이 가능하고 코드가 지닌 춤 동작의 형상과 내적 의미의 유추가 가능하다. 이에 반해 라바노테이션은 사각의 도형 틀로 복잡한 체계를 이루고 있다. 비록 체계적이기는 하나 동작의 형상과 표기된 코드가 춤 동작의 형상을 직접 연상하기 어려워 춤 대상과 거리를 갖고 해석 또한 어렵다. 라바노테이션은 서양의 실체 중심 사유에서 비롯되어 실체중심주의 사고가 갖는 한계를 지니고 있으며, 한 동작이 다른 요소들과 갖는 관계를 제외시키고 있다. 한국 춤은 실체가 아니라 실체들 사이의 관계를 파악하고자 하는 사유를 바탕으로 형성되었으므로 한국 춤에서는 동작 자체는 물론이거니와 동작이 공간과 만나 빚어내는 허공, 여백의 미 또한 중요한데, 라바노테이션으로는 이를 표상하기 어렵다.

또한 한국 전통춤은 안무된 작품이라기보다는 전통춤의 원작품에 관해 재창조되어 실행되는 또 다른 예술작품으로 존재한다. 예를 들어, 한성준에 의해 추어진 승무는 한영숙과 정재만, 이애주 등으로 이어지며 그들의 해석을 바탕으로 다른 두 가지 형태의 춤으로 실행되고 있다. 이것은 서양 무용의 안무 개념에서 볼 때 춤의 창조물, 확정된 결과물이 아니라, 어디까지나 실행 속에 나타나는 재창조되고 재해석된 또 다른 행위가 된다.

따라서 한국 전통춤의 안무 개념은 구성적 특성들이 강조된 창조라기보다는 재해석된 구상을 의미한다. 각기 다른 해석과 실행에 따라 시간이 흐르면서 원작품화(전통무로서의 가치실현)됨으로써 안무된 창작물과 실행이라는 경계는 모호해진다. 즉 서양의 이분법적 시각에서 안무된 원작품과 창작된 실행을 창조물로 보는 현상은 전통춤의 현상에서는 적합하지 않다.

기록적 문제와 연결할 때 서양의 극장무용에서 보여지는 안무자의 구성적·안무적 스타일을 나타내는 요소들의 기록에 관해 한국 춤은 실행자의 해석에 따라 변화 가능한 요소들을 기록할 필요가 있다. 즉 하나의 구성에서 움직임에 관한 묘사적 기록 외에도 실행자가 처한 상황이나 사상, 감정 그 밖의 맥락에 의해 다양한 변화를 기록해야 한다. 즉 작품의 실행에 바탕이 되는 원작품에 관해 전통의 개념으로 무엇이 기록되어야 하는가를 고려해야 한다. 전통은 시간의 흐름에 따라 내적으로 처한 현시대적 모습의 반영일 뿐이며, 그것은 다시 전통을 통해 재창조된 예술로서 하나의 일관된 체계 속에 존재한다. 이것은 과거의 상징적인 것을 전제로 창조적 재해석이 가능하며, 또 다른 상징적 코드들의 결합으로 기호화하는 복합적 예술로서 기록된다.

라바노테이션 기록은 '안무 = 무용구성법'이라는 전제하에 실질적으로 춤의 기본재료인 움직임을 분석하고 기록함으로써 춤의 구조를 개념화하는 실체 중심의 사고에서 가능하다. 즉 움직임에 대한 정보를 파악하여 안무 스타일을 읽고 작품을 대상으로 인식하는 시각이 반영된 기보법이다.

이러한 점에 비추어 라반기록법뿐만 아니라 서양 기호학을 한국 춤에 그대로 적용할 경우 춤을 어떻게 기록할 것이며 무엇을 기록할 것인가 하는 핵심적 화두는 던져져야 한다. 그리고 작품이 실행되는 예술적 가치가 움직임에 의한 실행인가 아니면 본질적 가치와 사상에 대한 상징적 표상인가에 따라 기록의 범위는 보다 구상적이고도 추상적일 수 있다.

한국 전통춤은 서양과 다른 배경에서 다른 패러다임으로 형성되고 수용되었다. 따라서 한국 춤의 기호적 코드와 의미체계를 정립하는 문제는 한국 춤의 콘텍스트로서 이에 투영된 한국 사상과 미학에 관하여 먼저 살펴본 다음 이를 바탕으로 적용해야 할 필요가 있다. 라바노테이션의 움직임 체계의 보편성과 실용성에도 불구하고 한국 전통춤 적용에 나타난 문제는 라반기보의 완벽한 대체적 의미보다는 한국 전통춤의 개념적 전제에 부합하는 기록형태가 모색되어야 함을 시사한다.

이 시점에서 선학들의 괄목할 만한 연구성과를 바탕으로 새로운 무보 및 동작기호를 정립할 필요성이 제기된다. 주지하듯 한국 전통춤은 동작 하나하나에 샤머니즘과 삼재사상에서 유불선儒佛仙에 이르기까지 여러 정신과 사상이 투영되어 있다. 이는 무보가 단순히 동작의 형상을 알리는 데 그치는 것이 아니라 그 동작의 이면에 숨어 있는 정신과 사상까지 드러내야 함을 제시한다.

한국 춤은 호흡을 통해 우주의 기를 내 몸 안에 들이고 이를 몸 전체에 전하면서 동작의 선을 이룬다. 춤을 실연하는 순간 우주와 내 몸, 그리고 무대와 관객이 하나를 이룬다. 무보란 호흡에 따른 기의 흐름과 동작의 흐름을 일치시키고 또 이에 대해 표상할 수 있어야 한다.

현대는 다양한 필름기술의 발달로 사실적 기록에 의해 무용수의 움직임을 그대로 복사하며 영상을 통해 현재나 과거의 공연작품을 기록한다. 이는 보존과 분석, 재검토를 통해 자료로서의 중요성 이외에도 무용교육과 감상을 위한 도구로 높은 활용가치를 지닌다. 그렇다 하더라도 무용예술의 기록적 성과는 춤의 본질에 대한 물음과 언어로서 존재하는 상징적 코드를 일목요연하게 조합하여, 대상에 대한 재현을 그대로 반영하면서 모든 복합적 현상을 그대로 존재하도록 실연가능해야 한다. 이러한 점은 무용의 모션캡처motion capture나 애니메이션 그래픽에 결핍되어 있는 언어적 실현이며, 모든 부수적 요소와 개념을 총망라하는 기호학의 유용함에 기록적 가치를 지닌다.

3) 문자기호, 공학적 설계(컴퓨터), 언어기호의 구조 속에서 새로운 모색

그동안 한국 무용에 대해서 역사적 · 문화적 · 미학적 · 철학적 · 방법론적 · 기능적인 연구가 수행되었다. 21세기는 이러한 연구성과를 바탕으로 한국 무용에 대한 창의적이고 보편성을 획득할 연구를 필요로 하고 있다. 무용의 기호적 특성을 이용하여 동작의 기록적 체계를 완성하는 것 또한 무엇보다 중요한 과제다.

지금까지 시간의 연속선상에서 무용현상을 기록한다는 자체는 불완전하고 명쾌할 수 없는 해답이 진실이라 여겼다. 어떤 예술 장르보다도 관람의 시간과 장소에 구애받고 이미 실행이 완성된 후의 작품의 존재는 타 버리고 남은 재와 같아서 어떠한 기록물에 의해 완벽한 재현이란 있을 수 없는 현상들로 부각되었다.

심지어 무용을 기록할 수 있는가. 기록한다면 무엇을 기록해야 하는가. 몸으로 인지되며 몸의 지각능력에 의해 숙지되는 예술의 지각적 현상들에 대해 모두 기재할 수 있는가. 또한 기록되는 모든 것이 과연 100퍼센트 진실인가. 만약 기록자의 의도에 의해 삭제된 현상이 있다면 어떻게 설명해야 하는가. 무용의 즉흥이 이루어내는 현상에 대해 기록은 어떠한 측면까지 포괄하여 기록하는가 등의 문제는 무용기록을 독자적 코드화의 영역에서 독립하지 못한 채 부차적 설명으로 늘 병행해야만 했다. 이를 조금이나마 탈피하고 독자적 무용보로서의 역할을 한 라바노테이션은 획기적 성과였다.

앞서 언급했듯이 무용은 움직임의 언어이고 소통을 목적으로 하는 기호작용의 산물이다. 언어와 음악의 악보는 상징적 코드의 조합이자 상호소통을 전제로 하는 약속된 기호다. 그리고 이것은 매우 명쾌하며 보편화된 자의성을 가지고 언어만으로 악보만으로 독립적으로 소통한다. 그런데 무용기록에 대한 추세는 하나의 획일화된 기록적 양식을 향하지 않고 오히려 다양한 논리와 이해를 인정하는데 보다 더 큰 관심으로 작용하고 있다. 그리고 이에 시급해진 기록전문가들은 서양의 기록법을 통해 한국 춤을 분석하거나, 영상매체를 통한 보존과 대중화 방안으로 혁신적 모델을 개발하며 재현에 근접한 과학적 시도를 채택하며 양립하고 있다.

한국 무용기록의 방향은 아직도 시행착오를 겪고 있다. 언어적 접근에서 문자 기호로서의 역할은 20세기 이전부터 기록하고 있다. 그림의 도상적인 면이 기호로 존재하는 한 우리는 무용총의 벽화를 보고 아직도 연구를 거듭하며 진위를 헤아리게 된다. 무용의 도상을 그려 박자와 움직임의 방향을 서술하며 몸짓 코드가 못다 한 기호현상을 언어를 빌려 말했다. 그리고 디지털 시대의 흐름에 의해 컴퓨터공학을 응용하여 공학적 코드를 정립하며 분석하고 기록한다. 근육의 움직임, 골절의 구조, 때로 에너지와 힘 등의 역학을 계량적으로 분석한다. 그러한 정량적 분석으로 안무 스타일, 무용수의 힘과 기량 등을 평가할 수 있다.

컴퓨터 테크놀로지가 적극 활용되기 이전의 무용기록이란 동작을 담은 필름이나 공연을 보고 연필로 기보를 완성하고 수정하였다면, 컴퓨터의 활용은 이를 기록하고 추가하며 수정하기도 하는 편집기술의 발전을 유도하면서 시간적 효율을 극대화한다. 뿐만 아니라 기보된 움직임을 골격형태의 인체 모형으로 전환시키면서 원작품의 움직임과 최대로 동일하게 만드는 검증효과를 거두기도 한다.

인체모형화는 초기 형태의 2차원적 막대기 모양의 인체가 3차원적 유선형 인체 모형으로 발전을 거둔다. 즉 표면 모형은 막대 모양 형체의 단점을 보완해 뼈대 위에 살갗을 입힌 형체로 관절을 통해 회전이 가능한 입체적 모형을 만들게 된다. 그 후 볼륨 모형은 음영으로 시각적 입체감과 실재감을 한층 강조하며 현재에 이르러서는 컴퓨터를 통한 애니메이션이 등장하였다. 이에 무용 비디오 안무를 위한 컴퓨터 무용을 디자인하게 되고 형태 애니메이션 연구는 더욱 진전을 보인다. 즉 컴퓨터 화면상에 기호상징 대신 형태의 상징이 나타나 동작 명령을 주면 무용수를 원하는 위치에 배정하고 움직임을 지시하며 다양한 각도에서 음악, 조명과 함께 모든 것을 통찰할 수 있는 새로운 안무방법을 선보인다. 라바노테이션의 컴퓨터 설계 프로그램은 컴퓨터와 무용안무를 연관시킨 것으로, 안무가가 직접 안무작업을 계획할 수 있는 'Life Form'이라는 프로그램이 등장하게 된다.

그러나 지금까지의 모든 공학적 절차에도 무용은 음악의 악보와는 다른 차원의 문제에 봉착한다. 음악은 악보가 원작품이자 창조물로 존재하고, 그것을 연주하여 실행하는 것은 원작품과 동일선상에 존재한다. 악보의 형태로서 선율과 감동이 전해지며 몇 개의 상징적 코드들의 조립에도 무한한 작품의 생산이 가능하다. 이뿐 아니라 의도와 정신을 상징하는 기호로 인식된다.

하지만 무용은 움직임의 형태에 의해 안무한다 하더라도 그 자체가 완벽한 작품으로 존재할 수 없다. 실행하는 순간 무대의 현상들은 이미 질서화된 코드들의 해체와 재조립으로 또 다른 현상을 나타내며 비로소 예술작품으로 존재하기 때문이다. 움직임의 형태를 비롯한 코드는 구성적 요소보다도 해석적 의미로 전달되며 메시지를 전달한다. 그러한 이유로 무용은 안무와 구성법을 중심으로 한 체계적 절차보다도 이미 실행된 뒤의 기록이 더 중요한 예술적 가치를 지닌다고 할 수 있다.

그렇다면 무용은 이러한 기록에서 오선지 악보 이상의 개념과 정서를 질서로 조합할 수 있어야만 한다. 다시 말해 애니메이션에서 보인 움직임의 원리를 코드화하고 작품에서 나타난 정신까지도 표상할 수 있는 기호체계를 정립할 때 비로소 원작품(무용에서는 이미 실행된 작품)의 의미를 진정으로 기호화할 수 있다. 이를 위해서는 비구두인 몸짓기호로서 언어적 의미의 표상, 도상적 이해와 움직임의 공학적 원리 등이 함께 변증법적으로 종합되어 발전해야 한다. 알파벳과 숫자, 한글의 명료한 기호가 세계를 대신하듯 기호는 그 무엇을 대신하기 위해 단순하고도 가장 상징적인 코드들의 조합으로 이루어져야 한다.

지금까지 수많은 무보와 상징적 형태의 기록법이 간과했던 것은 움직임의 원리 또는 도상적 국면에 치우쳐 매우 시각적이거나 언어적이거나 형태적인 면을 강조했다. 때로 보이지 않는 한국 춤의 사상에 대한 여러 호흡법의 기록이나 필자 또한 시선, 움직임, 춤길, 호흡 등을 표상적으로 코드화한 노력에도 불구하고 모든 것을 종합할 수 있는 코드화의 실현은 서로가 다각도에서 검토해 협조해서 이루어내야 할 과제로 남아 있다. 북한의 상형문자 기록법이 15년에 걸쳐 국가적 사업의 일환으로 실행되었듯이 무용예술의 협동과제는 상용화될 수 있는 언어를 가짐으로써, 무질서에서 소통되는 언어적 현상들에 대해 질서를 발견하고 현상과 텍스트 이면의 구조를 밝히길 기대한다. 그러기 위해서는 다각적인 학문의 시스템을 구축하고 언어학적 이면과 과학적인 방법론의 절충이 필요하다.

의미와 소통의 기호로서 무용학의 정립 방향

1) 다각적인 학문적 시스템 구축

무용현상에 대해 기호학적 방법론에 의한 분석과 해체를 통한 종합적 결과를 모아 실체를 드러내고자 하는 것은 불가능해 보인다. 기호학의 목표는 무질서해 보이는 것에서 질서를 통해 이면에 숨겨진 현상과 의미를 추출하여 소통하는 체계를 밝히는 데 있다. 그것은 기호학의 한계를 드러내는 말이기도 하다. 때문에 기호학은 정통학문으로 인정받지 못하고 늘 어느 순수학문의 방법론적 곁가지 형태로 유용하게 적용되어 온 이유인지도 모른다. 다만 다른 방법론으로 볼 수 없는 질서와 심층구조를 구조적으로 재단하여 원리에 대한 이해를 모색한다. 따라서 무용의 기호적 형태는 의미를 가진 언어이며 소통을 전제로 한 예술의 특성으로 무엇을 대신하는 기호라고 밝혔다.

희곡은 언어와 제스처를 포함한 움직임, 그리고 상연되는 모든 여러 가지 장치들이 복합적으로 존재한다. 특히 언어적 표현으로 쓰인 대본은 무용 텍스트보다는 표층적이고 상호 소통의 의미공유를 쉽게 이룰 수 있다. 이것은 희곡이 종합예술이 되는 대표적 이유다. 그런 의미에서 무용은 불확실성의 소통행위인 비언어적 형태가 희곡과 대응할 수 있는 독자성을 실현하기에는 완벽한 형식으로 자리한 언어보다는 자유분방하다. 즉 희곡은 대본을 통해 드러난 감정과 이해를 바탕으로 그에 알맞은 제스처와 어조를 사용해야 하지만, 무용은 오히려 감정과 사상에 의해 완벽한 형식을 스스로 찾아 가장 적절한 몸짓행위로 의미를 전달해야 한다. 낱말로서 나타난 한정된 개념과 문맥으로 본 일련의 사건들에 의해 다시 언어의 형식을 빌리는 희곡의 상연은 무용과는 다소 차이가 있다.

무용은 주제를 생각하고 표현에 부합한 몸짓언어를 토해냄으로써 대상과 개념, 개념과 개념 사이에 2차적 생각을 연결하여 다시 언어로 대상화하는 기호를 형성한다. 따라서 대상을 인지하는 표상활동의 형태는 외적 표상활동과 내적 표상활동이 동시에 존재한다. 외적 표상활동이 그저 대상에 대한 관조적 개념이라면 내적 표상활동은 주체의 경험과 다양한 미의식에 의한 매우 주관적인 미적 태도를 의미한다. 이러한 무용의 특성은 의미와 소통을 위해 다양한 미적 경험이 매우 중요시된다. 비단 공연을 보고 해석하는 이뿐만 아니라 안무노트를 통해 실행하는 무용수의 입장에서는 더욱 요구되는 사항이다.

이러한 해석은 앞으로 무용기호학이 나아가야 할 방향에 대해 시사해 준다. 무용기호학은 불완전한 학문으로서가 아니라, 종합적 이론에 의해 방법론을 채택하고 많은 개념에 대한 정의를 풍부한 감성으로 이끌어야 하기 때문이다. 지금까지 무용이론에 대해 움직임에 대한 이해와 안무방법, 동작을 분석하여 소통하기 위한 해석적 방법론에 치중하였다. 그 결과 무용은 세상의 어떤 대상에 대한 은유적 이해와 환유를 비롯해 보이지 않는 실체를 대신하는 개념으로까지 미학적 접근이 가능하였다. 무용현상을 이해하기 위해서는 실체 너머의 세계에 조심스럽게 다가가야 하고, 이를 위해서는 다양한 각도에서 하나의 대상(움직임 등)에 대해 연상할 수 있어야만 한다.

무용기호학은 다각적인 학문적 연계에 의해 방향을 진단하고 가능성을 열어야만 한다. 이미 언급했듯이, 무용은 움직임을 위주로 표현했다고 하더라도 조명의 역할에 따라 잠시 무대를 환기시키기도 하고 무대장치에 따라 과거와 현재를 넘나들게 한다. 움직임 외의 상징적 의미, 역사적·사회적·문화적 맥락에 대한 이해가 함께 우리의 의식에 자리하고 존재하기에 가능한 일이다.

무엇이 우리의 상상을 유도하고, 무엇을 위해 움직임의 본질은 존재하는가에 대해 진지한 검토를 하게 하는 학문이 바로 기호학이다. 회화에서 숨은 그림은 레오나르도 다빈치의 삶보다도 더욱 심오하고, 오선지 악보의 기호들의 유동성은 아름다운 예술을 탄생시키고 있다. 아름다운 이 세계가 먼저이지만 그러한 세계의 실체에 다가가기 위해 회화와 악보는 구성되고 의미들로 가득 차 있는 것이다.

무용은 기호로 존재하며 늘 메시지를 주기 위해 노력한다. 그것을 해석하고 재창조된 기록으로 남기기 위해서는 여러 가지 각도에서 학문적 실험이 병행되어야만 한다. 특히 한국 전통춤의 경우 구성적 요소들에 의한 안무를 지향하기보다는 현시점에서 전통의 재창조와 재해석으로 실행되는 예술로서 존재한다. 따라서 해석과 기록에서 움직임 위주의 묘사보다는 춤의 상징적 역할을 고려해야 한다. 전통은 그들의 삶과 생활양식, 정신 등과 밀접한 관계에 의해 문화를 형성한다. 무용을 언어로 간주하고 문화를 형성하는 춤의 역사와 전승형태, 구성 등을 함께 분석하는 것은 고유한 사상적 맥을 유추하게 되며 예술의 개념을 쉽게 파악할 수 있다.

예를 들어, 한 나라의 역사와 문화를 연구할 때 시대에 따라 상황을 범론汎論하는 것도 중요하지만 지역적 특색을 통해 구체적 분석을 하는 것이 보다 중요한 과제로 부각될 수 있다. 무용예술도 예외는 아니다. 동일한 종교적 모태에 의해 발생한 한국 춤이라도 지역적 차이에 의한 예술의 독창성은 무궁무진한 미학적 특성으로까지 이어지며 고유의 특색 있는 문화를 창조하기에 이른다. 따라서 무용의 언어적 문제와 기호학적 태도에 관한 다양한 모색 가운데 지역적 특수성과 관련한 다각적 접근방법은 필요하다.

무용학문의 다양성은 이러한 맥락을 함께 연구하는 데 있다. 무용을 통해 지역

문화를 조명하는 일은 움직임의 다양성과 지역적 차별화라는 분석적 태도 외에도 통찰력 있는 학문의 방향을 일러준다. 몸짓언어뿐 아니라 모든 언어로서의 보편성은 일반화된 의사소통을 전제로 한다. 사회적 약속과 의미는 곧 기호로서 의사 전달의 목적으로 기능한다. 따라서 무용에 대한 의미화와 체계를 정립한다는 것은 언어적 기능에 대한 가시화와 의미파생이 이루어지는 의미적 현상에 대해 추론하는 것을 뜻한다. 그것이 기호든 예술적 현상이든 간에 몸짓이 언어가 되어 의미를 파생하는 기능은 무용언어가 지닌 매우 중요한 특성이 될 것이다.

예술은 세계에 대한 개념적 이해를 전제로 나타난 언어적 현상이다. 진정한 예술의 가치는 특수한 언어에 의한 상징화(기호화)가 얼마나 성공적으로 이루어졌는가와 예술언어의 상호 의사소통 성취가 얼마나 잘 이루어졌는가에 달려 있다. 무용을 예술적 현실로 또는 문화를 형성하는 언어로서 보는 시각에 서면, 문화란 이처럼 수많은 기호의 단위와 작용의 총체적이고 단일체적 집합임을 알 수 있다. 따라서 무용언어는 문화적 텍스트를 이루는 최소단위가 되고 그것의 기호학적 기능과 영역을 다루는 체계의 정립은 바로 문화기호학적 연구의 지평을 확대하는 방법론이 된다.

한국 춤은 샤머니즘, 풍류도風流道, 유교, 불교, 도교 등 여러 정신과 사상이 투영된 고도의 예술행위이자 정신작용이다. 또 고조선부터 현대까지 5천여 년의 한국 문화가 동작표상으로 적층되어 있는 '전통문화의 화석'이다. 즉 한국 춤에 관한 통합적 연구를 통해 정신과 사상을 재현할 수 있을 뿐만 아니라 한국 전통문화의 원형을 발견할 수 있다. 그러나 한국 춤은 같은 춤이라도 지방마다 연희자마다 다르다. 이는 용어에서도 마찬가지다.

이런 차이가 한국 춤의 지평을 넓히고 다양성을 심화하며, 춤의 정신적·예술적 깊이를 형성하는 바탕으로 작용하고 있다. 그럼에도 이에 대한 현지조사나 정리가 이루어지지 않아 한국 춤 전반에 대하여 전체적 조망을 할 수 없을뿐더러 체계적 연구를 수행하는 데 장애가 되고 있다. 또한 지역적 특수성에도 불구하고 춤에 관한 문화적 형성과 관련된 분석법에 관한 연구는 부족한 편이다. 물론 한국 춤은 대부분 구전심수口傳心授에 의해 전래되었기 때문에 용어에 대한 정확한 규정이 없었다. 동작소, 동작군 등에 대한 정확한 규정도 없이 춤꼴, 춤동작, 춤사위 같은 용어가 혼용되었다. 이러한 용어의 혼돈은 한국 춤을 이해하거나 연구를 수행하는 것은 물론 이를 소개하고 알리는 데에도 장애가 되었다.

현재 우리 춤사위 표현동작에 관한 용어를 살펴보면 팔동작과 발동작, 몸동작 등 부분에 관한 용어가 많다(전유오, 2002: 31–39). 구전심수로 전수되던 민속춤의 용어가 근대 이후 생성되면서 외래어 명칭을 가지거나, 외래어와 한국어가 혼용되어 사용되는 등 여러 가지 문제점이 드러나고 있다. 따라서 춤의 용어를 알기 위해서는 지역적 특성과 방언에 대한 이해가 필요하다. 또한 지역적 유입과 토착성은 역사와 전승을 통해 지역성과 함께 형성되었음에도 불구하고 춤을 지역문화의 근간으로 보는 시각은 부족한 실정이다.

한국 춤의 지역적 특수성은 용어 외에도 역사적 유입과 지리학적 맥락을 근거로 춤을 분석하고 예술적 형상을 논할 수 있다. 비구두라는 언어학적 특수성을 상징적 요소로 기호화함으로써 의미작용을 유추해야 한다. 즉 표 6-4의 구분은 지역과 문화, 춤 언어의 특수성이라는 관계항을 중심으로 연구될 수 있는 의미의 지평을 보여 준다. 역사적 유래와 전승, 용어에 따른 춤사위의 의미, 미학적 시각을 통한 지역과 문화를 통합적 시각에서 고찰할 수 있음을 의미한다. 이처럼 모든 범주에 대한 세부적 제시는 지역성과 관련된 통합적 언어문화학적 방법론에 관한 것이다.

무용학 분석은 크게 사료를 통해 유래 또는 지역으로 유입과 전승을 중심으로 연구하는 역사적 맥락에 의한 해석이 있다. 또한 춤에 드러난 이념과 사상적 맥을 유추함으로써 당시의 시대상과 지역성을 함께 분석할 수 있다. 이는 기호적 의미로 신화다. 신화적 의미는 춤의 고유성과 자의적 동작의 형상들을 기호학적으로 군집하여 동일한 코드화를 통해 춤의 특성을 파악하기 용이하다.

구분	표준어 용어	형상 분석	의미 해석	문헌과 사건
역사적 맥락 (시대적, 전승적)	방언 포함	구두적, 사료적, 인류학적	어원, 신화, 문화, 역사, 지리적, 고고학적 해석 등	유물, 유적, 외교, 정치 등
이념과 사상적 맥락 (문헌을 근거로)	방언 포함	도상학적 형태론, 기호학적 의미론,	이데올로기, 신화적 상징해석	사건, 사회, 종교 등
지리적 맥락 (지역적 특수성)	방언 포함	문화론적, 공학분석적 (DB화)	키워드식 지역별 의미군집체계에 의한 지역 문화적 해석	놀이, 경기, 축제 등
예술적 맥락 (무용학문의 독자성)	표준어 용어	교육학적, 기록학적(인명, 문화재, 전수형태, 예술현상 등)	움직임의 도상학 등 예술학, 미학적 상징의 모든 해석	영상자료, 공연작품, 인명연구

표 6-4.
춤의 지역성과 관련된 언어문화학적 연구범주

또한 지리적 군집은 인류학적 특성과 춤의 형상이 가진 동일성들을 모아 데이터베이스화할 수 있다. 이러한 무용연구는 각종 놀이와 축제에서 나타난 성향과 특색을 간추려 지역문화에 대한 공학적 분석을 통해 다양한 분야로부터 향후 발전계획의 독자성을 실현할 수가 있다. 춤의 본질에 대한 물음은 여러 가지 통합된 연계학문과 함께 의미를 분석함으로써 예술교육의 자료로써 뿐 아니라, 보존· 계승에 대한 발전적 논의, 다양성을 포괄하는 표준화된 보편성의 실현, 상징적 기록법의 모색 등을 가져올 수 있다. 무용기호학의 방법론을 유용하게 채택하여 무용학문의 통합적 원리에 대한 철저한 준비와 다각적 구축 시스템의 정비는 무용학문의 독자적 행보를 위한 중요한 과제로 남는다.

2) 문화콘텐츠로서 대중적 시스템 구축

문화관광부는 1999년 '문화산업발전 5개년계획'과 2001년 '콘텐츠코리아 비전 21'을 수립해 발표하였다. 같은 해 한국문화콘텐츠진흥원이 설립되면서 우리나라 문화콘텐츠에 대한 개발은 출판, 엔터테인먼트, 캐릭터, 애니메이션, 방송, 광고, 영화, 음악, 게임, 미술, 공연, 디지털 교육, 정보 등 21세기 신지식사업으로 무한한 시장의 가능성을 열고 있다. '콘텐츠'는 '부호, 문자, 음성, 음향 및 영상 등의 자료 또는 정보'(문화산업진흥기본법 제2조)를 칭하며, 디지털콘텐츠란 '이러한 정보에 대해 보존 및 이용에 효용성을 높일 수 있도록 디지털 형태로 제작 또는 처리한 것'(문화산업진흥기본법 제2조)을 의미한다(안지영, 2008: 12). 즉 문화콘텐츠는 단순한 지식이나 정보가 아닌 예술의 확장 개념이자 상품으로까지 연결되는 고부가가치의 산물을 통칭한다.

21세기는 창출된 다양한 문화적 체험으로 삶의 활력을 갖고 생활의 질을 높인다. 따라서 문화산업을 향한 다양한 모색과 고부가가치를 위한 도전은 문화를 보존하고 가꾸기 위한 전략에서 벗어나 그 이상의 상업적 이윤뿐 아니라 자국민의 긍지로까지 확대되고 있다. 이처럼 문화콘텐츠가 고부가가치의 고도성장산업으로 미래지향적 가치로 부상함에 따라 이제는 창의적 아이디어가 경쟁력의 원천이 되고 있다.

인간의 창의력과 지식이 집약된 분야로 디지털 기술 발전과 미디어의 융합은 민족문화를 재해석하고 새로운 문화를 창출하는 또 하나의 예술 영역으로 자리한다. 따라서 콘텐츠 기획과 제작, 유통, 소비에 관한 전 과정에 대한 산업적 마인드뿐 아니라 창의력 있는 원천 개발과 새로운 응용에 이르는 아이디어 등이 경쟁력을 갖게 되었다. 최근에는 문화콘텐츠 간의 융합으로 장르의 구분이 모호해질 정도로 새로운 응용과 시도가 이루어지고 있으며 참신한 창작소재들이 새롭게 주목받고 있다.

문화콘텐츠의 발전을 도모하는 계기는 중요한 요소들의 융합과 상호 교류와 지식정보의 나눔이다. 그중에서 가장 대표적인 것이 바로 CT Culture & Contents Technology의 발달이다. CT는 단순한 이공학적 기술을 의미하는 것이 아니다. 위에서 언급한 다각적인 학문적 시스템의 구축으로 이공학뿐 아니라 인문사회, 디자인학, 예술학 등의 복합적 기술을 아우르는 개념이다(배수을, 2006: 28).

현재 여러 나라에서는 문화콘텐츠산업을 국가미래전략사업으로 선정하고 정책적 지원을 강화하고 있다. 우리나라 또한 한국전산원 중심의 국가지식콘텐츠 디지털화, 정부통신부 중심의 온라인디지털콘텐츠산업발전법, 문화관광부 중심의 문화콘텐츠진흥사업 등 여러 분야로 확대되고 있다.

특히 문화관광부의 한국문화콘텐츠진흥원의 설립은 문화콘텐츠의 다양성을 토대로 국가적 인프라를 구축하여 대중과의 융합과 소통을 이끌어 낼 수 있는 중요한 시발점이 되었다. 그중에서 가장 활발하게 추진되는 '문화원형 디지털콘텐츠화사업'은 문화원형을 문화콘텐츠 창작의 보고寶庫로 여기고, 지식문화산업의 기획·제작자에게 창작소재를 제공하는 것을 목적으로 한다. 문화콘텐츠닷컴에서는 문화원형 디지털콘텐츠화 사업이 2007년 1월 기준 140여 개의 문화원형 과제와 15개 공공기관의 콘텐츠가 서비스되고 있다. 무용은 다른 분야에 비해 많은 사업을 추진하고 있지는 않지만 장기적이고 체계적인 비전과 로드맵으로 디지털콘텐츠화 사업을 추진하고 있다.

문화원형 디지털콘텐츠화는 무엇보다 산업에 미진했던 예술 분야가 고부가가치를 창출하며 상생적 협력 모델을 마련하는 계기가 되었다는 평가와 함께, 체계적인 유통을 통해 다양한 문화콘텐츠 제작 과정에서 창작적 소재로 활용할 수 있는 기반을 형성하였다. 무엇보다 이는 한국의 역사, 전통, 생활, 예술, 지리지 등 다양한 분야에서부터 상상력의 원천인 창작의 소재를 개발해 예술가들의 창조적 역량을 발휘하는 계기가 되었다.

무용에서도 '무형문화재로 지정된 한국의 춤 디지털콘텐츠 개발' 사례는 원형보존을 넘어 한국 춤의 재해석과 활용가치에 대해 재고하며 무용의 정체성을 확립하였다. 실제 춤사위를 사실적으로 제공받고 멀티미디어 기술을 이용하여 재구성·가공·창조함으로써 디지털 무용 콘텐츠의 산업적 활용성을 확대한 것이다. 즉 예능 보유자들과 전문 무용인들의 춤사위를 원형에 가깝게 기록하고 보존했

표 6-5. 무용 부문의 문화원형 디지털 콘텐츠화

연도	콘텐츠	내용	URL	주관기관
2006	조선시대 최고의 문화예술 기획자 효명세자와 〈춘앵전〉의 재발견	조선조 최고의 문화예술 기획자인 효명세자의 창작정재인 〈춘앵전〉을 3D 그래픽, 캐릭터, 3D 모션캡처, 게임 애니메이션 소재 및 문화원형 시나리오를 제작.	http://spring.culturecontent.com	(주) 스페이스 일루전
2005	최승희의 문화 원형 콘텐츠 개발	최승희 일대기를 조사 분석하여 영상 소스로 활용하기 위해 초립동, 옥적의 곡, 검무, 보살춤의 모션캡처와 동영상 작업, 3D 캐릭터를 통해 디지털화.	http://choisunghee.culturecontent.com	(주) 발해 게이트
2004	무형문화재로 지정된 한국 춤 디지털 콘텐츠 개발	중요 문화재로 지정된 한국의 춤 중 살풀이, 호남류 승무, 처용무, 경기류 승무, 진주검무, 태평무, 승전무를 인간문화재의 실연을 통하여 재현하고 디지털 기술을 이용하여 텍스트, 비디오, 음악, 모션캡처, 3D 애니메이션 디지털 콘텐츠로 개발.	http://koreadance.culturecontent.com	(주) 프리진
	전통놀이의 춤에서 가장하여 등장하는 인물의 디지털콘텐츠 개발	전통놀이의 춤에서 가장하여 등장하는 인물 중 굿놀이 33종, 농악 잡색놀이 18종, 전통춤 2종을 선정하여 원천자료의 수집 및 조사, 원천자료를 토대로 한 캐릭터를 제작하여 처용무의 동작을 간결하게 체조로 개발하여 동영상과 교육용 교재로 활용한 산업적 디지털콘텐츠를 실례를 제시.	http://dance.culturecontent.com	동덕여자대학교 산학협력단(예술대학)
2003	한국의 탈, 탈춤	탈과 춤의 다차원적 접근을 통한 인물 캐릭터 개발(동영상, 음악, 캐릭터, 플래시 애니메이션, 3D 애니메이션 작업).	http://koreamask.culturecontent.com	민족미학연구소
	악학궤범을 중심으로 한 조선시대 공연문화 콘텐츠 개발	전통악기와 춤, 연주절차, 복식, 악보와 가사 등을 디지털화하여 사진, 현대화된 텍스트, 샘플링, 2D/3D모션 플래시 애니메이션 등으로 개발하여 조선시대 공연문화를 멀티미디어 콘텐츠로 제공. 전시실 내용을 토대로 복원한 2D 그래픽 '무용 이미지'와 연주형태에 대한 해설과 동영상을 제공.	http://d-joseon.culturecontent.com	(주)프라스 프로덕션

으며, 전통을 재창조할 수 있는 가치 활용을 적극 검토하게 되었다.

이는 전통유산에 대한 가치를 좀 더 폭넓은 시야로 평가받을 수 있는 계기가 된다(정민 외, 2002: 153). 전통무용의 정체성 확립 및 재구성의 다양성을 통한 용이성과 디지털 테크놀로지를 통한 무용의 변환과 타 예술영역 간의 융합은 무용이 대중에게 보다 친밀한 패러다임으로 다가가고 좀 더 밀접한 매체를 통해 다양한 시각에서 접근함으로써 무용예술에 미친 긍정적 영향이 가장 크다. 이로써 전통무용과 디지털의 결합으로 다양한 콘텐츠 개발과 수요가 증가하고 관련 분야의 인력 양성 및 확보를 통한 전공자의 진출 범위를 확대한다.

한편 디지털 문화 연구에 대한 영역이 무용학에서도 확대되는 여건에 비추어 현재 디지털 테크놀로지를 활용한 무용 영역은 기록, 분석, 안무, 교육 분야에 유용한 영향을 준다(황인주, 2004: 5). 이러한 활용은 기술의 발달과 응용을 통해 무용작품의 새로운 모델, 동작기록법의 효율적 방안, 과학적 분석, 안무의 과학적 효율성 확대, 교육의 새로운 교수법 등 창의력과 과학의 결합에 새로운 영역을 모색하는 것이다.

무용예술과 무용학문의 발전은 디지털 콘텐츠 개발의 대중화에 의한 새로운 지평을 확대하고 모색함으로써 다양하게 발전되어야 한다. 무용은 순수예술로서 가치와 더불어 대중화를 지향하며 시대를 변화하고 이끌어 가는 문화적 산물로 인식되는 것이 바람직하다. 이는 시대의 흐름을 반영하고 시대를 초월하여 무용이 제공할 수 있는 기회와 역량을 나타낸다. 그리고 서로 상생하여 발전하는 원천가치에 대한 인식은 무용이 나아가야 할 또 다른 연구 분야와 창작의 기회를 제공하는 큰 힘이 될 것이다.

표 6-6. 디지털을 활용한 무용학 연구

분야	제목	연구자	연도	비고
무용과 테크놀로지	무용 테크놀로지의 효율성에 대한 연구: 컴퓨터 라바노테이션 프로그램을 중심으로	김미애	1994	무용 테크놀로지의 효율성과 활용 방안에 대한 연구, 무용과 테크놀로지에 관한 총체예술로서의 의미에 관한 연구, 커뮤니케이션의 의미에 관한 연구
	무용에서 컴퓨터 테크놀로지의 활용: Lavan Writer와 Life Forms를 중심으로	한지현	1996	
	포스트 모던댄스에 나타난 전매체(全媒體) 연구	강한샘	1998	
	무용예술의 영역확대 가능성에 대한 탐색: 무용 테크놀로지를 중심으로	남수정	2000	
	테크놀로지와 결합된 총체예술로서의 무용연구	송남은	2000	
	춤과 테크놀로지 만남의 전환점	김영태	2001	
	인터미디어 무용에서 상호작용적 커뮤니케이션의 의미에 관한 연구	이성희	2001	
	컴퓨터 기술체계를 적용한 무용연구의 방안	한지현	2003	
	인터렉티브 디지털 매체와 무용	홍경화	2005	
	무용 작품에 나타난 테크놀로지 활용에 관한 연구	이지혜	2006	
	영상테크놀로지를 활용한 무용작품에 관한 연구 : 「On Danse」, 「A Tribute to Norman McLaren」을 중심으로	강수민	2010	
무용창작의 디지털화	컴퓨터 모델링을 통한 무용동작 개발에 관한 연구	최병주	1991	컴퓨터 기술을 도입한 인체 모델링으로 무용 동작을 개발하고, 무용 연출 및 창작에 관한 연구
	무용연출을 위한 영상매체 도입의 가능성에 관한 연구	강 현	1992	
	컴퓨터 인체모델링을 통한 무용창작작업에 관한 연구	이정희	1993	
	컴퓨터 모델링을 통한 무용동작의 형상화에 관한 연구	김정은	1996	
	무용 창작과정을 통한 컴퓨터 인체 모델링의 효용성에 관한 연구: 푸른나부 중심으로	나은영	2000	
	무용창작과정에서 컴퓨터 테크놀로지의 활용	박은성	2000	
	무용 창작에서 영상 테크놀로지 활용에 관한 연구: 〈백색소음〉, 〈돌아온 퍼즐속의 기억〉 분석을 토대로	김효신	2009	

표 6-6. (계속)

구분	제목	연구자	연도	비고
무용교육의 디지털화	무용교육의 컴퓨터프로그램 활용에 관한 연구	서금희	2000	3D애니메이션, 모션캡처 등 테크놀로지를 활용한 웹기반 학습의 개발방안, 적용방법의 탐색에 관한 연구
	무용동작 수업에서 웹기반 3차원 애니메이션의 활용에 관한 연구	허미영	2001	
	컴퓨터 테크놀로지를 이용한 무용교육용 코스웨어의 개발방안	김미애	2002	
	모션캡쳐 테크놀로지를 이용한 무용교육 적용방법 고찰	신성아	2002	
	대학 교양무용에서 WBI(웹 기반 학습) 활용의 필요성	배기현	2004	
	디지털 무용교육의 현황과 발전방안	황인주	2004	
	디지털 무용환경하에서의 무용교육과정 개발 연구	황인주	2006	
	가상현실시스템을 활용한 한국춤 감성교육방법론 모색	이미희	2009	
무용기록의 디지털화	중요무형문화재 제15호 북청사자놀음의 춤사위에 관한 연구: 3D를 통한 그래픽 무보작업을 중점으로	송경희	1998	Lavan Writer와 Life Forms, 3D를 통한 그래픽 무보작업 방법론을 적용한 연구
	한국무용의 과학적 기록을 위한 멀티미디어 기술의 적용	전미현 조양숙 조세흥	2003	
	무용과 컴퓨터의 만남: Lavan Writer와 Life Forms 소프트웨어를 중심으로	신상미 김미애	2004	
무용과 디지털 기술의 활용방안	무용예술에서 Computer graphics 활용과 효과	윤미희	1998	컴퓨터 그래픽, 모션캡처, 3D 캐릭터 애니메이션 등 디지털 기술을 무용에 어떻게 적절히 활용할 것인가에 대한 연구
	컴퓨터를 통한 21세기 무용의 방향: 애니메이션을 중심으로	이장원	2000	
	발레 동작분석을 위한 컴퓨터 애니메이션의 활용에 관한 연구	박해영	2000	
	모션캡처 테크놀로지를 활용한 Fouette en Tournant의 무용역학적 분석과 3D 멀티미디어 컨텐츠 개발	정현주	2001	
	무용예술에서의 테크놀로지 활용에 관한 소고	남수정	2002	
	모션캡처를 이용한 무용 3D캐릭터 애니메이션 활용방안: 호남검무를 중심으로	이은선	2003	
	모션캡처를 활용한 무용의 멀티미디어화에 관한 연구: 한국무용 호흡기본을 중심으로	임연미	2003	

표 6-6. (계속)

구분	제목	연구자	연도	비고
	디지털미디어시대의 댄스와 영상디자인	박진희 박진현	2004	
	디지털무용콘텐츠에 대한 가치 인식 조사와 발전 방안	배수을	2006	
	무용의 멀티미디어화 활용방안연구	김주영	2006	
	Motion Capture를 이용한 무용 공간의 활용 방안	김민애	2007	
	무용의 영상미디어 활용 효과에 관한 연구	김민정	2009	

계열체(paradigm) 소쉬르의 용어로 '통합체(syntagm)'와 대립되는 말이다. 계열체는 어떤 공통성을 지닌 기호 한 벌을 가리킨다. 우리가 흔히 보는 컴퓨터 자판은 계열체가 새겨 있다. 한글 자모 계열체(ㄱ, ㄴ … ㅎ, ㅏ, ㅑ, ㅓ … ㅣ), 영문의 계열체(a , b, c, … z), 아라비아 숫자의 계열체(0, 1, 2 … 9), 특수부호의 계열체(!, @, #, $, + … 와 같은)가 그것이다. 즉 계열체는 기호복합체를 만들기 위해 필요한 기호들을 선택하게 해 준다. 또한 하나하나가 고유의 특성과 가치를 지니고 있다. 무용에서의 계열체는 손동작, 발동작, 시선 등 움직임의 하나하나가 된다. 옐름슬레우는 한 계열체 안에서 기호가 취할 수 있는 가능성을 '형(form)'이라 하고, 형을 채우는 내용을 '질료(substance)'라고 부른다. 위를 향한 시선은 '하늘의 지향성', 아래로 향한 시선은 '땅의 지향성', 중간을 향한 시선은 '현세, 중앙의 나를 중심으로 하는 지향성' 등이 각 형을 채우는 질료인 것이다. 따라서 모든 기호는 형과 질료 두 가지를 가진다.

공시성(synchronicity), **공시적**(synchronic) 소쉬르의 용어로 '통시성(diachronicity)', '통시적(diachronic)'과 대립되는 말이다. 공시성은 시간의 흐름과 상관이 없는 동일한 시간대(same time)의 단면에서 보이는 텍스트의 구조상태를 알아보는 데 유용한 개념이다. 예를 들어, 무용 텍스트 내에서 움직임의 형이 어떻게 음악과 함께 나타나는가, 시선과 움직임은 어떤 원리의 구조를 동시다발적으로 보이는가의 구조를 말한다. 즉 논리적이고 체계적인 관계들이 하나의 체계 속에 공존하는 상태 자체를 가리킨다. 양과 음처럼 밝은 것과 어두운 것은 하나의 우주 안에 같이 자리하는 것과 같다.

기의(sinifié) 기의는 기호 속에 담겨 있는 추상적 개념을 가리킨다. 기의는 기호에서 개념의 면, 의미의 운반체에 담겨 있는 추상적인 내용, 인간의 의식에 도달하기 위한 사고의 내용인 메시지를 가리킨다. 예를 들면, '해'라는 언어기호에서 '해'라는 기의는 '태양계에 자리한 뜨거운 행성'이라는 개념이 떠오른다. 이처럼 기호에서 개념과 의미의 면이 기의다. 기표와 기의를 통해 우리는 세계를 유추하고 기호로써 추상적인 관념을 형상화한다. 기의는 '의미', '뜻'으로 이해해도 된다. 기의는 인간의 두뇌가 가지고 있는 지각의 계열체로 볼 때 무수한 의미의 관계가 이루어질 수 있다. 춤 동작의 차이를 통해 드러나는 의미의 면이 기의다. 예를 들어, 학사위 자체는 용트림 등 다른 사위와 차이를 통해 의미를 갖는다. 학사위 동작 자체가 기표라면, 이 사위를 보고 '장수, 고고함, 이상향의 매개자' 등의 의미를 떠올리는 것은 기의다.

기표(signifiant) 소쉬르가 언어 일반에 대해 이원적 차원에서 분석하는 개념이다. 기호의 두 요소(기표, 기의) 중 하나를 가리키는 말이다. 기호에서 기표는 '기의의 이미지'라고 볼 수 있다. 소쉬르는 이것을 음성 이미지를 가리키는 말로 한정해서 사용했지만, 후에 많은 기호학자들이 그 뜻을 넓혀 사용해서 매우 광범위한 의미를 갖게 되었다. 기표는 언어기호에서 청각 이미지의 면, 시각 이미지, 의미의 전달, 또는 운반체를 의미한다. 예를 들어, '해'라는 언어기호가 있을 때 [hae]라는 청각적 이미지의 면이 기표다. 그러나 바르트는 이런 불가분리성에 동의하지 않는 것 같다. 신은 기표를 가질 수 없고 기의로만 존재한다고 바르트는 생각한다. 소쉬르에 의하면 기의와 기표는 항상 기호 안에 함께 들어 있으며 결코 독립해서 존재하지 않는다. 다만 개념적으로만 분리 가능할 뿐이다. 춤에서 기표는 신체의 몸짓을 통해 기의를 운반하는 역할을 한다.

기호작용(semiosis) 기호작용이란 기호가 인간과 만나 의미를 만들고 해석되는 과정 전체를 의미한다. 인간이 대상을 보고 기호로 파악하거나 기호 자체를 대하였을 때 인간의 마음에서 일어나는 작용 전반을 가리킨다. 기호가 기표와 기의에 의해 작용하면서 의미를 산출하는 것, 기표와 기의를 결합하여 기호를 만드는 것, 대상이 기호가 되고 이것이 의미를 파생하는 과정 전반을 뜻한다. 무용 동작이 기표로서 차이를 통해 의미를 발생시키는 것, '학사위'와 '장수(長壽)'가 어우러지듯 동작에서 의미를 떠올리는 것, 세계를 모방하여 무용동작을 만들고 이 동작이 의미를 파생하는 과정 전반이 무용의 기호작용이다. 무용은 의미를 생산해 내는 무수한 기표들과 기의의 관계에 따라 기호작용을 한다.

기호학(semiotics 또는 semiology) 기호학을 나타내는 말로 기호학의 두 창시자인 퍼스는 semiotics, 소쉬르는 semiology 등 다른 말을 사용했다. 하지만 두 사람 모두 기호학이라는 학문을 명명하기 위해 '씨, 종자'를 뜻하는 'sem-'이라는 어근에 기인하고 있다. 이는 기호학이 의미론과 의미작용의 한 학문임을 나타낸다. 처음 이 말들을 사용했을 때는 기호학의 목적이 다소 달랐지만, 대체적으로 소쉬르가 정의하는 인간들의 상호 의사전달을 가능하게 하는 모든 기호체계의 일반과학이라 말할 수 있다. 또한 소쉬르의 영향을 받은 바르트도 사물은 모든 기호체계를 대상으로 삼을 수 있다고 보았다. 이미지, 몸짓, 사람들의 의례 등 비록 구두적인 언어가 아닌 모든 사물도 의미작용의 체계를 구성한다는 것이다. 결국 기호학은 세계의 모든 사물과 관련한 기호의 생성과 그 의미작용, 의미창출 과정, 기호의 의사소통 등에 대한 연구로 받아들이고 있는 듯하다. 오늘날 기호학은 문학을 포함한 언어 텍스트 전반, 정치와 사회, 문화 전반에 걸쳐 두루 현상들을 분석하고 해석하는 방법론으로써 발전해 나가고 있다.

대상체(referent) 대상체는 기호로 만들어질 자연의 물체(object)들을 지칭한다. 따라서 기호는 대상체를 대표한다. 퍼스의 삼원 모형에서는 대상체는 소쉬르의 '기표=기호화될 대상물'에 해당한다. 기호가 표상하는 것은 바로 대상체이고, 기호는 항상 그것이 표상하는 대상체를 가리키고 있다. 퍼스의 삼원론에서는 대상체 관련 기호로 유상(도상), 지표, 상징을 구별한다. 춤의 대상체와 관련된 도상은 대상과 유사성의 관계에 있는 춤 동작 기호, 상하좌우 동작 등 드러나는 구체적 외시표현, 동물 모의적 표현, 성 모의적 표현, 전투와 농경 모의적 표현 등 유사성에 바탕을 둔 기호다. 지표는 대상과 인접성의 관계에 있는 기호, 동작뿐만 아니라 각 의상이나 소품을 인접성의 유추작용에 의해 그와 관련된 행위, 직업이나 벼슬, 계절, 주변 환경 등과 함께 환기하거나 지시하는 기호다. 상징은 일반관념의 연상에 의하여 지시하는 대상을 표상하되 추상적 개념을 표의하는 기호로, 춤 동작이 추상적 개념을 표상하는 기호다. 예를 들어, 호흡이 음양(陰陽)을, 청색의 옷이 오행(五行)에서 '목(木)'을 표상하는 경우는 상징기호다.

도상(icon) 퍼스에 의하면, 도상은 "오직 그 기호 자체의 성격에 의해서 그 지시대상에 조응하는 기호"다. 유사성(likeliness)을 바탕으로 대상을 설정한 기호로서 하위개념으로 이미지, 도식(圖式, diagramme), 메타포(metaphor)의 세 종류가 있다고 했다. 우리가 화장실 문에서 흔히 보는 스커트나 바지를 입은 도형화된 인물, 누군가를 그림으로 그려 놓은 초상화, 딸기가 그려진 딸기 맛 시럽, 세계지도, 설계도, 십자가 등이 명백한 도상기호들이다. 무용에서 흔히 동물을 모방하여 나타낸 도상은 매우 사실적인 실체가 고도로 양식화되어 나타나는 기호라고 볼 수 있다. 자라의 동작을 모방한 '자라춤', 학이 활개를 펴고 날아가는 형상을 흉내 낸 '활개펴기'는 도상이다. 그러나 모든 도상들이 무용에서 시각적으로 나타나는 것만은 아니다. 위험을 알리는 사이렌소리, 총에 맞아 쓰러지는 행위에서의 총소리, 사랑을 나누며 키스하는 '쪽' 소리 또한 소리의 도상이 된다. 이는 재생된 현실의 소리로 직접적 도상이다. 그 밖의 기호 유형들도 도상적 미메시스 안에서 작동한다.

동작소(kineme) 하나의 동작형이라 할 수 있는 춤사위는 단순한 단일적 개체운동의 춤사위와 몇 가지의 동작들이 융합된 총체운동의 춤사위로 나뉜다. 전자의 춤사위를 '동작원소'라 하고 후자는 '의미동작'이라 하는데, 여기서 말한 동작소란 그 자체로는 별다른 의미가 없으나 춤 구조체에서 미분적 위치를 점유하고 즉흥적으로 자유롭게 표출된다. 언어기호가 음소를 바탕으로 한다면 춤 기호는 동작소를 바탕으로 한다.

랑그(langue) 랑그는 언어적 형식체계이자 관념들을 표현하는 기호체계를 의미한다. 문자, 수화, 알파벳, 상징적 의식, 예의범절, 군사용 신호 등과 견줄 수 있다. 따라서 랑그는 한글의 자모와 알파벳, 숫자의 단위인 0부터 9까지처럼 계열적이다. 이는 소쉬르의 용어로 '파롤(parole)'과 대립된다. 즉 파롤은 점차적으로 규범화되어 이루어진 언어적 추상체계를 의미한다. 랑그와 파롤은 언어의 두 가지 다른 면이다. 파롤은 언술처럼 랑그를 실생활에 이용하는 언어행위이며 과정인 반면, 랑그는 파롤이 점차 규범화되어 이루어지는 언어의 추상적 체제다.

메타언어(meta-language) 메타언어는 언어를 위한 언어, 언어를 의미 있게 체계적으로 사용하기 위해 필요한 언어라고 볼 수 있다. 메타언어는 이전 언어의 체제 자체를 내용으로 하여 표현하고 있기 때문에 그 이전 언어를 분석하는 언어로서의 기능을 지닌다. 함축언어와 메타언어는 1차 기호가 표상하는 하나의 사물에 대해 대립적 설명들로 나타난다. 즉 함축언어는 주관적 의미를 파생하지만 메타언어는 객관적 의미를 내놓으려 한다. 이러한 의미는 함축언어를 메타언어의 통제 밑에 둠으로써 기호의 담론에 대해 객관성을 도모하고자 하는 의도가 보인다. 메타언어는 나타나는 모든 요소를 분석하고 기술하는 언어의 역할을 해야 한다. 따라서 비평적인 일로 주관적 의미현상을 재단해야 한다. 그리고 더 보편적인 원리들에 대해 해명하고 질타해야 한다. 바르트의 신화적 개념은 메타언어에서 나타난다.

민속무용 일정한 지역 안에 자연발생적으로 생성되어 민족의 기층문화에서 나타나는 하나의 예능형식을 말한다. 지역적·집단적 공동체제 안에 정착하면서 대중의 춤으로 연희되고 계승된 일종의 집단무용이다. 따라서 역사성과 전통성을 함께 이해해야 한다. 그것은 오랜 세월 의식적 활동 양식이나 세시풍속에 뿌리를 내려 오랫동안 성장 발전해 온 춤이기 때문이다. 춤이 개인적 형식이라 하더라도 집단적이자 사회적인 춤으로 볼 수 있다. 따라서 민중문화로서의 성향을 배재한 채 어느 특수사회나 한 개인의 춤이 된 경우에는 민속춤으로서의 특징을 상실하게 되었다고 할 수 있으며, 반대로 외래의 것이 혼합되었다 하더라도 전통적 원형을 바탕으로 하면서 보편화되어 민중들의 생활 속에서 전래하는 경우는 민속무용에 포함시킬 수 있는 것으로 본다. 민속춤을 흔히 대동춤, 누리춤, 우리춤, 마을춤, 두레춤, 민중춤, 서민춤, 대중춤이라고도 한다.

범주(category), **범주화**(categorization) 같은 특성을 지닌 기호의 한 묶음을 의미한다. 예를 들면, 양파 즙을 짜기 위해 양파를 '싱싱한 양파'와 '상한 양파'로 가를 때 2개의 범주가 생긴다. 곧 범주는 자기 자신이 포함되어 있는 주변이나 세계를 이해하는 인식행위의 기본적 틀이다. 우리가 흔히 사회에서 나누는 학연, 지연, 인연들 또한 나를 중심으로 일어나는 현상이다. 범주화는 주체가 주관적으로 수행하는 현상학적 관찰에서 일어난다. 무지개를 일곱 색깔로 나누는 것 또한 범주화다. 이처럼 범주화의 장점은 좀 더 실질적이고 명료한 이해를 얻을 수가 있다. 벤베니스트가 기호를 언어기호, 도형기호, 사회예절기호, 외적 기호(사회여건을 나타내는 기호, 경제생활지표 등), 종교기호, 예술기호로 나누는 것은 범주화된 구분이다. 이것이 기호의 모든 범주를 드러내고 있지는 않지만 하나의 실증적 범주의 구분을 말해 준다. 예술기호 가운데 무용은 지속된 시간 속에 동작의 연속된 행위에서 미적 기능을 드러낸다. 이 또한 동작기호 하나하나의 범주화를 통해 춤 기호의 연속체를 범주의 망으로 걸러냄으로써 보다 쉬운 의미의 기능을 파악할 수 있다는 장점이 있다.

상징(symbol) 기호가 기의들과 직접적으로 인지 가능한 유기적 관계를 맺고 있지 않는 기호가 바로 상징이다. 상징은 '어떤 법규에 의하여, 보통은 일반관념의 연합에 의하여 그것이 지시하는 대상을 표의하는 기호, 그 경우 법칙이나 일반관념의 연합은 그 대상을 표의하는 것으로 해석되도록 작용함'을 가리킨다. 상징의 기호는 전적으로 관습으로부터 유래한다. 일종의 특별한 약속이다. 우리들의 언어기호는 대부분 자의적이고 인위적인 상징기호들이다. '여자'라는 글자는 상징이다. 'ㅇ'과 'ㅕ', 'ㅈ'과 'ㅏ'의 자의적 조합으로 되어 있을 뿐 실제 여자를 닮은 유사적 인접성은 찾기 힘들다. 이외에도 상징은 학교의 마크, 의상의 관습에서도 나타난다. '한복 → 한국인', 종교적 상징인 '십자가 → 기독교'처럼 일반적 관념을 매개로 하여 그 대상을 표의하는 기호를 뜻하기에 개별적 사물을 지칭하지 않고 추상적 부류를 지시한다. 무용에서 어떠한 상징적 동작은 관습에 의한 것이다. 발레의 경우 '반지를 낀 손가락에 키스하는 제스처는 '사랑합니다, 청혼합니다'의 약속된 동작기호를 의미한다. 또한 송파산대놀이 중 '거울보기'는 '통치자나 수호신을 맞는다, 나를 반성한다'라는 의미로 '거울'은 통치자나 수호신을 상징하는 기호다.

신호(sign) 신호는 교통신호의 빨간색처럼 '멈춤'을 의미하는 단일의미의 기호체를 지칭한다. 전시처럼 긴급한 행동을 요하는 상황에서도 인류는 언제나 정보를 신속하게 주고받을 수 있는 신호를 사용했다. 따라서 매우 실용적인 코드를 의미하며 정보전달을 목적으로 한다. 하지만 이런 인공적 신호 외에도, 인간은 자연의 신호들을 통해 고유한 지표를 만들기도 했다. 우리가 '샛별'이라고 부르는 금성은 목동들에게 천상의 지도로서 이정표 구실을 한다. 상호 표현행위와 의미전달의 기능으로 볼 때 몸짓 제스처의 언어적 단위들은 바로 신호의 범주에 해당된다.

신화(myth) 신화는 미리 이루어져 있는 기호(의미작용이 '가득 차' 있는 것)를 대상으로 하여 '배출작용'을 가함으로써 그것을 '공허한' 기호표현이 되게 한다. 바르트는 신화에서 이 제3항을 의미작용, 제1의 항(기호표현)을 형식, 제2의 항(기호내용)을 개념이라고 부른다. 신화에는 전부터 이미 존재하는 기호적 연쇄작용을 바탕으로 그 위에 만들어진 한 단계 더 높은 기호체계로서 작용한다는 점이다. 즉 신화는 부분적 동기가 있고 이러한 동기는 숙명적으로 유사한 가운데 선택된 몇몇의 개념들로 새로운 의미작용을 낳게 된다. 한국 춤에서도 신화는 문화적 맥락에서 해석된다. 움직임으로써 무한한 자유 속에서 몸과 마음을 다스리고 삼태극의 합일체로서 역할을 하는 것으로 민족적 신화의 개념이다. 신화는 외연과 함의에 따른 메타언어적 개념이자 문화적 의미에서 객관성을 확보하며 한국 춤의 의미를 규정하게 된다.

외연(denotation) 외연은 '비'의 의미에 대해 '대기 중의 수증기가 높은 곳에서 찬 기운을 만나 엉겨 맺혀서 땅 위로 떨어지는 물방울'로 해석하는 것처럼, 언어공동체의 합의로 이루어지는 비주관적이며 담론과 떼어놓아도 분석이 가능한 것을 뜻한다. 기호와 대상체 사이에서 단순하고 명료한 직설적 관계를 나타낸다. 이처럼 외연은 모호함이 없이 누구나 공통적으로 수긍되는 사전적 의미와 같다. 무용에서 외연은 객관적이며 보는 그대로의 시각에 따라 직접적 효과를 가져 오는 보편적 구성요소들이 관계한다. 뛰는 동작은 오른쪽인가, 왼쪽인가 하는 방향성의 외연을 의미한다. 거기에서 더 진보적 외연이라면 오른쪽으로의 행동은 '밝음'을 왼쪽으로의 행동은 '어둠'을 의미하는 보편적 의미에 속한다. 빨강이 '주의'를 녹색이 '평화'를 의미하는 것과 같다.

은유(metaphor) 은유는 같은 맥락 안에 현존하거나 함축되어 있는 다른 기호를 가리킬 때 유사성의 관계에 기초하는 시적인 언술이다. 어떤 낯선 것을 다른 낯익은 것이 지니는 공통점에 의하여 표현한 것, 은유는 사물에 대한 개념 대 개념으로 유사(similarity)와 대체(substitution), 그리고 압축된 체계다. 사물을 보는 방식으로 개념적 체계에 구조를 제공한다. 즉 세계를 이야기하는 방식이자 경험적 기초를 통해 행동하는 양식이다. '행복은 위고, 슬픔은 아래다'라는 공간적 지향에 의한 은유 외에도 '어두운 생각, 우울한 기분', '사랑이 시들다' 등 감정을 나타내기도 한다. 이러한 '사랑', '인내'와 같은 은유의 실체들은 '사랑의 시련', '인고의 힘' 등 보다 공상적이면서도 창조적인 은유로 넓은 상황과 시각에서 세계를 이해하도록 돕는다. 이런 표현은 기호해석자에게 초현실적 효과를 일으킨다. 춤에서 은유는 동작과 서사로 나타난다. 송파산대놀이 가운데 '멍석말이'는 멍석을 마는 듯한 춤 동작의 형태가 계층적 신분에 대한 탈사회적인 행위와 원환(圓環)적 삶의 은유로 해석된다. 둥글게 말린 멍석처럼 삶이란 생과 사, 만남과 이별, 행복과 불행이 교차하고 순환하는 과정이란 것이다.

의미작용(signification) 의미작용은 하나의 기호를 만들기 위해 기표와 기의를 결합하는 작용을 '의미작용' 또는 '의미화'로 말할 수 있다. 의미작용은 기호 자체를 생산하는 기호의 이미지다. 기호가 기표와 기의를 발생시키며 작용하면서 의미를 산출하는 것, 또는 기표와 기의를 결합하여 기호를 만드는 것을 의미한다. 기호는 기표와 기의 양자 가운데 어느 하나만 없어도 기호 구실을 하지 못한다. 기호는 의미작용에서 두 가지 방향으로 작용하는데, 첫 번째는 기호를 가능하게 하는 '기호작용'과 다음 기호를 풀이해야만 하는 '해석작용' 모두가 일어난다. 이 모두는 인간의 사고와 관련된다. 매개체를 보고 연상되는 의미를 생각하는 것도, 의미를 떠올리며 기표들을 의식적으로 찾아내는 과정에서 기호가 성립되는 것도 모두 인간의 두뇌에서 일어나는 구조적 인식에서 비롯된다. 의미작용은 한편으로는 '의미의 수렴과 공유'(과학적 담론이 도모하는 것)를, 다른 한편으로는 '의미의 발산'(예술적 담론이 도모하는 것)을 수행한다. 의미의 발산은 탈커뮤니케이션적 행위다.

이미지(image) 이미지란 사물로 받은 느낌, 인상, 영상 등 저 밖의 사물이 각인되어 있는 자국을 말한다. 즉 어떤 대상체가 정신적 현상으로 반영되어 있는 느낌, 환영 등을 의미한다. 우리가 '어머니' 하면 떠오르는 언어기호는 어떤 정신적이고 지각적인 관념에 의해 마음이 찡해지면서 헌신적 이미지로 각인된다. 어원상 이미지와 관념(idea)은 같은 뿌리를 가지고 있다. 기호에서 이미지는 기의와 지시대상물 사이의 질적 유사성을 실행하는 도상적 기호다. 퍼스의 삼분법적 의미로 볼 때 이미지는 단순한 그 자체의 품질이므로 1차적 표현체다. 또한 이미지의 특이성은 다의적일 수도 있고, 그렇지 않을 수도 있다는 데 있다.

이원항 또는 이원대립쌍(binary opposite) 서로 대립되는 모순관계에 있는 개념들의 쌍을 의미한다. 예를 들면, '음/양', '해/달', '남/여', '위/아래', '선/악', '젊음/늙음', '진실/거짓', '존재/무존재' 등의 이원적 범주화의 구분이자 흑백논리와 같다. 이항대립은 무시간적 원리에서 인간의 의식구조가 빚어낸 하나의 대립된 인식적 질서형태다. 이항대립은 의미생산의 기초가 된다. 이는 차이(difference)를 통해 의미를 부여하게 만든다. 즉 하나의 대상이 존재하는 양상에 대해 차이에 의한 관계적 사유를 모색함으로서, 비인식으로부터 인식적 존재로 지각하게 되는 의미부여의 생성적 기틀이다. 이러한 차이의 관점에서만 보면 무용에서도 이 동작과 저 동작의 차이를 통해 춤 기호의 의미를 부여하고 의미생산을 이룬다 할 수 있다.

일심(一心) 원효철학의 궁극적 목적은 일심의 근본으로 돌아가는 것이다. 일심은 말로 표현할 수 없고 인간의 인식으로는 도달할 수 없는 궁극적 실체라는 점에서 도(道)나 진여(眞如)의 실체와 통한다. 일심은 유(有)와 무(無), 진(眞)과 속(俗), 사(事)와 이(理) 등을 융합하였으면서도 하나가 아니고, 모든 법을 포괄하여 파하지 않고 세우지 않는 것이 없는 도(道)의 실체이자 근원이다. 한편에 기울지 않으면서도 절충한 것도 아니기에 모든 것을 긍정하여 세우지 않는 것이 없는 유식(唯識)과 모든 것을 부정하여 부수지 않는 것이 없는 중관(中觀)을 종합하여 모든 것을 부정하면서도 모든 것을 세운다. 그리하여 일심의 철학은 파함이 없되 파하지 않음이 없고 세움이 없되 세우지 않음이 없으니 실로 이치 중에 지극한 이치요, 인간의 이성과 의식의 견지에서는 그것을 초월한 무엇이기에 그렇다고 할 수 없으면서도 (자연처럼) 모든 것을 포괄하고 융섭(融攝)시키는 진리 중의 대진리다. 때문에 일심의 본원으로 돌아가야 진리를 구하고 깨달음을 얻을 수 있는 것이다.

한국 춤의 동작은 일심의 근원에서 이루어진다. 춤의 체(體) 또한 본질적으로 알 수 없다. 따라서 한국 춤의 실체를 소(小)와 대(大)의 우주적 순환으로 보아 시간과 공간 둘로 나누어 해석할 수밖에 없다. 이러한 나눔의 일시적 현상으로 보이는 체의 실체는 삶과, 죽음, 생과 소(消)를 하나로 아울러 삶이 곧 죽음이고 죽음이 곧 삶이며, 나타남이 사라짐이고 사라짐이 곧 나타남임을 의미하며 다시 일심으로 귀환한다. 즉 한국 춤에서 나타난 영겁의 회귀성은 정중동(靜中動)의 호흡을 반복하는 가운데 우주적 시공에서 순환을 모방하며 삶에 대한 실존적 의미를 부여한다. 이런 까닭에 한국인에게는 삶과, 죽음, 생과 소(消)가 이분법적으로 대립하는 것이 아니라 불일불이(不一不二)의 관계를 형성하는 것이다.

자의성(arbitrariness) 기호의 자의성은 기표와 기의를 마음대로 묶어 연결해 놓은 것을 의미한다. 이러한 개념은 매우 논리중심적이자 법칙적이다. 그러나 이러한 기표와 기의 간의 자의성은 무수한 기호들을 생산하게 한다. 매우 융통성을 띤 기호의 의미작용의 결과다. 무용기호도 자의성에 의한 조작된 코드들이 미적 정보의 변화와 질적인 차이를 주게 된다. 그것은 인위적 조작(안무가가 의도한 자의적 기호생산)과 순수한 조작(비동기화된 기호들의 자의적인 결합, 예술기호로서의 자율적 속성)으로 나뉠 수 있다. 예술에서의 자의성은 기호들의 통념상의 법칙이며 문화와 사상, 시대적 배경 등을 맥락으로 관습화될 수 있는 성질이 있다. 즉 발레처럼 의미전달에서 관습적이거나 구상적 방법을 압도적으로 사용한 형식-내용의 형태는 인위적인 조작 형태에 속한다. 그러나 우리의 눈에 현실적으로 시각화될 수 없는 고도로 추상화된 작품 내에서는 기호들의 순수한 조작 형태, 자율적인 기호현상이 일어난다. 특히 자의성에 의한 예술의 상징은 그로 인한 고도의 커뮤니케이션의 현상들에 관해 주목해야 한다.

지표(index) 무용에서 지표는 움직이며 가리키는 손 방향, 춤의 동선은 의미를 묘사하는 대상과의 근접관계로부터 끌어내는 기능을 한다. 이를 지표라 한다. 즉 '그 대상에 의해서 실제로 영향을 받고 그 사실에 의하여 그 대상의 기호로서 기능하는 것'을 가리킨다. 비싼 스포츠카는 부의 지표이고 콧물, 발열, 인후통은 감기의 지표다. 이처럼 물리적 인접성(contiguity)을 바탕으로 주의를 대상을 향해 기울이게 하는 것을 의미한다. 지표는 진정한 지표(genuine index)와 퇴화적 지표(degenerate index)가 있는데, 진정한 지표는 '피흘림, 긁힌 자국 → 상처'처럼 지표와 대상 사이에 실재적 관계가 있는 지표를 뜻하며, 퇴화적 지표는 '이것, 저것'처럼 지표와 대상 사이에 실재적 관계가 없는 지표를 의미한다. 무용에서 직접적인 단어가 동작을 동반하는 경우로서 지표는 '멍석말이'가 농민의 삶을, '꽃봉오리'가 꽃의 개화를 알리는 것을 의미한다. 그러나 살풀이춤의 하얀 수건이 지표가 되는 경우, 떠난 임(망자)을 대신하여 표현되는 인칭대명사 '너'를 의미하며(연극의 경우 '너'와 '나'와 같은 인칭대명사도 지시적 기호라 불린다), 그것은 대상과의 퇴화적 근접관계에 의한 지표기호를 의미한다.

커뮤니케이션(communication) 커뮤니케이션은 발신자와 수신자사이의 메시지의 공유다.

의미작용과는 '의미의 공유'를 통한 소통적 측면에서 다소 차이가 있다. 커뮤니케이션이 공통된 의미를 교환하여 공유를 이룬다면, 의미작용은 이러한 공유 외에도 의미의 발산을 비롯해 기호의 자율적 형태를 모두 포괄하는 개념이다. 따라서 의미의 공유를 이루지 못한 커뮤니케이션은 의사전달 과정에서 실패로 여긴다. 무용도 코드화를 진행하며 커뮤니케이션을 달성하고자 한다. 코드화가 커뮤니케이션을 위해 필요한 것이라면, 의미작용은 코드화 외에도 탈코드화를 허용한다. 하지만 예술에서 커뮤니케이션은 일반적으로 탈커뮤니케이션을 포함한 다른 차원의 커뮤니케이션을 의미한다. 즉 의미작용은 탈코드화가 진행된 뒤에도 수준 높은 코드화를 통해 다의적 의미를 생산한다. 이로 인한 소통은 일반적인 언어적 소통의 일대일 대응방식이 아닌, 동시다발적 공유와 맞물리게 되면서 예술적 공감대를 형성하는 의사소통이 가능해진다.

코드(code), **코드화**(codification) 코드는 발신자가 수신자를 상정하고 기호를 제작하고 해독하는 원리로 발신자와 수신자가 놓인 세계관에 따라 관습화한 기호사용의 유형을 가리킨다. 피에르 기로에 의하면, "기호를 위한 명료한 사회적 관습들의 체제"이며, 움베르토 에코는 이에 대해 "미리 정해진 규약을 토대로, 정보를 정보원에서 수신점으로 전달하는 데 사용되는 모든 상징기호의 체계"로 정의한다. 보통 반복적으로 사용함에 따라 관습화된 기호 사용 패턴을 뜻한다. 코드화란 이런 코드를 만들고 또 이 코드를 풀어 해석하도록 하는 체제 전반을 의미한다. 무용예술 또한 심미적 코드들의 코드엮기와 코드풀기의 연속이다. 동작 자체가 코드가 되고 사회관습적 규칙에 의해 어느 정도 형식이 만들어지고 코드풀기를 통해 수신된 의미를 찾을 수 있다. 코드풀기는 해석학적 의미에서 함축의미의 영역을 의미한다.

콘텍스트(context) 콘텍스트란 언어 문장에서 유추해 볼 수 있는 상황적인 의미해석을 포함해, 시대적 상황, 사회문화적 배경, 사상과 이데올로기 등의 맥락을 의미한다. 콘텍스트란 넓게는 텍스트가 만들어지고 수용되는 외적 상황, 곧 무용작품의 창조와 수용에 관여한 무용가나 창작자, 안무배경, 사상적·문화적 토대 등을 말한다. 따라서 무용의 텍스트는 무용가의 신체적 특징, 의상, 분장술, 음향, 무대소품, 무대조명 등과 관련된 무용공간에서의 모든 기호들의 맥락을 주시해야 한다. 같은 동작이 지시하는 움직임의 형태라도 상황에 따라 의미를 달리하기 때문이다. 춤을 추는 의도가 의식적 관습에 의한 태도인가, 코드의 변형인가에 의해 텍스트는 다양한 의도를 가질 수 있다.

탈코드화(de-codification) 커뮤니케이션은 코드화를 필요로 한다. 즉 코드엮기와 코드풀기에 의해 메시지를 만들고 전달한다. 의미작용은 코드화와 동시에 탈코드화를 허용한다. 특히 예술에서 생명력을 주는 것은 탈코드화다. 예를 들어, 대량으로 찍어내는 상업적 미술은 상투적 코드가 주를 이루고 예술적 가치를 불어넣지는 않는다. 탈코드화는 기호를 탈기호화(de–sign)함으로써 통상적 관계를 맺는 기표와 기의를 해체시키고, 기표와 기의를 새로운 관계로 재조립하게 한다. 탈코드화는 뛰어난 예술작품은 탄생시키는 하나의 원리이며 새로운 창조적 세계로 진행되는 가치구조 현상이다.

텍스트(text) 텍스트란 짜여져 있는 동시에 이 짜여진 구조나 질서를 통하여 메시지화나 의미를 캘 수 있는 모든 것을 가리킨다. 시 한 편이나 무용 동작 하나도 거기서 질서를 발견하고 그 질서를 통해 의미나 메시지를 파악한다면 그것은 텍스트다. 이것은 문필적 텍스트에 국한된 개념이 아니라, 커뮤니케이션의 모든 산물(글로 씌어진 것, 말로 된 것, 그림으로 그려진 것 등)을 통틀어 지칭하는 말이다. 텍스트는 의미들을 품은 다차원의 공간이다. 맥락에 따라 의도는 달라질 수 있다. 예술에서의 텍스트는 시공간적 이미지가 의미창출에 큰 비중을 차지하며 코드의 자율성을 허락한다. 기호들의 망과 외부세계로의 연결에 의해 새로운 예술적 코드를 생성하고 다양한 해석의 가능성을 가진다.

통시성(diachronicity), **통시적**(diachronic) 공시성, 공시적과 대립되는 말로 시간의 흐름과 관계된 개념을 말한다. 즉 텍스트를 이루는 요소들이 시간의 흐름을 따라 어떤 변화를 가지게 되는가의 개념을 의미한다. 무용 텍스트에서는 줄거리의 전개로 인한 움직임과 관련된 시간적 흐름을 말한다. 시간의 경과에 따라 전개되는 사건의 고리를 나타내기 때문에 역사성이 비교적 뚜렷하다. 음양의 원리로 보면 음과 양은 두 가지 요소의 합으로 공시적이지만 시간의 흐름상의 전개로 볼 때 해가 지면 어둠이 오고 어둠이 끝나면 태양이 떠오르며 다시 밝음이 오는 사건은 통시적 개념이다. 공시성은 수직적이라면 통시성은 매우 수평적인 개념이다.

통합체(syntagm) 소쉬르의 용어로 '계열체(paradigm)'와 대립되는 말이다. 위의 계열체에서 선택한 기호들을 조합하여 이루어진 기호 복합체를 의미한다. 무용 또한 하나하나의 손동작, 발동작, 시선 등의 계열체를 조립하여 코드를 만들고 메시지를 전달하므로 통합체적이다. 어떠한 계열체를 선택하여 메시지를 전달하고 수렴하느냐에 따라 통합체적인 무용현상은 다르게 나타난다. 통합체에는 조작의 원리, 예술의 형성 원리 등 어느 정도는 관습화되어 있는 규칙이 내재한다. 하나의 텍스트는 시간에 따라 진전되는 조직된 일련의 사건들로 통합체적이다.

파롤(parole) 파롤은 언술처럼 다른 사람들과의 상호작용을 위해 실생활에 이용되는 언어 행위의 과정이다. 우리가 일상생활을 통해 다른 사람에게 의사소통을 목적으로 설명하는 것이 파롤이다 . 파롤은 사회적이며 구체화된 표현을 의미한다. 개개인의 발화 행위인 파롤은 랑그(langue)를 통해 그 의미를 가진다. 랑그가 계열체적이라면 파롤은 통합체적이다. 춤에 나타난 코드와 메시지는 선택된 여러 다른 기호들의 종합적 기호로, 파롤이라고 볼 수 있다. 그것은 춤에서 소통을 가능하게 하는 의미작용 과정이다.

표상체(representamen) 대상체를 어떤 기호로 대치하고 의미를 포함하는 기호를 가리킨다. 퍼스의 삼원론은 표상체와 관련되어 자질기호, 개별기호, 법칙기호로 나뉜다. 자질기호는 구체화하기 이전의 춤 동작 자체의 가능성, 시각적 영상기호, 의미의 단위 기호라고 할 수 있다. 학춤, 탈춤 등에서 대상의 이미지와 관련된 속성적 기호, 또는 표정과 몸짓 등 구체화하기 이전의 가능성을 의미한다. 개별기호는 동작이 현실적으로 표현화된 기호, 상(象)의 기호, 다른 것과 관련을 맺는, 구체적으로 구현된 춤 동작의 기호다. 법칙기호는 그 자체로 춤 동작이 법칙인 기호, 범주에 의해 코드화된 기호로 음양의 형태인 괘의 부호 '- · =', 또는 춤 동작소의 호흡, 장단 등을 표상한 기록의 코드, 삼재(三才), 화쟁사상을 표상하는 삼태극 등을 가리킨다.

함의(connotation) 함의는 그 기호에 덧붙이는 암시적 의미로 주관적 느낌이나 문화에 따른 경험과 차이에 따라 달라지는 의미를 말한다. '비'의 의미를 '신의 축복, 이별'처럼 수용자나 문맥에 따라 담론에 놓인 위상에 따라 의미작용을 하는 것을 가리킨다. 보통 기호가 표상하는 대상체와 연관된 문화적 경험으로부터 연상된 의미를 뜻한다. 무용기호의 해석에서 함축의미를 끌어내지 못하고 외연의 수준에 머무르는 것은 진정한 예술적 소통을 이룰 수 없다. 살풀이춤의 동작에 나타난 외연 그대로 그저 '망자를 보내는 슬픔과 한'으로 해석하는 것은 함의를 보지 못하는 태도다. 수건을 지표로 하여 나타내는 기호들은 '새로운 부활의 가능성과 염원을 승화'하는 함축된 의미를 파생하기 때문이다. 이처럼 함의를 통해 문화적 이념을 유추해 볼 수도 있다.

해석체(reference) 퍼스가 말한 개념으로 소쉬르의 기의 개념과 같은 것이다. 해석체는 ① 즉각적(정서적) 해석체(의미를 일으킬 잠재력을 지니며 아직 분석되지 않은), ② 역동적 해석체(기호가 해석자의 마음에 실제로 일으키는 직접적 효과. 해석자가 해석할 때마다 경험되는 것), ③ 최종 해석체(기호의 반복적 사용으로 특정 기표 간에 자의적인 어떤 규칙성이 부여되거나 발견되어 매우 관습적인 패턴으로 진행되어 감)로 구분된다. 해석체와 관련된 춤 기호로는 잠재기호, 사실기호, 논법기호가 있다. 잠재기호는 다른 동작과의 차이, 변별적 자질을 가져 해석될 가능성이 있는 기호로 춤 동작, 호흡, 춤길, 눈길 등 그 자체다. 사실기호는 다른 동작과의 차이, 변별적 자질을 가진 것과 연관시켜 해석되는 기호다. 예를 들어, '용트림' 사위가 다른 사위와 차이를 통해 삼계(三界)의 중개자, 우신(雨神) 등의 행위적 의미를 갖는 경우 사실기호다. 논법기호는 춤 동작의 해석 자체가 법칙인 기호다. 한국 춤에서 정(情)과 한(恨)의 화쟁체계, 한의 승화와 해학, 심미적 여백의 공간 등 춤 동작의 의미를 심층적으로 해석하면 그것이 곧 춤의 법칙기호다.

화쟁(和諍) 화쟁은 모든 대립과 갈등을 아우르고 분별을 넘어서서 하나로 회통(會通)함을 의미한다. 원효철학의 궁극적 목적은 일심(一心)으로 돌아가는 것인데, 사람들은 미혹(迷惑)하여 일심을 제대로 깨닫지 못한다. 무명(無明)에 가려 부처를 만나지 못하고 깨달음에 이르지 못한다. 무명은 미혹하여 세계를 주와 객, 본질과 현상 등 둘로 나누어 보나 세계의 실체는 이를 하나로 융합한 것이며 그렇다고 하나에 머물지도 않는다. 세계의 실체는 고요하고 그득하여 무명을 떠나 이를 수 있는 청정의 세계이기에 어느 한편에 기울거나 극단에 서는 것이 아니며 그렇다고 절충하여 그 중간을 취하는 것도 아니다. 세계의 실체인 일심은 유와 무, 현전(現前)과 부재(不在)가 끊임없이 교차하는 곳이며, 차이를 통해 양자를 드러내고 모든 것을 포섭하면서도 정작 자기는 비어 있는 곳이다. 그러기에 이에 이르려면 세계를 둘로 나누어 보는 데서 떠나 하나의 마음으로 돌아가고 언어와 인간의 인식의 한계를 넘어 깨달음에 이르러야 하며 허상들이 빚어내는 다양한 형상들에서 벗어나 근본을 인식해야 한다. 이렇게 하는 것이 바로 화쟁이다.

환유(metonymy) 환유는 유사성에 따라 선택한 것을 통사적으로 연계하는 것, 즉 시간적으로 배열하는 서사와 관계가 있다. 환유란 '귀뚜라미-가을', '군인-제복'과 같이 유사성이나 대응이 아닌 연상에 의해 밀접하게 연결되는 통합적 부분(전체를 명명하기 위한 하나의 성분 또는 연결된 자질이나 부분을 가리키기 위한 전체다)을 의미한다. '지느러미'에서 '물고기'를, '아지랑이'와 '눈꽃에 핀 매화'에서 그와 관련된 '봄'을 연상하듯, 본질적으로 한 사물의 부분과 전체 관계, 동일한 영역에서 일어나는 유추작용이다. 즉 은유가 동일성을 지향하는 데 비하여 환유는 차이와 치환, 지시적이며 사실적인 구체성을 지향한다. 은유의 표현이 상징주의 또는 낭만주의 계열이라면, 환유는 표현이 강한 사실주의 계열이다. 또한 환유는 텍스트에 작용하는 가치관이나 이념 등 맥락을 강조하여 통사적 원리로 나타나기도 한다. 춤에서 환유도 인접성의 유추에 따라 의미작용을 일으키는 것을 뜻한다. 송파산대놀이 춤의 '멍석말이'에서 '멍석'은 '시골생활', '논', '농부'를 연상시키는 환유다. 탈춤의 경우 양반과 말뚝이 등이 착용하는 갓이나 벙거지 등은 신분을 나타내는 징표가 된다. 이는 신분의 암시, 더 깊은 의미로 '찌그러진 갓'은 그 신분이 가지고 있는 모순과 부조리 등의 의미로 확장된다. 또한 다양한 소품으로 삼지창, 꿩털, 깃발 등은 부분이 전체 내용을 유추하게 되면서 잡귀를 물리쳐 없애는 벽사(辟邪) 혹은 전투 등을 의미하게 된다.

참고문헌

가와노 히로시(1999). 『예술· 기호· 정보』(진중권 역). 새길.

강대석(1986). 『니이체와 현대철학』. 한길사.

강신덕(2000). 「기호에 대한 시대적 고찰」. 고려대학교 석사학위논문.

강여주(2006). 「안무가와 무용수 및 관객과의 커뮤니케이션과 의미생성 과정에 관한 연구」. 연세대학교 박사학위논문.

姜天奉 譯解(1988a). 『三一神誥』. 양우당.

姜天奉 譯解(1988b). 『會三經』. 양우당.

고바야시 신지(2000). 『무용미학』(김경자 역). 현대미학사.

그레마스(1997). 『의미에 관하여』(김성도 역). 인간사랑.

기호학연대(2002). 『기호학으로 세상읽기』. 소명.

기호학연대(2003). 『대중문화 낯설게 하기』. 문학과 경계사.

김경용(2003). 『기호학이란 무엇인가』. 민음사.

김달진 편역(1993). 『금강삼매경론』. 열음사.

김동욱(1966). 「李朝 妓女史 序說」. 『아세아여성연구』(숙명여자대학교 아세아여성문제연구소) 5: 73-116.

김말복(2006). 「춤을 통해 본 한국적 움직임커뮤니케이션 연구」. 『무용예술학연구』 18: 1-28.

김백봉(1977). 『봉산탈춤무보』. 한국문화예술진흥원.

김보현 편역(1996). 『해체』. 문예출판사.

김성도(2002a). 『구조에서 감성으로』. 고려대학교 출판부.

김성도(2002b). 『현대기호학 강의』. 민음사.

김성수(2005). 『민속학춤 연구』. 도서출판 한림원.

김성희(1993). 『한국 희곡과 기호학』. 집문당.

김숙자(1979). 「살풀이춤 연구」. 세종대학교 석사학위논문.

김열규· 채희완(1982). 「맺힘과 풀림으로 이루어지는 우리 춤」. 『춤』 71: 16-29.

김영순(2001). 『신체언어 커뮤니케이션 기호학』. 커뮤니케이션북스.

김온경(1991).『한국 춤민속연구』. 형설출판사.

김용덕(2003).『한국민속문화대사전』. 창솔.

김용한(1986).「경기지방의 산대놀이에 관한 연구」. 단국대학교 석사학위논문.

김우룡·장소원(2004).『비언어적 커뮤니케이션』. 나남.

김원화·유진(2007).「설장구춤과 구정놀이의 어원적 고찰」.『한국체육교육학회지』 46(4): 369-381.

김일화(1991).「지전춤의 춤사위 연구」. 조선대학교 석사학위논문.

김지원(2002).「니체의 永遠回歸에서 본 살풀이춤의 연구」.『한국미래춤학회 논문집』 9: 35-45.

김지원(2006a).「바르뜨 기호학을 통한 지전춤의 신화적 의미분석」.『한국언어문화』 31: 233-255.

김지원(2006b).「살풀이춤의 미적 특질에 관한 화쟁기호학적 연구」.『대한무용학회논문집』 47: 1-25.

김지원(2006c).「한국 민속춤의 동작코드와 의미체계에 대한 연구」.『대한무용학회논문집』 46: 1-35.

김지원(2006d).「한국민속춤의 동작코드와 의미체계에 관한 연구」. 한양대학교 박사학위논문.

김지원(2006e).『한국춤의 코드와 해석』. 한양대학교 출판부.

김지원(2007a).「무용의 기호현상에 대한 연구」.『대한무용학회논문집』 52: 69-89.

김지원(2007b).「퍼스 기호이론의 무용기호학적 적용 연구」.『대한무용학회지』 50: 17-20.

김지원(2008a).「춤 언어의 소통에 관한 문화기호학적 해석 연구」.『기호학 연구』 23: 331-352.

김지원(2008b).「춤의 언어적 의미기능에 관한 해석 연구」.『대한무용학회지』 54: 페이지.

김지원(2009).『한국춤에 빠지다』. 동아일보사.

김지희(2003).「한국 전통춤에 내재된 음양오행 분석을 통한 한국적 춤교육 방안 모색」. 숙명여자대학교 박사학위논문.

김진걸(1989).『산조춤 무보』. 은하출판사.

김치수·김성도·박인철·박일우(1998).『현대기호학의 발전』. 서울대학교출판부.

김태환(2001).「그레마스의 행위소 모델 수용의 문제점」.『독일어문화권연구』(서울대학교 독일어연구소) 10: 104-118.

김형효(2000).『원효에서 다산까지』. 청계.

김효심(2004). 「한국무보의 현황분석에 따른 미래방안 모색」. 경희대학교 석사학위논문.
김희성(2004). 「송파산대놀이 춤사위 구조 분석」. 중앙대학교 석사학위논문.
김희숙(1996). 『경북지방의 무보연구』. 영남대학교 출판부.
노자(2000). 『노자 도덕경과 왕필의 주』(김학목 역). 슬기샘.
루돌프 아른하임(1981). 『미술과 시지각』(김춘일 역). 홍익사.
마르틴 졸리(2004). 『이미지와 기호』(이선형 역). 동문선.
머레이 노울즈 외(2008). 『은유소개』(김주식 외 역). 한국문화사.
민성희(2004). 「그레마스 기호학을 중심으로 한 한국 춤 해석」. 부산대학교 박사학위논문.
박미진(2005). 「송파산대놀이의 기호학적 고찰」. 단국대학교 석사학위논문.
박소현(1991). 「살의 유형적 특성과 그 풀이 방법에 관한 연구」. 원광대학교 석사학위논문.
박영란(2002). 「자모식무용표기법」. 『한국무용기록학회지』 2: 213-223.
박용숙(1981). 『한국음양사상의 미학』. 일월서각.
박은영(1999). 「호남 우도농악의 설장구춤사위에 관한 연구」. 조선대학교 석사학위논문.
박인철(2003). 『파리학파의 기호학』. 민음사.
박준택(1979). 『현대철학사상』. 박영사.
박하정(2005). 「탈춤에 내재된 유희적 성향 연구」. 성균관대학교 석사학위논문.
배수을(2006). 「디지털무용콘텐츠에 대한 가치 인식 조사와 발전 방향」. 경희대학교 박사학위논문.
배원식(1996). 「니이체의 운명애 사상에 관한 연구」. 경희대학교 석사학위논문.
백광하(1967). 『태극기』. 동양수리연구출판부.
백현순(2002). 「승무의 춤사상에 관한 연구: 호남 승무를 중심으로」. 『대한무용학회논문집』 32: 57-85.
비트겐슈타인(1994). 『철학적 탐구』(이영철 역). 서광사.
서동주(1985). 「원의 상징적 의미에 관한 도자의 입체표현」. 이화여자대학교 석사학위논문.
徐相潤 譯解(1986). 『周易』. 한국교육출판공사.
서정철(1992). 「그레마스의 기호학 사각형」. 『외국어교육연구』(한국외국어대학교 외국어교육연구소) 8: 103-124.
서현옥(2003). 「승무 춤사위에 내재된 선의 이미지 형상화에 관한 연구」. 숙명여자대학교 석사학위논문.
서희경(2003). 「진도 씻김굿의 상징적 특성에 관한 연구」. 숙명여자대학교 석사학위논문.
송경희(1998), 「중요무형문화재 제15호 북청사자놀음의 춤사위에 관한 연구」. 경희대학교 석사학위논문.
송방송(1985). 『한국고대음악사 연구』. 일지사.
송수남(1995). 『한국 무용사』. 금광.
송효섭(1997). 『문화기호학』. 민음사.
송효섭(2000). 『문화기호학』. 아르케.
스티븐 나흐마노비치(2008). 『놀이. 마르지 않는 창조의 샘』(이상원 역). 에코의 서재.
신상미(2001). 「무용기록과 분석체계 및 그 활용사례」. 『한국무용기록학회지』 1: 23-43.
신웅순(2007). 『시의 기호학과 그 실제』. 문경출판사.
안지영(2008). 「문화원형 디지털콘텐츠화 사업을 중심으로 본 무용콘텐츠 활성화 방안 연구」. 한양대학교 석사학위논문.
앤 허친슨(2004). 『라바노테이션·키네토크라피 라반: 움직임 분석 및 기록체계』(신상미·전유오 공역). 대한미디어.
야나기 무네요시(1989). 『조선과 예술』(박재삼 역). 범우출판사.
엄옥자(2008). 『승전무의 실상: 중요무형문화재 제21호』. 한컴디자인.
M. 듀프렌(1979). 『예술의 세 얼굴』(임영방 역). 중앙신서.
오승희(1984). 「호남 우도농악에 관한 고찰」. 이화여자대학교 석사학위논문.
오원교(1973). 『일반언어학 강의』. 형설출판사.
오원교(2002)[1988]. 『구조주의와 기호학』. 신아사.
왕필(1997). 『왕필의 노자』(임채우 역). 예문서원.
우실하(2005). 『전통음악의 구조와 원리』. 소나무.
움베르토 에코(1996)[1991, 1985]. 『기호학이론』(서우석 역). 문학과지성사.
움베르토 에코(1998). 『기호와 현대예술』(김광현 역). 열린책들.
유동식(1975). 『한국무속의 역사와 구조』. 연세대학교출판부.
유르겐 트라반트(2001). 『기호학의 전통과 경향』(안정오 역). 인간사랑.
유시연(2002). 「라바노테이션을 이용한 한국전통춤기록의 문제」. 『한국무용기록학회지』 2: 182-185.
유시연(2005). 「라바노테이션으로 분석한 한영숙 살풀이춤의 움직임 특성」. 『한국무용기록학회지』 8: 176.
유영옥(2007). 『상징과 기호의 정치행정론』. 학문사.
윤미라(1992). 『이동안 진쇠춤』. 삼신각.
은정희 역주(1990). 『대승기신론 소·별기』. 일지사.

이규동(1978). 「한을 희석, 표백하려는 정신력동」. 『동서문화』 50: 45-48.
이기영(1979). 『원효사상』. 홍법원.
이기우(1989). 「예술기호론의 최근 동향의 연구」. 『국어문학』(전북국어문학회) 27: 145-160.
이대휴(2005). 「호남 우도농악 굿거리장단 분석 연구」. 남부대 예체능대학원 석사학위논문.
이도흠(1999a). 『화쟁기호학: 이론과 실제』. 한양대학교 출판부.
이도흠(1999b). 『신라인의 마음으로 삼국유사를 읽는다』. 푸른역사.
이도흠(2002). 「원효의 화쟁사상과 탈현대철학의 비교연구」. 『元曉學硏究』 6: 286-288.
이도흠(2003a). 「한국 예술의 심층구조로서 정과 한의 아우름: 화쟁사상을 중심으로」. 『미학·예술학연구』(한국미학예술학회) 17: 43-74.
이도흠(2003b). 「현대 기호학의 흐름과 새로운 전망」. 『한국학연구』(고려대학교 한국학연구소) 19: 7-41.
이도흠(2004a). 「역사담론에서 은유의 기능과 진실성에 관한 연구」. 『기호학연구』 16: 337-383.
이도흠(2004b). 「현실 개념의 변화와 예술의 재현 문제」. 『미학·예술학연구』 20: 241-263.
이병옥(1985)[1982]. 『송파산대놀이: 서울의 탈춤』. 집문당.
이병옥(2000). 『한국무용민속학 개론』. 노리.
이병옥(2002). 『북한무용의 이념과 동향』. 노리.
이병옥(2005). 『무용개론』. 노리.
이병옥(2006). 『송파산대놀이』. 도서출판 피아.
이보형(1971). 「시나위권의 무속음악」. 『한국문화인류학』 4: 79-86.
이상일(1984). 『민족심상의 예능학』. 시인사.
이상일(1998). 『축제의 정신』. 성균관대학교 출판부.
이선아(2001). 「한국 전통춤에 나타난 호흡에 관한 연구」. 경희대학교 석사학위논문.
이소연(2003). 「기호학적 접근에 따른 심벌마크의 커뮤니케이션 기능성에 관한 연구」. 홍익대학교 석사학위논문.
이수정(2001). 「예술에서의 언어적 실천」. 이화여자대학교 석사학위논문.
이용희(1977). 「무보에 관한 연구」. 경희대학교 석사학위논문.
이윤선(2006). 「〈진도북춤〉의 유파별 특성을 통해서 본 놀이와 춤의 상관성」. 『대한무용학회논문집』 48: 191-216.
이은주(1992). 『살풀이춤』. 은하출판사.
이은주(1998). 「살풀이춤의 구조분석」. 세종대학교 박사학위논문.

이정숙(2000). 「한국전통춤의 삼재론적 해석」. 서울대학교 석사학위논문.
이정임(2003). 「기호학의 측면에서 본 디지털 기호의 분석방법에 관한 연구」. 인제대학교 석사학위논문.
이찬주(2005). 「범부춤의 심층구조와 화쟁기호학적 연구」, 한양대학교 박사학위논문.
임동권(1989). 『한국민속문화론』. 집문당.
임장혁(2008). 「중요무형문화재의 기록과 기록물의 활용」. 『한국무용기록학회지』 15: 121-142.
임재해(1988). 『한국의 민속예술』. 문학과지성사.
임학선(1998). 「춤표기법에 관한 연구 1: 호흡표기법을 중심으로」. 『대한무용학회논문집』 23: 287-317.
자넷 애드쉐드(1996). 『무용분석의 이론과 실제』(신상미 역). 현대미학사.
장문정(2005). 『메를로 뽕띠의 살의 기호학』. 한국학술정보.
장인주(2001). 「서양무용기록의 발달사」. 『한국무용기록학회지』 1: 45-62.
장지원(1993). 「무용에 있어서 상징의 중요성에 관한 연구」. 이화여자대학교 석사학위논문.
장파(1999). 『동양과 서양, 그리고 미학』(유중하·백승도 외 공역). 푸른숲.
전유오(2002). 「한국 전통춤의 특질 이해와 움직임의 기록 및 분석 방법 제안」. 『무용기록학회지』 2: 21-41.
전은자(2006). 「변형된 장구춤의 동작분석을 통한 미적 가치」. 『대한무용학회논문집』 29: 245-276.
전재민(2000). 「태권도 경기의 기호학적 연구」. 한양대학교 석사학위논문.
전창선·어윤형(1999). 『음양오행의 가는 길』. 세기.
정민·조성문·이인호·최형욱(2002). 「한·중 전통문화 관련 디지털 인문콘텐츠 실태 비교 및 수준 향상 방안 연구」. 『한국학논집』(한양대학교 한국학연구소) 36: 137-178.
정병호(1982). 「살풀이춤의 미적 구조론」. 『한국예술원 논문집』(대한민국 예술원): 21: 183-230.
정병호(1985). 『한국의 춤』. 열화당.
정병호(1988). 「기생과 춤」. 『무용한국』 21(24): 59-63.
정병호(1991). 『한국의 민속춤』. 삼성출판사.
정병호(1996). 「조선후기 민간무용의 양상」. 『동양학』, 단국대학교부설동양학연구소.
정병호(1999). 『한국의 전통춤』. 집문당.
조르주 페니누(1998). 『광고기호읽기』(김명숙·장인봉 역). 이화여자대학교 출판부.

조선일보(1939.11.3). 「조선춤 이야기」. 조선일보사.
조성실(1991). 「한국의 전통적 미의식에 관한 살풀이춤 연구」. 공주대학교 석사학위논문.
조용훈(2004). 『문화기호학으로 읽는 문화와 그림』. 효형출판.
조지형(2000). 「포스트모던 시대의 기호학적 역사학: 화쟁기호학을 중심으로」. 『歷史學報』 165: 143-175.
진경희(1986). 「송파산대놀이에 나타난 춤사위의 구조연구」. 중앙대학교 석사학위논문.
채희완(1983). 「집단연희에 있어서 예술체험으로서의 신명」. 『호서문화논총』(호서문화연구소) 2: 107-121.
천이두(1993). 『한의 구조 연구』. 문학과지성사.
최경란(1991). 「무용예술의 커뮤니케이션에서 춤 언어 개발에 대한 고찰」. 이화여자대학교 석사학위논문.
최정임(1997). 「호남 우도설장구에 관한 연구」. 단국대학교 석사학위논문.
최진아(1999). 「진도 씻김굿의 물질문화 연구」. 한국대학교 석사학위논문.
최창덕(1994). 「이매방 살풀이춤의 동작구조분석」. 중앙대학교 석사학위논문.
최해리(1991). 「한국무용기록의 역사와 전망」. 『한국무용기록학회지』 1: 77-105.
추동균(2004). 「음양오행의 연극기호학적 접근을 통한 '야곱과 그의 주인'의 등장인물 분석에 관한 연구」. 단국대학교 석사학위논문.
케어 엘람(1998). 『연극과 희곡의 기호학』(이기한·이재명 공역). 평민사.
토마스 메취·페터 스쫀디(1984). 『헤겔미학 입문』(여동윤·윤미애 공역). 종로서적.
피에르 기로(1986). 『의미론』(유제오 역). 탐구당.
피터 페리클레스 트리포나스(2003). 『바르트와 기호의 제국』(최정우 역). 이제이북스.
하재창(1978). 『니이체(유풍사상신서)』. 유풍출판사.
한국문화콘텐츠진흥원(2006). 『2006문화원형콘텐츠 총람』. 한국문화콘텐츠진흥원.
허순선(2004). 「한국 춤의 새로운 무보틀 연구」. 전남대학교 박사학위논문.
허순선(2005). 『한국의 춤사위와 무보틀』. 형설출판사.
홍정표(1995). 「정념의 기호학적 분석」. 한국외국어대학교 박사학위논문.
황경숙·김용(2003). 「종묘일무 춤사위법과 표기분석」. 『한국무용기록학회지』 4: 83-92.
황인주(2004). 「디지털 기술을 활용한 무용교육의 활성화 및 발전방안 연구」. 『정보통신학술연구과제지원 결과보고서』. 신라대학교.

Aston, Elain and George Savona (1992). *Theatre As Sign-System: A Semiotics of Text and Performance*. London: Routledge.

Barthes, R. (1983). *Mythologies*, trans. Annette Lavers, New York.

Benveniste, Émile (1985). "The semiology of language." In Robert E. Innis (ed.), *Semiotics: An Introductory Anthology*. Bloomington: Indiana University Press.

Birdwhistell, Ray L. (1970). *Kinesic and Context*, Harmondsworth: Penguin.

Buck, D. (1987). *The Dance of Life*. New York : Paragon House.

Calvet, Louis-Jean (1973). *Roland Barthes: Un regard politique sur le signe*. Petite bibiliotheque Payot.

Derrida, Jacques (1982). *Speech and Phenomena and Other Essays on Husserl's Theory of Sign, Positions*, tr. Alan Bass. Chicago: University of Cicago Press.

Eco, Umberto (1976)[1979]. *A Theory of Semiotics*. Bloomington: Indiana University Press.

Eco, Umberto (1977). *A Theory of Semiotics*. Bloomington: India University Press, London: Macmillan.

Eco, Umberto (1984). *Semiotics and Philosophy of Language*. Bloomington: Indiana University Press.

Eco, Umberto and Thomas A. Sebeok (eds.)(1989). *The Sign of Three: Dupin, Holmes, Peirce*. Bloomington: Indiana University Press.

Elam, Keir (2002). *Semiotics of Theatre and Drama*. London: Routledge.

Fisk, John (1982). *Introduction to Communication Studies*. London & New York: Methuen.

Fiske, John and John Hartley (1978). *Reading Television*. London: Methuen.

Greimas, A. J. (1966). *Structural Semantics*. Lincoln: University of Nebraska Press.

Greimas, A. J. and Joseph Courtés (1982). *Semiotics and Language: An Analytical Dictionary*. Bloomington: Indiana University Press.

Guiraud, Pierre (1971). *La sémiologie*. Paris: Presses Universitaires de France.

Guiraud, Pierre (1971)[1975]. *Semiology*. London: Routledge & Kegan.

Harrison, Randall P. (1974). *Beyond Words*. Englewood Cliffs: Prentice Hall.

Hjelmslev, L. (1953). *Prolegomena to a Theory of Language*. Bloomington: Indiana University Press.

Honzel, J. (1984). "Dynamics of the Sign in the Theatre." In Ladislav Matejka and Irwin R. Titunki (ed.), *Semiotics of Art: Prague School Contributions*. Massachusetts:

MIT Press.

Jakobson, Roman (1966～1988). *Selected Writings*, 8 vols. The Hague & Berlin: Mouton de Gruyter.

Kowzan, Tadeuze (1968). "Le Signe au Théâtre: Introduction à la sémiologie de l'art du spectacle." *Diogène*, 61: 59-90.

Kress, G. R.(1982). *Learning To Write*. London: Routledge and Kegan Paul.

Kress, G. R.(1985). *Linguistic Process in Socio-cultural Practice*. Geelong: Deakin University Press.

Kress, G. R.(1988). *Writing as Social Process*. London: Routledge and Kegan Paul.

Kristeva, J. (1984). *Revolution in Poetic Language*. New York: Columbia University Press.

Lakoff, G. and M. Johnson (1980). *Metaphors we Live by*. Chicago: Chicago University Press.

Langer, S. K. (1953). *Feeling and Form*. New York: Scribner.

Langer, S. K. (1957). *Problems of Art*. New York: Charles Scribner's Sons.

Lotman, Jurij M. (1972). *The Analysis of Poetic Text*. Ann Arbor: University of Michigan.

Maletic, Vera (1993). *Body, Space, Expression: The Development of Rudolf Laban's Movement and Dance Concepts*. The Hague & Berlin: Mouton De Gruyter.

Marinis, De Marco (1993). *The Semiotics of Performance*. Bloomington: Indiana University Press.

Mukarovsky, Jan (1977). "The place of the aesthetic function among the other function." In Jan Mukarovsky, *Structure, Sign, and Function*. New Haven, Conn: Yale University Press.

Nietsche, F. (1968). *The Will to Power*. New York: Random House.

Nöth, Winfried (1995)[1990]. *Handbook of Semiotics*. Bloomington: Indiana University Press.

Patterson, Miles L. (1983). *Nonverbal Behavior*. New York: Springer.

Pavis, Patrice (2003). *Analyzing Performance: Theater, Dance, and Film*, trans. A. David Williams. Ann Arbor: University of Michigan Press.

Peirce, Charles Sanders (1982). Collected Paper. Cambridge, Mass.: Harvard University Press.

Peron, Paul (1989). "Introduction." In A. J. Greimas, *New Literary History*, 20-3 (Spring),

University of Virginia Press.

Poyatos, Fernando (1976). *Man beyond Words*. New York: State English Council.

Poyatos, Fernando (1983). *New Perspectives in Nonverbal Communication.* Oxford, Pergamon.

Saussure, Ferdinand de (1966)[1974]. *Course in General Linguistics*, Wade Baskin (tr.). New York: McGraw-Hill.

Sebeok, Thomas A. (1991). *A Sign is Just a Sign.* Bloomington & Indianapolis: Indiana University Press.

Veltruský, Jiří (1940). "Man and Object in the Theater." *A Prague School Reader on Esthetics, Literary Structure and Style*, Paul L. Garvin (ed.). Washington: Georgetown University Press.

찾아보기

ㅂ

ㅅ

ㅇ

ㅈ

ㅊ

ㅋ

ㅌ

ㅍ

ㅎ